REVISTA DE DIREITO MERCANTIL industrial, econômico e financeiro

122

Publicação do
Instituto Brasileiro de Direito Comercial Comparado
e Biblioteca Tullio Ascarelli
do Departamento de Direito Comercial
da Faculdade de Direito da Universidade de São Paulo

Ano XL (Nova Série)
abril-junho/2001

MALHEIROS EDITORES

REVISTA DE DIREITO MERCANTIL

industrial, econômico e financeiro

Nova Série — Ano XL — n. 122 — abril-junho de 2001

REVISTA DE DIREITO MERCANTIL
publicação trimestral de
MALHEIROS EDITORES LTDA.
Rua Paes de Araújo, 29, conjunto 171
CEP: 04531-940
São Paulo, SP - Brasil
Tel. 3078-7205 - Fax. 3168-5495

Assinaturas e comercialização:
CATAVENTO DISTRIBUIDORA DE
LIVROS S.A.
Rua Conselheiro Ramalho, 928
CEP 01325-000
São Paulo, SP - Brasil
Tel. 289-0811 - Fax. 251-3756

Diretor Responsável: Álvaro Malheiros
Diretora: Suzana Fleury Malheiros

Supervisão Gráfica: Vânia Lúcia Amato
Composição: *Scripta*

SUMÁRIO

DOUTRINA

APONTAMENTOS SOBRE A RESPONSABILIDADE CIVIL NA DENÚNCIA DOS CONTRATOS DE DISTRIBUIÇÃO, FRANQUIA E CONCESSÃO COMERCIAL
— HUMBERTO THEODORO JÚNIOR e ADRIANA MANDIM THEODORO DE MELLO 7

O CONCEITO JURÍDICO DE REGULAÇÃO DA ECONOMIA
— ALEXANDRE SANTOS DE ARAGÃO 38

ATUALIDADES

AS SOCIEDADES POR QUOTAS COMO SOCIEDADES DE CAPITAIS
— JOÃO LUIZ COELHO DA ROCHA 48

O "FACTORING" INTERNACIONAL
— WALTER DOUGLAS STUBER e ADRIANA GÖDEL STUBER 54

O DESVIRTUAMENTO DA FALÊNCIA FRUSTRADA E A NECESSIDADE DE ADEQUAÇÃO DO RITO SUMÁRIO
— CARLOS ALBERTO FARRACHA DE CASTRO 59

QUESTÕES CONTROVERTIDAS NO PROCESSO DE EXECUÇÃO
— LEONARDO GUIMARÃES 64

TEMAS EM DEBATE

A REFORMA DA LEGISLAÇÃO FALIMENTAR — "PRINCIPLES AND GUIDELINES FOR EFFECTIVE INSOLVENCY AND CREDITOR RIGHTS SYSTEMS" 75

A DISCIPLINA JURÍDICA DAS EMPRESAS EM CRISE NO BRASIL: SUA ESTRUTURA INSTITUCIONAL
— PAULO FERNANDO CAMPOS SALLES DE TOLEDO 168

BIBLIOGRAFIA

OS DIREITOS FUNDAMENTAIS
— Rescensão da obra de MAURIZIO FIORAVANTI *Appunti di Storia delle Costituzioni Moderne. Le Libertà Fondamentali*, por ARMINDO SARAIVA MATIAS 173

MERCOSUL

SERÁ POSSÍVEL UMA CONVERGÊNCIA REGULATÓRIA E FISCALIZADORA DAS INSTITUIÇÕES FINANCEIRAS NO MERCOSUL?
— DAN M. KRAFT 183

JURISPRUDÊNCIA COMENTADA

DESCONTO DE DUPLICADA NÃO ACEITA — RESPONSABILIDADE DO BANCO ENDOSSATÁRIO POR INDENIZAÇÃO DECORRENTE DA AÇÃO DE SUSTAÇÃO DE PROTESTO, UMA VEZ DEVOLVIDA A MERCADORIA PELO ENDOSSANTE-SACADO
— Haroldo Malheiros Duclerc Verçosa 203

PARECERES

INEXISTÊNCIA DE RELAÇÃO DE CONSUMO ENTRE O "SHOPPING CENTER" E SEUS FREQÜENTADORES
— Luiz Gastão Pães de Barros Leães 211

REGIME JURÍDICO DE SOCIEDADE DE ECONOMIA MISTA CONCESSIONÁRIA DE SERVIÇO PÚBLICO E DIREITOS DOS CONTRATANTES PARTICULARES E ACIONISTAS
— Leandro Bittencourt Adiers 224

A ALTERAÇÃO DO PERÍODO ESTATUTÁRIO DO MANDATO DA DIRETORIA
— Waldirio Bulgarelli 244

COLABORAM NESTE NÚMERO

Adriana Gödel Stuber

Advogada na área de Direito Empresarial (Internacional e Financeiro)

Adriana Mandim Theodoro de Mello

Mestre em Direito. Procuradora do Estado de Minas Gerais. Advogada

Alexandre Santos de Aragão

Procurador do Estado do Rio de Janeiro. Professor contratado de Direito Administrativo da Universidade do Estado do Rio de Janeiro — UERJ e da Universidade Estácio de Sá. Membro das Comissões de Direito Administrativo e de Direito Constitucional do Instituto dos Advogados Brasileiros — IAB. Mestrando em Direito Público pela UERJ

Armindo Saraiva Matias

Professor Associado da Universidade Autónoma de Lisboa. Consultor do Banco de Portugal. Advogado

Carlos Alberto Farracha de Castro

Professor da UTP e PUC/PR II. Mestre em Direito pela UFPR. Advogado

Dan M. Kraft

Mestre em Direito Comercial (UFMG). Mestre em Direito Bancário e Financeiro Internacional (Universidade de Londres). Membro do GEDIM e Coordenador MBA Executivo Direito de Empresas — IBMEC/BH. Advogado

Haroldo Malheiros Duclerc Verçosa

Mestre e Doutor em Direito pela Faculdade de Direito da Universidade de São Paulo. Professor de Direito Comercial nos Cursos de Graduação e Pós-Graduação da USP e da UNICID

Humberto Theodoro Júnior

Professor Titular de Processo Civil da Faculdade de Direito da UFMG. Desembargador Aposentado do TJMG. Doutor em Direito. Advogado

João Luiz Coelho da Rocha

Professor de Direito Comercial da PUC/RJ. Advogado

Leandro Bittencourt Adiers

Advogado no Rio Grande do Sul

Leonardo Guimarães

Professor de Processo de Execução Concursal I, na Faculdade de Direito da FMG. Mestrando na Faculdade de Direito da UFMG. Advogado

Luiz Gastão Paes de Barros Leães

Professor Titular da Faculdade de Direito da Universidade de São Paulo. Advogado

Paulo Fernando Campos Salles de Toledo

Professor Doutor de Direito Comercial da Faculdade de Direito da Universidade de São Paulo. Desembargador do Tribunal de Justiça de São Paulo

Waldirio Bulgarelli

Professor Titular de Direito Comercial da Faculdade de Direito da Universidade de São Paulo

Walter Douglas Stuber

Advogado na área de Direito Empresarial (Internacional e Financeiro)

Doutrina

APONTAMENTOS SOBRE A RESPONSABILIDADE CIVIL NA DENÚNCIA DOS CONTRATOS DE DISTRIBUIÇÃO, FRANQUIA E CONCESSÃO COMERCIAL

HUMBERTO THEODORO JÚNIOR e ADRIANA MANDIM THEODORO DE MELLO

I — Contratos de distribuição. II — Conceito e natureza jurídica do contrato de distribuição. III — O contrato de concessão comercial. IV — O contrato de franquia empresarial. V — Características comuns aos contratos de distribuição: 1. Contrato entre profissionais; 2. Contrato de integração; 3. Controle e dependência econômica; 4. Autonomia jurídica; 5. Contrato de colaboração; 6. Contrato de duração; 7. Não se trata de contrato de adesão. VI — Extinção do contrato. VII — Direito comparado. VIII — A posição da jurisprudência. IX — Rescisão por violação ao contrato. X — Inaplicabilidade das Leis 4.886/65 e 6.729/79 aos contratos de distribuição. XI — Conclusões.

I — Contratos de distribuição

Em razão da colossal intensificação das relações mercantis em todo o planeta, a uma velocidade antes inimaginável, a atividade de distribuição de mercadorias e serviços passou a gozar de extrema relevância na cadeia que liga produção ao mercado consumidor.

A distribuição eficiente, adequada às necessidades do público final, consentânea à capacidade dos consumidores, é fator decisivo para o sucesso da comercialização de bens e serviços, ainda quando, em princípio estes tenham potencialmente qualidade, originalidade e outras características capazes de atrair o interesse de eventuais adquirentes.

Daí porque a distribuição hoje é encarada mais como uma etapa da produção de bens e prestação de serviços que como mero custo que se agrega ao produto final. É, ao contrário, atividade intermediária que liga a produção ao consumidor, é veículo de adequação da oferta à demanda, que obedece a sérios e vultosos projetos e políticas de profissionais e estrategistas.

No planejamento dessa atividade, empresários, administradores e economistas se valem de várias formas contratuais, que buscam a perfeição do atendimento à clientela e o equilíbrio entre o máximo que o produtor pode obter de redução em custos e otimização das vendas sem prejuízo da qualidade de seu produto e sem sacrifício dos valores prezados pelo público consumidor.

Às vezes, mas muito raramente, a distribuição da produção se faz diretamente do fabricante ao consumidor final, ou aos diversos comerciantes independentes que se dedicam à venda a varejo.

Mas o que se verifica com mais freqüência, especialmente quando o fabricante consegue alargar seus horizontes ao mercado globalizado e atingir um estágio que se denomina produção e consumo em massa ou escala industrial, é a associação deste com terceiros, sob as mais variadas formas jurídicas, típicas ou atípicas, tais como atacadistas, cooperativas, centrais de compras, fusões sociais, concessão mercantil, representação comercial, franquia, distribuição exclusiva.

Surge, então, no Direito Comercial, um conjunto de relações jurídicas originadas do acordo de vontades (contratos mercantis), que se marcam por características comuns, tais como a união em torno de um objetivo comum: o lucro de ambos na comercialização de bens e serviços, mas antagônicos, na medida em que se repartem os ganhos. E que se caracterizam ainda pela cooperação, a natureza duradoura da relação e, principalmente, pela dominação econômica exercida pelo fabricante com o propósito de manter a integração da rede de distribuição.

Esse grupo de contratos que se destinam a instrumentalizar ou dar forma jurídica a tais relações econômicas de distribuição têm sido objeto de estudos sistemáticos e organizados, principalmente na França, onde já se identificam como "contratos de distribuição" ou "direito da distribuição".[1]

Na verdade, este capítulo do *direito dos negócios* (mais moderna denominação do direito comercial na Europa) assume feições multidisciplinares e penetra tanto o campo do direito privado como do direito público. Se, por um lado, dentro destes estudos cabem investigações científicas sobre as relações privadas firmadas entre os integrantes da cadeia de distribuição, por outro se vislumbram regras que regulam as relações entre estes e o livre mercado (proteção da concorrência) marcada pelo interesse público, e, também, em face do consumidor. Essas regras eminentemente dirigidas pelo interesse público atingem os contratos de distribuição, limitando-os em face da ordem e do interesse públicos e dos anseios de equilíbrio nas relações desequilibradas pelo poder econômico.

Sob um outro ângulo, os contratos de distribuição podem ser divididos em dois grandes grupos, conforme os sujeitos que organizem tal atividade. Em um deles se inserem aqueles contratos em que a atividade de distribuição em rede é organizada e dirigida pelo fornecedor de bens ou serviços. No outro grupo se encontram contratos destinados a organizar a distribuição por iniciativa dos distribuidores.

É sobre o primeiro grupo de contratos que se debruçará o presente estudo, que pretende, especialmente, investigar as regras aplicáveis à extinção da relação jurídica que se manteve por longo tempo e que criou liames jurídicos e econômicos profundos entre os contratantes.

Nos últimos anos, freqüentes têm sido as demandas apaziguadas pelo Judiciário referentes aos efeitos da denúncia unilateral dos contratos de distribuição. Distribuidores que se sentem lesados com a extinção forçada do vínculo pleiteiam, perante a Justiça, ora a prorrogação compulsória do contrato, ora indenização pelas perdas e danos decorrentes do fim da longa parceria.

A composição do conflito, sem dúvida, perpassa noções e princípios jurídicos vigentes em tema de contratos e responsabilidade civil. A identificação das regras aplicáveis à espécie depende do perfeito enquadramento da natureza jurídica deste grupo relativamente novo de contratos e do estudo adequado do instituto da responsabilidade civil. E, como não poderia deixar de acontecer em um estudo jurídico, anali-

1. Cf. Martine Behar-Touchais e Georges Virassamy, *Les Contrats de la Distribution*, Paris, LGDJ, 1999, pp. 1 e ss. Os autores relatam que o primeiro tratado de direito da distribuição foi editado em 1975, na França. Embora embrionário, foi o pontapé inicial ao desenvolvimento da atual concepção do direito da distribuição.

sar-se-ão, outrossim, os pronunciamentos predominantes da doutrina nacional e estrangeira, bem como das cortes estaduais e federais de justiça sobre o tema.

II — Conceito e natureza jurídica do contrato de distribuição

As diversas modalidades de contratos de distribuição amplamente utilizados na mercancia são prova de que a agilidade e o dinamismo da vida comercial, não raro, passam à frente do legislador, forjando técnicas contratuais novas e melhor adaptadas às necessidades do mercado. As omissões do legislador e as lacunas do ordenamento jurídico, no meio comercial, são rapidamente supridas e preenchidas pela capacidade inventiva dos seus agentes.

Foi assim que, sem prévia disciplina do direito positivo, as variadas espécies de contratos de distribuição foram se tornando praxes comerciais e instrumentos, mais ou menos uniformes, ou socialmente típicos, largamente difundidos nas relações entre a indústria e os comerciantes, tanto no Brasil como no resto do mundo.

Assim ocorreu, por exemplo, com os contratos de representação comercial ou agência, de franquia empresarial, e de concessão mercantil, que foram fruto da mente inventiva de comerciantes e fabricantes perspicazes que puderam apreender com eficiência e sensibilidade as necessidades do mercado e a agilidade de novos métodos de comercialização.

Daí afirmar Jack Bussi que o direito da distribuição é um direito especial, essencialmente contratual, não codificado, e em constante evolução, que regula relações entre profissionais.[2]

Os contratos de distribuição *lato sensu* são aqueles que se destinam a dar forma a relações entre fabricante e distribuidor, regendo as obrigações existentes entre eles, destinados a organizar a atividade de intermediação e venda da produção, levando-a até o consumidor final.

São chamados contratos de distribuição aqueles que estabelecem a obrigação de uma das partes promover a venda dos produtos fornecidos pela outra parte, e cuja execução implica em estipulação de regras gerais e prévias destinadas a regulamentar o relacionamento duradouro que se estabelece entre os contratantes.

A distribuição modernamente concebida segundo as regras avançadas de *marketing*, planejamento e estratégia de vendas, surgida ou intensificada na segunda metade do século XX se instrumentaliza, principalmente, por contratos de distribuição *stricto sensu*, também denominado contrato de concessão mercantil, ou por contratos de franquia ou *franchise*.

Essas técnicas modernas de distribuição, muitas vezes denominadas *contratos novos*, sucederam aos contratos de agência ou representação comercial, de comissão e de corretagem, já amplamente difundidos e típicos. A motivação de tal evolução foi, sem dúvida, a necessidade de se adotar política e estratégia de distribuição uniforme e eficaz para toda a rede de distribuição do produtor. O sistema de distribuição baseado em intermediários independentes impedia que o fornecedor pudesse planejar a produção e a distribuição de seus bens e limitava a sua ingerência nas decisões e políticas adotadas por cada um dos agentes revendedores.

É essa nota que marca esse grupo de *contratos novos* que merece a atenção especial desse trabalho.

Os contratos de distribuição que a partir desse momento serão analisados e estudados são justamente esses contratos novos, que se transformaram em instrumento de política de distribuição do produtor, e se destinam a estruturar, planejar e gerir todo um sistema ou uma rede de distribuição da produção industrial.

Não se pretende, nesse apertado estudo, apreciar cientificamente todas as for-

2. Jack Bussi, *Droit des Affaires*, Dalloz, Presses de Sciences Po, 1998, p. 365.

mas contratuais utilizadas na distribuição moderna — que abrangeria, inclusive os contratos típicos mais antigos como a venda, o mandato, o transporte, o depósito etc. Tampouco se pretende esgotar o estudo de todas as formas de distribuição baseadas na cooperação comercial e no planejamento da rede de distribuição.

Premissa essencial às conclusões deste trabalho é tão-somente identificar as características, os princípios gerais e as regras comuns aplicáveis a toda espécie de acordo de distribuição destinado a organizar, perenizar e fidelizar as relações entre fornecedor e revendedor integrantes da rede de distribuição. Em resumo, o que se pretende é identificar um direito comum aplicável a um grupo de contratos, já denominado pelo direito europeu como direito da distribuição.

Não se pode fugir, entretanto, à individuação das duas figuras mais difundidas nesse ambiente: a concessão mercantil e a franquia, que já alçaram a condição de contratos nominados, e socialmente típicos. Aliás, a franquia, após a edição da Lei 8.955/94, tornou-se também um contrato juridicamente típico.

III — O contrato de concessão comercial

A concessão comercial (contrato de distribuição *stricto senso*) é um contrato novo que se aperfeiçoa quando um fabricante obriga-se a vender, continuadamente, a um distribuidor, que, por sua vez, se obriga a comprar, com vantagens especiais, produtos de sua fabricação, para posterior revenda, em zona determinada.[3]

Com esse tipo de contrato, cria-se uma "concessão" no plano comercial, que "implica a atribuição de um monopólio de exclusividade de venda a comerciantes escolhidos pelo produtor para fazê-los participar de um sistema de comercialização de seus produtos".[4] Daí falar-se, não só em contrato de distribuição, mas também em *contrato de concessão comercial*.[5]

A concessão comercial, modernamente, apresenta-se muito útil para a circulação dos produtos de massa, como cervejas, refrigerantes, derivados de petróleo, automóveis, motocicletas, material agrícola etc. "Permite aos fabricantes escoar sua produção em boas condições e sob controle dentro de uma rede de distribuição organizada. Garante o desenvolvimento das vendas, preserva a qualidade dos produtos e racionaliza a comercialização. Os fabricantes auferem grandes proveitos, porque a concessão comercial lhes cria a possibilidade de supervisionar seus pontos de venda, sem suportar o respectivo encargo econômico. Quanto aos concessionários, se beneficiam da imagem da marca do fabricante, aproveitam as facilidades de instalações que lhe são propiciadas e, às vezes, logram verdadeiros lucros de ocasião. Mas, é necessário também que aceitem pesadas obrigações que lhes são impostas: sua sujeição é a chave da concessão".[6]

Do ponto de vista estritamente jurídico, a melhor visão da concessão comercial é a que lhe atribui a natureza de um contrato *complexo* e *atípico*, de fundo monopolístico, para cuja formulação jurídica se lança mão de vários elementos tomados por empréstimo a outros contratos típicos.

Como entre nós não existe uma regulamentação legal para o contrato de distribuição ou concessão comercial, é de se qualificá-lo como *atípico*.[7] Nele o traço

3. Claudineu de Melo, *Contrato de Distribuição*, São Paulo, Saraiva, 1987, n. 20, p. 29; Orlando Gomes, *Contratos*, 13ª ed., Rio de Janeiro, Forense, n. 306, p. 374.

4. Jean Guyénot, *Les Contrats de Concession Commerciale*, Paris, Librairie Sirey, 1968, n. 15, p. 25; Jean-Claude Fourgoux, *Droit du Marketing*, Paris, Dalloz, 1974, p. 61.

5. Orlando Gomes, *Contratos*, cit., n. 306, p. 375; Claude Champaud, "La concession commerciale", *Revue Trimestrielle de Droit Commercial*, Paris, Sirey, 1963, n. 24, p. 471.

6. François Collart Dutilleul e Philippe Dele-Becque, *Contrats Civils et Comerciaux*, 2ª ed., Paris, Dalloz, 1993, n. 934, p. 765.

7. Rubens Requião, "O contrato de concessão de venda com exclusividade — Concessão comercial", *RDM* 7/23, São Paulo, Ed. RT. Apenas para as

mais evidente de outro contrato é o da compra e venda, porque sua função primordial é fazer com que o produto do industrial chegue ao mercado consumidor. E isso haverá de se operar pelo mecanismo de sucessivas compras-e-vendas entre concedente e concessionário. Mas o negócio não se resume nisso. O concessionário se encarrega, também, de *assistência* e *garantia* ao funcionamento e qualidade dos produtos revendidos, o que envolve prestações de contratos outros como o de *fornecimento* e *prestação de serviços*, e às vezes, os de *mandato* e de *empreitada*.

Reclamam-se os seguintes requisitos para a configuração jurídica do contrato de distribuição:

a) um dos contratantes deve ser o *fabricante* e o outro o comerciante que se encarregará da revenda dos produtos do primeiro;

b) entre as duas partes contratuais se estabelece uma obrigação de compra e venda continuada, não eventual nem periódica. O contrato não é de execução instantânea, mas de execução contínua, no que se confunde com o contrato de fornecimento;

c) o contrato de distribuição importa "vantagens especiais ao distribuidor", pois se isto não existir, a relação será de compra e venda simplesmente;

d) o produto comercializado deve ser efetivamente fabricado pelo concedente, pois, do contrário, haverá apenas revenda e não contrato de concessão;

e) o produto vendido pelo concedente ao concessionário tem de ser destinado à revenda. Se fosse destinado ao consumo do distribuidor, o contrato seria apenas de fornecimento e não de distribuição;

f) o distribuidor deve ter uma área geográfica delimitada para atuação, exclusiva ou não;[8]

g) a atividade econômica do distribuidor, embora seja de sua exclusiva responsabilidade, não pode fugir do sistema geral planejado pelo fabricante para padronizar e controlar a qualidade da rede de concessionários.

IV — O contrato de franquia empresarial

O contrato de franquia empresarial, depois de difundir-se como praxe comercial, social e economicamente típica,[9] com nome reconhecido, regulando um conjunto de obrigações e direitos mais ou menos constante, alcançou a tipicidade jurídica, no senso mais estrito que se admite em doutrina, com o advento da Lei 8.955/94.

O citado diploma legal tratou de definir o contrato de franquia, elencando seus elementos essenciais, identificando sua finalidade econômica e definindo as obrigações e direitos fundamentais de cada contratante. Sua eficácia, desde então, provém do padrão que a lei lhe outorga e não mais diretamente da vontade criadora das partes.

A despeito das falhas técnicas ou literais de que a lei reguladora do contrato padece, pode-se definir a franquia ou *franchise* como a relação jurídica contratual que, tal como a concessão mercantil, estabelece a obrigação do franqueado de promover, de forma autônoma, por sua própria conta e risco, e de forma exclusiva, a venda dos produtos fornecidos pelo franqueador, ou os serviços por este formatados, seguindo, na execução do contrato, as ordens e os padrões técnicos estipulados previamente.

revendas de veículos automotores existe regulamentação legal típica do contrato de concessão comercial (Lei 6.729/79).

8. Claudineu de Melo, *Contrato de Distribuição*, São Paulo, Saraiva, 1987, ns. 22 a 29, pp. 30-39.

9. Claudineu de Melo, em seu livro *Contrato de Distribuição* (n. 30, p. 39-41), argumenta que "a tipicidade de um contrato não se adstringe à sua previsão legal, mas decorre da formulação que permita distingui-lo de quaisquer outros tipos contratuais. Na medida em que um contrato possa ser perfeitamente identificável, por requisitos próprios e específicos que o tornem distinto e inconfundível com qualquer outro tipo contratual, e ainda que não regulado em lei, mas garantido pelo direito, ele é típico. É a tipicidade de fato, e não de direito".

As obrigações impostas ao franqueador distinguem substancialmente a franquia da concessão mercantil. Naquele contrato, há obrigatória transferência de tecnologia agregada à concessão do uso da marca notória que identifica o franqueador.

Não há verdadeiro contrato de franquia se não se transfere ao franqueado um conjunto de conhecimento e experiências de natureza prática capaz de distinguir a atividade do franqueador ou de sua rede de distribuição em face de sua concorrência.

Leloup define *savoir faire*, ou tecnologia para nós, como um conhecimento prático transmissível, não imediatamente acessível ao público, não patenteado, que confere ao seu mentor uma vantagem concorrencial.[10]

Em suma, na franquia, o distribuidor tem o direito e o dever de usar a marca e as insígnias do fornecedor. E como elemento essencial de caracterização do contrato, tem o franqueador a obrigação de transmitir ao franqueado "uma receita de sucesso"[11] e mantê-la atualizada, com assistência contínua.

Na estruturação da rede de franquias, o franqueador repartirá a área geográfica de distribuição em zonas onde atuarão os franqueados, em regime de exclusividade ou não, com ou sem direito de preferência sobre o território.

Quanto ao objeto da atividade (prestações devidas) do franqueador, o contrato pode se classificar em franquia de *distribuição*, de *serviços* ou de *produção*.

Se o franqueado se obriga a vender produtos fornecidos, fabricados ou apenas selecionados pelo franqueador, segundo as técnicas e regras padronizadas para a rede de franquias, sob os signos, imagem e marca do franqueador, tem-se a franquia de distribuição.

Na franquia de serviços, o franqueado presta serviços segundo métodos, qualidade e técnicas idealizados, testados e padronizados pelo franqueador, identificados por suas insígnias e marcas. No ramo de hotelaria, locação, lavanderias, revelações fotográficas etc. encontram-se bem difundidos os contratos de franquia de serviços.

Por fim, quando é o próprio franqueado que, servindo-se da tecnologia, fórmulas, produtos e equipamentos concedidos pelo franqueador, produz os bens destinados à venda ao consumidor, divulgando-os através da marca e dos sinais distintivos deste, tem-se configurado o contrato de franquia de fabricação, também denominado de franquia industrial ou de produção.

O franqueado recupera seus investimentos através do desempenho dessas atividades, do lucro de sua atividade mercantil. Conforme cada contrato, pode-se obrigar a pagar *royalties* pelo uso da marca, bem como quantia determinada pela transferência da tecnologia, produtos, bens, equipamentos e projetos fornecidos pelo franqueador.

V — Características comuns aos contratos de distribuição

1. Contrato entre profissionais

A franquia e a concessão mercantil são contratos que se travam entre *profissionais*, comerciantes e empresários, pessoas que, no discernimento, e quanto à capacidade de decisão, devem ser tratadas como iguais.

A desigualdade que merece amparo legal, para correção de eventuais desequilíbrios entre as partes, situa-se apenas no campo econômico e de acesso a informações administrativas e financeiras relativas à própria atividade do fornecedor ou de sua rede de distribuição. Também no curso da execução do contrato, quando o poder de controle do fabricante ou fornecedor pode determinar a sorte dos negócios do distribuidor, pode-se verificar o desequilíbrio entre as partes, através de práticas que po-

10. Jean-Marie Leloup, *La Franchise: Droit et Pratique*, 2ª ed., Paris, Delmas, 1991, p. 27.

11. Idem, ibidem.

derão ser reconhecidas ora como legítimas, ora como abusivas e desleais e, portanto, configuradoras de inadimplemento das obrigações.

Porém, no momento de formação do contrato só haverá desigualdade capaz de viciar o livre arbítrio do distribuidor se o fornecedor sonegar alguma informação essencial e relevante para o exercício do pleno juízo de conveniência do negócio.

2. *Contrato de integração*

Já na execução das obrigações convencionadas, os contratos de distribuição, da espécie de que ora se trata — que organizam a distribuição em rede por iniciativa do fabricante ou fornecedor — geram um íntimo relacionamento, jurídico e econômico, entre duas empresas, a que produz e a que se encarrega da revenda dos produtos. Fala-se, mesmo, em *integração de empresas*.

São chamados *contratos de integração* aqueles que viabilizam a organização de uma atividade econômica através de políticas comerciais sincronizadas, que combinam *eficácia* e *disciplina*, e que submetem a existência e a manutenção de uma das partes à própria duração do vínculo jurídico.[12]

É essa, aliás, a característica que diferencia os novos contratos de distribuição daqueles antigos que tinham como nota marcante a *subordinação*, tais como a representação comercial e a corretagem.

Em princípio, ao aderirem aos contratos de representação comercial, os fornecedores de bens e serviços buscaram o rompimento das relações trabalhistas. A despeito da autonomia, da economia e da relativa independência alcançada com esse sistema de distribuição, os fabricantes enfrentaram dificuldades de impor à rede de distribuidores uma disciplina sobre as técnicas de venda.

Os contratos de integração vieram, então, preencher essa lacuna existente, e somaram ao atributo da rede juridicamente autônoma, as qualidades de eficácia e disciplina.

3. *Controle e dependência econômica*

Se, por um lado, os novos contratos de distribuição não eliminam a independência jurídica da empresa distribuidora, por outro, criam inexoravelmente a *dependência econômica*, com profunda justificativa na necessidade de uniformização e de eficiência da rede distribuidora.

São as redes de distribuição modernas estruturas jurídicas multiformes sustentadas por contratos que permitem programar ações concertadas, normalmente limitadas no tempo.

A intervinculação das duas empresas, que alguns chamam de *quase-integração*, é, na espécie, "mais de natureza econômica do que jurídica". Com ela cria-se um sistema de "divisão de trabalho, lei econômica universal", traduzida na convenção de que "o concessionário se encarrega da comercialização dos produtos objeto da produção a cargo do concedente".[13]

Não se pode alcançar a identidade própria característica da rede de distribuição, bem como o padrão de qualidade de bens e serviços idealizados pelo fabricante, senão pela imposição de sistemas, métodos, comportamentos que confiram aos vários integrantes autônomos de uma rede uma imagem unitária.

Por outro ângulo, o poder de controle justifica-se em face da constatação de que a atividade desenvolvida pelos distribuidores, diretamente vinculada ao nome ou marca do fabricante e de seus produtos, segundo seja bem ou mal conduzida, pode afetar

12. Yves Guyon, *Droit des Affaires: Droit Commercial Géneral et Sociétés*, t. 1, 10ª ed., Paris, Economica, n. 816, pp. 850 e ss., 1998.

13. Rubens Requião, ob. cit., p. 22.

diretamente a imagem deste, a sua clientela, e a rentabilidade do negócio.

Daí porque o direito considera legítimo, em princípio, o controle ou a dominação econômica que o fornecedor exerce sobre o distribuidor, já que destinados a uma finalidade economicamente útil e socialmente desejada.

Desempenhado lealmente, segundo os padrões comerciais adotados, e de forma a garantir a fiel execução do modelo de distribuição idealizado pelo franqueador ou concedente, que lhe assegurou o sucesso econômico, o controle do fornecedor encontra respaldo no fim legítimo e jurídico do contrato de distribuição, e será benéfico a ambos os contratantes, aos demais membros da rede de distribuição e aos consumidores.

4. Autonomia jurídica

Essa integração, na verdade, não anula a personalidade, nem elimina a autonomia jurídica das empresas intervinculadas. Cada uma delas, dentro da rede de distribuidoras "mantém sua independência econômica e autonomia jurídica, pois com o sistema se visa apenas a comercialização da produção, excluindo a imposição de preços e o domínio monopolístico e anticompetitivo do mercado".[14]

O distribuidor contrata em seu próprio nome e no seu interesse. Responde pessoalmente pelos atos de seus prepostos. E, com exceção das normas específicas do Código do Consumidor, que estabelecem as obrigações solidárias entre fornecedor e distribuidor, não se confundem obrigações e responsabilidades pessoais de fabricante e distribuidor.

As cláusulas que impõem uma normatização de condutas, métodos e procedimentos, destinadas a manter a unidade da rede de distribuição, são, enfim, perfeitamente compatíveis com a autonomia jurídica. Aliás, como adverte Leloup: "Não se pode aceitar a idéia de uma regressão das técnicas comerciais em nome de uma concepção ultrapassada de independência".[15] E, por isso mesmo, apesar de vinculado a uma política de atuação no mercado de distribuição, o distribuidor terá sempre autonomia jurídica e administrativa para gerir sua empresa, seus atos, seus lucros, recursos financeiros, materiais, humanos, seus investimentos, seus estoques etc.

5. Contrato de colaboração

Ao contrário da ordinária comutatividade que existe entre as prestações devidas pelas partes nos tradicionais contratos de troca, na colaboração o fim econômico visado pelos contratantes se alcança através da união das prestações devidas por fornecedor e distribuidor.

Ou seja, tal como observa Leonardo Sperb de Paola: "não se pode afirmar que o interesse das partes limita-se aos sucessivos contratos de compra e venda firmados entre o fabricante e o distribuidor. O que se pretende é a formação de uma clientela em determinado território, no qual se planta a marca do produtor, com aumento das vendas em benefício comum. As partes envolvidas, unindo seus esforços, organizam a distribuição de um produto".[16]

Destarte, mais que prestações e contraprestações entre as partes, o proveito econômico de cada uma delas se obtém com o desempenho da atividade mercantil de comercialização de produtos e serviços reiterados diuturnamente. A prestação devida pelo distribuidor não se resume à aquisição de mercadorias, ao pagamento de *royalties* e taxas de ingresso e publicidade. Deve ele se dedicar de forma séria, leal e competente à atividade empresarial de distribui-

14. Rubens Requião, ob. cit., p. 21.

15. Ob. cit., p. 107.

16. Leonardo Sperb de Paola, "Sobre a denúncia dos contratos de distribuição, concessão comercial e franquia", *Revista Forense* 343/124.

ção de bens ou serviços, para que as partes lucrem com o incremento do consumo.

6. Contrato de duração

Da própria natureza da atividade de distribuição, enquanto sistema organizado, conclui-se que o tempo é fator relevante para a execução do contrato que há de viger por um prazo suficientemente longo para que as partes possam alcançar os fins a que o contrato se dispõe. Daí porque se enquadra, também, no conceito de contrato de duração, uma vez que sua execução não se faz em um único ato, mas em atos sucessivos que se protraem no tempo.[17]

A prestação não é, entretanto, divisível, mas a mesma, nos diferentes períodos de tempo. Nessa espécie de contrato de duração, "o adimplemento sempre se renova sem que se manifeste alteração no débito", de tal forma que as obrigações ajustadas "são adimplidas permanentemente e assim perduram sem que seja modificado o conteúdo do dever de prestação, até seu término pelo decurso do prazo ou pela denúncia".[18]

7. Não se trata de contrato de adesão

Tendo o fabricante necessidade de organizar sua rede de distribuição de forma homogênea, haverá, como é óbvio, de padronizar os ajustes de contratação dos distribuidores, não havendo, por isso mesmo, lugar para condições especiais ou privilegiadas para um ou outro concessionário.

Em virtude disso, há quem qualifique o contrato de distribuição como um *contrato de adesão*, já que o distribuidor não teria como negociar ou exigir cláusulas, limitando-se a aceitar o contrato padrão que lhe oferece o fabricante. Todavia, essa qualificação é equivocada, segundo a lição da melhor doutrina.

O *contrato de adesão*, em sentido próprio, provém de uma proposta formulada à coletividade, no dizer de Saleilles, proposta que o aderente, por imperiosa necessidade de contratar, não tem condições práticas de recusar. Sua adesão é inevitável.[19] Já em outros casos, o destinatário da proposta, embora não tenha como impor alterações ao seu teor, não está forçado a se vincular. Adere, apenas, se for de sua conveniência e interesse. Nessa última hipótese, fala-se em *contrato por adesão*, mas não em *contrato de adesão*.

A característica comum a esses dois tipos de contrato, "é a aderência, por um contratante, a cláusulas e condições que são impostas pelo outro contratante". Diferenciam-se, no entanto, "pelo fato de que no contrato *por adesão* o aderente tem absoluta liberdade de contratar ou não, enquanto no contrato *de adesão* o aderente é compulsoriamente obrigado a contratar. Diferenciam-se, portanto, no consentir: no contrato por adesão o contratante consente ou não, e no contrato de adesão esta faculdade lhe é suprimida".[20]

No verdadeiro contrato de adesão um dos contratantes (parte mais fraca) além de não poder interferir nas condições do contrato, não pode sequer recusá-lo, "sob pena de ficar privado de serviços fundamentais para a vida moderna".[21] É o caso dos contratos com os fornecedores de serviços de eletricidade, água, esgoto, telefonia etc. A vida moderna não permite às pessoas viverem sem o fornecimento de tais utilidades. A oferta feita sob condições de monopólio do explorador de tais serviços não tem como ser recusada por ninguém.

O contrato de adesão, diante desse quadro, exige o concurso dos seguintes elementos:

17. Orlando Gomes, *Contratos*, cit., n. 58, p. 79.

18. Clóvis Veríssimo do Couto e Silva, *A Obrigação como Processo*, São Paulo, Bushatsky, 1976, p. 211.

19. *De la Déclaration de Volonté*, Paris, LGDJ, 1929, p. 229.

20. Claudineu de Melo, ob. cit., n. 54, pp. 62-63.

21. Sílvio Rodrigues, *Direito Civil*, v. III, 23ª ed., São Paulo, Saraiva, 1995, n. 20, p. 43.

a) "o negócio deve ser daqueles que envolvem necessidade de contratar por parte de todos, ou de um número considerável de pessoas";

b) "o contratante mais forte deve desfrutar de um monopólio de direito ou de fato, ou seja, é mister que a procura exceda em tal proporção a oferta, que uns precisem comprar e os outros possam se recusar a vender";

c) "é mister que os interesses em jogo o permitam", como na "oferta dirigida a uma coletividade".[22]

Também, para Orlando Gomes, "é pressuposto do contrato de adesão o monopólio de fato ou de direito, de uma das partes, que elimina a concorrência para realizar o negócio jurídico. Se a situação não se configura desse modo, poderá haver contrato *por adesão*, jamais contrato *de adesão*".[23]

Nas relações entre fabricante e distribuidor não há monopólio algum, nem necessidade imperiosa de contratar. Por isso, ensina Rubens Requião: "Ora, no sistema de comercialização organizado através do contrato de concessão de venda com exclusividade, a *concedente não tem o monopólio de mercado*. A concorrência se estabelece entre várias empresas industriais concedentes, dentro da liberdade do mercado e segundo os termos da livre competição (...) Além do mais, a empresa concessionária *não é obrigada a contratar*; ela se dispõe ou se constitui para integrar a rede de revendedores exclusivos de certa empresa, com as quais discute as condições de concessão".[24]

Conclui, pois, o notável comercialista pátrio: "Descartamo-nos, energicamente, da possibilidade de enquadrar o contrato de concessão de venda com exclusividade como *contrato de adesão*".[25]

Claudineu de Melo expõe doutrina idêntica, ao ensinar que "a faculdade do distribuidor, de contratar ou não, segundo as cláusulas e condições previamente estabelecidas pelo fabricante, é, indubitavelmente, o indicador seguro de se estar diante de um contrato *por adesão*, e não *de adesão*".[26]

É certo que o Código de Defesa do Consumidor, em seu art. 54 e parágrafos, fundiu as duas noções de contrato *de* e *por* adesão, submetendo ambas a um regime jurídico único. O contrato de distribuição, todavia, não está sob o regime do aludido diploma legal, visto que as vendas realizadas entre o fabricante e o distribuidor não configuram operação de consumo. Ao contrário, conforme já se afirmou anteriormente, consubstancia contrato entre profissionais, em perfeitas condições de analisar a conveniência de cada uma das cláusulas, de negociá-las na medida do possível, de recusá-las ou de vir mesmo a não contratar. O contrato, portanto, permanece sendo operação puramente mercantil entre dois comerciantes, dos quais nenhum se apresenta como consumidor final e, por conseguinte, seu regime é o das leis mercantis ordinárias e não o do Código de Defesa do Consumidor.

Daí já ter decidido o Judiciário, especificamente nas hipóteses de contrato de distribuição, que:

"*Indenização. Contrato de concessão comercial. Distribuidora de bebidas. Contrato por prazo determinado. Notificação efetuada no prazo previsto. Desobrigação de indenizar*. É de se afastar dos chamados contratos 'de adesão', aqueles em que as partes tiveram ampla liberdade de contatar, com capacidade suficiente para deliberarem acerca de suas cláusulas e optarem livremente pela modalidade contratual, parte adversa e estipulações impostas. O contratante que exercita os atos inerentes à sua liberdade de desvinculação contratual, com

22. Sílvio Rodrigues, ob. cit., n. 20, p. 43.
23. *Contratos*, cit., n. 83, p. 120.
24. Ob. cit., p. 25.
25. Ob. cit., p. 24.
26. Ob. cit., n. 55, p. 64.

notificação prévia de sua intenção, não pratica ilícito capaz de ensejar reparação, com fulcro na responsabilidade civil. Recurso a que se nega provimento".[27]

Além do mais, ainda que o contrato de distribuição viesse a ser qualificado como *de adesão*, as cláusulas que figuram usualmente nos negócios da espécie não seriam ilícitas nem ineficazes, porque não abusivas nem leoninas.

O contrato de adesão, por si só, não se reveste de ilicitude nem incorre em qualquer tipo de censura. O que se recrimina é o abuso cometido eventualmente dentro do contrato de adesão pela parte que dispõe da força de determinar o conteúdo de suas cláusulas. Se, porém, não se entrevê nenhum desvio ético na estipulação de tais condições, o contrato de adesão é tão jurídico e tão obrigatório para os contratantes como qualquer outro contrato.

O que mais se nota na jurisprudência, a respeito do tema, são critérios de interpretação da vontade negocial que procuram contrabalançar a supremacia de uma parte em relação à outra. Assim, por exemplo, "na dúvida" se recomenda interpretar a cláusula contra a parte que redigiu a cláusula, e as cláusulas impressas, quando em conflito com as manuscritas, devem ceder a estas etc.

A jurisprudência mais atual confirma a posição correta da doutrina contemporânea diante do contrato de adesão.

Assim, por exemplo, no caso de foro de eleição, que é a cláusula mais freqüentemente debatida em juízo, os tribunais, reiteradamente, decidem que "a circunstância de tratar-se de contrato de adesão, só por si não basta para ter-se como inadmissível a cláusula de eleição de foro (...) O que caracteriza o contrato de adesão propriamente dito, é a circunstância de que aquele a quem é proposto não pode deixar de contratar, porque tem necessidade de satisfazer a um interesse que, por outro modo, não pode ser atendido (...) está constrangido, por sua necessidade, a aderir às cláusulas fixadas por aquele que pode conduzi-lo. Esse constrangimento, porém, não configura coação, de sorte que o contrato de adesão não pode ser anulado por esse vício de consentimento (...) Por todo o exposto, nega-se provimento ao recurso, para confirmar a r. decisão de primeiro grau, que julgou improcedente a exceção oposta, consolidando o foro da Comarca de São Paulo, eleito como o competente para apreciação da demanda".[28]

O Superior Tribunal de Justiça, reiteradamente, tem declarado, a propósito, que: "Não se considera nula a cláusula de eleição de foro apenas por ter sido pactuada em contrato de adesão. Necessário concorram outras circunstâncias, notadamente a dificuldade para defesa. Admite-se como válida, pois, se o acórdão recorrido afirma que se trata de empresa de grande porte, cujos dirigentes tinham perfeita noção do que convencionavam (...)".[29]

Para que o contrato de adesão seja invalidado, quebrando a eficácia natural da cláusula de eleição de foro, é necessário que fique demonstrado o seguinte:

a) "no momento da celebração, a parte aderente não dispunha de intelecção suficiente para compreender o sentido e as conseqüências da estipulação contratual";

b) "da prevalência de tal estipulação resultar inviabilidade ou especial dificuldade de acesso ao Judiciário";

c) "tratar-se de contrato de obrigatória adesão, assim entendido o que tenha por objeto produto ou serviço fornecido com exclusividade por determinada empresa".[30]

27. TAMG, ap. 225.851-7, 3ª CC, rel. Juiz Duarte de Paula, ac. 11.12.1996, apte.: Distribuidora de Bebidas Patrocínio Ltda. e apda.: Cia. Cervejaria Brahma.

28. 1º TACivSP, AI 600.248-2, rel. Juiz Carlos Alberto Hernandez, ac. 23.11.1994, *RT* 713/151-152.

29. STJ, 3ª T., REsp 54.023-2-RJ, rel. Min. Eduardo Ribeiro, ac. 17.10.1995, *DJU* 20.11.1995, p. 39.587.

30. STJ, 4ª T., REsp 56.711-4-SP, rel. Min. Sálvio de Figueiredo, ac. 7.2.1995, *DJU* 20.3.1995, p. 6.128.

É, em conclusão, para a jurisprudência, a lesão injusta, o efeito leonino, que dentro do contrato de adesão leva à invalidação da cláusula nociva, nunca a natureza mesma daquele tipo de contrato. Por isso, "preserva-se a cláusula de opção de foro, quando não denotadora de abuso, ainda que de adesão o contrato".[31]

Sem abuso não há, enfim, vício algum a reconhecer no contrato de adesão, nem cláusula a invalidar.

Merece ser lembrada, por oportuna, a lição de Ripert, em defesa do contrato de adesão, como um moderno instrumento de negociação jurídica: "Parece-nos impossível, com efeito, quando se analisa o valor do consentimento no contrato, dizer que o contrato de adesão seria inferior a um contrato longamente discutido. Não se poderia igualmente dizer que uma longa discussão, seguida pela conclusão do contrato, indica que uma das partes teve que capitular, premida pela necessidade? Aquele que adere sem discutir está decidido, antes de tudo, a contratar. O viajante que compra uma passagem na bilheteria de uma estação não tem o direito de discutir as condições do transporte, ele as conhece e as aceita, e as aceita mesmo quando não as conhece. Muitas vezes ele poderia deixar de empreender a viagem e seguramente seu consentimento é mais livre do que o da dona-de-casa que, no açougue, compra a carne necessária à refeição familiar. De resto, o contrato de adesão tem, por sua repetição, um caráter de regularidade; as cláusulas são as mesmas em todos; não raro elas constam de documentos impressos, cujas fórmulas são de mais fácil compreensão do que as cláusulas de uma escritura pública. Enfim, em muitos contratos, as condições constituem objeto de uma aprovação administrativa anterior e os contratantes têm a certeza de que a Administração não deixaria vingar cláusulas abusivas. A bem dizer, o contrato de adesão me parece infinitamente menos perigoso, em face da moral, do que o contrato livremente discutido entre as partes".[32]

VI — Extinção do contrato

Não existe no ordenamento jurídico qualquer regra específica sobre a extinção do contrato de distribuição, que permanece legalmente atípico, embora já possua constância e uniformidade que lhe confira *status* de contrato economicamente típico.[33] Tampouco no contrato de franquia, apesar de regulado por lei, tratou o legislador pátrio de estipular norma específica sobre a extinção do vínculo.

Seja no caso de contrato atípico como o de concessão mercantil, ou de contrato típico cujas regras existentes não tratam especificamente do tema da extinção da relação contratual, as fontes do direito a serem investigadas para a solução de eventual lide serão as mesmas.

De qualquer maneira, o que deve orientar a análise do contrato quando ausente regra específica sobre a questão, são os princípios gerais do direito das obrigações e especialmente os princípios gerais da teoria dos contratos, mormente quando o tema for daqueles em que as regras do contrato donde o atípico extraiu algum elemento não se prestarem para a aplicação imediata à nova figura negocial ou se apresentarem, elas próprias, como lacunosas diante daquilo que se criou justamente pela configuração própria do contrato atípico ou misto.

Nesse sentido ensina Rubens Requião que o contrato de concessão comercial há de ser estudado "como um contrato atípico, cujos problemas dele decorrentes devem ser

31. STJ, 4ª T., REsp 53.376-7-SP, rel. Min. Fontes de Alencar, ac. 27.9.1994, *DJU* 31.10.1994, p. 29.508.

32. *Le Régime Democratique et le Droit Civil Moderne*, 2ª ed., Paris, 1948, p. 175.

33. Apenas no caso específico das concessionárias de veículos automotores terrestres a lei disciplinou as conseqüências do contrato de distribuição (Lei 6.729/79).

resolvidos segundo as regras gerais do direito obrigacional brasileiro".[34]

A mesma lição se aplica ao contrato de franquia, cuja lei regulamentadora não se preocupou em regrar de forma especial a extinção contratual, denotando a vontade do legislador de submetê-lo às regras e princípios gerais do direito contratual.

Assim, a extinção dos contratos de distribuição, tanto pode ocorrer por expiração do prazo convencional, como por resolução motivada por inadimplemento de qualquer das partes. Pode, ainda, haver resilição unilateral (denúncia) na hipótese de contrato por prazo indeterminado.

Toda obrigação é, naturalmente, temporária, de sorte que ou as partes estipulam de antemão o momento de sua extinção (contrato de prazo certo) ou se submetem à eventualidade da denúncia unilateral (contrato de prazo indeterminado).

Entre os doutrinadores costuma-se afirmar que o vencimento da obrigação pode ser determinado de três modos diferentes: a) negocial, b) natural, e c) legal.

O vencimento *negocial* é aquele que vem previsto no acordo de vontade das partes que criaram o vínculo obrigacional. O *natural* é o que se impõe por força da natureza. Finalmente, o *legal* se dá quando a lei interfere na liberdade de contratar e impõe um termo para a relação obrigacional por norma geralmente imperativa ou cogente.

Como os contratos não podem ser eternos, o momento natural de sua extinção é aquele determinado pelo acordo de vontades, que tem força não apenas para criar a obrigação como para extingui-la. A função do acordo sobre o termo final "consiste precipuamente em limitar no tempo a duração dos efeitos do contrato".[35]

Pode-se concluir, destarte, que a fixação de termos finais nos contratos de distribuição é forma legítima, lícita e útil de limitar no tempo o vínculo. Com efeito, além de limite, o termo assegura ao investidor e ao fabricante a manutenção do negócio por um mínimo de tempo que lhes torna economicamente vantajoso o negócio.

Por outro lado, a eternização do contrato instituiria em favor de um grupo econômico uma verdadeira reserva de mercado, em completa afronta ao sistema capitalista vigente.

Não é raro que ao final do período de vigência de um contrato de distribuição, todo o conceito da rede possa ter-se modernizado, o que exigiria novos e vultosos investimentos do distribuidor. Em outras hipóteses, mudanças de estratégias, incluindo-se o abandono do sistema de franquia ou concessão, são necessárias para adaptar a distribuição à nova realidade do mercado consumidor. Muitas vezes, pode ocorrer que até mesmo o perfil do distribuidor não tenha se mostrado devidamente adequado às exigências e necessidades do fornecedor. Não é raro que arestas e divergências surjam ao longo do relacionamento, vindo a retirar a confiança, o espírito de colaboração, cooperação e a união de esforços que marcam o contrato de integração. Esse juízo de conveniência sobre a manutenção de uma parceria é privativo das partes que hão de livremente optar em renovar ou não o contrato, mantê-lo vigente por prazo indeterminado ou encerrar o relacionamento duradouro. Não poderá o juiz pretender substituir a parte, mesmo porque as leis do Direito, na espécie, não são hábeis a dar-lhe a resposta correta.

Ademais, em um contrato firmado por profissionais iguais, presume-se que as partes, após pesar os *prós* e os *contras*, assumiram conscientemente os ônus e os riscos próprios do negócio, inclusive quanto ao prazo de duração. O fim do ajuste, no termo estipulado, é o resultado da convergência da vontade livre das partes.

Às vezes, a lei, em nome de interesse de ordem pública, prorroga por tempo determinado ou indeterminado o contrato,

34. Ob. cit., p. 41.

35. Messineo, *Doutrina General del Contrato*, v. I, Buenos Aires, EJEA, p. 210.

independentemente de novo acordo entre as partes, como ocorre nos casos de locação e outros ajustes sob especial proteção. Quando, porém, não há essa restrição legal à autonomia de vontade, o ajuste de vencimento do contrato corresponde à garantia de que o vínculo obrigacional por ele engendrado não durará indefinidamente, e, ao contrário, já se pode, desde logo, conhecer o momento em que a relação jurídica cessará entre os contratantes, recolocando-os na situação de liberdade existente antes do negócio jurídico.

A imposição de obrigações eternas ou vitalícias, sem fundamento na lei ou na vontade declarada, fere o senso de liberdade humano e se aproxima da noção de escravidão, tão repudiada pelo Direito e pela Justiça. É por isso que se tem como proibidos os pactos que levam à subordinação perpétua.

Ninguém está obrigado a se vincular eternamente a um contrato. No Estado Democrático de Direito, o princípio da legalidade é pilar jurídico e ideológico que assegura a liberdade de contratar ou não contratar, bem como de estipular em que condições e por quanto tempo fazê-lo, a menos que norma legal específica imponha conduta diversa (Constituição Federal, art. 5º, inc. II).

Cumpridas as obrigações contratuais e atingido o seu termo convencional, tem-se o contrato como "executado" e, por via de conseqüência, "extintas as obrigações e direitos que originou".[36]

Há, outrossim, casos em que o contrato pode ser extinto independentemente do vencimento. São aquelas hipóteses que a doutrina chama de *resolução* ou *resilição*. A primeira ocorre por motivo de prejuízo sofrido por um dos contratantes em virtude de inadimplemento do outro. A segunda, isto é, a resilição, é a forma de romper o contrato por força apenas da vontade, independentemente de violação ou descumprimento de suas cláusulas ou condições. É o verdadeiro *desfazimento* do vínculo, que às vezes se dá de maneira bilateral (*distrato*) e outras vezes ocorre unilateralmente (*denúncia*).

No distrato reúnem-se as mesmas vontades que criaram o contrato, mas com o propósito contrário, qual seja o de desfazer o vínculo contratual. Quanto à *denúncia* (resilição unilateral), trata-se do "meio próprio" de dissolver *contratos de duração* vigentes por *tempo indeterminado*. Explica Orlando Gomes, "se não fosse assegurado o poder de resilir, seria impossível ao contratante libertar-se do vínculo se o outro não concordasse".[37]

Na denúncia unilateral dos contratos de distribuição vigentes indeterminadamente, entretanto, impõe-se a concessão de aviso prévio, com antecedência adequada e compatível com o vulto e com a duração do negócio de distribuição. Mas observados esses requisitos impostos pela boa-fé e a lealdade, a denúncia do contrato é direito fundado nas mesmas razões econômicas e morais que justificam a extinção do contrato no termo ajustado previamente pelas partes. Lembre-se que a provisoriedade do contrato de distribuição é da sua essência, e não coaduna com os princípios gerais do direito privado a sujeição eterna do indivíduo a uma relação contratual.

Neste contexto, em que se reconhece legitimidade à cláusula contratual, que estipula um termo de duração da relação obrigacional, e em que a ausência de lei limitadora da autonomia da vontade é inquestionável, não há como se acolher qualquer pretensão que busque, em face do Judiciário, a manutenção compulsória da franquia ou da concessão mercantil.

Luiz Gastão Paes de Barros Leães adverte que os casos em que se admite "prorrogação e renovação *ex lege*, por configurarem restrições à liberdade de contratar,

36. Orlando Gomes, *Contratos*, cit., 1994, n. 131, p. 169.

37. Ob. cit., n. 145, p. 185.

só prevalecem nas específicas hipóteses legais, e não comportam aplicação extensiva. (...) Fora dessas expressas hipóteses legais, a liberdade de contratar perdura, à margem das limitações autoritárias, que permanecem tópicas. Daí por que a intervenção de um juiz 'que venha a obrigar uma das partes a se vincular contratualmente, reduzindo a autonomia da vontade a um simples ato de obediência, inova totalmente o esquema legal vigente, e, por conseguinte, só pode ser introduzida por força de lei'".[38]

É o que ensina, outrossim, José Frederico Marques ao discorrer sobre os poderes do juiz: "A formação, mudança ou desfazimento de uma relação jurídica, pelas vias jurisdicionais, é excepcional (...) O juiz não intervém, de regra, na formação de um negócio jurídico, para criar direitos, extingui-los ou modificá-los. E se, em determinadas situações, pode a composição da lide se resolver com essa modalidade de tutela jurisdicional, claro que, para refugir esta da normalidade, se torna imprescindível uma particular previsão de lei".[39]

Outras situações interessantes ocorrem quando as partes prevêem um termo final certo, mas desde logo estipulam a possibilidade de prorrogação do contrato, dentro de determinadas condições, ao mesmo tempo em que se assegura a uma das partes a faculdade de não prorrogar o ajuste.

É claro que se o acordo de vontades pode não prever a prorrogação, pode também prevê-la sob condições. O que a boa doutrina adverte é para a possibilidade de o contratante se recusar a conceder a prorrogação de forma injustificável e, portanto, abusiva. Da mesma maneira, a resilição unilateral pode, em determinadas circunstâncias ser vista como caprichosa e, por conseguinte, como lesiva ao outro contratante.

38. Luiz Gastão Paes de Barros Leães, "Denúncia de contrato de franquia por tempo indeterminado", *RT* 719/86, São Paulo, Ed. RT, set. 1995.

39. José Frederico Marques, *Manual de Direito Processual Civil*, v. I, 9ª ed., Rio de Janeiro, Forense, 1987, n. 116, p. 159.

Sempre que o uso do direito subjetivo se faz de forma antiética e com o fito predominante de lesar, o ato do respectivo titular escapa do terreno da licitude e cai no da ilicitude.[40] Surge, então, para o agente o dever de indenizar todos os prejuízos impostos abusivamente à vítima do exercício irregular do direito. Até mesmo nas negociações preliminares, que ainda não chegaram à formação do vínculo contratual, pode ocorrer responsabilidade indenizatória, se o proponente age de forma abusiva, induzindo o oblato a realizar gastos e assumir encargos onerosos fundados na justa expectativa criada por aquele que rompe as negociações caprichosamente.[41]

Não há, porém, abuso de direito na fixação de termo final para o contrato de distribuição. O que pode ser abusivo é a manifestação da vontade de resilir unilateralmente o contrato sem prazo determinado, *sem um aviso prévio* que propicie ao distribuidor um tempo razoável para reorganizar sua empresa.

Quando, porém, o prazo inicial foi razoável para justificar o investimento do distribuidor, quando os bens imobilizados não lhe são inúteis, mesmo após a extinção do contrato de distribuição, e quando o aviso de rompimento ou de não-prorrogação é feito com antecedência prevista no próprio contrato e com a concessão de prazo suficiente para a reorganização da empresa do concessionário, não se pode atribuir ao concedente nenhum tipo de ilicitude pelo só fato de não ter prosseguido na relação de

40. "O abuso de direito consiste em um ato jurídico de objeto lícito, mas cujo exercício, levado a efeito sem a devida regularidade, acarreta um resultado que se considera ilícito" (R. Limongi França, *Instituições de Direito Civil*, São Paulo, Saraiva, 1988, p. 883).

41. Mesmo estando no exercício de um direito, o agente responderá pela reparação do dano "se o exercício desse direito teve por finalidade evidente a de prejudicar a outrem" (Código Civil austríaco, art. 1.295, 2ª parte). Ou, o abuso de um direito não é protegido pela lei, porque "cada qual é obrigado a executar suas obrigações segundo as regras da boa-fé" (Código Civil suíço, art. 2º).

distribuição. Tudo terá se passado dentro da normalidade do contrato e sob a observância dos princípios da lealdade e boa-fé. Logo, não haverá lugar para o concessionário exigir do concedente nenhum tipo de indenização.

É o que conclui o Professor Álvaro Villaça Azevedo em parecer emitido sobre a validade da cláusula de denúncia em contrato de distribuição:

"A justiça contratual, sendo o contrato a verdadeira *lex privata*, deve realizar-se, tanto quanto possível, nos moldes pactuados.

"Por outro lado, a cláusula sob estudo está indene de abusividade.

"Realmente, pois, a par da igualdade no exercício do direito de resilir, concedido a ambas as partes contratantes, nenhum desequilíbrio nela existe. Os contratantes estabelecem prazo longo de duração contratual (sessenta meses), concordam com o prazo para a denúncia bem razoável, de cento e oitenta dias do vencimento do contrato ou de qualquer de suas prorrogações. Ao lado do investimento está a certeza do êxito de revender produtos de alta qualidade, de marca consagrada no mercado. O distribuidor tem tempo suficiente para reaver seu investimento, com possibilidade de renovação contratual."[42]

Nesse contexto, pode-se concluir que, segundo as regras gerais do direito privado, aplicáveis aos contratos atípicos ou aos típicos que não tenham regra específica sobre a sua extinção, os contratos de distribuição em geral podem ser denunciados na forma prevista na avença, exigível apenas um pré-aviso razoável conforme os ditames da boa-fé e dos usos e costumes comerciais, sem necessidade de declinar justa causa, e a qualquer tempo, depois de escoado o termo inicialmente fixado, ou depois de transcorrido o prazo em tese suficiente para o retorno dos investimentos exigidos, quando a sua duração for indeterminada.

E, "qualquer das partes contratantes, agindo desse modo, estará praticando ato lícito, não podendo ser responsabilizada a pagamentos de perdas e danos".[43]

VII — Direito comparado

No direito francês, que como o brasileiro, não dispõe de uma regulamentação geral para o contrato de distribuição, e, portanto, o submete à doutrina geral das obrigações, as soluções para a ruptura do vínculo contratual podem ser assim resumidas:

a) "se o contrato é de duração determinada, ele deve ser conduzido a seu termo, e no vencimento, nenhuma das partes tem a obrigação de renová-lo";

b) "os tribunais, de ordinário, não consideram a não renovação do contrato pelo concedente como *abuso de direito*, mas como exercício de um direito contratual";

c) "se o contrato é de duração indeterminada, os contratantes podem resili-lo de maneira unilateral, salvo abuso de direito de sua parte".[44]

Doutrina e jurisprudência francesas são acordes em afirmar que é regra que o direito de resilir o contrato de distribuição por tempo indeterminado se exerce sem que seu autor tenha que justificar o motivo legítimo. Trata-se de direito inerente aos contratos de duração indeterminada, sem o qual o vínculo se tornaria perpétuo.[45]

Há, porém, algumas exceções, impostas pela ordem pública ao exercício do direito de romper o contrato. Na França, o agente ou representante comercial, tal como entre nós, tem direito à indenização pela denúncia unilateral do contrato, salvo exis-

42. "Validade de denúncia em contrato de distribuição sem pagamento indenizatório", *RT* 737/106, mar. 1997.

43. Álvaro Villaça Azevedo, ob. cit., p. 107.

44. Dutilleul e Delebecque, ob. cit., ns. 946 e 947, pp. 776-777.

45. Martine Behar-Touchais e Georges Virassamy, *Les Contrats de la Distribution*, Paris, LGDJ, 1999, n. 338, pp. 155-156.

tência de falta grave. Trata-se de indenização objetiva, imposta por lei.

Os demais contratos de distribuição se sujeitam à regra geral que garante às partes o direito de libertar-se do vínculo contratual vigente por prazo indeterminado, sem que se obrigue ao pagamento de qualquer indenização. O exercício desse direito, porém, se submete ao controle do abuso, que permite se impor ao autor de uma ruptura abusiva o pagamento de perdas e danos.[46]

De fato, a Corte de Cassação francesa freqüentemente reconhece o exercício regular de um direito tanto na denúncia unilateral do contrato de prazo indeterminado quanto na recusa da renovação dos contratos de distribuição, quando do advento do termo fixado pelas partes, conforme farta citação encontrada nos textos sobre franquia e distribuição em geral.[47]

Podem-se resumir as tendências do direito francês, que muito se aproximam daquelas seguidas também pela jurisprudência brasileira, na afirmação de que a não continuidade da concessão, por iniciativa do concedente, dentro do termo do contrato e da lei, não representa fonte do dever de indenizar, em favor do concessionário. Haverá tal reparação apenas quando a conduta do concedente estiver contaminada de ilegalidade ou ofensa às regras contratuais, ou, ainda, quanto se caracterizar como *abuso de direito*.

Também nesse sentido se pronunciam a doutrina e jurisprudência argentinas: "una vez que el concesionario tuvo oportunidad de amortizar su inversión y de supuestamente lucrar con ella, la rescisión dispuesta por el concedente no puede reputarse abusiva en los términos del art. 1.071 del Cod. Civ., lo contrario importaría un premio excesivo para el concesionario, quien esperaría indefinidamente la rescisión para de esa forma resultar indemnizado, sin ánimo de mejorar su actividad comercial, máxime cuando no ignoraba el riesgo de que ello sucedería en el momento de contratar y que dicha cláusula también podría ser ejercida por él mismo, si hubiere preferido ser concesionario de otra marca".[48]

Os italianos também se perfilham, como os franceses, aos defensores da liberdade de denúncia unilateral dos contratos de distribuição. Mauro Bussani e Paolo Cendon alertam que, a despeito de ser preocupante o prejuízo que uma ruptura abusiva por parte do franqueador possa causar ao franqueado, há de se descartar, por ilógica, a viabilidade de uma solução jurídica que implique na supressão dessa liberdade, através da prorrogação *ope iuris* ou *ope iudicis* do contrato. *In verbis*: "Orbene, le ragioni che militano contro una forzata 'stabilizzazione' del *franchising* — contro, cioè, le proroghe ope iuris od ope iudicis dello stesso — hanno sicuramente con sé tanto la logica economica quanto quella giuridica. Dal primo punto di vista, é assurdo pensare di imporre ad un sistema distributivo la presenza ostinata di franchisees che siano — per ipotesi — poco efficienti, o che operino in zone dove il mercato si rivela saturo, o comunque non più adatto ad assorbire una gamma data di beni o servizi. Sotto il profilo giuridico, poi, un principio ben saldo nel diritto dei contratti è proprio quello secondo cui tutti i rapporti di durata, per loro natura, sono destinati prima o poi a estinguersi, su iniziativa dell'uno o dell'altro fra i contraenti (art. 1373 c.c.) (...)".[49]

46. Idem, ns. 338 e 339, pp. 155-157.

47. Mais de uma dezena de arestos são citados por Martine Behar-Touchais e Georges Virassamy, ob. cit., n. 336, pp. 153-154.

48. Hocsman, *Contrato de Concesión Comercial*, cit., p. 144, nota 70.

49. Mauro Bussani, Paolo Cendon, *I Contratti Nuovi*: *"Leasing"*, *"Factoring"*, *"Franchising"*, Milão, Giuffrè, 1989, p. 467. Tradução livre da autora: "Ora, as razões que militam contra uma estabilidade forçada da franquia — contra, isto é, a prorrogação *ope iuris od ope iudicis* da mesma — têm seguramente consigo tanto a lógica econômica quanto a jurídica. Do primeiro ponto de vista, é absurdo pensar em impor a um sistema de distribuição a presença obstinada de franqueados que sejam — hipoteticamente — pouco eficientes, ou que operem em zonas onde o mercado se revela saturado, ou de qual-

Nota-se alguma tendência no sentido de considerar abusiva toda e qualquer denúncia dos contratos de duração no direito norte-americano. Baldi, porém, adverte: "Non può non destare perplessità peraltro una certa tendenza giurisprudenziale e legislativa americana volta a condizionare il mancato rinnovo del contratto a tempo determinato scaduto, alla sussistenza di una 'good cause'. Non vedo infatti come si possa consentire ad un contratto scaduto, e senza una clausola di rinnovo automatico, di continuare a restare in vigore dopo la scadenza, senza il consenso delle parti".[50] O autor conclui que, configurando violação aos princípios da boa-fé, a solução de direito deve ser encontrada no instituto da responsabilidade civil, segundo a teoria do abuso no exercício do direito.

O que se tem exigido para afastar a abusividade da denúncia unilateral do contrato é a concessão de aviso prévio suficiente ao encerramento dos negócios ou a sua adaptação a uma nova atividade, que seja conforme a natureza do contrato, aos costumes e à boa-fé. É o que prevê, por exemplo, o anteprojeto do Código Europeu dos Contratos, em seu art. 57, item 2.[51]

A imposição de uma renovação contratual, ou mesmo o condicionamento de sua resilição a uma justa causa arrolada em lei, não é, nem mesmo, uma solução *de lege ferenda*. Tal sorte de intervenção do Estado não recomenda nem os fins sociais nem as peculiaridades econômico-jurídicas dos contratos de distribuição. A tendência que se pode observar nos ordenamentos jurídicos alienígenas repete-se no direito brasileiro: deve-se submeter as variadas espécies de contratos de duração, típicos ou não, inclusive os de distribuição, a cláusula geral que garanta à parte denunciada um aviso prévio e um prazo razoável para execução do próprio contrato, conforme se lê do texto do art. 473 do Projeto de Código Civil, *verbis*:

"Art. 473. A resilição unilateral, nos casos em que a lei expressa ou implicitamente o permita, opera mediante denúncia notificada à outra parte.

"Parágrafo único. Se, porém, dada a natureza do contrato, uma das partes houver feito investimentos consideráveis para a sua execução, a denúncia unilateral só produzirá efeito depois de transcorrido prazo compatível com a natureza e o vulto dos investimentos."[52]

Pode-se dizer acertada a opção do legislador brasileiro por não interferir no equilíbrio dos contratos de duração, deixando as questões da duração e das indenizações de fim de contrato ao inteiro arbítrio das partes, sujeitando-as ao controle e análise concreta, que, em caso de abuso de direito, restabelecerá o equilíbrio das partes, através da apuração da responsabilidade civil segundo os princípios e regras da boa-fé e da lealdade.

VIII — A posição da jurisprudência

A respeito da liberdade de denunciar o contrato, especificamente, a jurisprudência pátria tem sido invariavelmente no sentido de se respeitar a força vinculante do contrato e o termo ajustado livremente pelas partes. Mantém intocável a liberdade da parte de contratar e de extinguir o contrato,

quer modo não mais capaz de absorver uma certa gama de bens ou serviços. Sob o aspecto jurídico, pois, um princípio bem consolidado no direito dos contratos é exatamente aquele segundo o qual todas as relações de duração, por sua natureza, são destinadas, mais cedo ou mais tarde, a extinguir-se por iniciativa de um ou de outro contratante (art. 1.373, CC) (...)".

50. Roberto Baldi, *Il Contratto di Agenzia. La Concessione di Vendita. Il "Franchising"*, 6ª ed., Milão, Giuffrè, 1997, p. 139.

51. "Se nos contratos de execução contínua ou periódica as partes não fixarem termo final, cada uma delas pode pôr fim ao contrato através de uma comunicação endereçada à outra parte, concedendo-lhe um aviso prévio que seja conforme a natureza do contrato ou aos costumes, ou a boa-fé" (*Code Européen des Contrats: Avant-Projet*, Milão, Giuffrè, 1999, p. 24) (tradução livre dos autores).

52. Projeto de Lei 118, de 1984; 634/75, na Casa de origem.

seja no seu termo final, seja através da denúncia unilateral do contrato de tempo indeterminado, seja, finalmente, através da negativa de renovação contratual.

O Tribunal de Justiça do Paraná, por exemplo, teve oportunidade de apreciar um processo em que uma empresa distribuidora pleiteava, contra a fabricante, uma medida de antecipação de tutela que lhe garantisse, após o termo final do contrato, a prorrogação do vínculo por prazo indeterminado.[53]

Tratava-se de um contrato de distribuição de bebidas, no qual se fixara prazo de vigência de cinco anos e cláusula de renovação automática por igual período, caso as partes não manifestassem com antecedência de 180 dias o seu propósito de extinguir a relação. No curso do segundo contrato, que se renovara automaticamente, a fabricante, tempestivamente, deu ciência à empresa distribuidora da sua intenção de não mais prorrogar a avença. Esta, porém, através de notificação, pretendeu prorrogar unilateralmente a relação obrigacional por prazo indeterminado. O descompasso de vontades deu origem a duas ações.

Em uma das ações, a fabricante e fornecedora das bebidas pleiteou a declaração da extinção do vínculo no termo final fixado no contrato e a antecipação da tutela para compelir a distribuidora a abster-se da prática da distribuição de seus produtos e do uso da sua marca, sob pena de multa.

A distribuidora de bebidas, na outra ação, formulou a pretensão declaratória da nulidade da notificação e a manutenção forçada do contrato por prazo indeterminado.

As ações foram reunidas e o juiz de primeira instância concedeu antecipação de tutela à fabricante. Inconformada, a distribuidora ofereceu agravo de instrumento que foi julgado improcedente aos seguintes fundamentos: "Ora, os contratos livremente estipulados e aceitos pelas partes, não sofrendo nenhum vício capaz de lhe ser oposto, são para serem cumpridos. A agravante busca substituir a Brahma como parte, pelo Judiciário, e, assim, contra o princípio da liberdade de contratar, impor, segundo seu interesse, um verdadeiro contrato perpétuo, invertendo o direito livre das partes de contratar, por obrigação. Vencido o contrato livremente pactuado, não podendo uma das partes obrigar a outra a prosseguir com a avença, o conteúdo da relação jurídica se esvaiu e finda se apresenta a relação comercial até então existente".

Em outro aresto, a 4ª Câmara Cível do mesmo pretório paranaense consignou, *verbis*: "É descabida a decisão liminar, proferida em medida cautelar inominada, que obriga uma das partes a continuar cumprindo contrato já expirado e contra a sua vontade. A Constituição Federal expressamente consagra o princípio da legalidade, ao prescrever que 'ninguém será obrigado a fazer ou deixar de fazer alguma coisa senão em virtude de lei (art. 5º, inc. II)'".[54]

Escorando-se na autonomia das partes para fixar o prazo contratual e na força obrigatória do pacto, concluiu, no mesmo sentido do pretório paranaense, o Tribunal de Justiça do Rio de Janeiro, afirmando que, nos contrato de distribuição exclusiva de bebidas com cláusula de resilição mediante prévio aviso, não tem o distribuidor direito à renovação compulsória: "*Contrato de distribuição exclusiva de bebidas. Cláusula de resilição, com prévio aviso. Denúncia vazia regularmente efetivada.* Não tem o distribuidor, em tal tipo de contrato, direito a renovação compulsória do ajuste. Pedido improcedente".[55]

53. TJPR, AgInst 53.387-9, 3ª CC, rel. Des. Luiz Perrotti, ac. 25.2.1997, agte.: Dibebidas Distribuidora de Bebidas S/A e agda.: Cia. Cervejaria Brahma.

54. TJPR, AI 47.522-1, 4ª CC, rel. Des. Antônio Lopes Noronha, ac. 29.5.1996. No mesmo sentido: TJPR, AgRg 47.522-1/01, 4ª CC, rel. Des. Antônio Lopes de Noronha, ac. 29.5.1996; TJPR, ap. 54.424-1, 5ª CC, rel. Des. Fleury Fernandes, ac. 24.6.1997.

55. TJRJ, ap. 3.529/93, 5ª CC, rel. Des. Marcus Faver, apte.: Canedo Petrópolis de Bebida Ltda. e apda.: Cia. Cervejaria Brahma.

O Tribunal de Alçada de Minas Gerais, apreciando um caso em que o contrato de distribuição previa, expressamente, a impossibilidade de renovação do contrato após o termo final, consignou que "a cláusula excludente de renovação tácita é clara, não exigindo esforço hermenêutico ampliativo ou explicativo, eis que apoiados nos arts. 130 e 131 do Código Comercial Brasileiro". Por tais motivos julgou improcedente a pretensão da distribuidora de obter, em liminar cautelar, a manutenção do contrato.[56]

O TJSP, outrossim, já apreciou tema idêntico concluindo que "não se reveste de legalidade a liminar concedida com o fim precípuo de forçar a fornecedora a cumprir contrato verbal e por tempo indeterminado, já rompido".[57]

Se, por um lado, a jurisprudência tem sido firme e uníssona acerca da impossibilidade de se impor a prorrogação compulsória de um vínculo contratual, por outro, têm sido fartos igualmente os julgados que vislumbram no ato da denúncia unilateral ou da simples recusa de prorrogar ou renovar o contrato de prazo certo o simples exercício regular de um direito. E, na ausência do ato ilícito, os pretórios têm se recusado firmemente a conceder indenizações aos distribuidores renitentes.

Obviamente que premissa inafastável da regularidade do exercício de direito de se desvincular do contrato é a observância da concessão de aviso prévio, no prazo ajustado no contrato ou, sendo esse omisso, no prazo razoável e compatível com o vulto, a duração e a complexidade da atividade de distribuição.

Nesse sentido, já decidiu inúmeras vezes o Tribunal de Alçada de Minas Gerais, em uma série de casos de uma mesma fabricante de cervejas, que para reorganizar sua rede de distribuição nacional, com critérios de eficiência e racionalidade, ao termo final previsto no contrato, e com a antecedência ali acordada, denunciou a sua intenção de não mais renová-lo. Em algumas hipóteses, tratava-se do primeiro contrato firmado por prazo certo de cinco anos. Em outras, o contrato já havia sofrido renovação por igual prazo. Em todas elas, porém, o contrato previa a possibilidade de qualquer das partes se opor à recondução do contrato por igual período, desde que promovesse a notificação da parte contrária com antecedência mínima de 180 dias do termo final ajustado.

Dentre os vários arestos proferidos, destaca-se o que se transcreve a seguir, capaz de reunir os fundamentos principais de todos eles:

"O contrato, em face da sua força vinculante, que liga as partes imperiosamente às suas cláusulas e condições, em paralelo à sua função econômica, aponta uma outra função, civilizadora em si, e, sobretudo, educativa. Aproxima ele os homens e abate as diferenças. Enquanto o indivíduo admitiu a possibilidade de obter o necessário pela violência, não pode apurar o senso ético, que somente veio a ganhar maior amplitude quando o contrato convenceu das excelências de observar normas de comportamento na consecução do desejado. Dois indivíduos que contratam, mesmo que se não estimem, respeitam-se. E enquanto as cláusulas são guardadas, vivem em harmonia satisfatória, ainda que pessoalmente não se conheçam.

"Num outro sentido vinga a função social do contrato: na afirmação de maior individualidade humana. Aquele que contrata projeta na avença algo de sua personalidade. O contrato tem a consciência do seu e do direito como concepção abstrata. Por isso, realiza dentro das suas relações privadas um pouco da ordem jurídica total. Como fonte criadora de direito, o contrato assemelha-se à lei, embora de âmbito mais

56. TAMG, AgrInst 172.772-2, da Comarca de Belo Horizonte, ac. un. da 2ª CC, em 18.10.1994, rel. Juiz Carreira Machado, agte.: Cervejarias Reunidas Skol Caracu S/A e agdo.: Distribuidora Miranda Ltda.

57. TJSP, AI 96.551-4, 7ª CC, rel. Des. Oswaldo Breviglieri, ac. 11.11.1998, *JUIS-Saraiva* 19.

restrito. Os que contratam assumem, por momento, toda a força jurígena social. Percebendo o poder obrigatório do contrato, o contraente sente em si o impulso gerador da norma de comportamento social, e efetiva esse impulso. (...)

"Pretende ainda a apelante se ver ressarcida pela formação do fundo de comércio, sob alegação de que foi constituído, durante mais de 20 anos de dedicação e trabalho, e ainda pelos danos morais havidos pela repentina rescisão, de iniciativa da apelada.

"Arrima-se tal pretensão basicamente, no art. 159 do Código Civil, que institui a responsabilidade civil indenizatória, decorrente de ato ilícito. (...)

"É inegável, pois, que se deve apurar a existência do ilícito, cometido com a intenção manifesta de violar o direito de outrem, pretendendo-lhe um resultado prejudicial, ou ainda, quando assume o agente a prática do ato ou omissão, que foge da norma de conduta comum, procedimento perigoso, que, por negligência ou imprudência, causa dano a terceiro. (...)

"Ademais, como os direitos existem em razão de uma finalidade social e como tal devem observar os seus objetivos, no seu exercício poder-se-ia argumentar que ocorrera, *in casu*, a extrapolação do limite do exercício do direito, de modo abusivo, em contravenção a um dever, ou além dos limites das prerrogativas que lhe são conferidas, pela prática do abuso de direito, inclusive do poder econômico. (...)

"Atribuir à apelada obrigação de reparar os possíveis prejuízos alegados na inicial, simplesmente por ter exercido seu direito de desvencilhar-se do compromisso assumido por contrato, contraria profundamente a noção de responsabilidade civil indenizatória agasalhada em nossa Lei Civil.

"Ora, a caracterização de abuso de direito é delicada e difícil. Predomina o entendimento de que abusa de seu direito aquele que o exercita não para proveito próprio, mas, unicamente, para causar um prejuízo a outrem, não se verificando tais fatos dentro dos autos.

"Qualquer das partes, em princípio, mediante prévia notificação, poderia extinguir a relação contratual por denúncia unilateral, conforme cláusula expressa inserta no contrato de f. 63/69-TA. Só em traduzindo manifesto abuso de direito, em excesso do exercício do direito, a denúncia do contrato de concessão por tempo indeterminado obrigaria ao pagamento da indenização, o que indubitavelmente não se estampa nos autos, no confronto do citado contrato que foi concebido por tempo determinado, fato que se erige sem qualquer dúvida, com a sua denúncia, que lhe põe termo, por resilição' (voto do Juiz Duarte de Paula) (...)

"Com efeito, a ruptura da avença tinha expressa previsão no contrato formalizado entre as partes e que, de forma sucessiva, vinha sendo renovado.

"O prazo de notificação de 180 (cento e oitenta) dias foi fielmente observado pela apelada que, não mais interessada na manutenção do vínculo, manifestou de forma inequívoca a intenção de interrompê-lo.

"Ora, não vislumbro nesse comportamento qualquer ilicitude que justificasse o acolhimento do pleito indenizatório deduzido pela autora nesta demanda, visto que o contrato é acordo de vontades e, inexistindo esta, desaparece o elemento essencial que rege o direito contratual.

"Ademais, não há contrato eterno, e as suas disposições podem e devem ser alteradas pelas partes em razão da velocidade das transformações sociais que, inevitavelmente, geram repercussão no mundo dos negócios.

"A apelante tinha plena consciência de que representava com exclusividade um produto de alcance e penetração nacional, quiçá mundial. Usufruiu dessa exclusividade com os lucros auferidos, o que também se dera em virtude de sua competência e zelo no cumprimento da representação a que se vinculara.

"Sucede que, de forma legítima, a apelada não mais se interessou pela manutenção desses vínculos (*sic*), e tais motivos, que se confundem com sua própria vontade, não podem servir de sustentáculo para qualquer pretensão indenizatória, sobretudo ante a ausência de comportamento ilícito que pudesse conduzir a essa conclusão. (...)

"Ressalte-se que a atividade comercial pressupõe riscos.

"Este risco foi assumido de forma deliberada e a ele não se opôs a apelante em nenhum momento do vínculo contratual, não podendo agora, ao ensejo de sua rescisão, requerer o pagamento de indenização, mormente por não evidenciado qualquer comportamento ilícito partindo da apelada (voto do Juiz Dorival Guimarães Pereira)."[58]

No mesmo sentido encontram-se ainda vários acórdãos da respeitável Corte mineira, que unissonamente consignam: "Se os atos reputados como prejudiciais ao patrimônio do autor de demanda indenizatória decorrem do regular cumprimento do contrato de distribuição e revenda de produtos industrializados, cujo instrumento prevê cláusula expressa no sentido de admitir que qualquer das partes, mediante prévia notificação, rescinda unilateralmente a relação negocial, há que se afastar a obrigação de reparar".[59]

No Paraná, o Tribunal de Justiça decidiu, consoante a tradição do direito brasileiro, que "havendo o contrato de distribuição e revenda exclusiva de bebidas previsto expressamente a possibilidade de resolução por denúncia vazia de qualquer das partes, não está obrigada a indenizar a concessionária a concedente que a notifica com antecedência de seis meses, prevista na convenção. Trata-se de avença atípica, onde tem plena validade a referida cláusula que não é contrária à lei ou aos costumes comerciais".[60]

Os Tribunais, porém, não afastam a possibilidade de se constatar eventuais desvios e abusos no exercício desse direito subjetivo de denunciar o contrato. Mas nem sempre se pode afirmar que a teoria do abuso do direito tenha sido aplicada com propriedade e adequação.

Reconhecendo abuso de direito na rescisão contratual da mesma espécie de contrato, encontram-se dois arestos[61] do mesmo Tribunal de Alçada mineiro, julgados em conexão que, amparados na doutrina de Rubens Requião,[62] afirmam que a simples falta de indicação de qualquer motivo para a rescisão, na denúncia previamente enviada à outra parte (denúncia vazia), enseja rescisão abusiva. É de se notar que nestes dois arestos, o único motivo arrolado foi a falta de motivo da recusa de renovar o contrato, depois de várias renovações. Houve aviso prévio de 180 dias, e o encerramento da relação se deu no dia previsto como termo final no instrumento contratual. Mesmo assim, consignou-se que "configura-se abuso de direito quando do seu exercício resultar prejuízo para outrem, tenha ou não o seu titular a intenção de prejudicar". Ora, não se analisou neste caso nenhuma conduta concreta que ferisse um dever de lealdade. Partiu-se da premissa — equivocada *data venia* — de que toda denúncia imotivada de contrato de distribuição de longa duração é abusiva. E mais, institui-se como

58. TAMG, 3ª CC, ap. 225.851-7, rel. Juiz Duarte de Paula, ac. un. de 11.12.1996.

59. TAMG, 3ª CC, ap. 279.384-2, Comarca de Mateus Leme, ac. un. de 26.5.1999, rela. Juíza Jurema Brasil. No mesmo sentido: TAMG, 2ª CC, ap. 234.807-8, Comarca de Mateus Leme, rel. Juiz Carreira Machado, ac. un. de 30.9.1997; TAMG, 4ª CC, ap. 205.547-2, Comarca de Belo Horizonte, ac. un. de 6.3.1996, rela. Juíza Maria Elza.

60. TJPR, ap. cível 64.897-7, Comarca de Curitiba, rel. Des. Fleury Fernandes, ac. un. de 19.2.1998.

61. TAMG, 6ª Câmara Cível, ap. cível 227.564-7, em conexão com ap. cível 227.563-0, da Comarca de Mateus Leme, ac. não unânime de 3.4.1997, rel. Juiz Maciel Pereira.

62. Rubens Requião, "O contrato de concessão de venda com exclusividade", *Revista Forense* 239/5-23, Rio de Janeiro, Forense, ano 68, jul.-set. 1972.

único critério de identificação do abuso o seu efeito: causar prejuízo. A se sustentar tal ordem de idéias, a teoria subjetiva adotada pelo Código Civil estaria completamente derrogada, e instituída em nosso sistema ficaria a responsabilidade objetiva como regra geral. Com efeito, a teoria do abuso do direito não encontrou nesse caso sua melhor aplicação, e serviu de exacerbado protecionismo ao distribuidor, contrariando o fim econômico da concessão comercial, os princípios da autonomia da vontade e da obrigatoriedade dos contratos e as normas legais que regulam a responsabilidade civil no Brasil.

Se no caso concreto havia alguma circunstância que denotava abuso da posição dominante, então o Tribunal deveria tê-la explicitado, para justificar o reconhecimento do ato ilícito, mas jamais poderia ter instituído a responsabilidade civil objetiva sem o pressuposto de lei que a estabelecesse. Trata-se, sem dúvida, de entendimento isolado, que não tem o condão de manifestar uma tendência jurisprudencial, nem mesmo uma divergência.

Diferente foi a decisão do Tribunal de Justiça do Rio Grande do Sul, que reconheceu abuso na rescisão de um contrato verbal de distribuição que perdurava por 45 (quarenta e cinco) anos.[63] Por aviso escrito, comunicava a fornecedora que iria reformular a organização do serviço de distribuição para melhor atender aos próprios interesses e da freguesia local e que, portanto, em 90 dias, as relações entre eles estariam encerradas. O Tribunal estadual julgou abusiva a ruptura por considerá-la abrupta e "notoriamente insuficiente, consideradas as características da concessão, o seu grau de integração na rede de concessionárias da apelada, o objeto da revenda e o longo tempo de sua duração".

A fornecedora tentou, no curso do processo, provar que o relacionamento entre as empresas não configurava contrato de distribuição, e que a denúncia tinha justos motivos na ineficiência e desinteresse de seus serviços. Mas o aresto reconheceu o dever de indenizar, porque o prazo exíguo não deu à autora chance alguma de adaptar a empresa à nova realidade, consignando que "essa ruptura a colocou fora do comércio de bebidas, com perda do ponto e do fundo de comércio que construiu nesses 45 anos de concessão, da clientela que se formou e, ao mesmo tempo, a ruptura não lhe proporcionou sequer oportunidade de discutir condições para vender o seu estoque à nova revendedora (...) e ceder o lugar conquistado com tantos anos de trabalho profícuo" e "forçou a apelante a encerrar suas atividades, abrindo mão, em favor da nova concessionária, inclusive da locação do prédio onde funcionava, e independente do pagamento do valor correspondente ao fundo de comércio". O Supremo Tribunal Federal, desafiado a se pronunciar sobre o feito, inadmitiu o recurso extraordinário, alegando que o julgado se baseara em abuso do direito em face das provas produzidas nos autos, as quais são insuscetíveis de reapreciação na instância rara.

Com efeito, nesse caso específico, não se pode fazer reparos de direito à adoção da teoria do abuso do direito. Desconsiderados os fatos, mesmo porque não investigados para o fim do presente estudo, o raciocínio adotado é irrepreensível. Se havia o dever de lealdade, respeito, e consideração para com os interesses legítimos da outra empresa que distribuíra produtos da fabricante por quase meio século, e o aviso prévio não correspondia às necessidades concretas do caso, a indenização decorrente da falta cometida pela contratante era de se impor. A indenização, no caso, foi arbitrada para devolver ao distribuidor aquilo que haveria de conseguir na hipótese de uma resilição com termo suficiente

63. Os trechos do aresto do TJRS transcritos foram extraídos do acórdão do STF, quando da apreciação do recurso extraordinário interposto pela fornecedora contra a condenação sofrida em face do Tribunal Estadual: RE 95.052-RS, 1ª T., rel. Min. Néri da Silveira, ac. un. de 26.10.1984, *Revista Trimestral de Jurisprudência* 133/326-340, Brasília, STF.

para a negociação de seu fundo de comércio.

IX — Rescisão por violação ao contrato

Entre o fabricante e o concessionário estabelecem-se obrigações e direitos recíprocos, de sorte que a concessão mercantil deve ser havido como bilateral; dentro da classificação tradicional dos contratos.

Como ressalta Heriberto S. Hocsman, "el contrato de concesión comercial es un contrato *bilateral*, oneroso, consensual, conmutativo, no formal, de tracto sucesivo, principal, nominado, atípico, de empresa, de colaboración".[64]

A natureza sinalagmática do contrato de concessão comercial submete-o ao princípio do *pacto resolutório tácito* a que alude o art. 1.092, parágrafo único, do Código Civil, onde se prevê que: "A parte lesada pelo inadimplemento pode requerer a rescisão do contrato com perdas e danos".

Mesmo que o contrato bilateral não cuide diretamente da cláusula resolutória, o princípio legal que dela se ocupa incide: "aun en el caso de ausencia de esse pacto (ley comisoria) si en definitiva se configura el incumplimiento del deudor, entrará en juego (facultativamente), a través de una expresa declaración de voluntad de la contraparte, el pacto comisorio tácito o legal".[65]

Em se tratando de um direito potestativo que nasce de expressa previsão legal, não tem o contratante prejudicado de dar pré-aviso e de apresentar outras razões para justificar a rescisão além da infração contratual praticada pelo inadimplente. O efeito resolutório, na espécie, "deriva del contenido del contrato, condicionado por el incumplimiento (y su gravedad) del deudor".[66]

Não havendo dúvida de que o pacto comissório legal incide sobre o contrato de concessão comercial,[67] é inegável a faculdade que tem o concedente de proceder à rescisão do vínculo contratual sem indenização e sem aviso prévio, quando o concessionário infringir gravemente suas obrigações convencionais. *In casu*, quem tem direito a perdas e danos é o concedente e não o concessionário (Código Civil, art. 1.092, parágrafo único).

Nesse sentido é a jurisprudência do Superior Tribunal de Justiça: "*Concessão comercial. Rescisão do contrato. Justa causa.* Demonstrado no processo que a concessionária dera causa à resilição do contrato, descabe o pedido de indenização".[68]

Justifica-se, por isso mesmo, a dispensa de pré-aviso pelo concedente sempre que "mediar un incumplimiento grave de la outra parte".[69] A resolução do contrato bilateral infringido pelo devedor somente depende da manifestação de vontade da parte prejudicada. Manifestada esta, seus efeitos operam de imediato, ou seja, desde que, com apoio nas regras contratuais, a resilição seja comunicada ao inadimplente.[70]

No mesmo sentido se posiciona a doutrina francesa ao afirmar que "a exigência de um aviso prévio escrito não se aplica no caso de existir uma cláusula de resilição por inexecução", que denote falta grave ou possa gerar responsabilidade do fornecedor perante terceiros.[71]

X — Inaplicabilidade das Leis 4.886/65 e 6.729/79 aos contratos de distribuição

A Lei 4.886/65, relativa ao contrato de representação comercial, e a Lei 6.729/

64. *Contrato de Concesión Comercial*, Buenos Aires, La Rocca, 1994, p. 47.

65. Augusto Morello, *Ineficacia y Frustración del Contrato*, Platense-Abeledo-Perrot, La Plata, Buenos Aires, 1975, pp. 124-125.

66. Hocsman, ob. cit., p. 223.

67. Hocsman, ob. cit., p. 224.

68. STJ, 4ª T., REsp 79.636-RS, rel. Min. Ruy Rosado de Aguiar, ac. 27.2.1996, *DJU* 22.4.1996, p. 12.579.

69. Hocsman, ob. cit., p. 222.

70. Hocsman, ob. cit., p. 222, nota 9.

71. Behar-Touchais e Virassamy, ob. cit., n. 348, pp. 161-162. Os autores citam diversos acórdãos

79, referente à concessão mercantil de veículos automotores, às vezes são invocadas em demandas sobre contratos comuns de distribuição, concessão mercantil ou franquia empresarial, a pretexto de analogia.[72]

Deve-se lembrar, porém, que a lei que cria regime jurídico excepcional para um só tipo de contrato não se presta a servir de padrão para generalizar a norma especial nela contida, pois isso importaria contrariar sua própria natureza, tornando regra geral aquilo que o legislador quis dispor apenas a título de exceção.

Nessa ordem de idéias, Orlando Gomes considera praxe "condenável" a de certas sentenças que procuram solucionar litígios acerca de contratos à luz do "esquema de contratos típicos, em vez de recorrerem aos princípios gerais do direito contratual".[73]

A analogia, para contratos atípicos e genéricos somente é possível com outros institutos que seguem regras gerais e não para aqueles que o legislador, intencionalmente, apartou do campo comum da regulamentação obrigacional. Merece ser lembrada, a propósito, a lição de Torrente, para quem: "Os casos não previstos pelas normas de exceção são disciplinados pelas de caráter geral, não justificando, portanto, a analogia".[74]

A analogia, como meio de suprir lacunas do ordenamento jurídico, "consiste em aplicar a uma hipótese não prevista em lei a disposição relativa a um caso semelhante".[75]

Não é, todavia, toda e qualquer semelhança que justifica o emprego do critério analógico pelo aplicador da lei. Não basta existir, em duas situações afinidades aparentes ou coincidência de forma. Para incidir a força da analogia, como fonte de direito, torna-se necessário que entre a situação regulada pela lei e a não regulada, ocorra o elemento de identidade *real* ou *essencial*. Explica Maximiliano: "A hipótese nova e a que se compara a ela, precisam assemelhar-se na essência e nos efeitos; é mister existir em ambas a mesma razão de decidir. Evitem-se as semelhanças aparentes, sobre pontos secundários".[76]

Fundamenta a analogia o ideal de igualdade. Ao caos que se assemelhem concreta e substancialmente há de corresponder igual tratamento jurídico. Daí conclui o grande mestre da hermenêutica jurídica que só se pode recorrer à analogia quando há coincidência entre os elementos essenciais na situação regulada pela lei e naquela não contemplada pelo texto legal, e também em seus efeitos, porquanto é um princípio fundamental o que determina: "Não se aplica uma norma jurídica senão à ordem de coisas para a qual foi estabelecida".[77]

Limongi França, seguindo o mesmo princípio, também ressalta: "Nas leis de *ius singulare*, de caráter excepcional, conforme a doutrina, não pode comportar decisão de semelhante a semelhante".[78]

Dentro desse enfoque, a Lei 4.886, de 1965, é afastada do campo do contrato atípico de distribuição ou concessão comercial. Aquela lei teve a função de criar um contrato típico, qual seja, o de representação comercial onde o espírito do instituto gira em torno de um agente não autônomo, enquanto o que caracteriza a distribuição é justamente a autonomia jurídica do concessionário. Com efeito, a Lei 4.886, além de ser norma excepcional, conceitua o repre-

da Corte de Cassação francesa no sentido de que a resolução de pleno direito por inexecução contratual se admite como lícita, respeitada a boa-fé e a lealdade entre os contratantes.

72. As leis especiais em questão prevêem, no âmbito de sua regulamentação, indenizações aplicáveis objetivamente, sem o pressuposto da infração legal ou contratual, para a hipótese de extinção do contrato.

73. *Contratos*, cit., n. 74, p. 102.

74. Andrea Torrente, Piero Schilesinger, *Manuale de Diritto Privato*, 4ª ed., Milão, Giuffrè, 1995, pp. 25-26.

75. Carlos Maximiliano, *Hermenêutica e Aplicação de Direito*, 10ª ed., Rio de Janeiro, Forense, p. 208.

76. Ob. cit., p. 212.

77. Ob. e loc. cits.

78. *Enciclopédia Saraiva de Direito*, verbete "Analogia", v. VI, p. 202.

sentante comercial como o intermediário "que age em nome e por conta da empresa representada, não sendo atingido pelos negócios que agencia".[79] Já o contrato de distribuição, figura atípica da praxe comercial moderna, pressupõe várias empresas atuando conjugadamente na fabricação e revenda de certo produto, mas todos mantendo "sua independência econômica e autonomia jurídica".[80] O distribuidor não agencia vendas para o fabricante. Compra produtos deste e os revende ao consumidor final.

Do mesmo modo, o franqueado não exerce atividade de intermediação. Ele próprio contrata, por sua conta e risco, com o consumidor, a venda de bens ou a prestação de serviços. Tem inteira liberdade de gestão de estoques, de custos e de lucros. Não age, destarte, por conta do fornecedor, nem agencia negócios para este. É proprietário dos bens que aliena, e presta pessoalmente os serviços contratados. Por outro lado, o franqueado tem acesso a valiosos bens que integram o fundo de comércio do franqueador: a marca, o aviamento, ou parte dele, que se transmite com o *know-how*, e uma clientela já cativa ou potencial.

Nos contratos de distribuição, ademais, tanto os investimentos requeridos, quanto à duração do contrato são elementos que integram a equação econômica estabelecida pela autonomia da vontade, que visa a atender todas as expectativas econômico-financeiras dos contratantes.

Ao contrário do que ocorre na representação comercial, nos contratos de distribuição há uma comutatividade equilibrada entre as prestações e os benefícios, que impedem a identidade essencial entre estes tipos contratuais e a representação comercial.

Os dados tipificadores do contrato de representação, destarte, jamais poderiam ser considerados "elementos preponderantes" para permitir a assimilação da concessão comercial ou da franquia pela representação comercial, como adverte Rubens Requião.[81]

Precisamente, por representar o contrato de concessão um contrato de configuração própria e objetivos específicos, conclui Waldirio Bulgarelli, que ele "não se ajusta ao contrato de representação comercial autônoma, conforme disciplinado pela Lei 4.886, de 9 de dezembro de 1965, pois o representante é um intermediário que age em nome e por conta da empresa mandante, consoante se deduz da definição do art. 1º da citada Lei 4.886".[82]

Lembra Bulgarelli que também na doutrina francesa, Jean Hemard ressalta que "os concessionários se apresentam como um comerciante, comprando a um fabricante seus produtos, que ele revende por sua própria conta, e a remuneração que lhe advém não é uma *comissão*, mas um lucro proveniente da diferença entre o preço de compra e o preço de revenda".[83]

Já o representante comercial a que alude a Lei 4.886/65, é um típico intermediário, é aquele comerciante que "se obriga, mediante *remuneração*" (isto é, mediante *comissão*), "a realizar negócios mercantis em caráter não eventual" e em favor de outro comerciante.[84]

Sem nenhuma subordinação ao fabricante, o concessionário revende mercadoria própria, ao contrário do representante comercial que apenas agencia venda para terceiro. No dizer de Rubens Requião, o concessionário ou distribuidor "adquire a mercadoria em grosso, com exclusividade, para negociá-la como sua", e nisso sua figura jurídica se distingue da representação comercial.[85]

Enquanto o contrato de concessão é atípico e, por isso, sujeito à disciplina ge-

79. Requião, ob. cit., p. 23.
80. Requião, ob. cit., p. 210.

81. Ob. cit., p. 23.
82. *Contratos Mercantis*, 1ª ed., São Paulo, Atlas, p. 453.
83. Ob. e loc. cits.
84. Fran Martins, *Contratos e Obrigações Comerciais*, Rio de Janeiro, Forense, 1984, p. 318.
85. *Do Representante Comercial*, 2ª ed., Rio de Janeiro, Forense, p. 261.

ral do direito das obrigações, o contrato de representação comercial, no ordenamento jurídico brasileiro, é *contrato típico*, sujeito à regulamentação de lei própria e especial (Lei 4.886/65, alterada pela Lei 8.420/92), lei esta que cria uma tutela particular para a parte havida como mais fraca na relação contratual, ou seja, o representante.

A existência de lei especial para proteger excepcionalmente o representante comercial faz com que o intérprete tenha de agir sempre com maior atenção para, nos casos concretos, não desviar uma lei de exceção para relacionamentos jurídicos que não são especiais e que, por isso mesmo, não podem ser subtraídos ao comando das normas disciplinadoras dos contratos e obrigações em geral.

João Luiz Coelho da Rocha ressalta a necessidade de distinguir-se o contrato de concessão do contrato de representação comercial e justifica sua advertência justamente com o fato de ter a ordem jurídica brasileira optado por "emprestar à representação comercial esse caráter mais tutelar, provavelmente em apreço à dependência maior do comerciante representante para com aquele que o credencia".[86]

O principal elemento de tutela ao representante comercial, outorgado pela Lei 4.886/65, está na garantia de valores mínimos de ressarcimento a que o representado se sujeitará nos casos de rompimento do ajuste sem justa causa.

Daí a jurisprudência assentar que "não admitiu a Lei 4.886 a rescisão arbitrária, ou denúncia vazia, sendo, por essa razão, ineficaz nos contratos de representação comercial a cláusula que autorize o representado a rescindir o ajuste sem indenizar".[87]

Nos autênticos contratos de concessão ou distribuição, outro é o relacionamento entre o concedente e o concessionário. Inexistindo a subordinação negocial própria da representação, o vínculo obrigacional mantém-se flexível e o revendedor por conta própria não se acha amparado pelas diretrizes protetoras da Lei 4.886/65. O rompimento do contrato, portanto, seguirá os princípios comuns do direito das obrigações, cabendo às partes regularem, com maior liberdade, as cláusulas negociais a respeito da matéria.

No direito comparado encontra-se a mesma diferença de tratamento jurídico para os contratos mercantis *sub examine*. Na Argentina, por exemplo, ensina Heriberto S. Hocsman que:

"El agente es indemnizado cuando se resuelve el contrato de manera unilateral o anticipada, dado que se requiere su conformidad.

"En el caso de la concesión por un plazo determinado se indemniza si ésta se resuelve anticipadamente y en forma arbitraria (sin preaviso, sin justa causa, intempestivamente).

"E cambio, cuando se trata de un contrato por tiempo indefinido, es posible prever en el contrato su denuncia unilateral, y aunque la misma no se previese, las partes lo podrán resolver sin indemnizar, si el derecho no se ejerció de manera irrazonable o abusiva, con un preaviso justificado, permitiendo la amortización del capital invertido (conforme con jurisprudencia reiterada)."[88]

Yves Guyon ensina que, na França, outrossim, não se admite a aplicação analógica da lei protetiva dos representantes comerciais ou agentes (Lei de 25.6.1991) aos contratos de distribuição em geral. Aliás, o autor advoga a inconveniência de uma tal sorte de intervenção legislativa, dizendo-a contrária às necessidades de adaptação célere das redes de distribuição às demandas do mercado consumidor. Por outro

86. "Representação comercial e distribuição comercial — Importância dos traços distintivos", *RDM* 101/116.

87. *RT* 489/159.

88. *Contrato de Concesión Comercial*, Buenos Aires, La Rocca, 1994, pp. 143-144.

lado, continua o respeitável professor, o direito comum das obrigações é capaz de fornecer proteção suficiente e adequada aos concessionários e franqueados contra manobras desleais e abusivas do fornecedor.[89]

A legislação francesa aplicável, pois, à extinção dos contratos de distribuição é a Lei de 1º de julho de 1996, que institui norma geral para os contratos de duração, assegurando aos partícipes um pré-aviso, quando da resilição unilateral, de duração a ser aferida conforme os usos e costumes e as peculiaridades do negócio.[90]

Na Itália, Bussani e Cedon se opõem à aplicação analógica do regime jurídico da representação comercial aos contratos de distribuição em geral e ao de franquia em especial, registrando a impossibilidade de se assemelharem os institutos.[91]

Enfim, não basta a ruptura de um contrato de distribuição pelo fabricante, para que ele se sujeite a uma indenização, tal como se dá no contrato de representação comercial. No relacionamento entre concessionário ou franqueado e fabricante, a indenização eventual não é tarifada em lei e somente acontecerá se houver conduta censurável, por parte do denunciante, tipificável como abuso no exercício de direitos. Nessa hipótese haverá inexecução contratual capaz de justificar a imposição do pagamento das perdas e danos suportados pelo distribuidor. Mas nessa hipótese, somente se ressarcirão prejuízos efetivos, vale dizer danos concretos e comprovados em juízo e não uma quantia objetivamente imposta por lei aplicável a um tipo contratual diverso.

Ora, inexistindo lei específica que imponha dever objetivo de indenizar, qualquer obrigação de pagar há de respeitar os requisitos essenciais do nascimento da responsabilidade civil subjetiva. Ou seja, hão de restar provados o ato ilícito culposo, o dano e o nexo causal que ligue o primeiro ao segundo.

A resilição do contrato, por si só, não autorizará o ressarcimento, ainda que imotivada. O ônus da prova do dano é do distribuidor, dentro da regra do art. 333, I, do CPC.

Tampouco pode pretender-se submeter o universo das concessões comerciais e demais contratos de distribuição ao regime estrito da Lei 6.729/79, concebido que foi como lei excepcional para disciplinar apenas um segmento da economia — a produção e revenda de veículos automotores — onde situações especialíssimas exigiram disciplina também especialíssima e muito peculiar ao volume de recursos e tipo de investimentos que se exigem do revendedor de automóveis.

Toda a doutrina que se deteve sobre o exame do contrato de distribuição chegou a uma só conclusão: a Lei 6.729 é especial e não pode ser aplicada, analogicamente, a situações que não correspondem ao seu objeto.

Destina-se a lei em questão a regular somente a relação jurídica específica travada entre os produtores e distribuidores de veículos automotores de via terrestre como se vê do texto claríssimo de seu art. 1º. Claudineu de Melo, observa, ainda, que: "a distribuição nela regulada difere substancialmente da distribuição objeto deste estudo a partir da idéia político-ideológica que norteia uma e outra. Aquela dispõe cogentemente que toda e qualquer comercialização de veículos automotores de via terrestre realizar-se-á sob concessão comercial, sendo, em conseqüência, vedada qualquer outra forma de comercialização daqueles veículos, inclusive a venda direta pelo fabricante; enquanto a distribuição objeto deste estudo, observado o axioma da justiça concreta, é sempre livremente contratada por fabricante e distribuidores, segundo suas respectivas conveniências, facultado ao primeiro utilizar-se de outras formas de comercialização, diretas ou indiretas.

89. *Droit des Affaires*, n. 814, p. 849.
90. Ibidem, n. 830, p. 865 e n. 835, p. 873.
91. Ob. cit., p. 471.

"Sem razão, portanto, uma certa doutrina que procurou estender, à distribuição em geral, as norma específicas da Lei 6.729/79. Pretender aplicá-las analogicamente, como salientou Miguel Reale (parecer de 23.1.1983), 'equivaleria a converter o intérprete ou aplicador da lei em um *legislador supletivo*, tornando genérica uma lei expressa e explicitamente aplicável às concessões que tenham por objeto veículos automotores terrestres'."[92]

Outra lição importante contra o uso analógico da Lei 6.729, que a pudesse transformá-la em estatuto genérico de todas as concessões comerciais, é a ministrada por Waldirio Bulgarelli: "Com uma regulamentação amplamente especificada não tardaram certas tentativas de aplicação analógica de seus dispositivos (Lei 6.729/79) a outros tipos de concessão para produtos diversos de veículos e tratores, como os de distribuição de bebidas, remédios etc., o que nos parece incabível. É que não há lacuna, como se pretendeu, pois que os demais tipos de concessão ou distribuição não-regulamentados estão no *amplo campo da liberdade contratual e terão de ser regidos pelo sistema da teoria geral dos contratos que se encontra tanto no Código Comercial como no Código Civil*".[93]

Outro não é o magistério de Arnaldo Rizzardo, para quem outros produtos industrializados, que não os mencionados no art. 3º, da lei especial de concessão automobilística, podem perfeitamente ser objeto de contrato de concessão comercial, mas: "A tais convenções tão-somente não se aplica a Lei 6.729".[94]

É o que decidiu o Tribunal de Justiça do Paraná, *in verbis*: "A analogia, para contratos atípicos e genéricos somente é possível com os outros institutos que seguem regras gerais e não para aqueles que o legislador, intencionalmente, apartou do campo comum da regulamentação obrigacional (...) Conclui-se, pois, que aos contratos de distribuição de bebidas e outros produtos em geral, não se aplicam as disposições da Lei 6.729/79, posto que são disposições especiais, de incidência restrita aos seus respectivos objetos, não sendo possível, por critério analógico, tornar regra geral o que o legislador houve por bem tratar apenas como regra especial".[95]

Não há notícia de discrepância jurisprudencial sobre o tema. Além de outras decisões de Cortes estaduais[96] sobre a matéria, o Colendo Superior Tribunal de Justiça, mais elevada autoridade na interpretação da lei federal, já se pronunciou acerca da questão, consignando de forma categórica que: "Contrato de distribuição relativo a informática. Impossibilidade de aplicação analógica de disposições contidas na Lei 6.729/79, a estabelecer uma regulamentação especialíssima para as relações pertinentes 'a concessão comercial entre produtores e distribuidores de veículos automotores de via terrestre'. Trata-se de diploma que estatui conjunto normativo particularmente distinto do direito comum, criando significativas restrições à autonomia da vontade, que não se hão de estender a situações nele não previstas".[97]

Em suma: aos contratos de distribuição em geral não se aplicam as Leis 4.886/65 e 6.729/79, porquanto ambas são leis especiais, de incidência restrita aos seus respectivos objetos, não sendo possível, por critério analógico, tornar regra geral o que o legislador houve por bem tratar apenas como regra especial.

XI — Conclusões

Mais que mero vínculo entre créditos e débitos, o contrato é a manifestação ju-

92. Ob. cit., n. 30, p. 41.

93. *Contratos Nominados — Doutrina e Jurisprudência*, São Paulo, Saraiva, 1995, p. 476.

94. *Contratos*, v. III, Rio de Janeiro, Aide, 1988, p. 1.325.

95. TJPR, ap. cível 64.897-7, rel. Des. Fleury Fernandes, ac. un. da 5ª CC, de 19.2.1998.

96. TAMG, ap. cível 228.699-9, rel. Juiz Lopes de Albuquerque, ac. un. da 5ª CC, de 19.6.1997.

97. STJ, AgRg 43.329-3-SP, rel. Min. Eduardo Ribeiro, ac. un. da 3ª T., de 15.3.1994, publicado no *DJU* de 16.5.1994.

rídica de uma operação econômica que promove a circulação de riquezas, o desenvolvimento econômico e o progresso da comunidade.

Os modernos contratos de distribuição desempenham relevante função de adequação da produção às necessidades do consumo; possibilitam a entrada de pequenos e médios empreendedores no livre mercado, ampliando a saudável concorrência, geram empregos e impostos, e garantem o acesso de consumidores a produtos e serviços de elevada e permanente qualidade, a custos racionalmente reduzidos.

No desempenho coordenado e integrado da distribuição, os diversos integrantes da rede, assimilando tecnologia desenvolvida e testada pelo fornecedor ou obedecendo a um planejamento minucioso, em conjunto com o fornecedor auferem os lucros da atividade comercial, repartindo-a conforme a equação econômica eleita no instrumento firmado de livre vontade por ambos, e durante o tempo que convencionaram como justo e razoável para o retorno dos investimentos necessários.

Daí não se poder negar que, extinguindo-se o contrato ao atingir o termo convencional, qualquer dano ou lucro cessante que uma das partes experimente é reflexo lícito do exercício de um direito subjetivo, que não gera para o seu titular nenhum dever de indenizar, pois tem justa causa econômica e jurídica para se desvencilhar do relacionamento contratual exaurido.

Nem há fundamento de direito que justifique pretensão tendente a manter forçosamente a relação jurídica extinta naturalmente pelo decurso do prazo contratado.

Nos contratos cuja vigência tenha se indeterminado, a denúncia, desde que exercida mediante razoável aviso prévio, previsto no instrumento contratual ou compatível com o vulto do empreendimento e a duração do relacionamento das partes, respeitando-se destarte os princípios da boa-fé e da lealdade entre os contratantes, é meio lícito de extinção do vínculo que, tal como o decurso do prazo ajustado, afasta qualquer direito de indenização ou pretensão de perenizar o vínculo.

A responsabilidade civil do denunciante só nascerá se restar cabalmente comprovada a infringência aos deveres do contratante, segundo os ditames do contrato, da lei ou do deveres laterais de conduta impostos pelo princípio da boa-fé. Tais inadimplementos podem ser aferidos pelo julgador no exame de práticas comerciais que se mostrem abusivas, desleais, incompatíveis com a conduta que se espera de um comerciante probo e honesto.

Nunca, porém, poderá ser imposta qualquer indenização objetiva, independente de culpa, ao fornecedor em prol do distribuidor, porque não há lei que assim o obrigue. A responsabilidade civil, no ordenamento jurídico pátrio, vem regulada em cláusula geral inscrita no art. 159 do Código Civil, que elenca como requisitos básicos o ato culposo contrário a dever preexistente, o dano, e o nexo causal. Qualquer responsabilidade que prescinda de tais elementos há de vir prevista em lei, em face do princípio da legalidade consagrado na Carta Constitucional.

As previsões de indenizações pecuniárias tarifadas elencadas em leis especiais, reguladoras de contratos específicos tais como o de representação comercial e o de concessão de venda de veículos automotores de via terrestre, não incidem sobre os demais contratos de distribuição por força da regra de hermenêutica que impede que se aplique uma norma especial e de exceção a situações diversas por força de raciocínio analógico. Ademais, a analogia só permite aplicação de normas a hipóteses não previstas, quando essas se assemelhem na essência e nos efeitos. Essa semelhança não ocorre entre a representação comercial, a concessão específica de venda de veículos e a distribuição *lato sensu*.

Por fim, o fato de os contratos de distribuição conterem cláusulas padronizadas e formatadas para conferir unidade à rede de distribuição, e evitar o tratamento desigual e o favorecimento de uns em prejuízo de outros no livre mercado, não os torna contratos de adesão, mas contratos por adesão. Em todo caso, porém, somente a constatação de exercício abusivo de direito, no momento da imposição de cláusulas que se considerem leoninas poderá autorizar a desconsideração da vontade declarada e a imposição de indenização a eventuais danos comprovadamente acarretados. A solução de direito, nessa espécie, cai na vala geral da responsabilidade subjetiva, mediante apuração do abuso de direito.

Não havendo vício de consentimento, nem ofensa aos bons costumes ou à lei, ou qualquer abuso cometido por uma parte contra a outra na estipulação de cláusula leonina, o contrato obriga a ambos os contratantes, com força de lei, em todas as suas estipulações. "*Les conventions légalement formées tiennent lieu de loi à ceux que les ont faites*" (Código Civil francês, art. 1.134. Do mesmo sentido é o art. 1.372 do Código Civil italiano). Vale dizer: "as partes devem submeter-se à lei do contrato, da mesma maneira que estão obrigados a inclinar-se diante da lei propriamente dita".[98] Escoado o termo previsto no ajuste, ou ainda, operada a denúncia pelo fabricante, com a antecedência prevista no contrato, ou que as praxes e os costumes mercantis impõem, legalmente extinto estará o contrato, e o distribuidor não terá direito a impor sua renovação contra a vontade legitimamente manifestada pelo co-contratante. *Pacta sunt servanda.*

Em face da legitimidade da conduta do fornecedor, e da ausência de preceito de lei expresso que dê origem a uma obrigação indenizatória, o exercício regular da resilição do contrato de distribuição, precedido de aviso prévio, ou a recusa à sua renovação, quando expirada a vigência inicialmente prevista, é fato jurídico que não enseja responsabilidade civil, porque sustentado em razões econômicas e sociais que o Direito ampara.

98. Josserand, *Derecho Civil*, t. II, v. I, Buenos Aires, EJEA, 1950, n. 246, p. 181.

O CONCEITO JURÍDICO DE REGULAÇÃO DA ECONOMIA

ALEXANDRE SANTOS DE ARAGÃO

A — Regulação e regulamentação. B — Regulação, regulação pública não-estatal, auto-regulação e desregulação. C — Regulação, poder de polícia e administração ordenadora. D — Classificação das regulações estatais da economia.

"O poder do Estado deixa de ser poder de império para passar a ser visto cada vez mais como poder de decidir em termos de funcionalidade" (Miguel Reale).[1]

O objetivo do presente trabalho é contribuir para a elaboração dogmática de um conceito oriundo da economia, mas que cada vez mais adquire sede jurídica, inclusive constitucional (arts. 21, XI; 174; e 177, § 2º, III, CF). Trata-se do conceito de regulação da economia, que tem sido utilizado até mesmo para qualificar uma série de entidades da Administração Pública, incumbidas de regular determinados setores da economia — as Agências Reguladoras.

O conceito de regulação, portanto, longe de possuir interesse meramente acadêmico, é imprescindível para que seja definida a competência dos múltiplos órgãos e entidades públicas que exercem a função reguladora, ainda que não nominalmente.

O termo "regulação" tem causado mal-entendidos menos pela sua suposta novidade e mais pela às vezes difícil distinção em relação a outros institutos do Direito Público da Economia, tais como a regulamentação, o poder de polícia, a ordenação da economia, a auto-regulação, a desregulação, a desregulamentação e outros.

Primeiramente, trataremos, sucintamente, da questão geral das relações entre o Estado, o Direito e a economia, tomando em conta inclusive os desafios colocados pela globalização econômica. Em seguida, adentraremos no conceito propriamente dito de regulação estatal da economia e o distinguiremos dos institutos e fenômenos normativos afins.

Note-se que o próprio surgimento de ordenamentos jurídicos gerais decorreu de razões econômicas, como a necessidade dos povos dos grandes rios (Nilo, Tigre, Eufrates etc.) disciplinarem o uso da água, mormente para a atividade agrícola, o estabelecimento das medidas de tempo, de pesos e medidas, e o financiamento das obras de infraestrutura de elevado custo.[2]

1. Prefacio à 5ª e última edição de *Teoria do Direito e do Estado*, Saraiva, São Paulo, 2000, p. XVII.

2. Massimo Severo Giannini, *Diritto Pubblico dell'Economia*, Il Mulino, 1995, pp. 21-22. Tratando especificamente do Egito, Maurice Duverger assinala que "as condições geográficas deram ao Egipto

A economia não é o único elemento da realidade social que afeta a estrutura e a normatização estatal, mas, "em uma sociedade capitalista, certamente é decisiva, e sem o seu conhecimento não é possível levar a cabo uma frutífera investigação sobre o Estado".[3]

É importante, inclusive, destacar a certa autonomia que a economia possui em relação ao Direito e ao Estado,[4] cujas constituições, inicialmente, procuraram apenas assegurar o natural funcionamento do mercado, tendo, mais tarde, instituído mecanismos de correção das suas falhas e de direcionamento para determinados objetivos acolhidos pelo ordenamento jurídico.

Para Max Weber, à racionalidade do mercado corresponde o Direito do Estado moderno como forma de domínio racional. As situações econômicas não geram automaticamente novas formas jurídicas, mas tão-somente contém a possibilidade de que uma criação técnico-jurídica possibilite a sua expansão.[5]

Assim, para este pensador, não é o Direito, mas o mercado, que cria os seus próprios meios de comunicação, que são protegidos e aplicados pelo Estado. O Direito, na sua opinião, não lhes dá o conteúdo, mas apenas as formas. No dizer de L. Baudin, citado por Georges Ripert,[6] "o Direito é uma cristalização da economia".

Se, por um lado, o mercado é decorrência natural e espontânea do dinamismo social, por outro, é uma criação jurídica, vez que apenas pode se desenvolver caso existam os veículos e as garantias jurídicas necessárias.[7]

Não podemos ter a ingenuidade de achar que o Direito tem inteira disponibilidade sobre o mercado. Malgrado as suas inegáveis possibilidades de ingerência, os aspectos de maior dinamismo do mercado são dificilmente apreensíveis pelo Direito. É neste sentido que Jürgen Habermas afirma que, "ainda que os mercados possam ser organizados e controlados politicamente, obedecem a uma lógica própria que se distancia dos controles estatais".[8]

A relação entre o Estado e a economia é dialética, dinâmica e mutável, sempre variando segundo as contingências políticas, ideológicas e econômicas. Inegável, assim, uma relação de mútua ingerência e limitação: o Direito tem possibilidades, ainda que não infinitas, de limitar e de direcionar as atividades econômicas; e estas influenciam as normas jurídicas não apenas na sua edição, como na sua aplicação, moldando-as, também limitadamente, às necessidades do sistema econômico.

Recentemente, alguns atores, inspirados pela globalização econômica e pelo chamado "pós-modenismo", têm retomado as críticas à visão estatocêntrica da regulação. Criticam o irrealismo da concepção

um avanço considerável na evolução dos sistemas políticos: o excepcional rendimento das terras inundadas pelo rio permite manter um aparelho de Estado centralizado, o qual era indispensável, por outro, para uma irrigação racional" (*Sociologia da Política*, Almedina, Coimbra, trad. António Gonçalves, p. 348).

3. Hermann Heller, *Teoría del Estado*, 2ª ed., Fondo de Cultura Económica, México, 1998, trad. Luis Tobio, p. 143. Entre nós, Washington Peluso Albino de Souza observou que não é possível estudar os problemas econômicos sem analisar a organização do Estado, nem a estrutura e o funcionamento dos órgãos deste, sem se debruçar sobre os problemas econômicos (*Enciclopédia Saraiva de Direito*, coord. Limongi França, v. 31, Saraiva, São Paulo, 1977-1982, p. 250).

4. Essa característica da regulação estatal, como observa Norbert Reich, não se dá apenas em relação à economia, mas também a outros aspectos da vida social, como a família, a ciência, as artes etc. (*Mercado y Derecho*, Ariel, Barcelona, 1985, trad. Antonio Fonti, p. 29).

5. *Apud* Norbert Reich, ob. cit., p. 33.

6. *Apud* Georges Ripert, *Aspectos Jurídicos do Capitalismo Moderno*, Freitas Bastos, 1947, trad. Gilda G. de Azevedo, p. 13.

7. Exemplos eloqüentes são a regulamentação jurídica dos títulos de crédito e das sociedades comerciais. Estes fenômenos já existiam sem o direito. Mas a estabilização a eles dada juridicamente certamente propiciou o desenvolvimento hoje alcançado.

8. *La Inclusión del Outro — Estudios de Teoría Política*, Paidós, Barcelona, 1999, trad. Juan Carlos Velasco Arroyo, pp. 84-85.

tradicional pela qual o Estado teria o monopólio da regulação jurídica.

J. J. Gomes Canotilho, por exemplo, afirma que "as mudanças estruturais da sociedade, tornam clara a necessidade de o direito não ser considerado como *regulador heterônomo de relações sociais*, mas como *instrumento de trabalho para auto-regulação das relações sociais*. Conseqüentemente, o problema das fontes de direito deve ter em consideração não apenas as questões tradicionalmente ligadas às regulações legais, mas também as normações jurídicas de qualquer gênero, como, por exemplo, contratos, sentenças, convenções coletivas de trabalho, normas privadas de empresas e de associações (ex.: federações desportistas) e até o 'direito achado nas ruas'".[9]

Não discordamos das assertivas do autor lusitano, mas, como veremos, as diretrizes por ele traçadas para a regulação jurídica da sociedade e do mercado, constituem apenas uma das possibilidades, recomendável em alguns casos, mas que, em muitos deles, deve ser excluída ou combinada com os mecanismos tradicionais — verticais, coercitivos e estatais — de regulação jurídica.

A regulação da economia é um fenômeno multifacetário, dotado de grande heterogeneidade, não apenas ao longo da história, mas também dentro dos Estados singularmente considerados, que empregam distintas estratégias regulatórias em função das necessidades concretamente verificadas na sociedade e na economia.[10]

Do conceito de regulação está excluída a atividade direta do Estado como produtor de bens ou serviços e como fomentador das atividades econômicas privadas,[11] que, junto com a regulação, constituem espécies do *gênero da intervenção do Estado na economia*.[12]

A noção de regulação implica a integração de diversas funções: pressupõe que um quadro seja imposto às atividades econômicas, devendo respeitar um certo equilíbrio dos interesses das diversas forças sociais presentes. Este quadro normativo é estabelecido por decisões gerais e abstratas, constantes geralmente de regulamentos; pela aplicação concreta das suas regras; e pela composição dos conflitos que delas advém, dando lugar, nestas duas últimas hipóteses, a decisões individuais.[13] Há, portanto, três poderes inerentes à regulação: aquele de editar a regra, o de assegurar a sua aplicação e o de reprimir as infrações.[14]

A regulação, sob quaisquer destas formas, possui três principais searas: (a) a regulação dos monopólios, quando a competição é restrita ou inviável, evitando que eles lesem a economia popular, controlando os preços e a qualidade dos serviços ou produtos; (b) regulação para a competição, como forma de assegurar a livre concorrên-

9. *Direito Constitucional e Teoria da Constituição*, 3ª ed., Almedina, Coimbra, pp. 653-654 (os destaques gráficos são do próprio autor).

10. Reinhold Zippelius, *Teoria Geral do Estado*, 3ª ed., Fundação Calouste Gulbenkian, 1997, trad. Karin Praefke-Aires Coutinho, coord. J. J. Gomes Canotilho, p. 466.

11. Alguns autores chamam esta intervenção de *regulação operativa*, em contraposição à *regulação normativa*, aqui por nós denominada simplesmente de *regulação* (Conrado Hübner Mendes, "Reforma do Estado e Agências Reguladoras", constante da obra coletiva *Direito Administrativo Econômico*, coord. Carlos Ari Sundfeld, Malheiros Editores, São Paulo, 2000, p. 117).

12. Daí se falar hoje na passagem do Estado produtor ao Estado regulador, interventor, no entanto, em ambos os casos.

13. Salvatore Cattaneo, "*Agencies* e *Regulation* nel Regno Unido", constante da obra coletiva *Le Autorità Indipendenti — De Fattori Evolutivi ad Elementi della Transizione nel Diritto Pubblico Italiano*, Giuffrè Editore, Milão, 1999, p. 263.

14. Michel Gentot, *Les Autorités Administratives Indépendantes*, 2ª ed., Montchrestien, Paris, 1994, p. 41. Na doutrina nacional também se observa que aos órgãos e entidades reguladores "cabe não apenas operacionalizar a regulação contida em lei (normativa), através da competência que lhe é outorgada para fiscalizar e aplicar sanções, mas também complementar tal corpo normativo com regulamentos próprios, além de possuir competência para também dirimir conflitos" (Conrado Hübner Mendes, "Reforma do Estado e Agências Reguladoras", cit., p. 118).

cia no setor privado e, no caso de atividades econômicas sensíveis ao interesse público, o seu direcionamento na senda deste; e (c) regulação dos serviços públicos, assegurando a sua universalização, qualidade e preço justo.

Quanto à nomenclatura adotada, mister se faz um esclarecimento. Alguns autores, ao verem a mudança da atuação estatal sobre a economia, "dão ênfase à migração dos aspectos de modelação e controlo para os de autonomia e sensibilidade ao meio envolvente", qualificando aqueles como "regulamentação", e estes como "regulação".[15]

Entendemos, no entanto, com Fernando Herren Aguilar,[16] que, mesmo que nos dias de hoje o Estado busque preferencialmente soluções indutivas e consensuais, não há como se negar que, no exercício das mesmas competências, muitas vezes atua de maneira vertical, coercitiva ou mesmo interventiva. Pela sua maior abrangência, utilizaremos o termo "regulação" para designar ambas as formas de exercício da mesma atividade estatal, qual seja, a de adequação da atividade econômica aos interesses da coletividade, competência esta que, substancialmente, não é alterada pelo uso de estratégias distintas — verticais ou horizontais — em relação ao meio envolvente.

O que cumpre destacar é que a sociedade atual é um agregado altamente diferenciado, com numerosas interdependências, sendo muito comum que uma intervenção reguladora em um âmbito parcial do conjunto social repercuta em outros, fazendo com que a vantagem parcial seja menor que as desvantagens globais. Além disso, apenas uma pequena parte das instituições sociais foi ou é suscetível de ser conscientemente planejada, tendo grande parte delas nascido e se desenvolvido preponderantemente como resultado da ação humana espontânea.[17]

Por estas razões, o Estado deve, preferencialmente, avançar paulatinamente na regulação desejada, de acordo com o princípio da permanente correção de erros (*trial and error*),[18] ou seja, "no esforço constante de controlar as conseqüências de suas ações a fim de as corrigir a tempo. Portanto, avançará apenas passo a passo e sempre comparará cuidadosamente os resultados perspectivados com os realmente alcançados, estando continuamente atento aos efeitos secundários indesejáveis".[19]

Como constata o Mestre Massimo Severo Giannini,[20] "a regulação dos anos menos recentes é embebida de controles e de relações de controle; já a dos anos mais recentes registra a tendência a substituir relações de controle por relações de direção, aparentemente mais elaboradas e ponderadas; a relação de direção compreende ainda o controle, mas que, de maneira muito mais flexível, sobretudo permite a adoção de medidas corretivas, em sentido próprio, das disfunções verificadas, que, ao invés de serem reprimidas com medidas sancionatórias, são eliminadas mediante a adoção de medidas corretivas, freqüentemente informais".

15. Entre outros, Gunther Teubner, *O Direito como Sistema Autopoiético*, Fundação Calouste Gulbenkian, 1989, trad. José Engrácia Antunes, pp. 127 e ss.

16. *Controle Social de Serviços Públicos*, Max Limonad, 1999, pp. 163-286.

17. Miguel Reale, também percebeu o equívoco "em pensar que, atingido o momento normativo, deste defluam relações ou conseqüências de direito, pelo simples fato de sua incidência sobre o plano factual, dando configuração jurídica aos comportamentos humanos. Na realidade, os modelos jurídicos, como estruturas fático-axiológico-normativas, acham-se imersos na práxis social" (*Nova Fase do Direito Moderno*, 2ª ed., Saraiva, São Paulo, 1998, p. 169).

18. Reinhold Zippelius, citando Popper, propõe "uma espécie de gestão experimental do futuro, para a qual todo o planejamento e toda a regulação são, por princípio, incompletos; dito por outras palavras, são a tentativa experimental de melhorar as circunstância existentes. (...) As novas regulações devem ser 'compatíveis com o sistema', num sentido determinado e restrito" (ob. cit., p. 469).

19. Reinhold Zippelius, ob. cit., pp. 469 e 470.

20. Ob. cit., p. 299.

É neste sentido que setores da doutrina nacional e estrangeira, inspirados inclusive nas diretrizes da Comunidade Européia, que tenta conciliar os seus traços liberalizadores e desestatizadores com a tradição européia dos serviços públicos, propugnam por uma "neo-regulação" ou "regulação para a competência", distinta da tradicional "regulação econômica". A regulação estatal visaria principalmente ao estabelecimento dos quadros para que o mercado se desenvolvesse livremente e regulasse naturalmente a atividade.[21]

A "regulação para a competência", apesar de não poder ser entendida como a única espécie de regulação, de fato vem ganhando cada vez mais espaços. Veja-se, por exemplo, o nosso setor de telecomunicações, com serviços prestados sob o regime do direito privado, com grande abertura à entrada na atividade mediante a emissão de autorizações vinculadas e com diminuto controle sobre as tarifas etc. (Lei Geral de Telecomunicações, arts. 126 a 144).

A — Regulação e regulamentação

Muitas vezes os mecanismos dúcteis de normatização da economia são identificados com a totalidade do âmbito conceitual da "*regulação*", conceito do qual estariam excluídos os mecanismos de caráter preponderantemente interventivo e sancionatório, que constituiriam a "*regulamentação*".

Como visto, essa não é a nossa posição. Se hoje se prega uma normatização mais flexível, a diferença entre elas não é de natureza, mas apenas de grau e de estratégia interventiva.

Malgrado a distinção entre medidas restritivas e indutivas da atividade econômica guardar atualidade, quando se analisam os objetivos subjacentes às áreas de regulação mais comuns nas Administrações Públicas, "verifica-se que ao quadro dos princípios de base liberal da 'polícia econômica' (sobretudo preventivos e repressivos), o direito econômico contemporâneo vem acrescentando preocupações finalistas (por exemplo, o desenvolvimento econômico, a competitividade externa), que pressupõem atuações positivas e não meramente negativas das autoridades públicas. Como resultado, esbatem-se as fronteiras entre aqueles dois tipos de regulação".[22] Por exemplo, muitas vezes o acesso a vantagens dos poderes públicos (financiamentos públicos, redução de tarifas de exportação etc.) está condicionado ao atendimento de normas repressivas e sancionatórias, casos em que, tanto indutiva, como coercitivamente, se persuade o agente econômico a observar determinado preceito regulatório.

Ainda há os que distinguem a regulação da atividade de redistribuição e de estabilização do Estado. Para estes autores a regulação seria a atuação estatal funcionalizada para assegurar o bom andamento do mercado, nele intervindo apenas para suprir as suas falhas.[23]

Ao que parece, a confusão de nomenclatura na matéria advém da adaptação de conceitos e fenômenos surgidos nos Estados Unidos da América do Norte aos países que, como o nosso, integram a tradição jurídica franco-germânica.

Como afirma Eros Roberto Grau, "a busca de 'mais sociedade, menos Estado' supõe a substituição da *regulação estatal* (= *regulamentação*) por *regulações sociais*. Aí a *deregulation* dos norte-americanos, que designamos mediante o uso do vocábulo '*regulação*'".[24]

21. Para uma ampla exposição da matéria, ver Gaspar Ariño Ortiz, *Principios de Derecho Público Económico*, Ed. Comares e Fundación de Estudios de Regulación, Granada, 1999, pp. 549 a 603.

22. António Carlos Santos, Maria Eduarda Gonçalves e Maria Manuel Leitão Marques, *Direito Económico*, 3ª ed., Almedina, Lisboa, 1998, p. 229.

23. Guido Corso, "Attività economica privata e deregulation", *Rivista Trimestrale di Diritto Pubblico*, 1998, pp. 636-637.

24. *O Direito Posto e o Direito Pressuposto*, 2ª ed., Malheiros Editores, São Paulo, 1998, p. 93 (os destaques gráficos são do próprio autor).

Angel Manuel Moreno Molina[25] observa "que a tradução do termo *regulação* é bastante problemática. *Regulation* se traduz usualmente por *regulamentação, regulamento, regulação*, e *regra*. Há, portanto, uma assimilação de *regulation* a *regulação normativa*, ou seja, a produção de normas jurídicas de caráter regulamentar. (...) No sistema norte-americano o termo *regulation* tem duas acepções distintas, uma mais restrita do que a outra. Em sentido amplo, *regulation* equivale a toda as atividades dos poderes públicos de organização e configuração da realidade social. Em sentido estrito, todavia, *regulation* consiste na determinação do regime jurídico de uma atividade econômica. (...) O poder mais importante do Estado é o da coerção. *Regulation* é o uso desse poder que tem por finalidade limitar as decisões dos agentes econômicos".[26]

Preferimos adotar um conceito amplo de *regulação estatal da economia*, excluindo tanto a sua assimilação à desregulação, como apenas à regulação coercitiva.[27] Podemos afirmar que a regulação estatal da economia, com a abrangência conceitual que a caracteriza, deve, no atual momento histórico, sem perder de vista os valores humanos e sociais do Estado Democrático, ser eficiente, adotando novas técnicas regulatórias — flexíveis e consensuais —, que, sem excluir as anteriores, a elas se somem para serem mais eficazes e menos onerosas (para a sociedade e para o próprio Estado).

B — Regulação, regulação pública não-estatal, auto-regulação e desregulação

Do conceito de regulação propriamente dita deve ser excluída a regulação pelo mercado e pelas regras de auto-regulação provenientes de entidades ou empresas privadas (regulamentos de empresa, decisões associativas, códigos privados de conduta etc.),[28] salvo se oriundos de delegação do Poder Público, caso em que estaremos diante da *regulação pública não-estatal,* pela qual as entidades sociais, normalmente concernentes a uma coletividade profissional (entre nós, por exemplo, os conselhos profissionais), assumem, no seu âmbito, a função de regulação sem que, contudo, sejam transformadas em órgãos do Estado, que, todavia, lhes empresta a sua autoridade.[29]

Distinta é a situação em que a auto-regulação é espontaneamente exercida por associações privadas sem a delegação estatal. Aqui e alhures há os conhecidos exemplos da auto-regulamentação publicitária e dos selos de qualidade criados pelas associações dos produtores de determinados produtos. Nestes casos estamos diante do fenômeno da auto-regulação privada ou do que alguns chamam, nos casos em que tiver sido precedida de uma regulação estatal não mais existente, de re-regulação, no sentido de que a regulação teria deixado de ser estatal para ser privada.[30]

25. "La Administración por Agencias en los Estados Unidos de Norte América", *Boletín Oficial del Estado*, Universidad Carlos III de Madrid, 1995, pp. 75-76.

26. Identificando a regulação como um poder estatal eminentemente restritivo das liberdades individuais pronunciou-se Tércio Sampaio Ferraz Júnior: "Por regular (Estado regulador) entende-se a interferência do Estado, restringindo a liberdade econômica dos indivíduos, nos seus objetivos e instrumentos" ("Fundamentos e limites constitucionais da intervenção do Estado no domínio econômico", *RDP* 47-48/266).

27. António Carlos Santos, Maria Eduarda Gonçalves e Maria Manuel Leitão Marques, ob. cit., pp. 226-229.

28. No mesmo sentido, Salvatore Cattaneo, ob. cit., p. 264.

29. Por esta razão o Supremo Tribunal Federal entendeu, ao deferir a medida liminar na ADIn 1.717-6, que devem necessariamente possuir personalidade jurídica de direito público (fonte: www.stf.gov.br).

30. "A desregulação não impede que as velhas regras publicísticas sejam substituídas por outras regras: que à desregulação suceda uma re-regulação. Mas se trata de 'outras regras', voltadas a disciplinar a concorrência dos agentes econômicos (a regular o mercado) mais do que a sujeitar a iniciativa econômica privada aos poderes administrativos"

Mas nem sempre que o Estado deixa de se imiscuir no mercado são formados mecanismos institucionais, ainda que privados, de auto-regulação dos agentes econômicos. É possível que, na ausência destes, a regulação da economia fique submetida apenas aos livres movimentos do mercado, dando-se então, de fato, a desregulação.[31]

Mesmo que hoje não mais se propugne a desregulação como um paradigma a ser adotado de maneira universal,[32] reconhece-se que em alguns setores poder vir a ser benéfica. Noutras palavras, o Estado, em alguns setores e nos momentos em que isto for possível, deve deixar espaços de sua esfera normativa ao livre desenvolvimento do chamado *ius mercatorium*, desenvolvido pelas empresas em suas relações negociais.[33]

Considerável cautela, no entanto, deve ser observada: Estado e sociedade não são compartimentos estanques;[34] interpenetram-se e auto-identificam-se mutuamente, o que faz com que a crise hoje vivida seja de ambos — do Estado e da própria sociedade —, e que, em sendo assim, a preponderância absoluta, quer do Estado, quer da sociedade, não é a melhor solução.[35]

Ademais, segundo expõe Delmas-Marty,[36] há dois grandes paradoxos no fenômeno da desregulação. Em primeiro lugar, "apesar da ilusão semântica, a desregulação não é o inverso da regulamentação, mas uma reestruturação das normas segundo outros mecanismos, mais opacos e complexos", que "não cessam de se expandir, de se romper e de se renovarem, mas que não suprimem as formas tradicionais de regulamentação, que estão sempre se impondo e se aprofundando". Em segundo lugar, como as normas oriundas da desregulação ou auto-regulação (não pública) se desenvolvem em um "campo aberto e heterogêneo, organizado por conexões múltiplas", longe de importar em diminuição e racionalização das normas, acabaram por acarretar a sua proliferação de maneira dis-

(Guido Corso, "Attività economica privata e deregulation", *Rivista Trimestrale di Diritto Pubblico*, 1998, p. 641).

31. Como, na forma vista acima, não distinguimos a regulação da regulamentação, que podem diferenciar-se apenas como aspectos do mesmo fenômeno, também não distinguimos a desregulação da desregulamentação. Para os autores que fazem a distinção, no entanto, a desregulamentação consistiria em uma mera diminuição e racionalização das regras de intervenção do Estado na economia, e a desregulação alcançaria o próprio absenteísmo estatal em relação à economia. Para uma ampla exposição sob esta perspectiva, ver Didier Linotte, Raphaël Romi e Achille Mestre, para quem a desregulação "é característica, por definição, do liberalismo, ou mais precisamente de um liberalismo radical", que, apesar de nunca ter sido realmente implantado, só alcançou alguma considerável aplicação nos Estados Unidos da América do Norte e no Reino Unido (*Services Publics et Droit Public Economique*, 3ª ed., Litec, Paris, 1995, pp. 331 a 340). No mesmo sentido, Ivo Dantas, *Direito Constitucional Econômico*, Juruá, Curitiba, 2000, p. 162. Na senda por nós seguida, Eros Roberto Grau, ob. cit., pp. 90 a 106. Este autor, criticando "a *visão idílica* da regulação pelo mercado", "vez que *o próprio capitalismo necessita de normas estatais de intervenção na economia*", afirma que "a *desregulação de que se cogita*, destarte, *em realidade deverá expressar uma nova estratégia, instrumentada sob novas formas, de regulação. Desde essa perspectiva, pretender-se-ia desregulamentar para melhor regular*" (itálicos nossos).

32. Deve-se notar, inclusive, que "nos Estados Unidos, a desregulação em matéria de transportes se traduziu em graves prejuízos para os cidadãos residentes em pequenas cidades ou em localidades rurais" (Dempsey, *apud* Eva Desdentado Daroca, *La Crisis de Identidad del Derecho Administrativo: Privatización, Huida de la Regulación Pública y Administraciones Independientes*, Tirant lo Blanche, Valencia, 1999, p. 166).

33. Ivo Dantas, ob. cit., p. 161.

34. E, de fato, a interpenetração existente entre Estado e sociedade torna verdadeira a assertiva de Dietrich Jesch, segundo a qual hoje, a bem da verdade, "já não há sociedade sem Estado, nem o Estado pode ser entendido sem a sociedade" (*apud* Paulo Otero, *Vinculação e Liberdade de Conformação Jurídica do Sector Empresarial do Estado*, Ed. Coimbra, 1998, p. 16).

35. José Maria Souvirón Morenilla, *La Actividad de la Administración y el Servicio Público*, Ed. Colmares, Granada, 1998, pp. 37-38.

36. *Trois Défis pour un Droit Mondial*, Éditions du Seuil, Paris, 1998, pp. 77 e 84. O autor alude a *déréglementation* e a *régulation* indistintamente, não utilizando o termo *dérégulation*.

persa e indeterminável, com sérios riscos à segurança jurídica.

Condensando este item podemos enumerar como possibilidades de regulação *lato sensu* da economia,[37] (a) a regulação estatal, feita pelas regras emitidas por órgãos do próprio Estado, mesmo que deles participem representantes de organismos intermédios da sociedade; (b) a regulação pública não-estatal, feita por entidades da própria sociedade, mas por delegação ou por incorporação das suas normas ao ordenamento jurídico estatal; (c) a regulação privada, levada a cabo autonomamente por instituições privadas, geralmente associativas, sem qualquer delegação ou chancela estatal; e (d) a desregulação, consistente na ausência de regulação institucionalizada, pública ou privada, ficando os agentes sujeitos apenas ao livre desenvolvimento do mercado.

C — Regulação, poder de polícia e administração ordenadora

O poder de polícia é um dos temas do Direito Público que mais está a merecer atualização. Remonta ele a épocas em que o Estado possuía uma competência "natural" e genérica para conformar os direitos individuais a um metafísico "interesse público".[38]

Em um Estado Democrático de Direito, a noção tem que, ao mesmo tempo, ser claramente limitada pelo conteúdo das leis, e ampliada para contemplar facetas regulatórias não existentes no Estado liberal-burguês que lhe deu origem.

Fala-se, assim, "de uma deformação do conceito tradicional de polícia administrativa que tenha como objeto a intervenção no domínio econômico. A esta finalidade correspondem medidas tais como a fixação de preços, as autorizações em matéria de agricultura, indústria e comércio, ou as proibições nas mesmas áreas, entre outras. Se compreende, enfim, toda a variada gama de técnicas restritivas e moduladoras da liberdade de indústria e comércio, por meio das quais o Estado desenvolve um importante meio de atuação. Esta atividade, fundada em um interesse público para assegurar a 'ordem pública econômica', que apresenta uma importante semelhança com a atividade de polícia, é também conhecida com o nome de regulação das atividades econômicas".[39]

Na doutrina brasileira, uma das mais profícuas revisões que o conceito de poder de polícia recebeu deve ser creditada a Carlos Ari Sundfeld, que propugnou pela substituição do poder de polícia pela noção de Direito Administrativo Ordenador, em contraposição ao Direito Administrativo Prestacional,[40] e que corresponderia à "parcela da função administrativa, desenvolvida com o uso do poder de autoridade, para disciplinar, nos termos e para os fins da lei, os comportamentos dos particulares no campo que lhe é próprio. De se destacar neste conceito, portanto, dois elementos básicos: 1) por ser função administrativa, não deve ser confundida com a delimitação dos direitos por meio da lei, o que se costuma definir como poder de polícia em sentido amplo; 2) a administração ordenadora encontra-se no campo das atividades privadas, ou seja, num campo de relação genérica com o administrado, e não de relação especial, mantida, por exemplo, entre a Administração e um concessionário de serviço público.

37. O conceito jurídico de regulação estatal da economia acima formulado abrange apenas a hipótese "a".

38. A noção tradicional de poder de polícia pode presumir, ainda que indevidamente, "a existência de poderes não previstos em lei, mas supostos na competência para cuidar da boa ordem da coisa pública" (Carlos Ari Sundfeld, *Direito Administrativo Ordenador*, Malheiros Editores, São Paulo, 1997, p. 11).

39. Eduardo J. Rodríguez Chirillo, *Privatización de la Empresa Pública y Post Privatización*, Abeledo-Perrot, Buenos Aires, pp. 461-462.

40. *Direito Administrativo Ordenador*, Malheiros Editores, São Paulo, 1997. Ressalta o autor que não é mera troca de rótulos, mas a adoção de uma nova postura metodológica.

"'Regulação', por sua vez, parece que assume sentido mais amplo do que se deu em relação à administração ordenadora e ao poder de polícia. A doutrina de Direito Econômico faz uso deste termo para tratar da mecânica estatal de ordenação das atividades econômicas em geral, incluindo, portanto, os serviços públicos e as atividades econômicas em sentido estrito. Sendo assim, o Estado desempenha a regulação tanto quando tem vínculo genérico com o administrado (livre iniciativa da atividade econômica em sentido estrito) quanto no caso de possuir vínculo específico (serviços públicos prestados mediante concessão ou permissão)."[41]

Malgrado a higidez técnica das lições transcritas, entendemos que o deslinde da distinção entre o poder de polícia e a regulação depende do ponto de vista do qual nos colocamos. Se partirmos de um conceito de poder de polícia tradicional, oitocentista,[42] consistente na mera fiscalização da atividade para que não cause prejuízos à coletividade, certamente o âmbito conceitual da regulação será bem mais amplo que o de poder de polícia. Propugnamos, ao revés, um conceito de poder de polícia que seja adequado ao Estado Democrático de Direito, isto é, que seja funcionalizado em razão dos interesses públicos a serem atendidos pelas atividades privadas, em relação às quais o Poder Público pode, observados os limites legais, dimensionar de maneira dinâmica o conteúdo e a extensão.[43]

Sob esta perspectiva o conceito de poder de polícia se aproxima do conceito de regulação, apesar de não alcançá-lo *in totum* por não abranger a regulação dos serviços públicos.

D — Classificação das regulações estatais da economia

A regulação estatal da economia é, dada a grande multiplicidade dos modos e dos instrumentos utilizados, um dos temas aos quais a doutrina mais tem se dedicado para sistematizar. Assim, pode distinguir-se a regulação conforme seja levada a cabo por meios de direito público ou de direito privado; conforme se esgote em leis ou exija também ações administrativas etc. Veremos apenas as classificações mais relevantes para a definição do conceito de regulação.

As regulações estatais da economia podem se valer de instrumentos puramente jurídico-coercitivos, ou combiná-los com mecanismos consensuais, econômicos, financeiros ou meramente materiais,[44] o que faz com que possamos classificá-las, respectivamente, como "regulações diretas", consistentes em ordens juridicamente vinculantes aos particulares para deles se obter uma ação, omissão ou prestação, e como "regulações indiretas", pelas quais a finalidade pública é atingida, não pela coação, mas por incentivos ou meios adaptados a outros fins (incentivos fiscais, gestão seletiva e funcionalizada dos gastos públicos etc.).[45]

Cumpre também distinguir, quanto à finalidade, a *regulação imediata da economia*, da *regulação mediata da economia*.

41. Conrado Hübner Mendes, "Reforma do Estado e Agências Reguladoras", cit., p. 116.

42. "Essa concepção, embora pertinente e útil, deixaria de fora do âmbito do Direito Econômico, toda ação repressiva de polícia econômica que se pratica não mais em nome do direito liberal, mas do controle estatal da economia" (Fernando Herren Aguillar, *Controle Social de Serviços Públicos*, Max Limonad, São Paulo, 1999, p. 100).

43. Caio Tácito, "Serviço de utilidade pública. Autorização. Gás liquefeito de petróleo", in *Temas de Direito Público*, 2º v., Renovar, Rio de Janeiro, 1997, p. 1.236.

44. Segundo Claude-Albert Colliard, trata-se de "um problema da moda": "Antigamente havia o direito e o não-direito. Era como o preto e o branco. Havia uma separação absoluta e nenhuma osmose. Hoje, e em muitas disciplinas, se distingue o direito, o pré-direito, o para-direito, etc., às vezes até se emprega palavras anglo-saxônicas: se fala de *soft-law*, de *hard-law*. Tudo isto é intelectualmente muito interessante, mas revela as dificuldades e talvez a riqueza de um mundo que não se adapta bem a classificações muito rígidas" (*Les Autorités Administratives Indépendantes*, coord. Claude-Albert Colliard e Gerard Timsit, PUF, 1988, pp. 258-259).

45. Vital Moreira, ob. cit., pp. 145-146.

Na última temos a regulação *social lato sensu*, ou seja, a busca da realização das finalidades sociais do Estado, com reflexos na economia (por exemplo, quando a Agência de Vigilância Sanitária veda a presença de certos produtos químicos no tabaco, está atendendo à obrigação estatal de velar pela *saúde* da população). Nela "o Estado não intervém *na* economia, mas sim *sobre* a economia".[46] Já a *regulação estatal imediata da economia* se dá quando o Estado visa a objetivos econômicos propriamente ditos, atuando deliberadamente sobre a produção, a circulação ou o consumo de mercadorias (por exemplo, ao coibir a concentração do poder econômico).

Como conclusão, podemos conceituar a regulação estatal da economia como o *conjunto de medidas legislativas, administrativas e convencionais, abstratas ou concretas, pelas quais o Estado, de maneira restritiva da liberdade privada ou meramente indutiva, determina, controla, ou influencia o comportamento dos agentes econômicos, evitando que lesem os interesses sociais definidos no marco da Constituição e orientando-os em direções socialmente desejáveis.*

É nesta perspectiva, que o jurista, as entidades e os órgãos reguladores devem estar atentos para paradigmas regulatórios como a administrativização, fluidez, consensualidade, reflexividade, consensualismo, valorização dos resultados em relação aos meios, permeabilidade aos demais subsistemas sociais etc. Não devem, contudo, perder de vista as finalidades que devem inspirá-los, quais sejam, a busca da efetividade das medidas regulatórias e da dignidade da pessoa humana (art. 1º, III, CF).

46. Luis S. Cabral de Moncada, *Direito Econômico*, 2ª ed., Coimbra Editora, 1988, p. 33.

AS SOCIEDADES POR QUOTAS COMO SOCIEDADES DE CAPITAIS

JOÃO LUIZ COELHO DA ROCHA

As regras básicas do Decreto 3.708/19. A descaracterização da "pessoalidade" das sociedades por quotas. O direito de recesso e o direito de retirada imotivada. Os órgãos de deliberação social. Acordos de quotistas. Conclusão.

As regras básicas do Decreto 3.708/19

Enquanto nesta mudança de século a ordem jurídica brasileira se vê às voltas com projetos de alterações na legislação das sociedades anônimas, matéria essa que tramita no Congresso Nacional à época em que escrevemos, temos completando mais de 80 anos de existência o Decreto 3.708, norma de regência das sociedades por quotas no país.

É assim que esse conjunto normativo de somente 19 (dezenove) artigos de lei, um deles apenas para expressar a revogação das disposições em contrário, há oito décadas traça a pauta de regência desse tipo societário muito popular, e que mais disseminado ainda se tornou entre nós no correr do século XX, na medida em que os demais moldes societários tratados no Código Comercial caíam em desuso.

Acreditamos na verdade que o fenômeno deva ser contemplado do ângulo aposto, ou seja, as demais espécies de sociedade comercial (não só as do velho código, mas a própria sociedade em comandita por ações) ficaram ao abandono justamente porque a modelagem das sociedades por quotas de responsabilidade limitada atendeu, de maneira bem adequada, às necessidades da aglutinação societária expandidas no século da modernidade em nosso país, com a exceção das incorporações sociais de maior vulto e disseminação, que acharam, como todos viram, nas sociedades anônimas, o seu regaço certeiro.

Mas não falta quem debite justamente a pouca extensão normativa das sociedades por quotas, no quadro legal brasileiro, o seu grau de sucesso e acolhida entre empresários de vários matizes.

E realmente os poucos artigos do Decreto 3.708 traçam apenas alguns parâmetros essenciais à espécie societária, assim sintetizados:

• a responsabilidade dos sócios é limitada ao valor total do capital (art. 2º) respondendo todos solidariamente pela parcela faltante do capital em caso de falência (art. 9º);

• as sociedades se obrigarão perante terceiros mediante o uso de uma firma ou de uma denominação social compulsoriamente seguida da expressão "limitada";

• a quota, tal qual a ação na companhia, é indivisível em relação à sociedade (art. 6º);

• os sócios remissos nas suas contribuições de capital podem ser excluídos (art. 7º);

• a limitada pode adquirir suas próprias quotas já integralizadas, desde que com fundos disponíveis e sem redução do capital (art. 8º);

• os seus dirigentes (sócios gerentes) ou os que aparecem no nome da firma social só respondem perante a sociedade e terceiros por atos praticados em ofensa à lei ou ao contrato ou com excesso de poderes (art. 10);

• o uso da firma, ou a assinatura em nome da sociedade em sua denominação social, cabe aos sócios escolhidos como gerentes no contrato; ou a todos eles se omisso o estatuto. Se autorizado no contrato, tal uso ou assinatura podem ser delegados a terceiros (art. 13);

• a sociedade responde pelos atos praticados pelos gerentes em nome e proveito dela, mesmo sem uso da firma social, desde que dentro dos poderes de gestão (art. 14);

• garante-se o direito de recesso aos sócios divergentes de alterações na norma estatutária (contrato social) com base na sua quota de capital "na proporção do último balanço aprovado" (art. 15);

• as deliberações dos sócios ofensivas à lei ou ao contrato obrigam-nos de modo pessoal e ilimitado (art. 16);

• e, enfim, observam-se em relação a tais sociedades, "no que não for regulado no estatuto social e na parte aplicável, as disposições da lei das sociedades anônimas" (art. 18).

Nessa diretriz essencial viu-se desde logo como, tal como as sociedades de capitais por excelência, as anônimas, as sociedades por quotas abraçam o princípio da limitação da responsabilização dos sócios, da individualidade da quota social como fração mínima do capital, da criação de seus dirigentes como "presentantes" do órgão, suas vozes institucionais e, enfim, da responsabilidade penal dos "presentantes" pelos excessos legais ou estatutários acaso pessoalmente cometidos.

Entretanto, parte da doutrina houve por apodar o novo tipo como uma modalidade de sociedade de pessoas, próxima àquelas dessa natureza listadas no Código Comercial (Cunha Peixoto, *A Sociedade por Cotas de Responsabilidade Limitada*, v. 1, Forense, 1956, ns 67 e ss.; Waldemar Ferreira, *Sociedade por Quotas*, São Paulo, 1925, p. 275; Rubens Requião, *Curso de Direito Comercial*, 1º v., Saraiva, 1980, p. 320).

A nós, apesar do peso do conhecimento desses mestres, nunca impressionou essa capitulação no nicho das sociedades de pessoas.

Pode-se observar em obra recente (*Da Sociedade Por Quotas de Responsabilidade Limitada*, 3ª ed., Renovar, 1999, p. 49) José Waldecy Lucena resumindo as qualificações básicas que apontaram para muitos o caráter pessoal dessas sociedades:

• unanimidade nas deliberações sociais;

• incessibilidade das quotas sociais a estranhos;

• dissolução por morte ou vicissitudes pessoais dos sócios.

A descaracterização da "pessoalidade" das sociedades por quotas

Ora, bem se sabe que o fenômeno econômico anda bem mais rápido que o jurídico, e os anos de passagem nestas décadas, desde 1919, mostram como a experiência e a prática comerciais andaram "decupando" todos esses caracteres um tanto personalizados das sociedades por quotas, de modo a, flexibilizando seu componente *interna-corpore*, suas relações intersócios, torná-la cada vez mais próxima ao campo das sociedades de capitais.

Hoje em dia é rara a sociedade desta espécie que exija aprovação unânime nas deliberações sociais e, mais que isto, marcando uma enorme evolução no tipo, a Lei 8.934/94, art. 35, VI, já permite as alterações de contrato social (da estrutura da empresa, portanto) por maioria, e o arquivamento – e, pois, a plena validade do deliberado – na Junta Comercial, mesmo sem assinatura dos minoritários.

Mais ainda, já é costume em tantas Juntas Comerciais acolher deliberações, claro, não unânimes, de *exclusão* forçada de qualquer um minoritário se não for vedado o assunto no contrato, ainda que caiba ao excluído discutir o mérito em Juízo, o que de toda forma vai fazer já como excluído para os fins de direito. A este propósito lembramos o acórdão unânime de 16.4.1997 da 4ª Câmara Cível do TJRJ, sendo rel. o Dr. Wilson Marques, in *ADCOAS* 8155827.

Vê-se, pois, o quão revolucionada tem sido a sintaxe interna das sociedades por quotas, despojando-se seu conteúdo de pessoalidade, de extrema ligação entre os sócios.

Ficam assim desgastadas, pelo tempo, pela prática comercial e pelo assentamento jurisprudencial a respeito, as opiniões de Villemor do Amaral (*Das Sociedades Limitadas*, 1938, p. 27) e de André Moreau (*Manuel Pratique de La Société à la Responsabilité Limitée*, Paris, 1952, p. 8) que afirmavam ser as empresas por quotas de natureza pessoal na relação entre os sócios, e de caráter próximo a uma sociedade de capital no concernente a terceiros.

Sim, não se há de falar, como vimos, em unanimidade nas deliberações sociais, na não cessibilidade de quotas de capital a terceiros; pois que a plena e livre convenção dos sócios pode dispor de forma diversa, deve-se conviver, por outro lado, com o predomínio da vontade majoritária, sem a necessária assinatura do sócio vencido, e até, em dadas hipóteses, um predomínio tal que possibilite a exclusão "vis compulsiva" do minoritário.

Essa é uma moldura típica de sociedade de capitais que vai se armando mais e mais no trato das sociedades por quotas.

Há tempos que a dissolução da empresa por morte ou falência, ou até dissidência, ou vontade livre (no caso de prazo indeterminado do empreendimento) tem tido seus efeitos reavaliados pelo Judiciário e aqui substituída a solução de origem pela chamada dissolução parcial, ou seja, a saída do sócio em questão, garantido seu respaldo patrimonial, e a continuação da sociedade, pelo interesse da sua preservação.

Veja-se acórdão unânime da 3ª T. do STJ, publicado no *DJU* de 15.4.1996, na p. 11.531, sendo rel. o Min. Cláudio Santos: "(...) plenamente possível a dissolução parcial, com fundamento no art. 336, I, do Código Comercial, permitindo a continuação da sociedade com relação aos sócios remanescentes".

O direito de recesso e o direito de retirada imotivada

Já vemos como na própria lei básica (Decreto 3.708, art. 15) o direito de recesso é conferido ao quotista minoritário.

O problema, neste fenômeno, está na tensão de interesses opostos respeitáveis, na contraposição dos direitos em jogo, que eram, são, e por certo continuarão sendo pontos de conflito nesse evento. E isso acontece e já é observado nas sociedades por quotas nas companhias.

Ou seja, ao minoritário quer se assegurar, na ordem jurídica, o direito de — diante de certas decisões radicais na vida da sociedade, com as quais não concorde, e que, por ser minoritário não consegue evitar — retirar-se do grupo social de modo economicamente compensador.

De outra banda, a sociedade, conduzida em seus destinos pela voz da maioria, não quer se ver compelida a um ressarcimento econômico pesado que lhe prejudique, que atrapalhe os planos de desenvolvimento, e, em hipóteses extremas, até sua sobrevivência.

Neste sentido, o recesso (art. 15) conferido ao quotista minoritário é até mais amplo, como espectro de abrangência do direito, do que aquele hoje conferido ao acionista menor (art. 137 da Lei 6.404). Pois ao acionista inconformado só é concedido requerer o recesso em hipóteses pontuais exaustivas contempladas na norma legal (alteração do objeto social, participação em grupo de sociedades, fusão ou incorporação em outra empresa, redução do dividendo obrigatório, alteração em preferência vantagens ou condições de ações preferenciais ou criação de nova classe mais vantajosa, criação de ações preferenciais ou aumento das classes existentes de modo desproporcional às presentes, exceto se previsto nos estatutos).

Fora desses casos acima, o acionista minoritário acaso insatisfeito não pode requerer sua saída reembolsada, devendo permanecer na sociedade, a menos, é claro, que obtenha alguém interessado na compra de suas ações.

Ao quotista, contudo, mais abrangência se lhe é conferida, o que se mostra um tanto paradoxal na espécie de empresa tida como mais personalizada que a anônima: aqui, toda e qualquer alteração, mexida no contrato social, mesmo que seja simples mudança de sede, garante, nos termos do Decreto 3.708, o direito de recesso do inconformado (cf. Egberto Lacerda Teixeira, *Das Sociedades por Quotas de Responsabilidade Limitada*, Max Limonad, 1956, n. 82, p. 1.747; Nelson Abraão, *Sociedades por Quotas de Responsabilidade Limitada*, 2ª ed., Ed. RT, 1980, p. 128).

O direito de recesso é reconhecido de há muito como um preceito comercial de ordem pública, no dizer bem abalizado de Trajano de Miranda Valverde (*Sociedade por Ações*, v. II, Rio de Janeiro, Forense, p. 43), pois, "que se destina a proteger os acionistas em minoria e, ao mesmo tempo, assegurar a continuidade da empresa".

E de igual modo o temos como de ordem pública — diga-se intocável pela mera convenção das partes — na hipótese das sociedades por quotas. Neste particular nos reportamos ao ótimo estudo de Waldecy Lucena a respeito (ob. cit., pp. 573 e ss.) onde se conclui que diante do Decreto 3.708 não há como se reduzir na convenção social as matérias que, aprovadas, conferiram o recurso ao recesso: toda e qualquer alteração do contrato social o garante.

Claro que alguma inconveniência sobra dessa ampla concessão do recesso ao quotista menor, como o próprio Waldecy Lucena adverte (ob. cit., p. 576) por isso que se coloca a sociedade na contingência de não poder em nada alterar seu contrato base sem que se arrisque a um possível reembolso de quotas.

Mas, a lei é taxativa e de algum modo sábia em assim proceder, na prevenção do esvaziamento do instituto, se ficasse restrito seu exercício a uma, duas ou três ocorrências, pois que a extrema maleabilidade de um contrato social ensejaria meios desviosos de se elidir as proibições. Do jeito como está posta a regra geral estatutária é una e íntegra; qualquer modificação nela comporta a retirada.

Há os que defendem, e aí com razão, e sem embargo jurídico visível, que o contrato social contemple outras causas de recesso para além da sua própria modificação, caso em que maior proteção ao minoritário se confere.

Constata-se, na evolução das limitadas e da *praxis* de seus inevitáveis conflitos internos, que esse original direito de recesso do minoritário acaba cedendo lugar ao generalizado direito de retirada pelas chamadas "exclusões de sócio" ou "dissoluções parciais da sociedade".

Essas últimas foram artefatos jurisprudenciais conscienciosamente erigidos pelos tribunais como uma substituição das hipóteses de dissolução total (denúncia imotivada do contrato social) se a sociedade é por prazo indeterminado (Código Comercial, art. 335, 5º).

Como a grande imensa maioria das contratações de sociedades limitadas é realizada por prazo aberto, indeterminado, acabou-se por se conceber essa forma de "dissolução parcial", ou seja, de retirada voluntária do sócio insatisfeito, decisão oponível mandatoriamente aos demais sócios e à sociedade em si, se necessário através da pertinente ação ordinária.

Neste procedimento, como fixado no acórdão unânime da 3ª T. do STJ, acima mencionado, apuram-se os haveres do sócio retirante, vale dizer, vai-se em busca da sua parcela conseqüente no patrimônio líquido da sociedade.

Garante-se, é claro, a adequada e segura indenização do sócio que vai ser ejetado do grupo social. Veja-se o acórdão unânime da 19ª Câmara do TJSP, de 30.5.1994: "É perfeitamente possível a saída do sócio incompatibilizado da sociedade por quotas de responsabilidade limitada, constituída por prazo indeterminado, sem que haja dissolução da própria sociedade; neste caso, se o balanço não tiver sido aprovado, se os valores contábeis do ativo, sobretudo do imobilizado, foram desatualizados, de forma a empobrecer indevidamente o sócio retirante, devem ser apurados esses haveres num balanço de determinação atualizando-se aquele ativo de forma a proceder-se à justa apuração dos haveres".

Há uma interessante e sensível tendência de se perquirir, de se buscar aí, em muitas hipóteses de empresas não capitalizadas, mas com bom nível de geração de receitas, não o mero patrimônio líquido resultante da apuração de valor dos ativos, daí deduzindo-se débitos e compromissos, mas um montante valorativo da sociedade oriundo no seu "fluxo de caixa descontado", conceito modernamente extraído da ciência econômica e da técnica financeira para se medir a empresa em razão de sua capacidade demonstrada de "gerar caixa", apropriando-se um valor àquela parcela matemática de capital do sócio retirante em face de sua potência geradora de dinheiro, confrontado com a geração média de juros desse determinado valor de capital no mercado financeiro (daí o fluxo ser "descontado").

Os órgãos de deliberação social

Nestas condições estamos em que a reunião dos quotistas, que poderá ser, por opção contratual, chamada de assembléia-geral dos sócios, deve obedecer a trâmites convocatórios, tais como estratificados no art. 124 da Lei 6.404, por isso que ali se reconciliam padrões reconhecidamente aperfeiçoados no chamamento de membros de órgãos coletivos contemplando, de um pólo, a segurança publicitária mínima para a democratização do conclave, e, de outro, a praticabilidade das formas e seus relativos efeitos de modo a não engessar e tornar inviável o funcionamento da empresa.

Admitindo-se que a grande maioria das sociedades por quotas agrega um entendimento unânime (até pelo número geralmente restrito de quotistas, ao contrário das anônimas), teremos aí nesses casos a dispensa de publicações na forma do § 4º do citado art. 124 da Lei 6.404.

O problema se põe, na verdade, nas hipóteses de divergências entre os sócios e aí, por certo, o sistema básico da Lei 6.404 se mostra como essencial na própria sociedade por quotas, por isso que, ao invés de problemática persecução por vias portais, pode se usar ali o recurso muito prático, e razoável na sua presunção de ciência, da publicação em jornais.

O que se pode assumir, como um valor na compreensão axiológica do fenômeno, é que, tratando-se de uma sociedade, uma junção de interesses na pessoa jurídica, é concebível que qualquer sócio, na falta de convivência constante com o empreendimento, tenha que ficar atento aos chamados em jornais para comparecimento à assembléia que decida sobre o destino da empresa da qual faz parte, e assim se permita a fluidez da evolução das deliberações e, ergo, da vida da sociedade.

Enfim, não é razoável que uma sociedade por quotas fique engessada, amarrada em seu desenvolvimento, eventualmente na necessária alteração de seu contrato social, se, por exemplo, sócio representativo de 50% de seu capital social — nas tão freqüentes empresas de 2 (dois) sócios — desapareça, fique omisso e ausente, exigindo uma convocação personalíssima para qualquer reunião assemblear.

A tal propósito já nos manifestamos em artigo ("Assembléia de cotistas na sociedade limitada") nesta *RDM* (n. 106, p. 53).

Acordos de quotistas

Acordos de quotistas são hoje instrumentos de compromisso intersócios com validade suficiente, derivação própria dos acordos de acionistas contemplados na Lei 6.404.

As opiniões contra tal forma compromissória, assentadas na regra do art. 302, § 7º do Código Comercial, são hoje minoritárias (Tavares Guerreiro, *Evolução e Perspectivas da Sociedade por Quotas de Responsabilidade Limitada*, São Paulo, AASP, p. 102).

Modesto Carvalhosa (*Acordo de Acionistas. Sociedade Anônima*, Instituto Brasileiro de Ciência Bancária, 1993, p. 250), Celso Barbi Filho (*Revista de Direito Bancário*, Ed. RT, 2000, p. 39), entre tantos outros, consagram a plena aceitação do instituto.

Estamos assim em que, celebrado tal acerto entre sócios, com ou sem compromisso de voto, e se o arquivando na sede da sociedade, em livro próprio (art. 118 da Lei 6.404), o acordo será oponível à sociedade, aos próprios celebrantes, é claro, e mesmo a terceiros interessados.

Neste sentido, como anota Celso Barbi Filho (ob. cit., p. 41), o descumprimento do acordo, aqui na hipótese evidenciado pela assinatura do sócio na deliberação, inclusive na reforma do contrato social, enseja inclusive medida liminar, para a sustação ou cancelamento do arquivamento necessário.

Conclusão

A sociedade por quotas de responsabilidade limitada é hoje mais do que uma simples co-irmã da sociedade anônima no nicho das pessoas jurídicas com limitação de responsabilidade dos sócios, também uma forma de empresa de capital, onde a preponderância está lavrada no aporte econômico (sob o manto de dinheiro, bens e serviços) do sócio, muito mais do que na "pessoalidade" deste.

Muito próxima, na moldura e, sobretudo, na prática econômico-jurídica, da anônima fechada, tem sobre esta a vantagem notória a seus minoritários de se retirar da empresa com mais facilidade, como já registramos em artigo ("A minoria social — Relatividade e alcance dos efeitos de seus direitos") específico nesta *RDM* (n. 102, p. 38).

A progressiva absorção, no seu conceito, e no seu *aperçu* jurisprudencial, dos institutos das sociedades anônimos, vai talvez substituir a freqüentemente conclamada reforma do Decreto 3.708, por isso que, como toda reforma de legislação sedimentada e *ancienne*, a resistência estática é grande, enquanto a extrema alquimia da experiência diária vai exigindo as adaptações da letra normativa.

O "FACTORING" INTERNACIONAL

WALTER DOUGLAS STUBER e ADRIANA GÖDEL STUBER

I — Introdução. II — Conceito jurídico. III — Distinção entre "factoring" e atividade financeira. IV — Legislação aplicável. V — Aspectos internacionais.

I — Introdução

O *factoring*[1] ou "fomento mercantil" somente veio a ser definido no direito brasileiro em 1995, quando foi alterada a legislação do Imposto de Renda das Pessoas Jurídicas (IRPJ), bem como da Contribuição Social sobre o Lucro Líquido (CSL), visando enquadrar as atividades de *factoring* para fins de tributação. A partir dessa mudança da legislação fiscal, as atividades de *factoring* passaram a ser tributadas como se fossem instituições financeiras. Logo, as empresas de *factoring* só poderiam optar pelo regime de lucro real para fins do cálculo do IRPJ e CSL e passaram a calcular a base de cálculo desses tributos pelo percentual de 32%, sobre a receita bruta auferida mensalmente.[2]

II — Conceito jurídico

Nos termos da legislação em vigor, consideram-se atividades de *factoring* a prestação cumulativa e contínua de serviços de assessoria creditícia, mercadológica, gestão de crédito, seleção de riscos, administração de contas a pagar e a receber, compra de direitos creditórios resultantes de vendas mercantis a prazo ou de prestação de serviços. Embora essa definição tenha

1. A palavra *factor* é de origem latina (*factor, oris*) e significa "fazedor", ou seja, aquele que faz alguma coisa, que desenvolve uma atividade. O termo *factoring*, de radical latino, é uma expressão inglesa que indica a atividade comercial que se convencionou designar no Brasil de fomento mercantil, mediante a qual uma sociedade de fomento mercantil compra de outra pessoa jurídica (que normalmente é uma empresa de pequeno ou médio porte) os direitos creditórios resultantes das vendas a prazo de bens ou serviços e, além de adquirir tais direitos creditórios, também presta a essa pessoa jurídica serviços de assessoria creditícia, mercadológica, gestão de crédito, seleção de riscos e administração de contas a pagar e a receber.

2. Consoante a alínea *d* do inciso III do § 1º do art. 15 da Lei 9.249, de 26 de dezembro de 1995, que altera a legislação do Imposto de Renda das Pessoas Jurídicas, bem como da Contribuição Social sobre o Lucro Líquido, e dá outras providências: "Art. 15. A base de cálculo do imposto, em cada mês, será determinada mediante a aplicação do percentual de oito por cento sobre a receita bruta auferida mensalmente, observado o disposto nos arts. 30 a 35 da Lei 8.981, de 20 de janeiro de 1995. § 1º. Nas seguintes atividades, o percentual de que trata este artigo será de: (...) III — trinta e dois por cento, para as atividades de: (...) d) prestação cumulativa e contínua de serviços de assessoria creditícia, mercadológica, gestão de crédito, seleção de riscos, administração de contas a pagar e a receber, compra de direitos creditórios resultantes de vendas mercantis a prazo ou de prestação de serviços (*factoring*)".

sido prevista na legislação fiscal, o mesmo conceito aplica-se evidentemente para todos os demais efeitos jurídicos.

III — Distinção entre "factoring" e atividade financeira

Inicialmente, houve uma tentativa por parte do Banco Central do Brasil (Bacen) no sentido de equiparar as sociedades de fomento mercantil às instituições financeiras, que fazem parte do Sistema Financeiro Nacional.[3] Se o *factoring* fosse enquadrado como atividade financeira, as sociedades de fomento mercantil passariam a ser fiscalizadas pelo Bacen, pois compete exclusivamente ao Bacen exercer a fiscalização das instituições financeiras e aplicar as penalidades previstas.[4] Todavia, esse entendimento do Bacen foi questionado na esfera judicial e acabou não prevalecendo e hoje existe consenso no sentido de que as sociedades de fomento mercantil não são instituições financeiras, ou seja, são entidades não-financeiras, e conseqüentemente, não estão sujeitas às regras que disciplinam as entidades integrantes do Sistema Financeiro Nacional.[5]

Convém, portanto, distinguir a atividade de *factoring* da atividade financeira, que é privativa das instituições financeiras autorizadas a operar no País pelo Bacen e não pode ser exercida pelas sociedades de fomento mercantil.[6] Da definição de instituição financeira, contida na legislação aplicável, podemos concluir que a atividade financeira consiste na realização da coleta, intermediação ou aplicação de recursos financeiros próprios e de terceiros, em moeda nacional ou estrangeira, bem como na custódia de valor de propriedade de tercei-

3. O art. 58 da Lei 9.532, de 10 de dezembro de 1997, que alterou a legislação tributária federal, submete à incidência do imposto sobre operações de crédito, câmbio e seguro ou relativas a títulos e valores mobiliários — IOF, às mesmas alíquotas aplicáveis às operações de financiamento e empréstimo praticadas pelas instituições financeiras, a alienação, por pessoas físicas ou jurídicas, de direitos creditórios resultantes de vendas a prazo, a empresas que exerçam a atividade de *factoring*, atribuindo à sociedade de fomento mercantil adquirente desses direitos creditórios a qualidade de responsável tributário pela cobrança e recolhimento do IOF. O art. 58 da Lei 9.532/97 é manifestamente inconstitucional, como demonstra Ives Gandra da Silva Martins em seu artigo "Inconstitucionalidade do art. 58 da Lei 9.532/97 que assemelha as empresas de *factoring* a instituições financeiras", publicado na *Revista de Direito Bancário e do Mercado de Capitais*, Ed. RT, São Paulo, ano I, n. 3, set.-dez. 1998, pp. 11 a 23. Esse dispositivo estabelece que: "Art. 58. A pessoa física ou jurídica que alienar à empresa que exercer as atividades relacionadas na alínea *d* do inciso III do § 1º do art. 15 da Lei 9.249, de 1995 (*factoring*), direitos creditórios resultantes de vendas a prazo, sujeita-se à incidência do imposto sobre operações de crédito, câmbio e seguro ou relativas a títulos e valores mobiliários — IOF às mesmas alíquotas aplicáveis às operações de financiamento e empréstimo praticadas pelas instituições financeiras. § 1º. O responsável pela cobrança e recolhimento do IOF de que trata este artigo é a empresa de *factoring* adquirente do direito creditório. § 2º. O imposto cobrado na hipótese deste artigo deverá ser recolhido até o terceiro dia útil da semana subseqüente à da ocorrência do fato gerador".

4. O inciso IX do art. 10 da Lei 4.595, de 31 de dezembro de 1964 (Lei da Reforma Bancária) estabelece que: "Art. 10. Compete privativamente ao Banco Central do Brasil: (...) IX — exercer a fiscalização das instituições financeiras e aplicar as penalidades previstas".

5. A melhor doutrina é unânime em afirmar que a atividade de *factoring* não se confunde com a atividade financeira. Luiz Lemos Leite sempre sustentou o princípio de que "banco capta e empresta dinheiro e a companhia de *factoring* presta serviços e compra direitos", como se poderá verificar em seu livro *"Factoring" no Brasil*, Atlas, São Paulo, 1993. Luiz Gastão Paes de Barros Leães também defende a tese de que *factoring* não é operação financeira, no parecer sobre "A operação de *factoring* como operação mercantil", publicado na *RDM* 115/239-254, Malheiros Editores, ano XXXVII, jul.-set. 1999.

6. Através da Resolução 2.144, de 22 de fevereiro de 1995, o Bacen divulgou deliberação do Conselho Monetário Nacional, esclarecendo que qualquer operação praticada por sociedade de fomento mercantil que não se ajuste ao conceito de *factoring*, previsto na legislação tributária, e que caracterize operação privativa de instituição financeira, nos termos do art. 17 da Lei 4.595/64, constitui ilícito administrativo (Lei 4.595/64) e criminal (Lei 7.492, de 16 de junho de 1986, conhecida como Lei do Colarinho Branco, que define os crimes contra o Sistema Financeiro).

ros.[7] Embora o conceito de atividade financeira seja bastante amplo, entendemos que uma sociedade de fomento mercantil pode perfeitamente conceder esporadicamente empréstimos a terceiros, mediante a utilização de recursos financeiros próprios, desde que os valores dessas operações de empréstimo não sejam tão elevados que possam afetar de maneira significativa o mercado financeiro.[8]

Atualmente, o Bacen permite expressamente às instituições financeiras a realização de operações de crédito com empresas cujo objeto social, exclusivo ou não, seja a prática de operações de *factoring*, bem como o aporte de recursos a sociedades de fomento mercantil.[9] Logo, uma sociedade de fomento mercantil pode captar empréstimos no mercado financeiro ou receber aporte de recursos de instituições financeiras e utilizar esses recursos para adquirir de outras pessoas jurídicas os direitos creditórios resultantes do faturamento dessas pessoas jurídicas decorrentes de vendas mercantis a prazo ou de prestação de serviços. Dessa forma, as sociedades de fomento mercantil proporcionam capital de giro às empresas de pequeno e médio porte, que podem concentrar-se em desenvolver sua atividade principal, isto é, na fabricação e comercialização de bens ou na prestação de serviços, conforme o caso.

IV — Legislação aplicável

Não existe no Brasil uma legislação específica, propriamente dita, disciplinando as operações de *factoring*, que são regidas pelas normas de direito civil e comercial aplicáveis à cessão de crédito e à compra e venda mercantil[10] e estão sujeitas às regras tributárias e aos diversos atos emitidos pelo Bacen, que já foram mencionados anteriormente no texto deste artigo e nas respectivas notas de rodapé. Tampouco existem regras disciplinando as operações de *factoring* internacional.

V — Aspectos internacionais

Dá-se o nome de *factoring* internacional ao *factoring* relativo à compra de direitos creditórios resultantes das vendas a prazo decorrentes de operações de comércio exterior (exportação ou importação de bens ou serviços), e que, além do comprador (importador) e do vendedor (exportador), envolve necessariamente a participação de uma sociedade de fomento mercantil brasileira e de uma empresa de *factoring* estrangeira que atue no país em que se origina a operação de comércio exterior.[11] Historicamente, o *factoring* surgiu como um

7. O *caput* do art. 17 da Lei 4.595/64 reproduz a definição de instituição financeira como segue: "Art. 17. Consideram-se instituições financeiras, para os efeitos da legislação em vigor, as pessoas jurídicas públicas ou privadas, que tenham como atividade principal ou acessória a coleta, intermediação ou aplicação de recursos financeiros próprios ou de terceiros, em moeda nacional ou estrangeira, e a custódia de valor de propriedade de terceiros".

8. Nesse sentido, reportamo-nos a artigo de autoria de Walter Douglas Stuber sobre "Empréstimo entre sociedades", publicado na *RDM* 68/25-30, Ed. RT, São Paulo, ano XXVI, out.-dez. 1987.

9. A Circular nº 2.715, de 28 de agosto de 1996, do Banco Central do Brasil, dispõe sobre operações de crédito com empresas cujo objeto social seja a prática de compra de faturamento (*factoring*), e permite às instituições financeiras realizar tais operações de crédito e o aporte de recursos a empresas de *factoring* e também a promotoras de vendas.

10. As disposições legais aplicáveis são os arts. 1.065 a 1.078 do Código Civil e os arts. 191 a 220 (da cessão de crédito) do Código Comercial (da compra e venda mercantil).

11. Fran Martins, em seu livro *Contratos e Obrigações Comerciais*, 13ª ed., Rio de Janeiro, Forense, 1995, p. 477, divide o *factoring* em faturização interna e faturização exterior: "A faturização pode tomar várias modalidades. Em primeiro lugar, as operações podem ser realizadas dentro do mesmo país, ou, neste, dentro de uma região: a esse tipo de faturização, dá-se o nome de *faturização interna*. Pode, entretanto, a faturização se relacionar com operações a serem realizadas fora do país, como em operações de importação e exportação, dando-se a esse tipo o nome de *faturização exterior*. As operações de faturização exterior trazem maiores riscos e maiores encargos para o faturizador, donde a sua comis-

mecanismo de comércio internacional e depois foi utilizado no mercado doméstico.[12] Por esse motivo, afirma-se que o *factoring* tem vocação internacional.

Do ponto de vista estritamente jurídico é possível estruturar-se uma operação de *factoring* importação. Porém, dentro da realidade brasileira, entendemos que somente é viável o *factoring* exportação, destinado a aportar recursos financeiros a uma empresa de pequeno e médio porte que ainda não tenha tradição no mercado internacional e pretenda incrementar a venda de bens ou serviços a outros países. No *factoring* exportação, uma sociedade de fomento mercantil brasileira adquire do exportador brasileiro, com um determinado deságio, os direitos relativos à exportação e assume o risco de receber do importador estrangeiro o preço da exportação nos termos e nas condições originalmente pactuados entre o exportador brasileiro e o importador estrangeiro. A sociedade de fomento mercantil brasileira paga antecipadamente ao exportador brasileiro o preço devido pelo importador estrangeiro, com um deságio que pode chegar até a 20% do valor total da transação, e também cobra uma comissão do exportador brasileiro, passando então a prestar serviços específicos que consistem na execução dos procedimentos burocráticos exigidos para concluir a operação de exportação e, para tanto, conta com o apoio de uma empresa de *factoring* estrangeira, sediada no país de destino ao qual estão sendo vendidos os bens ou serviços. Assim, o exportador brasileiro fica devidamente protegido na hipótese do eventual inadimplemento do importador estrangeiro e recebe capital de giro para continuar a desenvolver sua atividade principal, produzindo bens ou prestando serviços, conforme o caso. Compete à empresa

são, em tal modalidade, ser bastante mais elevada do que na faturização interna. Entretanto, historicamente, a faturização tem vocação para ser celebrada em operações com o exterior".

12. A título de ilustração, interessante reproduzir a retrospectiva histórica a respeito do *factoring* feita com bastante propriedade por Luiz Lemos Leite em sua já citada obra *"Factoring" no Brasil*, no capítulo sobre "*Factoring* exportação", pp. 179 e 180:

"As origens do *factoring* perdem-se em tempos imemoriais. Há 5.000 anos os comerciantes da Babilônia vendiam seus créditos para obter o capital de giro necessário para manter a continuidade dos seus negócios. Esta prática tão velha quanto o comércio consistia em levantar dinheiro que não fosse através de empréstimos bancários, mesmo porque, naquele tempo, ainda não existiam bancos.

"Os romanos, ao empreender as conquistas de novos territórios, tinham por objetivo único expandir suas atividades econômicas, exportando seus bens e serviços e trocando seu *know-how* com os produtos dos povos conquistados.

"Apareceu então a figura do *factor* — expressão genuinamente latina que quer dizer comerciante, agente comercial empreendedor de negócios —, que se localizava em pontos convencionalmente estratégicos dos novos territórios conquistados para dinamizar as vendas e efetuar a cobrança nessas relações comerciais.

"Mais tarde, à época das Grandes Descobertas, Inglaterra, Holanda, Espanha e Portugal realizaram suas conquistas, desenvolvendo grandes negócios com base na figura do *factor*, o comissário desses negociantes encarregado da armazenagem e da venda de mercadorias e de sua respectiva cobrança nas longínquas terras ultramarinas.

"O *factor* era, portanto, providencial para encurtar distâncias e estreitar o prazo de negociação entre os exportadores e importadores, quando ainda eram bastante precários os meios de comunicação.

"Entretanto, o papel dos *factors* mais se destacou no processo de colonização da América do Norte. Os ingleses encontraram nos *factors* o apoio indispensável para transferir para o continente americano os bens e equipamentos necessários a levar avante os seus propósitos colonizadores.

"Por esta razão, o *factoring* é, por vocação e essência, um mecanismo do comércio internacional.

"À guisa de ilustração, convém esclarecer que, a partir de 1.800, quando começava a consolidar-se a economia americana como país novo e independente, os Estados Unidos deram ao *factoring* uma roupagem doméstica para promover seu desenvolvimento econômico.

"As incipientes indústrias têxteis, de móveis e calçados, de 1.800, lastro de toda atual pujança econômica americana, encontravam no *factoring* doméstico um mecanismo que lhes dava apoio propiciando obter maior eficiência na administração e o capital de giro que necessitavam.

"Parente do *factoring* internacional, o *factoring* doméstico começou a ser praticado fora dos Estados Unidos somente no início da década de 50 na Inglaterra, Holanda, Alemanha, Suécia e França. Hoje está em 50 países."

de *factoring* estrangeira manter os contatos necessários com o importador estrangeiro de maneira a viabilizar a operação de comércio exterior originada no Brasil. Dentre as suas atribuições, a empresa de *factoring* estrangeira remeterá à sociedade de fomento mercantil brasileira a importância equivalente ao preço correspondente à compra e venda de bens e serviços, já deduzida a sua comissão, e cobrará os créditos correspondentes ao valor integral do preço diretamente do importador estrangeiro.[13]

Em vista do exposto, podemos concluir que o *factoring* exportação é uma alternativa bastante interessante que permite o acesso das empresas de pequeno e médio porte ao mercado internacional, que dessa forma poderão vender os seus bens ou serviços a outros países a um custo mais competitivo, sem recorrer à tradicional carta de crédito,[14] que continua sendo amplamente utilizada no Brasil nas operações de comércio exterior.

São Paulo, 24 de novembro de 2000

13. Em sua já citada obra *"Factoring" no Brasil*, na p. 182, ao comentar o *factoring* exportação, Luiz Lemos Leite revela os custos inerentes a esse tipo de operação da seguinte forma: "Como no *factoring* doméstico, também no *factoring* exportação há dois elementos de custo: 1º. *service fee*: O *service fee* é calculado como uma porcentagem do valor bruto da exportação que está sendo efetuada. É cobrado para fazer face aos serviços administrativos a cargo da companhia de *factoring*, assim como para a proteção de crédito. Varia de 0,75% a 2,05%; 2º. *preço de negociação dos direitos cambiais*: Até 80% do valor bruto da transação negociado entre as partes".

14. Num arroubo de entusiasmo, na mesma obra *"Factoring" no Brasil*, na p. 180, Luiz Lemos Leite afirma que: "O velho, familiar e confortável instrumento financeiro, a carta de crédito, é cada vez menos usado nos mais sofisticados mercados. O comércio internacional está em permanente mutação e os compradores estrangeiros estão sempre em busca de alternativas para os costumes e as práticas do comércio tradicional. De destacar alguns problemas nas exportações: inadimplência dos importadores, cobrança, capital de giro, contabilização de vendas no exterior, flutuação do câmbio e os custos de abertura das cartas de crédito.

"Neste ponto surge o *factoring exportação*, com uma gama de serviços de inequívoca utilidade, principalmente para os pequenos e médios industriais, que não têm condições de exportar, e como mais uma alternativa que se oferece para estimular, facilitar e financiar as exportações.

"O *factoring exportação* remove os problemas e riscos com as exportações feitas pelos processos convencionais."

Atualidades

O DESVIRTUAMENTO DA FALÊNCIA FRUSTRADA E A NECESSIDADE DE ADEQUAÇÃO DO RITO SUMÁRIO

CARLOS ALBERTO FARRACHA DE CASTRO

I — Introdução. II — Inteligência do art. 75 do Decreto-lei 7.661/45. III — Do desvirtuamento da falência frustrada. IV — Da responsabilidade dos sócios. V — Participação efetiva dos credores. VI — Conclusões.

I — Introdução

Dispõe o art. 75 do Decreto-lei 7.661/45 (Lei de Falências) que "se não forem encontrados bens para serem arrecadados, ou se os arrecadados forem insuficientes para as despesas do processo, o síndico levará imediatamente o fato ao conhecimento do juiz, que, ouvido o representante do Ministério Público, marcará por editais o prazo de dez dias para os interessados requererem o que for a bem dos seus direitos".

Trata-se, portanto, do instituto da falência frustrada, no qual "o síndico deverá, imediatamente, informar ao juiz, e este, diante do que lhe foi noticiado, encerrará a falência mesmo porque nada existe para ser partilhado".[1]

O desafio do presente estudo é analisar as razões que motivaram o legislador a estabelecer esse rito sumário, e por via de conseqüência, se na prática forense os operadores do direito observam ou não a finalidade almejada pelo legislador. Pretende ainda, apresentar alternativas com a finalidade de impedir o desvirtuamento da falência frustrada. O método de trabalho funda-se na atenta observação da realidade forense, sem prejuízo da investigação doutrinária sobre o tema.

Não se pretende aqui, analisar o rito sumário estabelecido para a falência cujo passivo for inferior a cem vezes o maior salário mínimo vigente[2] (art. 200), mas tão-somente as hipóteses de inexistência ou insuficiência de bens.

II — Inteligência do art. 75 do Decreto-lei 7.661/45

A falência decorre do mau funcionamento do crédito. Ou seja, declarando-se falido o comerciante que utiliza o crédito defeituosamente, estar-se-á obstando um fenômeno em cadeia sucessiva de comerciantes, preservando, pois, o crédito público. Em outras palavras, a "falência é o efeito da função anormal do crédito".[3] A falência, portanto, constitui-se "um conjunto de bens de execução forçada coletiva patrocinada pelo Estado que visando à proteção do cré-

1. Rubens Aguiar Magalhães, *Iniciação ao Direito Falimentar*, 2ª ed., p. 79.

2. Art. 200 da Lei de Falências: "A falência cujo passivo for inferior a cem vezes o maior salário-mínimo vigente no País será processada sumariamente, na forma do disposto nos parágrafos seguintes".

3. J. X. Carvalho de Mendonça, *Tratado de Direito Comercial Brasileiro*, vs. 7/8, n. 3.

dito, como fator de riqueza, cumpre a promessa de partilhar os bens do devedor para que haja a *par conditio creditorum*".[4]

Todavia, em determinadas situações, nada adianta movimentar a máquina judiciária face à ausência de bens para liquidar, pena de atos sucessivos, morosos e inúteis, sem um resultado concreto, face à inexistência de bens a partilhar.

Assim, para as hipóteses de ausência ou insuficiência de bens, o legislador criou um rito sumário, com a finalidade de evitar atos inócuos, desafogando, pois, a máquina judiciária.

Registre-se, porém, que o rito sumário não acarreta a imediata suspensão dos efeitos de sentença declaratória de falência, e tampouco dispensa o inquérito judicial. Na realidade, "a falência declarada compõe-se de duas fases, a de sindicância e a de liquidação. E a falência frustrada, embora não tenha a fase posterior da liquidação, porque não há o que liquidar, tem, todavia, e por inteiro, a fase de sindicância. Não se encerra ela, portanto, enquanto não estiver terminada a primeira fase, a qual será desenvolvida talvez até com maior rigor, pois, a ausência injustificada de bens é forte indício da prática de crime falimentar".[5]

Conclui-se, pois, que embora o legislador tenha estabelecido um rito sumário para a falência frustrada, jamais dispensou o relatório do síndico e a instauração do inquérito judicial, para fins de apurar a prática de crime falimentar.

III — Do desvirtuamento da falência frustrada

A realidade forense, data vênia, inúmeras vezes demonstra o uso exagerado do instituto da falência frustrada, inclusive desacompanhado do relatório do síndico e do inquérito judicial. Essa situação ocasiona, sentido inverso ao pretendido pelo legislador, beneficiando, muitas vezes, os sócios da sociedade falida e outros envolvidos (como, por exemplo, o síndico, data vênia), em detrimento dos credores, funcionários e do próprio mercado, como adiante será demonstrado.

A falência visa necessariamente afastar o uso anormal do crédito, mantendo a credibilidade e confiança do mercado. Ora, o desvirtuamento do instituto, isto é, o encerramento premeditado do processo falimentar, sem punição dos falidos, gera um sentido de impunidade, e por via reflexa, uma insegurança jurídica dos credores, os quais perdendo a confiança na Justiça, dificultarão o crédito, obstando assim, a circulação de riquezas, ou seja, o desenvolvimento do comércio e da sociedade.

Impõe-se, destarte, obrigatoriamente a abertura de inquérito judicial, para apurar a prática de crime falimentar, tenha ou não a massa falida bens suficientes para honrar suas despesas. Para tanto, imperioso que o síndico apresente um relatório (ainda que sucinto), instruído com um laudo contábil, contendo as causas da falência e analisando o comportamento dos representantes legais da sociedade falida com vistas a eventual caracterização de crime falimentar.

Pode-se dizer, portanto, e uma vez mais, que a abertura do inquérito judicial é obrigatória, mesmo no rito sumário estabelecido pelo art. 75 do Decreto-lei 7.661/45. Mas não é só.

A prática forense revela requerimentos formulados para que o processo de falência prossiga no rito sumário, face à não localização de bens corpóreos. No entanto, é preciso esclarecer que a ausência de bens corpóreos não autoriza, por si só, a aplicação do rito sumário (art. 75), conforme ensina Trajano Miranda Valverde:[6] "A

4. José Francelino de Araújo, *Manual de Falências e Concordatas*, p. 11.

5. Amador Paes de Almeida, *Curso de Falência e Concordata*, 11ª ed., p. 247.

6. Trajano Miranda Valverde, *Comentários à Lei de Falências (Decreto-lei 7.661, de 21 de setembro de 1945)*, 4ª ed, p. 29.

inexistência de bens corpóreos para serem arrecadados ou a insuficiência deles para o pagamento dos encargos da massa, não justifica a aplicação do dispositivo. É possível que a escrituração revele a existência de dívidas ativas de fácil liquidação. O síndico, por isso, antes do exame da escrituração e da verificação dos documentos arrecadados, não deve afirmar ao juiz qualquer das duas situações previstas no artigo. Direitos e ações são também valores que poderão autorizar, pela sua importância, o prosseguimento da falência. Esta compreende todos os bens do devedor, tantos os existentes na época de sua declaração, como os que forem adquiridos no curso do processo".

IV — Da responsabilidade dos sócios

Ainda que não se encontre bens corpóreos e incorpóreos em nome da massa falida, mesmo assim impõem-se outras diligências ao síndico, antes de invocar o rito estatuído pelo art. 75 do Decreto-lei 7.661/45, a saber: diligências e expedição de ofícios à Receita Federal, Banco Central do Brasil, Detran, dentre outros órgãos, com a finalidade de localizar eventuais bens transferidos durante o termo legal[7] da falência.

Dentre as diligências necessárias antes da invocação do rito sumário da falência, insere-se também a investigação da responsabilidade dos sócios da empresa falida, e, por conseguinte, a existência de patrimônio pessoal para garantir os débitos da massa.

Em se tratando de sociedades onde os sócios respondem de forma solidária pelos débitos da sociedade, a questão não suscita maiores problemas, *ex vi* da regra positivada pelo art. 5º do Decreto-lei 7.661/45.[8]

Discussões existem, isso sim, com relação a eventual responsabilidade solidária dos diretores das sociedades anônimas e sócios-gerentes das sociedades por cotas de responsabilidade limitada. Para alguns, a responsabilidade limita-se ao valor da ação ou da cota integralizada, razão pela qual, em casos tais, inexistindo bens corpóreos ou incorpóreos em nome da massa, impõe-se a imediata instauração do rito sumário da falência (art. 75 do Decreto-lei 7.661/45). Todavia, parece-nos que esse não é o único (ou mesmo o melhor) caminho.

Na verdade, existindo simples indícios que os sócios extrapolaram seus direitos e poderes ou que não estão insolventes possuindo inclusive bens pessoais, ao nosso ver, incumbe ao síndico ajuizar ação própria,[9] para tornar efetiva a responsabilida-

7. Sobre o termo legal, Rubens Requião (in *Curso de Direito Falimentar*, v. 1, p. 107) ensina que "o termo legal da falência, fixando na sentença pelo juiz, compreende um espaço de tempo imediatamente anterior à declaração da falência, no qual os atos do devedor são considerados suspeitos de fraude e, por isso, suscetíveis de investigação, podendo ser declarados ineficazes em relação à massa".

8. Art. 5º do Decreto-lei 7.661/45: "Os sócios solidária e ilimitadamente responsáveis pelas obrigações sociais não são atingidos pela falência da sociedade, mas ficam sujeitos aos demais efeitos jurídicos que a sentença declaratória produza em relação à sociedade falida. Aos mesmos sócios, na falta de disposição especial desta lei, são extensivos todos os direitos e, sob as mesmas penas, todas as obrigações que cabem ao devedor ou falido".

9. Sobre a ação de responsabilidade do sócio ou acionista na falência, Adalberto Simão Filho ("A superação da personalidade jurídica no processo falimentar", in *Direito Empresarial Contemporâneo*, p. 7), com apoio no escólio de José da Silva Pacheco ensina que "A apuração da responsabilidade civil se faz em processo ordinário, no juízo da falência, independente da liquidação do ativo e sem necessidade de se provar a insuficiência do mesmo para atender o passivo. O processo será o ordinário ou comum, previsto pelo Código de Processo Civil. Há que se fazer petição fundamentada, de acordo com o art. 282 do Código de Processo Civil. Havendo então indícios pertinentes, poderá ser adotada esta via processual com a ampla possibilidade de defesa, onde a final o Juiz sentenciará a respeito da responsabilização extraordinária dos sócios e seus limites, podendo, a partir de então, haver a arrecadação dos bens patrimoniais desta para efeitos de venda". E nem se imagine que face à necessidade da ação própria observar o rito ordinário, ao cabo dessa o patrimônio do sócio ou acionista já estaria desviado, esvaído ou

de dos diretores e sócios-gerentes. Caso contrário nada justificaria a existência da norma contida no art. 6º do Decreto-lei 7.661/45: "A responsabilidade solidária dos diretores das sociedades anônimas e dos gerentes das sociedades por cotas de responsabilidade limitada, estabelecida nas respectivas leis; a dos sócios comanditários (Código Comercial, art. 314), e a do sócio oculto (Código Comercial, art. 305), serão apuradas, e tornar-se-ão efetivas, mediante processo ordinário, no juízo da falência, aplicando-se ao caso o disposto no art. 50, § 1º".

Não se trata, aqui, de desconsideração da personalidade jurídica,[10] e sim apuração da responsabilidade dos sócios, em virtude de gestão temerária, violação da lei ou dos estatutos, uso indevido da firma, dentre outros exemplos.

Percebe-se, pois, que o Decreto-lei 7.661/45, adotou normas e procedimentos que exigem a investigação da responsabilidade dos sócios e/ou acionistas. Portanto, "após a decretação da falência, o síndico, ao mesmo tempo em que começa a arrecadação, deve iniciar a elaboração do importante relatório do art. 103, no qual, indicando as causas da falência, analisa a eventual responsabilidade dos administradores ou gerentes da sociedade. A responsabilidade penal é apurada na forma do art. 103, e a civil através do processo de conhecimento previsto no art. 6º".[11]

liquidado, o que tornaria inócuo tal expediente, posto nesse particular o legislador pátrio foi extremamente cauteloso e sábio, determinando que "O juiz, a requerimento do síndico, pode ordenar o seqüestro de bens que bastem para efetivar a responsabilidade" (art. 6º, parágrafo único, do Decreto-lei 7.661/45).

10. Lógico que observado o caso concreto, até pode existir situação de desconsideração da personalidade jurídica. Porém, isso demanda análise de outros pressupostos, o que exige estudo específico, dada a complexidade do tema, sendo que a extensão desse texto impede que a matéria seja enfrentada.

11. J. A. Penalva Santos e Paulo Penalva Santos, *Nota aos Comentários à Lei de Falências...*, Trajano de Miranda Valverde, 4ª ed., v. 1., p. 125.

V — Participação efetiva dos credores

Da análise ora efetuada, resta evidente que o síndico desempenha papel fundamental na falência. Caso o síndico venha a ser omisso ou negligente, os prejuízos podem ser irreversíveis. Lógico que o síndico "responde pelos prejuízos que causar à massa, por sua má administração ou por infringir qualquer disposição da presente lei";[12] porém, a finalidade principal da falência não é a responsabilização do síndico, e sim, de um lado, pagar os credores em igualdade de condições, observadas as preferências legais,[13] e de outro lado, apurar as responsabilidades civis e penais pela falência, pois somente assim, estar-se-á preservando o crédito público.

Incumbe, pois, aos credores acompanharem diretamente o desenvolvimento do processo falimentar, fiscalizando a administração da massa e promovendo os requerimentos necessários à defesa dos seus interesses,[14] sob pena de nada poderem alegar pelos prejuízos provenientes da falência frustrada.

Portanto, efetivamente o síndico negligente e omisso deve responder pelos prejuízos causados por sua má administração da massa. Porém, isso não é suficiente. Na verdade, impõe-se uma participação efetiva dos credores e do Ministério Público, de modo que seja minorada a possibilidade de desvirtuamento do rito sumário, e por via reflexa, apurada as responsabilidades dos reais culpados pela falência.

VI — Conclusões

Para a conclusão desta exposição, enumeram-se os seguintes tópicos:

1. Para as hipóteses de ausência ou insuficiência de bens da massa falida, o legislador criou um rito sumário, com a finalidade de evitar atos inócuos, posto que na-

12. Art. 68 do Decreto-lei 7.661/45.

13. V. art. 102 do Decreto-lei 7.661/45.

14. Art. 30, I, II e III do Decreto-lei 7.661/45.

da adianta uma série de fases processuais, com o congestionamento ainda maior da máquina judiciária, se inexistem bens a partilhar.

2. Embora o legislador tenha estabelecido um rito sumário para a falência frustrada, jamais dispensou o relatório do síndico e a instauração do inquérito judicial, para fins de apurar a prática de crime falimentar.

3. A realidade forense demonstra o uso exagerado do instituto da falência frustrada, inclusive desacompanhado do relatório do síndico e sem a instauração do inquérito judicial.

4. Mesmo diante da ausência de bens corpóreos e incorpóreos em nome da massa, incumbe ao síndico a realização de outras diligências, como a expedição de ofícios à Receita Federal, Banco Central do Brasil e Detran, com a finalidade de localizar eventuais bens transferidos durante o termo legal da falência.

5. Incumbe, também, ao síndico na falência frustrada, investigar a responsabilidade dos sócios e diretores da sociedade falida, pena de responder por sua má administração da massa falida.

6. O Decreto-lei 7.661/45 adotou normas e procedimentos que exigem a investigação da responsabilidade dos sócios e/ou diretores, com o conseqüente ajuizamento de ação própria para tornar efetiva a responsabilidade dos mesmos, em casos de gestão temerária, violação da lei ou dos estatutos, dentre outras hipóteses.

7. A falência exige uma participação efetiva dos credores, (ex-)funcionários e Ministério Público, de modo que seja minorada a possibilidade de desvirtuamento do rito sumário, apurando-se as responsabilidades dos verdadeiros culpados pela falência.

8. O desvirtuamento da falência frustrada, gera uma insegurança jurídica no comércio, além de uma sensação de impunidade que redunda no descrédito do Judiciário, devendo, pois, ser coibida pelos operadores do direito.

De todo exposto, pode-se dizer que o exercício hermenêutico aqui desenvolvido tem por finalidade a tentativa de contribuir para afastar interpretações equivocadas do direito falimentar, que se prestam apenas para beneficiar alguns incautos, em detrimento de toda a sociedade. Aliás, não se pode apenas interpretar e aplicar de forma literal somente um artigo da Lei de Falência, ou seja, o art. 75 do Decreto-lei 7.661/45. Na verdade, o instituto da falência frustrada faz parte de um todo que deve ser interpretado de forma sistemática, ou seja, a legislação falimentar deve ser interpretada e aplicada como um todo, e não como um repositório de normas isoladas.

Bibliografia

ALMEIDA, Amador Paes de. *Curso de Falência e Concordata.* 11ª ed., São Paulo, Saraiva, 1993.

ARAÚJO, José Francelino de. *Manual de Falências e Concordatas.* Porto Alegre, Sagra-Luzzatto, 1996.

CARVALHO DE MENDONÇA, J. X. *Tratado de Direito Comercial Brasileiro.* vs. 7/8, Rio de Janeiro, Freitas Bastos, 1963.

MAGALHÃES, Rubens Aguiar. *Iniciação ao Direito Falimentar.* 2ª ed., São Paulo, Max Limonad, 1982.

MIRANDA VALVERDE, Trajano. *Comentários à Lei de Falências (Decreto-lei 7.661, de 21 de setembro de 1945).* v. 2, 4ª ed. atualizada por J. A. Penalva Santos e Paulo Penalva Santos. Rio de Janeiro, Forense.

REQUIÃO, Rubens. *Curso de Direito Falimentar.* v. 1, São Paulo, Saraiva, 1975.

SIMÃO FILHO, Adalberto. "A superação da personalidade jurídica no processo falimentar", in *Direito Empresarial Contemporâneo.* São Paulo, Ed. Juarez de Oliveira, 2000.

Atualidades

QUESTÕES CONTROVERTIDAS NO PROCESSO DE EXECUÇÃO

LEONARDO GUIMARÃES

1. Introdução. 2. Classificação das ações e sua eficácia: 2.1 Ação declaratória; 2.2 Ação constitutiva; 2.3 Ação condenatória; 2.4 Ação mandamental; 2.5 Ação executiva. 3. Conceito de ato executivo. 4. Penhora: 4.1 Penhora em faturamento de sociedade comercial; 4.2 Penhora em quotas sociais de sociedade por quotas de responsabilidade limitada face à dívida de sócio. 5. Contrato de abertura de crédito em conta corrente como título executivo: 5.1 Princípios; 5.2 Impossibilidade de execução. 6. Requisição do juiz à repartição do imposto de renda solicitando informações acerca de bens do executado em processo judicial: 6.1 Obrigações do executado em processo judicial; 6.2 Prerrogativas do exeqüente em processo judicial.

1. Introdução

Muito se ressentem os sujeitos da efetiva prática e exercício do direito — mormente advogados, magistrados e representantes do MP — frente às mais recentes questões jurídicas que lhes são propostas, de obterem respostas conjuntas e atualizadas dos doutrinadores e sodalícios pátrios.

Afigura-se patente a dificuldade de encontrar-se, em repositórios autorizados, estudos ou pareceres que versem acerca de todas as peculiaridades e particularidades vivenciadas através do exercício do direito, mesmo porquê novas questões vêm a ser doutrinariamente discutidas, em sua grande maioria, somente depois de colocadas, iterativamente, sob o foco do Judiciário.

Colimando minimizar esta carência surge o presente trabalho, tendente a, sem aprofundar-se, sobremaneira, na exegese dos textos de lei regentes dos temas versados — os quais envolvem questões ligadas, exclusivamente, ao processo executivo —, amortecer a dicotomia verificada entre o jurista e o julgado.

2. Classificação das ações e sua eficácia

Convém, antes de iniciar-se o estudo acerca das específicas questões elencadas, traçar-se um paralelo entre os diversos gêneros de ações encontrados na sistemática processual, de molde a, dentro deste contexto, melhor divisar o papel da ação executória.

Consoante ressalta Araken de Assis,[1] "as ações comportam classificação segundo inúmeros e discrepantes critérios". Para o presente estudo, deixando de levar em conta apenas a divisão clássica e primitiva traçada por Liebman,[2] entre ações *declara-*

1. Araken de Assis, *Manual do Processo de Execução*, p. 66.

2. Liebman, *Manuale*, v. 1/125, n. 76.

tórias e *condenatórias*, e refutando a teoria da "unidade",[3] segundo a qual todas as ações seriam convergentes, porquanto tendentes a aplicar sanção, serão colocadas sob foco, juntamente com aquelas primeiras, as denominadas ações *constitutivas*, *mandamentais* e, finalmente, as *executivas*.

Externada tal divisão, curial analisar, adiante, cada espécie de ação, individuadamente.

2.1 Ação declaratória

Colima o postulante, através do processo declaratório, extirpando incertezas acerca do seu direito, tornar inabalável, graças à autoridade da coisa julgada, a existência ou inexistência de relação jurídica e/ou a autenticidade ou a falsidade de documento, consoante estatui o art. 4º do Diploma Processual Civil.

Na ação declaratória, ignora-se, pois, "outra eficácia relevante que a da coisa julgada material".[4]

Com efeito, neste tipo de ação, a procedência da súplica consubstanciada na peça vestibular "decorre apenas da palavra do juiz",[5] sem que haja necessidade da sua efetiva execução.

2.2 Ação constitutiva

A utilização da ação constitutiva se dá por aquele que busca a mudança em determinada relação jurídica, seja de caráter modificativo, criativo ou extintivo.[6]

O *decisum* exarado nesta sorte de ação leva a um estado jurídico novo, que existe independentemente da execução da sentença.

2.3 Ação condenatória

Arrimado no escólio de Liebman,[7] poder-se-ia asseverar que a condição condenatória caracterizadora desta ação resulta de dois elementos distintos, ou de duas declarações independentes. Em um primeiro momento, o juiz declara o direito versado e, em um segundo, impõe ao vencido a sanção estabelecida na lei para o ato irregularmente praticado. Esta teoria encontra convictos críticos, tais como Barbosa Moreira,[8] que enquadra tais demandas como sendo, puramente, declaratórias.

Novamente, nesta espécie de querela não há falar-se em consecução ou efetivação forçada da sentença.

2.4 Ação mandamental

Segundo Goldschmidt,[9] provimento em ação mandamental contém a declaração do direito e a ordem, proferida pelo juiz, dirigida a alguma autoridade, dita coatora.

Também a eficácia da sentença mandamental carece, pois, de operações práticas para lançar o demandante exitoso à efetividade de sua pretensão.

2.5 Ação executiva

Vê-se que a força executiva, ao contrário das demais, "retira valor que está no patrimônio do demandado, ou dos demandados, e põe-no no patrimônio do demandante".[10]

Destarte, a eficácia da demanda executiva pode ser *imediata*, quando se almeja buscar, junto ao réu, valor, ou bem, já identificado, reconhecido através de sen-

3. Cristiano Mandrioli, *L'azione esecutiva*, ns. 30-31, pp. 193-200.
4. Pontes de Miranda. *Tratado das Ações*, v. 1/157, § 34.
5. Pontes de Miranda. *Tratado das Ações*, v. 1/198, § 34.
6. Ernane Fidélis dos Santos, *Manual*, v. 1/53, n. 92.
7. Liebman, in ob. cit.
8. J. C. Barbosa Moreira, *Reflexões Críticas sobre uma Teoria da Condenação Civil*, n. 7, p. 1.346.
9. James Goldschmidt, *Der prozess als rechtslage*, § 31, p. 496, nota 1.615, em Araken de Assis, *Manual do Processo de Execução*, p. 77.
10. Pontes de Miranda, in ob. cit.

tença judicial, e *diferida* ou *mediata*, quando a penetração executiva atinge a esfera patrimonial do executado, para buscar-lhe patrimônio ainda não definido, ou, se definido, que ainda não tenha sido declarada a ilegitimidade do réu para permanecer na sua posse e domínio.

Expendidas tais explanações, afigura-se patente ser a sentença executiva a única tendente a fazer cumprir as diversas decisões adotadas nas outras espécies de ações. E, dentro do processo executivo, depende a consecução destas decisões da prática de diversos atos contínuos e materiais tendentes a outorga ao vitorioso de seus direitos consagrados. Tais atos são classificados como *atos executivos*.

3. Conceito de ato executivo

No desempenho da ação executiva, o magistrado determina a realização de atos de natureza diametralmente oposta daqueles proferidos no âmbito da função cognitiva.

Enquanto em sede de conhecimento a missão judicial transforma o fato em direito, na execução, o direito — ou o seu exercício —, há de traduzir-se em fatos.

Conquanto compartilhe a disciplina dos atos processuais em geral,[11] tem o ato executivo de peculiar, distinguindo-o dos demais, a função de, interagindo com as partes litigantes, incutir alterações em seu mundo natural. A execução destes atos — imbuídos da força do Estado, mormente do Judiciário — altera, via de conseqüência, não apenas os fatos consubstanciados no processo, mas, propriamente, o círculo patrimonial do executado.

E, afigurando-se hialina a importância que uma alteração destas gera no estado patrimonial dos envolvidos no processo, máxime do executado, aprofunda-se, via de conseqüência, a necessidade de traçar-se o presente estudo acerca de situações específicas geradas pela sua adoção.

11. Corzar-Bozzi, *Manuale*, p. 6.

4. Penhora

"A pendência do processo executivo, com a propositura da demanda, citação do demandado e constrição sobre bens, representa para ele um estado que a doutrina caracteriza como *sujeição*."[12]

Principal efeito deste estado de sujeição se manifesta através da *penhora*, a qual exterioriza o primeiro ato executivo oficial por meio do qual o Estado põe em prática o processo de expropriação coletiva.[13]

Tem ela a função de "individualizar el bien sobre el qual el oficio ejecutivo deberá proceder para satisfazer a los acreedores, y someterlos materialmente a la transferencia coativa".[14]

Resumindo, tem a penhora por escopo: (a) individuar e apreender efetivamente os bens destinados ao fim da execução; (b) conservar ditos bens, evitando sua deterioração ou desvio; e (c) criar preferência para o exeqüente, sem prejuízo das prelações de direito material anteriormente estabelecidas.[15]

De outro norte, constituindo ato executivo manifestamente restritivo de direitos, a possibilidade de incidência da penhora, em algumas hipóteses, torna-se bastante discutível, como no faturamento de empresa comercial e nas quotas de sociedade por quotas de responsabilidade limitada, hipóteses adiante estudadas.

4.1 Penhora em faturamento de sociedade comercial

O Estatuto Processual Civil pátrio traça contornos dentro dos quais este princípio de expropriação patrimonial — a pe-

12. Cândido Dinamarco, *Execução Civil*, p. 238.

13. José Alberto dos Reis, *Processo de Execução*, p. 78.

14. Gian Antonio Michelli, *Derecho Procesal Civil*, p. 155.

15. Humberto Theodoro Júnior, *Execução*, p. 57.

nhora sobre o faturamento — pode operar-se, sem, todavia, explicitar sua ocorrência.

Poder-se-ia presumir da exegese deste texto legal, *ipso facto*, ser perfeitamente cabível, sob qualquer circunstância, a incidência de penhora sobre o faturamento de sociedade comercial executada.

Todavia, não obstante o permissivo contido no aludido dispositivo de lei, vislumbraram os sodalícios pátrios, ao analisarem tal hipótese de constrição, que, caso a penhora viesse a ocorrer, indiscriminadamente, sobre todo o faturamento da sociedade, a sua própria existência restaria ameaçada. Estar-se-ia retirando, ante tais circunstâncias, o oxigênio que mantêm respirando o próprio objeto do estudo do direito privado comercial — consoante admitido em sede doutrinária —, que é a empresa.

O entendimento do Tribunal de Justiça do Estado de São Paulo, em decisão exarada em 1989, reflete muito bem a corrente majoritária cogente à época, ao determinar que "a penhora de receitas criaria obstáculos à continuidade da exploração econômica, em detrimento da função social desempenhada pela empresa",[16] rejeitando, portanto, tal hipótese de constrição patrimonial.

Críticas surgiram, no entanto, a esta exagerada proteção ao devedor, redundando no aresto exarado em 1990, admitindo a adoção deste ato executivo pleno, "*mesmo porque o faturamento não está incluído entre os bens impenhoráveis*".[17]

Constatava-se que ambas as teses, da possibilidade, ou não, da penhora incidente sobre o faturamento da empresa, colocavam a parte vencida em situação insustentável, levando-a, no caso do credor, ao não percebimento da quantia a qual fazia jus, e, no caso do devedor, a impossibilidade do prosseguimento de suas atividades.

Surgiu, finalmente, uma terceira via para a solução destes conflitos, consubstanciada no acórdão prolatado ainda em 1990,[18] admitindo a penhora em créditos da executada (duplicatas de sua emissão), no percentual de 30% (trinta por cento) do seu valor. Destarte, equacionava-se a situação do credor, sem estrangular a sociedade devedora com a completa ausência de capital.

Neste esteio, vieram, após, iterativas decisões, estendendo a possibilidade de penhora, inclusive, ao faturamento bruto das empresas, "desde que limitada a um percentual de 30% (*RT* 695/107, *JTJ-Lex* 165/142 e *RT* 692/88)".[19]

Todavia, acerca desta questão, o entendimento do Superior Tribunal de Justiça tem se mostrado oscilante, havendo variação de Turma para Turma e, em alguns casos, decisões divergentes dentro de uma própria Turma. Por exemplo, para a 1ª Turma prevalece, dentre de alguns de seus Ministros — mormente o Ministro Garcia Vieira —, o entendimento que "a penhora que recai sobre o rendimento da empresa equivale à penhora da própria empresa, razão pela qual não tem mais a Egrégia Turma admitido penhora sobre faturamento ou rendimento"[20] (em igual sentir o AGA 205.411-SP, *DJU* 19.4.1999, *DJU* 1.8.2000).

Em sentido diverso, no entanto, já se posicionou o Ministro Humberto Gomes de Barros, entendendo perfeitamente cabível a penhora em executivo fiscal, desde que "observadas as cautelas recomendadas pelos arts. 677 e 678 do CPC (EREsp 24.030-SP)".[21] Entende o digno Ministro que, nos casos de execução fiscal, poderá haver penhora do faturamento, desde que haja nomeação de administrador para a empresa.

De outro norte, para as colendas 2ª e 4ª Turmas, "a jurisprudência admite a penhora em dinheiro do faturamento mensal da em-

16. AI 143.891-2, *RJTJSP-Lex* 120/331.

17. AI 159.984-2, *RJTJSP-Lex* 126/286.

18. AI 158.867-2, *RJTJSP-Lex* 125/325.

19. Arruda Alvim, *Processo de Execução e Assuntos Afins*, p. 53.

20. REsp 163.549-RS, *DJU* 14.9.1998.

21. AgRg-HC 8.845-SP, *DJU* 21.2.2000 e HC 8.328-SP, *DJU* 10.4.2000.

presa devedora executada, desde que cumpridas as formalidades ditadas pela lei processual civil, como a nomeação de administrador, com apresentação da forma de administração e do esquema de pagamento"[22] (neste sentido, ainda, o AGA 214.347-SP, *DJU* 23.8.1999; REsp 182.220-SP, *DJU* 19.4.1999; REsp 150.896-PR, *DJU* 14.12.1998; REsp 147.725-RS, *DJU* 20.3.2000).

Compulsando todos os julgados analisados e observando tratar-se o faturamento da empresa de um bem de sua propriedade, ainda que futuro (art. 591 do CPC), impende concluir que há, sim, possibilidade de penhora desta natureza, desde que não haja oferecimento, ou aceitação da nomeação, de outros bens da sociedade à penhora;[23] e que não descure o juiz que a determina do modo como irá operar-se tal constrição,[24] de como será retida a quantia penhorada, e, finalmente, quem a irá administrá-la, a fim de garantir à executada capital suficiente para a continuidade de seu empreendimento.

Não se pode perder de vista a função social da empresa. Inviabilizar seu funcionamento é contaminar uma das células componentes de nossa própria sociedade.

4.2 Penhora em quotas sociais de sociedade por quotas de responsabilidade limitada face à dívida de sócio

4.2.1 Origem da sociedade por quotas de responsabilidade limitada

A partir do início do século XIX, com o aprofundamento da revolução industrial, as sociedades mercantis se viram divididas em duas classes distintas, as sociedades de pessoas e as de capital.

As primeiras compreendiam as sociedades em nome coletivo, de capital e indústria, em conta de participação e a comandita, nas quais os sócios se reuniam para criar determinada atividade mercantil, em geral trabalhando conjuntamente no negócio e assumindo todos, ou alguns deles, responsabilidade ilimitada, de sorte a responder com seus bens particulares pelas dívidas e ônus da firma.

Em decorrência dessas características a sociedade formava-se *intuito personae* e a liga que unia os sócios era a *affectio societatis*, isto é, a afinidade pessoal e a boa harmonia social entre eles.

De outro norte, ante a passagem da empresa artesanal para a industrial, baseada na produção através de máquinas, a necessidade de capitais para equipar e fazer funcionar a nova empresa superava os recursos disponíveis de um indivíduo ou de um número reduzido de pessoas. O avanço tecnológico, a divisão do trabalho, a dinâmica da produção e o surgimento de um mercado de massa criaram a necessidade de mecanismos capazes de financiar essa empresa nascente. A sociedade anônima foi a forma ideal para abrigar esse novo sistema de produção.

À medida, entretanto, que o sistema industrial e comercial evoluía, certas atividades começaram a combinar pessoas e capital ao mesmo tempo, sem que houvesse um tipo de sociedade capaz de amparar essa nova situação.

Da necessidade de atender a este anseio nasceu a sociedade por quotas de responsabilidade limitada que, embora conservando a característica *intuito personae* e contratual, comportava também o aporte de capital, respondendo os sócios, isoladamente, até o montante total do capital não integralizado.

4.2.2 Definição de quota social e critérios para a sua aquisição e transferência

O capital social, em todas as legislações, divide-se em partes, de valores igualitários, ou não. Cada uma destas, nas so-

22. *RTJ* 101/26.
23. Pontes de Miranda, *Tratado de Direito Privado*, n. 7, p. 178.
24. Idem, ibidem.

ciedades de responsabilidade limitada, representam uma unidade e são denominadas quotas.

A quota, sobre conferir ao seu titular um *status* do qual derivam direitos e obrigações, em regra geral, "só é transferível mediante o consentimento de um *quorum* que varia de conformidade com cada legislação".[25]

Na legislação pátria, três são as correntes acerca da possibilidade de transferência das quotas sociais, desde que não previsto diversamente no contrato social: a primeira, defendida pelo professor Waldemar Ferreira,[26] sustenta que só é permitida a transmissão de quotas com o consentimento da unanimidade dos sócios; a segunda, ventilada pelo professor João Eunápio Borges,[27] levando em conta, subsidiariamente, a Lei de Sociedade Anônimas, entende que, para operar-se a transferência, basta a vontade do seu detentor, independente da aquiescência dos demais, mesmo majoritários; e, finalmente, a terceira, que tem como patrono o professor e Ministro Cunha Peixoto,[28] amparado na própria Lei 3.708/19, julga inafastável o apoio da maioria dos quotistas para aprovar a cessão das quotas sociais.

A doutrina e jurisprudência pátria, debruçando-se sobre estas teses, entenderam, majoritariamente, que a sociedade somente pode admitir novos quotistas se aprovada tal deliberação por todos os seus partícipes, ou pelo menos por aqueles que representem sua maioria votante simples, ou seja, 50% (cinqüenta por cento) das quotas, mais uma.

4.2.3 Penhorabilidade das quotas sociais

Estaria, então, enquanto "parte ideal representativa do quinhão do sócio da sociedade limitada",[29] a quota sujeita à penhora em caso de execução contra o seu titular?

João Eunápio Borges,[30] estudando o tema, observa que as quotas podem ser penhoradas em execução contra os sócios, a não ser que o contrato proíba a sua cessão, hipótese em que se tornam inalienáveis e, conseqüentemente, impenhoráveis.

Cunha Peixoto,[31] em posição símile à supra-externada, assevera que: "a impenhorabilidade da cota social funda-se na formação *intuitu personae* da sociedade. A lei quer evitar que estranhos participem da sociedade, independentemente do consentimento dos demais sócios, podendo o estranho vir a ser um futuro elemento de discórdia, ou não trazer os mesmos elementos pessoais que possuía o proprietário da cota a ser penhorada. Mas, se os próprios membros da sociedade abrem mão desta garantia, possibilitando a transferência da cota a estranho, já não há razão jurídica ou moral para impedir a venda judicial da parte do sócio devedor. A solução contrária viria apenas favorecer o devedor relapso".

Jean Rousseau,[32] a seu turno, considera que nenhuma disposição insculpida em contrato social tem o condão de obstar tal penhora, já que a penhorabilidade é a regra, mas condiciona a transferência da quota, em caso de venda judicial, ao consentimento dos demais sócios.

Os sodalícios pátrios, por sua vez, ainda não pacificaram entendimento no sentido da possibilidade, ou não, da penhora das quotas, nem tão pouco da relevância das disposições acerca da matéria contida no contrato social. O Superior Tribunal de Justiça vem adotando três diferentes posiciona-

25. Cunha Peixoto, *A Sociedade por Cotas de Responsabilidade Limitada*, § 186, p. 170.

26. Waldemar Ferreira, *Sociedade por Cotas*, n. 98, p. 96.

27. João Eunápio Borges, "Sociedade de pessoa e sociedade de capital", *RF* 128/350.

28. Carlos Fulgêncio da Cunha Peixoto, ob. cit., pp. 212-213.

29. Cesare Vivante, *Derecho Mercantil*, v. 2º, n. 396, p. 141.

30. João Eunápio Borges, "Sociedade de pessoa e sociedade de capital", *RF* 128/356.

31. Carlos Fulgêncio da Cunha Peixoto, ob. cit., p. 224.

32. Jean Rousseau, *Traité des Sociétés à Responsabilité Limiteé*, p. 52.

mentos sobre a controvérsia em debate, consoante se depreende dos arestos adiante ventilados.

Primeiro: "A penhorabilidade das cotas, porque não vedada em lei, é de ser reconhecida. Os efeitos da penhora incidente sobre as cotas sociais hão de ser determinados em atenção aos princípios societários, considerando-se haver, ou não, no contrato social proibição à livre alienação das mesmas. Havendo restrição contratual, deve ser facultado à sociedade, na qualidade de terceira interessada, remir a execução, remir o bem ou conceder-se a ela e aos demais sócios a preferência na aquisição das cotas, a tanto por tanto. Não havendo limitação no ato constitutivo, nada impede que a cota seja arrematada com inclusão de todos os direitos a ela concernentes, inclusive o *status* de sócio".[33]

Segundo: "Se o contrato de sociedade por cotas de responsabilidade limitada prevê a possibilidade de livre alienação das cotas, são elas penhoráveis como patrimônio disponível do devedor. Se, ao invés, a sociedade foi constituída *intuitu personae*, penhoráveis serão apenas os direitos e ações de índole patrimonial correspondentes à cota".[34]

Terceiro: "São penhoráveis as cotas sociais, ainda que o contrato condicione a transferência das mesmas cotas a estranhos à prévia e expressa anuência dos demais sócios".[35]

Ante tais julgados, afigura-se patente que, muito embora seja imaterial, sem sequer poder fazer-se representar por título ou certificado, a quota é, efetivamente, um bem móvel e, como tal, a princípio, pode ser penhorada.

Contudo, a permissividade, pura e simples, desta prática conduziria a uma situação pouco confortável a todos os envolvidos na *quaestio*, pois seria estabelecida uma relação entre o credor ou arrematante — em caso de penhora da quota e sua posterior hasta pública e arrematação — e a sociedade, e não entre o credor e seu devedor.[36] Ademais, o art. 591 do Código de Processo Civil, dispondo que o devedor responde pelo cumprimento de suas obrigações com todos os seus bens, ressalva as restrições estabelecidas em lei. Entre elas se compreende a resultante do disposto no art. 649, inciso I, do mesmo diploma, que afirma impenhoráveis os bens inalienáveis. Com efeito, a proibição de alienar as quotas pode derivar do contrato social, seja em virtude de disposição expressa, seja quando se possa concluir, de seu contexto, que a sociedade foi constituída *intuitu personae*.

Ante o exposto, não seria absurdo asseverar, *concessa venia*, que, não dispondo o contrato social, expressamente, sobre a matéria, afigurar-se-ia perfeitamente possível a penhora incidente sobre as quotas sociais. Entrementes, na hipótese do pacto constitutivo da sociedade vedar a alienação a terceiros, seriam impenhoráveis tais quotas face à dívida do seu sócio, salvo ante consentimento de todos os demais partícipes da sociedade,[37] ou mesmo de sua maioria simples.

5. *Contrato de abertura de crédito em conta corrente como título executivo*

5.1 Princípios

No contrato de abertura de crédito em conta corrente, ao contrário do mútuo bancário — em que a instituição financeira mutuante efetivamente entrega ao seu cliente, mutuário, determinada quantia em espécie, assumindo este o dever de restituí-la, acrescida dos encargos contratados — o banco jamais chega a transferir ao seu cliente erário quantificado. Coloca-se à sua disposição "soma de dinheiro por determi-

33. REsp 30.854-SP, *DJU* 8.3.1994.
34. REsp 19.018-PR, *DJU* 16.8.1999.
35. REsp 172.612-SP, *DJU* 28.9.1998.
36. Uinie Caminha, *RDM* 112/125.
37. REsp 34.882-RS, *DJU* 9.8.1993.

nado tempo ou por tempo indeterminado",[38] "mas sempre com obrigação para o creditado de restituir soma equivalente, caso venha a utilizar o crédito que lhe foi concedido".[39]

Assinado o contrato de abertura de crédito, o banco, sem jamais haver percebido qualquer importância do seu cliente, torna-se-lhe devedor da quantia que prometeu colocar-lhe à disposição. Em contra-partida, o cliente deverá, sempre que retirar tal importância, ou parte dela, restituí-la ao banco, nos termos do pactuado no contrato (observados o tempo, o lugar e o prazo de pagamento).

Em tal hipótese, pois, o "creditador (devedor) conhece a pessoa a quem outorga a pretensão ao crédito e as circunstâncias em que o faz; o creditado (credor) sabe de quem vai exigir. Ao creditado não se dá qualquer risco, nem ao creditador. Um deve, o outro pode retirar; se retira, tem de restituir. Até o momento de ter de restituir, é devedor o creditado, porque retirou, utilizando o crédito aberto. Antes de qualquer retirada, o devedor só é o creditador".[40]

E conclui, sabiamente, Pontes de Miranda: "Não é da relação jurídica de abertura de crédito que o débito do creditado se irradia; e sim do fato de ter utilizado o crédito".[41]

5.2 *Impossibilidade de execução*

Entendendo possível divisar obrigação líquida, certa e exigível na relação oriunda do uso do crédito aberto, os sodalícios pátrios, em sua maioria, se inclinaram, durante algum tempo, no sentido de admitir a instauração de processo executivo tendo por base o contrato de abertura de crédito em conta corrente.

38. Pontes de Miranda, *Tratado de Direito Privado*, n. 1, p. 169.
39. Humberto Theodoro Jr., *Processo de Execução e Assuntos Afins*, p. 275.
40. Pontes de Miranda, *Tratado de Direito Privado*, n. 1, p. 172.
41. Idem.

Tal corrente jurisprudencial contou com a adesão não apenas do Supremo Tribunal Federal, ao tempo em que aquele excelso Pretório ainda detinha competência para julgar a matéria, como também, posteriormente, do Superior Tribunal de Justiça.

Divergiam os Supremos Tribunais, em alguns julgados, apenas em um ponto. Enquanto o STF entendia que o saldo constante do extrato da movimentação de abertura de crédito em conta corrente, devidamente formalizado o instrumento contratual e ciente o creditado dos registros contábeis, seria o instrumento apto a representar a dívida líquida e certa a legitimar a execução por título executivo extrajudicial, nos termos do art. 585, inciso II, do CPC, o STJ, ainda que acompanhasse tal corrente, chegou a decidir que o aludido contrato constituiria título de crédito extrajudicial, mesmo desacompanhado dos competentes extratos demonstrativos.

Recentemente, entrementes, a 3ª Turma do Superior Tribunal de Justiça, revendo seu entendimento sobre o tema, decidiu que o contrato de abertura de crédito, em si, caracteriza, tão-somente, a possibilidade da utilização de determinado importe, não consubstanciando, *ipso facto*, a "obrigação de pagar quantia determinada", prevista no aludido art. 585, inciso II, do CPC,[42] sendo, pois, ilíquido. E, a Lei Processual Civil, em seu art. 586, preconiza que "a execução para cobrança de crédito fundar-se-á, sempre, em título *líquido*, certo e exigível". A certeza diz respeito à existência mesma do débito, de tal forma que não possa ser impugnada. A liquidez se refere à exatidão do crédito consignado no título, bem como sua determinação de maneira inquestionável. Por fim, a exigibilidade atine ao tempo em que se poderá cobrar o pagamento. Ausentes quaisquer destas premissas, carente de requisitos se torna a execução. Com efeito, segundo tal orientação, constatada a iliquidez do alu-

42. REsp 36.981-8-MG, *DJU* 23.5.1994.

dido contrato de abertura de crédito, inexeqüível se faria a obrigação ali consubstanciada.

Neste sentido surgiram iterativas decisões emanadas da 3ª Turma: "O contrato de abertura de crédito não constitui título executivo, haja vista que o contrato não consubstancia obrigação de pagar importância certa e determinada e os extratos são produzidos unilateralmente, sem a intervenção do possível devedor"[43] (corroborando tal tese, tem-se, outrossim, REsp 192.199-RS, *DJU* 20.9.1999).

Logo, em 2ª Seção, através de embargos de divergência,[44] firmou-se, até a oportunidade, a posição daquele excelso sodalício acerca desta controvérsia, ao restar assentado que "mesmo subscrito pelo eventual devedor e assinado por duas testemunhas, o contrato de abertura de crédito não é título executivo extrajudicial, ainda que a execução seja instruída com extrato e os lançamentos fiquem devidamente esclarecidos, com explicitação dos cálculos, dos índices e dos critérios adotados para a definição e a evolução do débito, pois esses são documentos unilaterais de cuja formação não participou o devedor", entendimento este que, efetivamente, espelha a melhor interpretação acerca da *quaestio*.[45]

Realmente, não há como se saber, de pronto, qual é o verdadeiro crédito do credor/creditador do contrato de abertura de crédito em conta corrente, haja visto que o valor ali consignado como devido está a depender de minucioso exame na movimentação financeira efetuada na conta corrente do devedor/creditado.

Forçoso reconhecer que, neste caso, não basta uma mera soma aritmética para alcançar-se o importe devido, sendo indispensável, inclusive, incursionar-se na exegese das cláusulas estipuladas naquele pacto e proceder a uma rigorosa apuração para se chegar a um número exato. Faz-se necessário, destarte, para a exigência de eventual crédito por parte do credor, cobrança, não pela estreita via executiva, e sim através de acurado processo cognitivo.

Frente a todo o exposto, exsurge patente a impossibilidade de ajuizamento de ação executiva arrimada em contrato de abertura de crédito em conta corrente.

6. *Requisição do juiz à repartição do imposto de renda solicitando informações acerca de bens do executado em processo judicial*

6.1 *Obrigações do executado em processo judicial*

Consoante ressaltado no item anterior e previsto no art. 591 do Diploma Processual Civil, o devedor responde para o cumprimento de suas obrigações com todos os seus bens, presentes e futuros, exceto àqueles considerados impenhoráveis (art. 649 do CPC) e de família (Lei 8.009/90). O patrimônio do devedor se encontra, pois, sujeito à penhora para garantir a execução que se lhe é manejada.

Afigura-se prerrogativa do credor o direito de expropriar bens do devedor, sendo defeso a este ocultá-los, com escopo de evitar a sua constrição. Aliás, consoante se infere do texto legal consubstanciado no art. 600 do mesmo Diploma Legal, considera-se atentatório à dignidade da justiça, o ato do devedor que: a) frauda a execução; b) se opõe maliciosamente à execução; c) resiste, injustificadamente, às ordens judiciais; e d) não indica ao juiz onde se encontram seus bens passivos de penhora.[46]

6.2 *Prerrogativas do exeqüente em processo judicial*

Arrimados em todas estas obrigações do devedor, bem como no regulamento re-

43. REsp 188.862-SP, *DJU* 8.3.1999.
44. EREsp 115.462-RS, *DJU* 30.8.1999.
45. REsp 241.724-SP, *DJU* 6.11.2.000; REsp 254.438-SP, *DJU* 25.9.2.000.

46. João Roberto Parizatto, *Da Execução e dos Embargos*, v. I, p. 69.

gente do imposto de renda, tem os credores suplicados aos juízes, em feitos executivos, que determinem a expedição de ofício à repartição da receita federal competente, para que seus responsáveis lhes forneçam informações acerca dos bens de propriedade do devedor, constantes nas suas últimas declarações de renda.

Não obstante tais requerimentos, os sodalícios nacionais não têm, ainda, um entendimento definido quanto ao tema, posicionando-se o próprio Superior Tribunal de Justiça variadamente, conforme sua Turma.

A 3ª Turma, por exemplo, vem seguindo o entendimento, externado na maioria dos seus arestos, que, "salvo situações excepcionais, não se justifica a quebra do sigilo nas declarações do imposto de renda com o simples interesse de descobrir bens a penhora",[47] tendo até mesmo decidido que "não se justifica requisição de declaração de renda do executado e de informações sobre a propriedade de veículos, a pedido do credor, seja porque a primeira tem caráter sigiloso, seja por não estar o aparelho judiciário a disposição dos jurisdicionados para realizar investigação desse tipo".[48] Em diverso julgado, assentou-se, outrossim: "Os elementos constantes das declarações de bens revestem-se de caráter sigiloso que não deve ser afastado se não em situações especiais em que se patenteie relevante interesse da administração da Justiça. Tal não se configura quando se trate apenas de localizar bens para serem penhorados, o que é rotineiro na prática forense. Injustificável, entretanto, negar-se o pedido na parte em que pretende obter dados pertinentes ao endereço do executado. Em relação a isto não há motivo para sigilo".[49]

Em integral beneplácito a este posicionamento já se colocou a 1ª Turma do mesmo Superior Tribunal de Justiça, ao atestar que "a jurisprudência pacífica desta Corte tem proclamado que, em execução, não se justifica a requisição de declaração de renda do executado, a pedido do credor, porquanto deve ser respeitado o sigilo de que está revestida tal declaração".[50]

A 2ª e a 4ª Turma, de outro norte, mantém, em grande parte das decisões prolatadas, posição contrária às supra-externadas, asseverando que "Em face do interesse da justiça na realização da penhora, para permitir a execução forçada, e tendo em vista que o patrimônio do devedor é a garantia do credor (CPC, art. 591), não podendo o devedor ocultar seus bens (CPC, art. 600, IV), legítima é a requisição, pelo juiz, de informações sobre bens do executado constantes da sua declaração para fins do pagamento do imposto de renda",[51] argüindo, todavia, que "o deferimento de requisição de declarações de imposto de renda do executado, para fins de penhora, condiciona-se à ocorrência de prévias e frustradas diligências do credor tendentes à localização de bens. Se o exeqüente deixa de comprovar a realização de tais diligências, por atuação direta sua, legitima-se o indeferimento da requisição judicial"[52] (neste sentido ainda o REsp 94.608-SP, *RTJ* 110/184 e 195; *RTFR* 105/32, 117/18; *RT* 489/152 e 494/124).

Os defensores desta tese ressaltam que o sigilo de informações previsto no Decreto 85.450/80, art. 673, bem como no CTN (Código Tributário Nacional), art. 198, pode ser *quebrado* no caso de requisições feitas por juiz, no interesse da justiça, como observado na hipótese versante.

O Tribunal de Alçada do Estado do Paraná, sempre pioneiro em suas decisões, já chegou até mesmo a sumular a matéria — Súmula 3 —, determinando: "É legítima a pretensão do credor em obter, para efeito de penhora em processo de execução, esclarecimentos sobre a existência de bens declarados pelo devedor perante a Receita Federal".

47. REsp 16.356-SP, *DJU* 16.11.1992.
48. REsp 28.067-MG, *DJU* 29.3.1993.
49. REsp 83.824-BA, *DJU* 17.5.1999.
50. REsp 84.581-MG, *DJU* 17.5.1999.
51. REsp 10.896-BA, *DJU* 11.5.1992.
52. REsp 113.635-MG, *DJU* 21.9.1998.

Os Tribunais estaduais, por conseguinte, refletem esta dicotomia verificada no Superior Tribunal de Justiça, admitindo, ou não, conforme o caso, a solicitação de informações à receita sobre bens de executado.

Enquanto o Tribunal de Alçada Cível do Estado do Rio de Janeiro tem negado, na maioria de suas decisões, tal possibilidade, o Tribunal de Alçada do Estado de Minas Gerais tem admitido a *quebra* do sigilo quanto ao imposto de renda.

Contudo, duas são as conclusões a que se pode chegar acerca deste tema: a) para que o magistrado possa ordenar a expedição de ofício à receita federal, a fim de que seja a mesma obrigada a fornecer dados, ou cópia, da declaração de renda do contribuinte/executado, caberá ao credor/exeqüente, antes de requerê-la, esgotar todos os meios suasórios de localização e constrição de bens daquele; b) deverá este credor comprovar tais tentativas, de forma a mostrar ao magistrado que, caso não defira seu pedido, restará a execução absolutamente frustrada por falta de bens a serem penhorados. Somente sob tais circunstâncias poder-se-ia admitir a *quebra* do sigilo imposto às informações fornecidas pelo contribuinte ao Fisco, entregando-se-as a um credor seu (se é que esta é a decisão mais acertada para esta questão).

Temas em Debate

A REFORMA DA LEGISLAÇÃO FALIMENTAR*

PRINCIPLES AND GUIDELINES FOR EFFECTIVE INSOLVENCY AND CREDITOR RIGHTS SYSTEMS

Introduction and Executive Summary – The principles. 1. Role of Enforcement Systems (Principle 1). 2. Legal Framework for Creditor Rights: 2.1 Enforcement of Unsecured Rights (Principle 2); 2.2 Security Interest Legislation (Principle 3); 2.3 Recording and Registration of Secured Rights (Principle 4); 2.4 Enforcement of Secured Rights (Principle 5). 3. Legal Framework for Corporate Insolvency: 3.1 Key Objectives and Policies (Principle 6); 3.2 General Design Features of an Insolvency Law (Principles 7-16); 3.3 Features Pertaining to Corporate Rehabilitation (Principles 17-24); 3.4 Informal Workouts and Restructuring (Principles 25-26). 4. Implementation of the Insolvency System: 4.1 Institutional Considerations (Principles 27-33); 4.2 Regulatory Considerations (Principles 34-35). Annex I – Bank Insolvency and Restructuring. Annex II – Systemic Insolvency and Crises. Addendum. Survey of Other Initiatives. Glossary.

Effective insolvency and creditor rights systems are an important element of financial system stability. The Bank accordingly has been working with partner organizations to develop principles on insolvency and creditor rights systems. Those principles will be used to guide system reform and benchmarking in developing countries. The *Principles and Guidelines* are a distillation of international best practice on design aspects of these systems, emphasizing contextual, integrated solutions and the policy choices involved in developing those solutions.

While the insolvency principles focus on corporate insolvency, substantial progress has been made in identifying issues relevant to developing principles for bank and systemic insolvency, areas in which the Bank and the Fund, as well as other international organizations, will continue to collaborate in the coming months. These issues are discussed in more detail in the annexes to the paper.

The *Principles and Guidelines* will be used in a series of experimental country assessments in connection with the program to develop *Reports on the Observance of Standards and Codes* (ROSC), using a com-

* O texto em apreço (The World Bank, april, 2001. www.worldbank.org/gild) foi discutido em 22.6.2001, na "Mesa Redonda sobre Recuperação de Empresas", realizada pelo Depto. de Direito Comercial da Faculdade de Direito da Universidade de São Paulo, coordenada pelo Professor Doutor Paulo Fernando Campos Salles e pelo Dr. Thomas Felsberg.

mon template based on the principles. In addition, the Bank is collaborating with UNCITRAL and other institutions to develop a more elaborate set of implementational guidelines based on the principles.

INTRODUCTION AND EXECUTIVE SUMMARY

1. Since the 1997-98 financial crisis in emerging markets, considerable progress has been made in identifying the components of the global financial system and in articulating and applying standards and assessment methodologies for core system elements. The *Principles and Guidelines for Effective Insolvency and Creditor Rights Systems* contributes to that effort as an important milestone in promoting international consensus on a uniform framework to assess the effectiveness of insolvency and creditor rights systems, offering guidance to policymakers on the policy choices needed to strengthen them.

2. The principles in *Principles and Guidelines* were developed against the backdrop of earlier and ongoing initiatives to promote cross-border cooperation on multi-jurisdictional insolvencies, modernization of national insolvency and secured transactions laws, and development of principles for out-of-court corporate workouts.[1] The principles draw on common themes and policy choices of those initiatives and on the views of staff, insolvency experts and participants in regional workshops sponsored by the Bank and its partner organizations.[2] The consultative process on the *Principles and Guidelines* has been among the most extensive of its kind, involving more than 70 international experts as members of the Bank's Task Force and working groups, and with regional participation by more than 700 public and private sector specialists from approximately 75 mostly developing countries. The Bank also included papers and consultative drafts on its website to obtain feedback from the international community.[3]

Role of Insolvency and Creditor Rights Systems

3. There are two dimensions to the global financial system. On the one hand, national financial systems operate autonomously and respond to domestic needs. On the other, national systems are tied to and interact daily with the systems of their trading partners. Insolvency and creditor rights systems lie at the juncture of this duality.

4. *The country dimension.* National systems depend on a range of structural, institutional, social and human foundations to make a modern market economy work. There are as many combinations of these variables as there are countries, though regional similarities have created common customs and legal traditions. The principles espoused in the report embody several underlying propositions:

• *Effective systems respond to national needs and problems.* As such, these systems must be rooted in the country's broader cultural, economic, legal and social context.

• *Transparency, accountability and predictability are fundamental to sound credit relationships.* Capital and credit, in their myriad forms, are the lifeblood of modern commerce. Investment and availability of credit are predicated on both perceptions and the reality of risks. Competition in credit delivery is handicapped by lack of

1. The Addendum to this paper contains a brief survey of the leading initiatives in these fields.

2. The *Principles and Guidelines* was prepared by Bank staff in collaboration with the African Development Bank, Asian Development Bank, European Bank for Reconstruction and Development, Inter-American Development Bank, International Finance Corporation, International Monetary Fund, Organisation for Economic Co-operation and Development, United Nations Commission on International Trade Law, INSOL International, and International Bar Association (Committee J).

3. The papers can be accessed in the Best Practice directory on the Global Insolvency Law Database at www.worldbank.org/gild.

access to accurate information on credit risk and by unpredictable legal mechanisms for debt enforcement.

• *Legal and institutional mechanisms must align incentives and disincentives across a broad spectrum of market-based systems-commercial, corporate, financial and social.* This calls for an integrated approach to reform, taking into account a wide range of laws and policies in the design of insolvency and creditor rights systems.

5. *The international dimension.* New methods of commerce, communication and technology are constantly reshaping national markets and redefining notions of property rights. Businesses routinely transcend national boundaries and have access to new types of credit. Credit and investment risks are measured by complex formulas, and capital moves from one market to the next at the tap of a computer key. Capital flows are driven by public perceptions and investor confidence in local markets. Effective insolvency and creditor rights systems play an important role in creating and maintaining the confidence of both domestic and foreign investors.

The Principles

6. The *Principles and Guidelines* emphasize contextual, integrated solutions and the policy choices involved in developing those solutions.[4] The principles are a distillation of international best practice in the design of insolvency and creditor rights systems. Adapting international best practices to the realities of developing countries, however, requires an understanding of the market environments in which these systems operate. The challenges include weak or unclear social protection mechanisms, weak financial institutions and capital markets, ineffective corporate governance and uncompetitive businesses, and ineffective laws and institutions. These obstacles pose enormous challenges to the adoption of systems that address the needs of developing countries while keeping pace with global trends and international best practices. The application of the principles in this paper at the country level will be influenced by domestic policy choices and by the comparative strengths (or weaknesses) of laws and institutions.

7. The *Principles and Guidelines* highlights the relationship between the cost and flow of credit (including secured credit) and the laws and institutions that recognize and enforce credit agreements (sections 1 and 2). It also outlines key features and policy choices relating to the legal framework for corporate insolvency and the informal framework for consensual debt workouts (section 3), which must be implemented within sound institutional and regulatory frameworks (section 4). The principles have broader application beyond creditor rights and corporate insolvency regimes, as well. The ability of financial institutions to adopt effective credit practices to resolve or liquidate non-performing loans depends on having reliable and predictable legal mechanisms that provide a means for more accurately pricing recovery and enforcement costs. Where non-performing assets or other factors jeopardize the viability of a bank, or where economic conditions create systemic crises, these conditions raise issues that deserve special consideration. Annexes I and II to the *Principles and Guidelines* contain a discussion of issues relevant to bank exit and restructuring strategies and management of systemic financial crises, areas in which the Bank will continue to collaborate with the Fund and the international community to develop principles.

Following is brief summary of the key elements of the *Principles and Guidelines*:

4. Effective systems rest on details as well as broad principles. The Bank is preparing a companion technical paper with more detailed guidelines on aspects of this paper. Other organizations, specifically UNCITRAL (in collaboration with INSOL International and Committee J of the International Bar Association), are also developing guidelines to help legislators design effective insolvency laws.

8. *Role of enforcement systems.* A modern, credit-based economy requires predictable, transparent and affordable enforcement of both unsecured and secured credit claims by efficient mechanisms outside of insolvency, as well as a sound insolvency system. These systems must be designed to work in harmony. Commerce is a system of commercial relationships predicated on express or implied contractual agreements between an enterprise and a wide range of creditors and constituencies. Although commercial transactions have become increasingly complex as more sophisticated techniques are developed for pricing and managing risks, the basic rights governing these relationships and the procedures for enforcing these rights have not changed much. These rights enable parties to rely on contractual agreements, fostering confidence that fuels investment, lending and commerce. Conversely, uncertainty about the enforceability of contractual rights increases the cost of credit to compensate for the increased risk of nonperformance or, in severe cases, leads to credit tightening.

9. *Legal framework for creditor rights.* A regularized system of credit should be supported by mechanisms that provide efficient, transparent and reliable methods for recovering debt, including seizure and sale of immovable and movable assets and sale or collection of intangible assets, such as debt owed to the debtor by third parties. An efficient system for enforcing debt claims is crucial to a functioning credit system, especially for unsecured credit. A creditor's ability to take possession of a debtor's property and to sell it to satisfy the debt is the simplest, most effective means of ensuring prompt payment. It is far more effective than the threat of an insolvency proceeding, which often requires a level of proof and a prospect of procedural delay that in all but extreme cases make it not credible to debtors as leverage for payment.

10. While much credit is unsecured and requires an effective enforcement system, an effective system for secured rights is especially important in developing countries. Secured credit plays an important role in industrial countries, notwithstanding the range of sources and types of financing available through both debt and equity markets. In some cases equity markets can provide cheaper and more attractive financing. But developing countries offer fewer options, and equity markets are typically less mature than debt markets. As a result most financing is in the form of debt. In markets with fewer options and higher risks, lenders routinely require security to reduce the risk of nonperformance and insolvency.

11. *Legal framework for secured lending.* The legal framework should provide for the creation, recognition and enforcement of security interests in all types of assets-movable and immovable, tangible and intangible, including inventories, receivables, proceeds and future property, and on a global basis, including both possessory and non-possessory interests. The law should encompass any or all of a debtor's obligations to a creditor, present or future and between all types of persons. In addition, it should provide for effective notice and registration rules to be adapted to all types of property, and clear rules of priority on competing claims or interests in the same assets.

12. *Legal framework for corporate insolvency.* Though approaches vary, effective insolvency systems should aim to:

• Integrate with a country's broader legal and commercial systems.

• Maximize the value of a firm's assets by providing an option to reorganize.

• Strike a careful balance between liquidation and reorganization.

• Provide for equitable treatment of similarly situated creditors, including similarly situated foreign and domestic creditors.

• Provide for timely, efficient and impartial resolution of insolvencies.

• Prevent the premature dismemberment of the debtor's assets by individual creditors.

• Provide a transparent procedure that contains incentives for gathering and dispensing information.

• Recognize existing creditor rights and respect the priority of claims with a predictable and established process.

• Establish a framework for cross-border insolvencies, with recognition of foreign proceedings.

13. Where an enterprise is not viable, the main thrust of the law should be swift and efficient liquidation to maximize recoveries for the benefit of creditors. Liquidations can include the preservation and sale of the business, as distinct from the legal entity. On the other hand, where an enterprise is viable, meaning it can be rehabilitated, its assets are often more valuable if retained in a rehabilitated business than if sold in a liquidation. The rescue of a business preserves jobs, provides creditors with a greater return based on higher going concern values of the enterprise, potentially produces a return for owners and obtains for the country the fruits of the rehabilitated enterprise. The rescue of a business should be promoted through formal and informal procedures. Rehabilitation should permit quick and easy access to the process, protect all those involved, permit the negotiation of a commercial plan, enable a majority of creditors in favor of a plan or other course of action to bind all other creditors (subject to appropriate protections) and provide for supervision to ensure that the process is not subject to abuse. Modern rescue procedures typically address a wide range of commercial expectations in dynamic markets. Though such laws may not be susceptible to precise formulas, modern systems generally rely on design features to achieve the objectives outlined above.

14. *Framework for informal corporate workouts.* Corporate workouts should be supported by an environment that encourages participants to restore an enterprise to financial viability. Informal workouts are negotiated in the "shadow of the law." Accordingly, the enabling environment must include clear laws and procedures that require disclosure of or access to timely and accurate financial information on the distressed enterprise; encourage lending to, investment in or recapitalization of viable distressed enterprises; support a broad range of restructuring activities, such as debt write-offs, reschedulings, restructurings and debt-equity conversions; and provide favorable or neutral tax treatment for restructurings.

15. A country's financial sector (possibly with help from the central bank or finance ministry) should promote an informal out-of-court process for dealing with cases of corporate financial difficulty in which banks and other financial institutions have a significant exposure-especially in markets where enterprise insolvency is systemic. An informal process is far more likely to be sustained where there are adequate creditor remedies and insolvency laws.

16. *Implementation of the insolvency system.* Strong institutions and regulations are crucial to an effective insolvency system. The insolvency framework has three main elements: the institutions responsible for insolvency proceedings, the operational system through which cases and decisions are processed and the requirements needed to preserve the integrity of those institutions-recognizing that the integrity of the insolvency system is the linchpin for its success. A number of fundamental principles influence the design and maintenance of the institutions and participants with authority over insolvency proceedings.

17. *Ongoing efforts.* Substantial progress has been made in identifying links between the corporate insolvency and creditor rights systems and bank insolvency (and restructuring) and financial crisis, and the policy issues affecting the treatment of the later. Over the coming months the Bank in collaboration with the Fund and others will engage the international community in a

dialogue on principles pertaining to bank and systemic insolvency. In addition, the Bank will continue to work with its partner institutions, including UNCITRAL, on the implementation of more technical guidelines based on the principles.

18. *Next Steps.* The Bank will carry out a series of pilot country assessments in FY2001-02 in connection with the program to develop *Reports on the Observance of Standards and Codes* (ROSC), using a common template based on the principles. The criteria for the selection of countries will include regional and legal diversity and levels of financial system development. The assessments would be carried out by Bank staff supported by experts from other institutions. The assessments are expected to provide valuable inputs to future *Financial Sector Assessments, Country Assistance Strategies* and other Bank economic and sector work, and to eventually help governments prioritize reform needs and build capacity. The Bank will also continue to collaborate with the International Monetary fund and other organizations on the future development of complementary principles related to bank insolvency and restructuring and systemic insolvency.

THE PRINCIPLES

Legal Framework for Creditor Rights

Principle 1 *Compatible Enforcement Systems*

A modern credit-based economy requires predictable, transparent and affordable enforcement of both unsecured and secured credit claims by efficient mechanisms outside of insolvency, as well as a sound insolvency system. These systems must be designed to work in harmony.

Principle 2 *Enforcement of Unsecured Rights*

A regularized system of credit should be supported by mechanisms that provide efficient, transparent, reliable and predictable methods for recovering debt, including seizure and sale of immovable and movable assets and sale or collection of intangible assets such as debts owed to the debtor by third parties.

Principle 3 *Security Interest Legislation*

The legal framework should provide for the creation, recognition, and enforcement of security interests in movable and immovable (real) property, arising by agreement or operation of law. The law should provide for the following features:

- *Security interests in all types of assets, movable and immovable, tangible and intangible, including inventory, receivables, and proceeds; future or after-acquired property, and on a global basis; and based on both possessory and non-possessory interests;*
- *Security interests related to any or all of a debtor's obligations to a creditor, present or future, and between all types of persons;*
- *Methods of notice that will sufficiently publicize the existence of security interests to creditors, purchasers, and the public generally at the lowest possible cost;*
- *Clear rules of priority governing competing claims or interests in the same assets, eliminating or reducing priorities over security interests as much as possible.*

Principle 4 *Recording and Registration of Secured Rights*

There should be an efficient and cost-effective means of publicizing secured interests in movable and immovable assets, with registration being the principal and strongly preferred method. Access to the registry should be inexpensive and open to all for both recording and search.

Principle 5 *Enforcement of Secured Rights*

Enforcement systems should provide efficient, inexpensive, transparent and pre-

dictable methods for enforcing a security interest in property. Enforcement procedures should provide for prompt realization of the rights obtained in secured assets, ensuring the maximum possible recovery of asset values based on market values. Both nonjudicial and judicial enforcement methods should be considered

Legal Framework for Corporate Insolvency

Principle 6 *Key Objectives and Policies*

Though country approaches vary, effective insolvency systems should aim to:

• Integrate with a country's broader legal and commercial systems.

• Maximize the value of a firm's assets by providing an option to reorganize.

• Strike a careful balance between liquidation and reorganization.

• Provide for equitable treatment of similarly situated creditors, including similarly situated foreign and domestic creditors.

• Provide for timely, efficient and impartial resolution of insolvencies.

• Prevent the premature dismemberment of a debtor's assets by individual creditors seeking quick judgments.

• Provide a transparent procedure that contains incentives for gathering and dispensing information.

• Recognize existing creditor rights and respect the priority of claims with a predictable and established process.

• Establish a framework for cross-border insolvencies, with recognition of foreign proceedings.

Principle 7 *Director and Officer Liability*

Director and officer liability for decisions detrimental to creditors made when an enterprise is insolvent should promote responsible corporate behavior while fostering reasonable risk taking. At a minimum, standards should address conduct based on knowledge of or reckless disregard for the adverse consequences to creditors.

Principle 8 *Liquidation and Rehabilitation*

An insolvency law should provide both for efficient liquidation of nonviable businesses and those where liquidation is likely to produce a greater return to creditors, and for rehabilitation of viable businesses. Where circumstances justify it, the system should allow for easy conversion of proceedings from one procedure to another.

Principle 9 *Commencement: Applicability and Accessibility*

A. The insolvency process should apply to all enterprises or corporate entities except financial institutions and insurance corporations, which should be dealt with through a separate law or through special provisions in the insolvency law. State-owned corporations should be subject to the same insolvency law as private corporations.

B. Debtors should have easy access to the insolvency system upon showing proof of basic criteria (insolvency or financial difficulty). A declaration to that effect may be provided by the debtor through its board of directors or management. Creditor access should be conditioned on showing proof of insolvency by presumption where there is clear evidence that the debtor failed to pay a matured debt (perhaps of a minimum amount).

C. The preferred test for insolvency should be the debtor's inability to pay debts as they come due-known as the liquidity test. A balance sheet test may be used as an alternative secondary test, but should not replace the liquidity test. The filing of an application to commence a proceeding should automatically prohibit the debtor's transfer, sale or disposition of assets or parts of the business without court approval, except to the extent necessary to operate the business.

Principle 10 *Commencement: Moratoriums and Suspension of Proceedings*

A. The commencement of bankruptcy should prohibit the unauthorized disposition of the debtor's assets and suspend actions by creditors to enforce their rights or remedies against the debtor or the debtor's assets. The injunctive relief (stay) should be as wide and all embracing as possible, extending to an interest in property used, occupied or in the possession of the debtor.

B. To maximize the value of asset recoveries, a stay on enforcement actions by secured creditors should be imposed for a limited period in a liquidation proceeding to enable higher recovery of assets by sale of the entire business or its productive units, and in a rehabilitation proceeding where the collateral is needed for the rehabilitation.

Principle 11 *Governance: Management*

A. In liquidation proceedings, management should be replaced by a qualified court-appointed official (administrator) with broad authority to administer the estate in the interest of creditors. Control of the estate should be surrendered immediately to the administrator except where management has been authorized to retain control over the company, in which case the law should impose the same duties on management as on the administrator. In creditor-initiated filings, where circumstances warrant, an interim administrator with reduced duties should be appointed to monitor the business to ensure that creditor interests are protected.

B. There are two preferred approaches in a rehabilitation proceeding: exclusive control of the proceeding by an independent administrator or supervision of management by an impartial and independent administrator or supervisor. Under the second option complete power should be shifted to the administrator if management proves incompetent or negligent or has engaged in fraud or other misbehavior. Similarly, independent administrators or supervisors should be held to the same standard of accountability to creditors and the court and should be subject to removal for incompetence, negligence, fraud or other wrongful conduct.

Principle 12 *Governance: Creditors and the Creditors' Committee*

Creditor interests should be safeguarded by establishing a creditors committee that enables creditors to actively participate in the insolvency process and that allows the committee to monitor the process to ensure fairness and integrity. The committee should be consulted on non-routine matters in the case and have the ability to be heard on key decisions in the proceedings (such as matters involving dispositions of assets outside the normal course of business). The committee should serve as a conduit for processing and distributing relevant information to other creditors and for organizing creditors to decide on critical issues. The law should provide for such things as a general creditors assembly for major decisions, to appoint the creditors committee and to determine the committee's membership, quorum and voting rules, powers and the conduct of meetings. In rehabilitation proceedings, the creditors should be entitled to select an independent administrator or supervisor of their choice, provided the person meets the qualifications for serving in this capacity in the specific case.

Principle 13 *Administration: Collection, Preservation, Disposition of Property*

The law should provide for the collection, preservation and disposition of all property belonging to the debtor, including property obtained after the commencement of the case. Immediate steps should be taken or allowed to preserve and protect the debtor's assets and business. The law should provide a flexible and transparent system for disposing of assets efficiently and at maximum values. Where necessary, the law should allow for sales free and clear of security interests, charges or other encumbrances, subject to preserving the priority of interests in the proceeds from the assets disposed.

Principle 14 *Administration: Treatment of Contractual Obligations*

The law should allow for interference with contractual obligations that are not fully performed to the extent necessary to achieve the objectives of the insolvency process, whether to enforce, cancel or assign contracts, except where there is a compelling commercial, public or social interest in upholding the contractual rights of the counter-party to the contract (as with swap agreements).

Principle 15 *Administration: Fraudulent or Preferential Transactions*

The law should provide for the avoidance or cancellation of pre-bankruptcy fraudulent and preferential transactions completed when the enterprise was insolvent or that resulted in its insolvency. The suspect period prior to bankruptcy, during which payments are presumed to be preferential and may be set aside, should normally be short to avoid disrupting normal commercial and credit relations. The suspect period may be longer in the case of gifts or where the person receiving the transfer is closely related to the debtor or its owners.

Principle 16 *Claims Resolution: Treatment of Stakeholder Rights and Priorities*

A. The rights and priorities of creditors established prior to insolvency under commercial laws should be upheld in an insolvency case to preserve the legitimate expectations of creditors and encourage greater predictability in commercial relationships. Deviations from this general rule should occur only where necessary to promote other compelling policies, such as the policy supporting rehabilitation or to maximize the estate's value. Rules of priority should support incentives for creditors to manage credit efficiently.

B. The bankruptcy law should recognize the priority of secured creditors in their collateral. Where the rights of secured creditors are impaired to promote a legitimate bankruptcy policy, the interests of these creditors in their collateral should be protected to avoid a loss or deterioration in the economic value of their interest at the commencement of the case. Distributions to secured creditors from the proceeds of their collateral should be made as promptly as possible after realization of proceeds from the sale. In cases where the stay applies to secured creditors, it should be of limited specified duration, strike a proper balance between creditor protection and insolvency objectives, and provide for the possibility of orders being made on the application of affected creditors or other persons for relief from the stay.

C. Following distributions to secured creditors and payment of claims related to costs and expenses of administration, proceeds available for distribution should be distributed pari passu to remaining creditors unless there are compelling reasons to justify giving preferential status to a particular debt. Public interests generally should not be given precedence over private rights. The number of priority classes should be kept to a minimum.

Features Pertaining to Corporate Rehabilitation

Principle 17 *Design Features of Rehabilitation Statutes*

To be commercially and economically effective, the law should establish rehabili-

tation procedures that permit quick and easy access to the process, provide sufficient protection for all those involved in the process, provide a structure that permits the negotiation of a commercial plan, enable a majority of creditors in favor of a plan or other course of action to bind all other creditors by the democratic exercise of voting rights (subject to appropriate minority protections and the protection of class rights) and provide for judicial or other supervision to ensure that the process is not subject to manipulation or abuse.

Principle 18 *Administration: Stabilizing and Sustaining Business Operations*

The law should provide for a commercially sound form of priority funding for the ongoing and urgent business needs of a debtor during the rescue process, subject to appropriate safeguards.

Principle 19 *Information: Access and Disclosure*

The law should require the provision of relevant information on the debtor. It should also provide for independent comment on and analysis of that information. Directors of a debtor corporation should be required to attend meetings of creditors. Provision should be made for the possible examination of directors and other persons with knowledge of the debtor's affairs, who may be compelled to give information to the court and administrator.

Principle 20 *Plan: Formulation, Consideration and Voting*

The law should not prescribe the nature of a plan except in terms of fundamental requirements and to prevent commercial abuse. The law may provide for classes of creditors for voting purposes. Voting rights should be determined by amount of debt. An appropriate majority of creditors should be required to approve a plan. Special provision should be made to limit the voting rights of insiders. The effect of a majority vote should be to bind all creditors.

Principle 21 *Plan: Approval of Plan*

The law should establish clear criteria for plan approval based on fairness to similar creditors, recognition of relative priorities and majority acceptance. The law should also provide for approval over the rejection of minority creditors if the plan complies with rules of fairness and offers the opposing creditors or classes an amount equal to or greater than would be received under a liquidation proceeding. Some provision for possible adjournment of a plan decision meeting should be made, but under strict time limits. If a plan is not approved, the debtor should automatically be liquidated.

Principle 22 *Plan: Implementation and Amendment*

The law should provide a means for monitoring effective implementation of the plan, requiring the debtor to make periodic reports to the court on the status of implementation and progress during the plan period. A plan should be capable of amendment (by vote of the creditors) if it is in the interests of the creditors. The law should provide for the possible termination of a plan and for the debtor to be liquidated.

Principle 23 *Discharge and Binding Effects*

To ensure that the rehabilitated enterprise has the best chance of succeeding, the law should provide for a discharge or alteration of debts and claims that have been discharged or otherwise altered under the plan. Where approval of the plan has been procured by fraud, the plan should be subject to challenge, reconsidered or set aside.

Principle 24 *International Considerations*

Insolvency proceedings may have international aspects, and insolvency laws should provide for rules of jurisdiction, recognition of foreign judgments, cooperation and assistance among courts in different countries, and choice of law.

Informal Corporate Workouts and Restructurings

Principle 25 *Enabling Legislative Framework*

Corporate workouts and restructurings should be supported by an enabling environment that encourages participants to engage in consensual arrangements designed to restore an enterprise to financial viability. An enabling environment includes laws and procedures that require disclosure of or ensure access to timely, reliable and accurate financial information on the distressed enterprise; encourage lending to, investment in or recapitalization of viable financially distressed enterprises; support a broad range of restructuring activities, such as debt writeoffs, reschedulings, restructurings and debt- equity conversions; and provide favorable or neutral tax treatment for restructurings.

Principle 26 *Informal Workout Procedures*

A country's financial sector (possibly with the informal endorsement and assistance of the central bank or finance ministry) should promote the development of a code of conduct on an informal out-of-court process for dealing with cases of corporate financial difficulty in which banks and other financial institutions have a significant exposure-especially in markets where enterprise insolvency has reached systemic levels. An informal process is far more likely to be sustained where there are adequate creditor remedy and insolvency laws. The informal process may produce a formal rescue, which should be able to quickly process a packaged plan produced by the informal process. The formal process may work better if it enables creditors and debtors to use informal techniques.

Implementation of the Insolvency System

Principle 27 *Role of Courts*

Bankruptcy cases should be overseen and disposed of by an independent court or competent authority and assigned, where practical, to judges with specialized bankruptcy expertise. Significant benefits can be gained by creating specialized bankruptcy courts.

The law should provide for a court or other tribunal to have a general, non-intrusive, supervisory role in the rehabilitation process. The court/tribunal or regulatory authority should be obliged to accept the decision reached by the creditors that a plan be approved or that the debtor be liquidated.

Principle 28 *Performance Standards of the Court, Qualification and Training of Judges*

Standards should be adopted to measure the competence, performance and services of a bankruptcy court. These standards should serve as a basis for evaluating and improving courts. They should be enforced by adequate qualification criteria as well as training and continuing education for judges.

Principle 29 *Court Organization*

The court should be organized so that all interested parties-including the administrator, the debtor and all creditors-are dealt with fairly, objectively and transparently. To the extent possible, publicly available court operating rules, case practice and case management regulations should govern the court and other participants in the process. The court's internal operations should allocate responsibility and authority to maximize resource use. To the degree feasible the court should institutionalize, streamline and standardize court practices and procedures.

Principle 30 *Transparency and Accountability*

An insolvency systems should be based on transparency and accountability. Rules should ensure ready access to court records, court hearings, debtor and financial data and other public information.

Principle 31 *Judicial Decision making and Enforcement*

Judicial decision making should encourage consensual resolution among parties where possible and otherwise undertake timely adjudication of issues with a view to reinforcing predictability in the system through consistent application of the law. The court must have clear authority and effective methods of enforcing its judgments.

Principle 32 *Integrity of the Court*

Court operations and decisions should be based on firm rules and regulations to avoid corruption and undue influence. The court must be free of conflicts of interest, bias and lapses in judicial ethics, objectivity and impartiality.

Principle 33 *Integrity of Participants*

Persons involved in a bankruptcy proceeding must be subject to rules and court orders designed to prevent fraud, other illegal activity or abuse of the bankruptcy system. In addition, the bankruptcy court must be vested with appropriate powers to deal with illegal activity or abusive conduct that does not constitute criminal activity.

Principle 34 *Role of Regulatory or Supervisory Bodies*

The body or bodies responsible for regulating or supervising insolvency administrators should be independent of individual administrators and should set standards that reflect the requirements of the legislation and public expectations of fairness, impartiality, transparency and accountability.

Principle 35 *Competence and Integrity of Insolvency Administrators*

Insolvency administrators should be competent to exercise the powers given to them and should act with integrity, impartiality and independence.

1. ROLE OF ENFORCEMENT SYSTEMS (Principle 1)

19. ***Principle 1: Effective and compatible enforcement systems.*** *A modern, credit-based economy requires predictable, transparent and affordable enforcement of both unsecured and secured credit claims by efficient mechanisms outside of insolvency, as well as a sound insolvency system. These systems must be designed to work in harmony*. Predictable, transparent and affordable enforcement systems play a vital role in stabilizing commercial relationships and financial systems, ensuring responsible corporate behavior and providing a means of rehabilitation or efficient exit for uncompetitive enterprises. This section addresses important points that follow from this principle to place in context the discussion in later sections, such as the relationship between enforcement and insolvency systems and policies that promote investment and credit, the need to balance policies that promote investment and credit

with other important social objectives (salvaging viable enterprises, preserving employment), and the promotion of investor confidence through transparent, accountable and predictable systems.

20. *Enforcement and insolvency systems stabilize commercial relationships* by enabling market participants to more accurately price, manage and control risks of default and corporate failure. Enforcement systems provide a vehicle for resolving individual disputes between creditors and debtors, while insolvency procedures offer a means for collective resolutions when performance failures raise questions about an enterprise's viability. An insolvency system stands in the divide between the financial and corporate sectors as a disciplinary mechanism for both. An effective insolvency process encourages prudent lending and a sound credit culture by:

• Establishing a mechanism (such as rehabilitation) for the financial restructuring of firms whose going-concern value exceeds their liquidation value, thus preserving both value and employment.

• Providing an orderly exit mechanism for failed enterprises, ending unproductive uses of business assets and transferring them to more efficient market participants (say, through liquidation).

• Providing a final and equitable debt collection mechanism for creditors.

• Improving the enforcement of creditor rights to expand credit flows.

21. Insolvency law affects parties and interests at every level of a society, in almost every context and in a variety of ways-some of them subtle and indirect. In economically advanced societies involving the intensive exploitation of credit or capital investment in increasingly sophisticated forms, the significance of insolvency is correspondingly magnified. Although laws on individual debtor-creditor relationships outside insolvency may appear distinct from the collectivized regimes that operate in the event of either party's insolvency, there are important connections between them. Thus the efficiency and effectiveness of the procedures for individual enforcement by creditors can have a vital bearing on a jurisdiction's approach to insolvency procedures with respect to the creditors' debtors. For example, stringent enforcement of individual debts can be balanced by the availability of insolvency proceedings to assist companies in temporary difficulty. On the other hand, insolvency law should limit adjustments of rights and interests previously established outside insolvency so as to maintain legitimate pre-existing expectations. Prominent among these is the ability of various types of security to remain effective relative to the encumbered assets despite the commencement of formal insolvency proceedings against a debtor. So, while the components of non-insolvency and insolvency law are important in themselves, an evaluation of either would be incomplete-and misleading-without reference to the other.

22. The existence or perception of weak creditor rights influences a creditor's approach to all stages of commercial relationships. Conversely, creditors who perceive that insolvency will reinforce their economic rights will exploit the process to their advantage. Thus, for example, an insolvency law that is too difficult for creditors to invoke or that too much favors debtors will tend to reduce availability of credit and raise its cost, while an insolvency law that is too easy to invoke or too harsh is subject to creditor abuse.

23. The stability of the credit culture can be undermined by imbalances in the debtor-creditor relationship. At a purely domestic level, each state can balance the interests of debtors and creditors in a way that is appropriate for the commercial relationships conducted in its markets. But such self-contained solutions cannot be readily maintained in the context of globalized commercial activities involving parties from different systems. Flexibility is essential, reflecting the challenges and responsi-

bilities of participating in international commerce.

24. *Enforcement and insolvency systems promote responsible corporate behavior.* An effective system for enforcing creditor rights and managing business insolvency encourages high standards of corporate governance, including financial discipline. In this way, important social objectives are advanced-including the maintenance of public confidence in the corporate and financial sectors. General corporate law governs managers' behavior prior to insolvency, but it is superseded by insolvency law at the point of insolvency or when insolvency is declared.

25. Incompetent or negligent managers may be sanctioned or divested of their duties under both non-bankruptcy and bankruptcy procedures, such as through the appointment of a receiver, bankruptcy administrator or trustee. Under the more exacting provisions of insolvency law, conduct and transactions that occurred before the start of formal insolvency proceedings (in some cases, several years before) can be reexamined in light of what subsequently transpired. Not only may certain transactions be impeachable (even at the expense of disrupting commercial certainty), but managers may be held personally responsible for part of the company's losses. In serious cases, managers may even be subject to criminal liability and possibly barred from managing companies for a prescribed period. These sanctions-whose elements and operation vary considerably from system to system-supply a necessary backbone to the proposition that the limited liability and greater access to credit enjoyed by companies are balanced by corresponding responsibilities imposed to maintain public confidence in the credit culture in which companies operate.

26. *Insolvency systems provide an efficient exit mechanism for unprofitable businesses and help rehabilitate viable ones.* Insolvency procedures are a way of dealing with the casualties of competition in markets. When businesses are incapable of competing profitably, the logical move is to provide a means for their voluntary dissolution or exit from the market. Company laws often contain voluntary exit procedures, but such procedures are generally accessible only for solvent companies that can repay their debts from assets liquidated in the windup of the business. These laws should coexist alongside formal insolvency procedures.

27. When an enterprise cannot repay its obligations as they come due or cannot raise enough money from asset sales to repay all its obligations, assumptions about enterprise activity, governance and ownership change. When a distressed or insolvent enterprise is unable to uphold commercial agreements, market confidence falls. This situation should be resolved through a collective procedure that ensures prompt resolution and maximum recovery by creditors. This procedure must be flexible enough to provide a range of options, including rehabilitation for viable enterprises and liquidation for non-viable enterprises. Liquidation can occur by selling the business as a going concern, in productive units or through the more conventional sale of assets. Alternatives to outright liquidation may vary in terms of formality and degree of involvement of courts and other official agencies, but they share the common goal of giving the debtor an opportunity to exit from relative (or even absolute) insolvency and to enjoy the prospect of a more balanced existence for the future. For the honest casualties of competition, then, the insolvency process provides a means for being rehabilitated or an exit mechanism to quickly transfer assets and businesses to more efficient market participants.

28. **Balancing credit and rehabilitation policies.** One of this report's key themes is the importance of meeting creditor expectations to maintain confidence in the market. This goal finds expression in many aspects of enforcement and insolvency procedures. Among creditors, a piv-

otal question involves the ranking of claims and whether creditors with senior rights (such as secured creditors and title retention holders) will be able to enforce those rights without restraint. Policies encouraging strong creditor rights often collide with policies supporting the sale of businesses as productive units, or with policies for rescue or rehabilitation of financially distressed but viable enterprises. The rehabilitation policy emphasizes maximizing asset values for all creditors and salvaging jobs where possible. The policy supporting stronger rights for secured creditors must be balanced with policies affecting other creditors and with policies that encourage rehabilitation.

29. A growing trend supports the rights of secured creditors in the context of bankruptcy, while another trend is eroding priorities among other classes of creditors. It may seem odd to argue that priorities in insolvency should generally be abolished or limited while security interests-the most important priority of all-should be made more enforceable. The reason is that many other priorities are related to social welfare, for which the insolvency priority affords a minor and inadequate remedy while rendering the insolvency process much less effective. The security interest priority, by contrast, is directly linked to economic growth and is widely believed to contribute to growth. At the same time, a system of enforceable secured credit must be carefully balanced, because it contains an inherent tension. On the one hand, security makes credit available to debtors who otherwise could not obtain it, promoting entrepreneurial activity. On the other hand, security tends to tie the hands of entrepreneurs by reducing their control over their business assets, and it tends to raise the cost of unsecured credit because giving priority to secured credit forces the unsecured credit to bear a higher risk of nonpayment or nonperformance. An enforceable system of secured credit in an effective insolvency system seeks to maximize the benefits and minimize the costs.

30. An effective system of secured credit must also be balanced by a voluntary rehabilitation procedure for debtors in insolvency law, including an effective moratorium on secured creditors for purposes of reorganization. As with an efficient system of judgment enforcement, an effective secured credit enforcement system coupled with an effective reorganization law can be relied upon by secured creditors as one means of achieving predictable results more efficiently. The secured creditor's decision to enforce its interest is fully credible, so the debtor must either pay or file for reorganization, putting its affairs before the court and protecting other creditors through the public notice of an insolvency filing.

31. The larger point about rehabilitation as a balance to secured credit is that it encourages entrepreneurs to take risks. If secured parties are given too much power over debtors, entrepreneurs may be reluctant to start new businesses, and the disincentives imposed by risk-adverse secured creditors may hamper economic success. A long-term solution is the development of an efficient capital market that allows successful entrepreneurs to raise equity capital and to borrow unsecured. A more immediate balance can be achieved through a reorganization procedure that offers debtors a chance to save a business in temporary trouble, with the concurrent protection of creditors under court supervision. Effective enforcement for secured creditors coupled with effective protection for a rescue effort under insolvency law strikes an appropriate balance between debtors and creditors and gives both a strong incentive to negotiate reasonable resolutions without litigation.

32. There is a broader point about the relationship between effective secured credit systems and effective bankruptcy systems. A secured credit system can serve as a rehabilitation process. If the system en-

courages one creditor (typically a bank) to obtain a lien on all the assets of a debtor, that creditor can effectively become a partner in the business. In commercial cultures that permit greater secured creditor power (such as the United Kingdom), the expectation is that the secured creditor will have extensive information about the condition of the business and will provide funds as long as is reasonably prudent to prevent its failure. Thus, in such cultures, when the lender "calls in the receivers," it may be generally accepted that the business is no longer viable and should be liquidated. In the United Kingdom, for example, administrative receivers are frequently successful in improving the business and "hiving" it down to a specially formed subsidiary that can be sold as a clean company with assets but no liabilities. A system that adopts this approach may rely to a lesser extent on rehabilitation procedures under insolvency law. Rehabilitation systems are still required, however, to treat those financial casualties whose assets are not fully or substantially secured by a single creditor and where the procedures for rehabilitation provide a more desirable outcome for all parties concerned. At the same time, reinforcing one creditor's rights obviously also creates the risk of exposing the debtor to that creditor's economic pressure or even whims. Policymakers should leave the choice to market participants and the circumstances by making available both options, taking into account the particular conditions and needs of the system in question.

33. Finally, as with nearly all law development efforts, reform of one element should not occur without considering other parts of the system. This is true for the security system and the insolvency system, neither of which can be viewed in isolation. The insolvency process is an extension of the enforcement options available to creditors-but one that should be triggered in cases of insolvency or when a credit impact encompasses more than a dispute between two parties. The risk of insolvency is one of the risks of nonperformance. As such, secured lenders will take into account their rights in insolvency as part of their overall risk assessment in pricing a credit and determining the level of security needed to ensure full recovery. Inconsistencies and mismatches in the treatment of rights will lead to distortions in the application of these procedures, with potential for considerably increasing financing costs to offset insolvency risks. An event of insolvency or the commencement of an insolvency proceeding should have no bearing on the existence or priority of the secured interest. To the extent possible, insolvency laws should aim to provide a fair balance that respects secured interests and treats them in a way that promotes stable financial systems and credit markets.

34. **Transparency, accountability and corporate governance**. Minimum standards of transparency and corporate governance should be established to foster communication and cooperation. Disclosure of basic information-including financial statements, operating statistics and detailed cash flows-is recommended for sound risk assessment. Accounting and auditing standards should be compatible with international best practices so that creditors can assess credit risk and monitor a debtor's financial viability. A predictable, reliable legal framework and judicial process are needed to implement reforms, ensure fair treatment of all parties and deter unacceptable practices. Corporate law and regulation should guide the conduct of the borrower's shareholders. A corporation's board of directors should be responsible, accountable and independent of management, subject to best practices on corporate governance. The law should be imposed impartially and consistently.

35. Transparency and good corporate governance are the cornerstones of a strong lending system and corporate sector. Transparency exists when information is assembled and made readily available to other parties and, when combined with the good

behavior of "corporate citizens," creates an informed and communicative environment conducive to greater cooperation among all parties. Transparency and corporate governance are especially important in emerging markets, which are more sensitive to volatility from external factors. Without transparency, there is a greater likelihood that loan pricing will not reflect underlying risks, leading to higher interest rates and other charges.

36. Transparency and strong corporate governance are needed in both domestic and cross-border transactions and at all phases of investment-at the inception when making a loan, when managing exposure while the loan is outstanding, and especially once a borrower's financial difficulties become apparent and the lender is seeking to exit the loan. Lenders require confidence in their investment, and confidence can be provided only through ongoing monitoring, whether before or during a restructuring or after a reorganization plan has been implemented.

37. From a borrower's perspective, the continuous evolution in financial markets is evidenced by changes in participants, financial instruments and the complexity of the corporate environment. Besides traditional commercial banks, today's creditor (including foreign creditors) is as likely to be a lessor, an investment bank, a hedge fund, an institutional investor (such as an insurance company or pension fund), an investor in distressed debt, or a provider of treasury services or capital markets products. In addition, sophisticated financial instruments such as interest rate, currency and credit derivatives have become more common. Although such instruments are intended to reduce risk, in times of market volatility they may increase a borrower's risk profile, adding intricate issues of netting and monitoring of settlement risk exposure. Complex financial structures and financing techniques may enable a borrower to leverage in the early stages of a loan. But sensitivity to external factors, such as the interest rate environment in a developing economy, may be magnified by leverage and translate into greater overall risk.

38. From a lender's perspective, once it is apparent that a firm is experiencing financial difficulties and approaching insolvency, a creditor's primary goal is to maximize the value of the borrower's assets in order to obtain the highest debt repayment. A lender's support of an exit plan, whether through reorganization and rehabilitation or liquidation, depends on the quality of the information flow. To restructure a company's balance sheet, the lender must be in a position to prudently determine the feasibility of extending final maturity, extending the amortization schedule, deferring interest, refinancing, or converting debt to equity, while alternatively or concurrently encouraging the sale of non-core assets and closing unprofitable operations. The enterprise's indicative value should be determined to assess the practicality of its sale, ,divestiture, or sale of controlling equity interest. Values must be established on both a going-concern and liquidation basis to confirm the best route to recovering the investment. And asset disposal plans, whether for liquidity replenishment or debt reduction, need to be substantiated through valuations of encumbered or unencumbered assets, taking into account where the assets are located and the ease and cost of access. All these efforts and the maximization of value depend on and are enhanced by transparency.

39. Transparency increases confidence in decision making and so encourages the use of out-of-court restructuring options. Such options are preferable because they often provide higher returns to lenders than straight liquidation through the legal process-and because they avoid the costs, complexities and uncertainties of the legal process. In many developing countries it is hard to obtain reliable data for a thorough risk assessment. Indeed, it may be too costly to obtain the quantity and quality of information required in industrial countries. Still,

efforts should be made to increase transparency.

40. **Predictability**. Investment in emerging markets is discouraged by the lack of well-defined and predictable risk allocation rules and by the inconsistent application of written laws. Moreover, during systemic crises investors often demand uncertainty risk premiums too onerous to permit markets to clear. Some investors may avoid emerging markets entirely despite expected returns that far outweigh known risks. Rational lenders will demand risk premiums to compensate for systemic uncertainty in making, managing and collecting investments in emerging markets. The likelihood that creditors will have to rely on risk allocation rules increases as fundamental factors supporting investment deteriorate. That is because risk allocation rules set minimum standards that have considerable application in limiting downside uncertainty, but that usually do not enhance returns in non-distressed markets (particularly for fixed-income investors). During actual or perceived systemic crises, lenders tend to concentrate on reducing risk, and risk premiums soar. At these times the inability to predict downside risk can cripple markets. The effect can impinge on other risks in the country, causing lender reluctance even toward untroubled borrowers.

41. Lenders in emerging markets demand compensation for a number of procedural uncertainties. First, information on local rules and enforcement is often asymmetrically known. There is a widespread perception among lenders that indigenous stakeholders can manipulate procedures to their advantage, and often benefit from fraud and favoritism. Second, the absence or perceived ineffectiveness of corporate governance raises concerns about the diversion of capital, the undermining of security interests, or waste. Third, the extent to which non-insolvency laws recognize contractual rights can be unpredictable, leaving foreign creditors in the sorry state of not having bought what they thought they bought. Fourth, the enforcement of creditor rights may be disproportionately demanding of time and money. Many creditors simply are not willing (or do not have the mandate) to try to improve returns if the enforcement process has an unpredictable outcome. In the end, a procedure unfriendly to investors but consistently applied may be preferred by lenders to uncertainty, because it provides a framework for managing risk through price adjustment.

42. Moreover, emerging markets appear to be particularly susceptible to rapid changes in the direction and magnitude of capital flows. The withdrawal of funds can overwhelm fundamental factors supporting valuation, and (as in the summer of 1998) creditors may race to sell assets to preserve value and reduce leverage. As secondary market liquidity disappears and leverage is unwound, valuation falls further in a self-reinforcing spiral. In industrial countries there is usually a class of creditor willing to make speculative investments in distressed assets and provide a floor to valuation. In theory such creditors also exist in emerging markets. But in practice, dedicated distressed players are scarce and tend to have neither the funds nor the inclination to replace capital withdrawn by more ordinary creditors. Non-dedicated creditors often fail to redirect capital and make up the investment deficit, partly because the learning curve in emerging markets is so steep, but also because of uncertainty about risk allocation rules. The result? Markets fail because there are no buyers for the price at which sellers not forced to liquidate simply hold and hope. If risk allocation rules were more certain, both dedicated and non-dedicated emerging market creditors would feel more comfortable injecting fresh capital in times of stress. In addition, sellers would feel more comfortable that they were not leaving money on the table by selling.

43. Relative to industrial countries, developing countries typically have weaker legal, institutional and regulatory safeguards to give lenders (domestic and for-

eign) confidence that investments can be monitored or that creditors' rights will be enforced, particularly for debt collection. In general, a borrower's operational, financial and investment activities are not transparent to creditors. Substantial uncertainty exists on the substance and practical application of contract law, insolvency law and corporate governance rules. And creditors perceive that they lack sufficient information and control over the process used to enforce obligations and collect debts. The lack of transparency and certainty erodes confidence among foreign creditors and undermines their willingness to extend credit.

44. In the absence of sufficient and predictable laws and procedures, foreign creditors tend to extend funds only in return for unnecessarily high risk premiums. In times of crisis they may withdraw financial support altogether. Developing countries would benefit substantially if creditor rights and insolvency systems were clarified and applied in a consistent and fully disclosed manner.

2. LEGAL FRAMEWORK FOR CREDITOR RIGHTS

2.1 Enforcement of Unsecured Rights (Principle 2)

45. *A regularized system of credit should be supported by mechanisms that provide efficient, transparent, reliable and predictable methods for recovering debt, including seizure and sale of immovable and movable assets and sale or collection of intangible assets such as debts owed to the debtor by third parties.* Efficient enforcement of judgments is crucial to a functioning credit system, especially for unsecured credit. While the seizure of immovable or movable assets to pay debts often may not be necessary, it is the ultimate threat to a recalcitrant debtor to pay what is owed. It is far more effective than the threat of an involuntary insolvency proceeding, which in many systems requires a level of proof and a prospect of procedural delay that in all but extreme cases make the threat of bankruptcy less credible to debtors as leverage for payment.[5] By contrast, the leverage that arises from the prospect of having specific property (such as land, bank accounts or inventory) seized to pay a judgment will cause a debtor who can make payment to do so rather than suffer the humiliation and considerable cost of seizure.

46. If the debtor is unable to pay, the existence of an efficient debt enforcement system will encourage the debtor to file an insolvency proceeding. In turn, an efficient insolvency system will protect the assets for the benefit of all concerned. From the creditor's perspective, an efficient enforcement system is often a more attractive remedy than the filing of involuntary insolvency proceeding, which may be result in delayed recovery if the debtor contexts the filing and because individual creditor interests are often subordinated to the larger goals and objectives of the collective proceeding. In short, an efficient judgment enforcement system interacts with an efficient insolvency system to force a debtor-the party with the most information about its financial condition-to pay or to file an insolvency proceeding.

47. Although effective enforcement methods vary among legal systems, some general characteristics are universal. Where laws specify, judicial mechanisms for enforcing unsecured credit should be swift and inexpensive. They should permit the seizure of property prior to completion of the court process (such as where a creditor posts security to protect the debtor's rights should the creditor's court action ultimately fail), a swift hearing process to return the goods if appropriate, or both. In addition, enforcement methods should include summary

5. Easing the requirements for an involuntary filing by a creditor creates a serious risk of abuse if the creditor is able to force payment of a disputed debt by threatening an insolvency proceeding that might destroy a business.

methods for obtaining judgments, where there is no real and substantial dispute about the debt, and protective measures to preserve the assets while the proceedings take place.

2.2 Security Interest Legislation (Principle 3)

48. *The legal framework should provide for the creation, recognition and enforcement of security interests in movable and immovable (real) property, arising by agreement or operation of law.*[6] While the litmus test of a security interest's strength is its efficacy in the debtor's bankruptcy, it is also an important collection tool outside bankruptcy. If laws on security interests are to meet the needs of modern business, they must embrace certain basic principles. Some of these are essential in any legal system. Other aspects of security have no one "right" solution, so the choice depends on the cultural and social mores of the country in question.

49. *The legal regime should recognize security over all types of assets-movable and immovable, tangible and intangible, including inventories, receivables and proceeds.* Certain types of assets (such as farm equipment) and debtors may call for special treatment, but these special cases should not detract from the general principle. Subject to such special cases, the availability of security should not be limited to land but should embrace all forms of movable property, tangible or intangible, including accounts receivable and intellectual property rights. In its most advanced form, these regimes may include the full functional approach (as followed, for example, in the United States and Canada), under which all use of movable property as collateral is covered by the general legal framework for secured lending, notwithstanding the form of the agreement.

50. *Lenders should be able to take security interests in future property and on a global basis.* Common law systems have long recognized a creditor's ability to take security over a debtor's future property (not necessarily identifiable at the time of the security agreement) and to treat the security interest as automatically attaching to such property after acquisition by the debtor without the need for a new act of transfer. Some civil law systems also allow this for certain types of assets. For example, German law allows the security transfer of tangible movables and the security assignment of claims, both of which accommodate security in after-acquired property. It is vital to modern financing that lenders be able to take security over a shifting pool of assets that enhances the ability to take security on a global basis, subject to satisfying requirements in relevant jurisdictions. In England the floating charge has proved a highly efficient and flexible financing tool, while in the United States and Canada similar results are achieved more directly through the floating lien embodied in Article 9 of the United States Uniform Commercial Code and the Canadian Personal Property Security Acts based on it.[7] Some civil law systems achieve similar effects through an enterprise mortgage, pledge or charge.

51. *Security should be available for any or all of a debtor's obligations to a creditor, present or future and between all types of persons.* Modern credit agreements provide a range of financing options and often provide optional drawing or borrowing features (such as revolver facilities).

6. This discussion of secured credit systems is restricted to their relationship to insolvency systems. Readers concerned with broader reform of secured credit systems should consult more detailed sources.

7. Article 9 of the United States Uniform Commercial Code represents the first and most successful functional and integrated approach to security interests in property. It was transplanted into Canada in the form of the Canadian Personal Property Security Acts. These laws are not federal, but provincial and vary from province to province (or in the case of the UCC, from state to state). New Zealand has also adopted similar legislation.

Where a credit provides for future lending, the obligations should be capable of being secured at the outset of the transaction. An all-inclusive rule on obligations and persons covered will promote more options for adapting credit facilities to the needs of customers and businesses.

52. *The law should permit both possessory and non-possessory security interests over tangible assets.* In the case of security over chattels, requiring the delivery of possession is a serious impediment. Such chattels typically are held by the debtor as equipment for use in its business or for sale as inventory. Delivering possession to the creditor would deprive the debtor of the ability to use or sell the chattels and so generate the income from which to pay the debt. Thus the law should permit not only possessory but also non-possessory security over tangible assets.

53. *Secured credit systems should encompass all types and uses of property.* Excluding certain types of property, categories of borrowers or lenders, or types of transactions should be avoided because such exclusions reduce the efficiency of the secured credit system. Not all types of collateral can be subject to the same rules. For example, it is necessary to distinguish possessory from non-possessory security interests, inventory from equipment and consumer goods, purchase-money from non-purchase money security, and security in original collateral from security in proceeds. These distinctions will affect all elements of security law: creation, perfection and priorities.

54. *Methods of notice should sufficiently publicize the existence of security interests to creditors, purchasers, and the public generally.* The requirement to specifically identify each item of collateral, still found in a number of legal systems, is cumbersome even when applied to existing assets-particularly when assets do not lend themselves to unique identification. The requirement also makes it difficult if not impossible to provide for security over future property, much less for global security. It should suffice that the description of the collateral is such that the asset over which security is asserted can be identified as falling within the scope of the security agreement. For this purpose, some commentators consider security over "all the debtor's present and future receivables" or "all the present and future property of the debtor" to be sufficient. Others believe that such a statement should be supported by a generic description of the type of collateral in question (inventory, equipment and so on).

55. *Creation of security interests should be easy and cost-effective.* To encourage efficient credit markets, procedures for creating and taking security interests should not be overly complex. Complex procedures could discourage market use because of their complexity or the costs associated with the process. Because credit costs are generally borne by borrowers, the more efficient and less costly is the system, the lower is the cost of financing. Lower financing costs promote access to credit.

56. Most legal systems require security to be created or evidenced by a writing signed by the debtor and identifying the collateral and the obligations secured. Such requirements are fairly easy to meet. Additional formalities involving inconvenience and expense, such as notarization, should be avoided. For security interests in investment securities, the move toward immobilization and dematerialization of securities has led to the abandonment of paper-based transfers and charges and the use of electronic transfer systems to effect security transactions. This move usually requires legislation to remove legal requirements for documents, writings and signatures, substituting a system of electronic documentation.

57. In the case of security assignments of debts, some legal systems require that formal notice of the security assignment be given to the debtor's debtor (called the "account debtor") (in some cases by an official in a prescribed form) not merely to prevent the account debtor from paying the as-

signor or to preserve the assignee's priority but as a condition of validity of the assignment. In other words, the notice is a constitutive element in the creation of the security; without notice to the account debtor, the assignment has no effect. However, notice to an account debtor, which in contrast to registration does not fulfill any effective public notice function, is impractical in the case of bulk assignments and security over ongoing streams of receivables. Moreover, the notice requirement is incompatible with the concept of security over classes of assets and security over future property, which do not lend themselves to individual specification.[8]

58. *A security system should set rules of priority on competing claims or interests in the same assets and minimize the number of priorities that come ahead of secured interests in collateral.* A developed regime for security interests should include rules on the priority of competing interests in collateral. For example, one option lawmakers may consider is giving priority to security interests in property acquired with financing provided for that purpose (known as a "purchase money security interest"); the prime example is trade credit extended by sellers of goods and mostly secured by retention of title or equivalent security interests for purchase money. This avoids giving the first financier a monopoly on loans to the debtor and scooping up as a windfall the debtor's acquired property financed by subsequent lenders. In some countries unpaid wages, taxes and many other debts come ahead of a security interest in the distribution of the sale proceeds of property subject to a security interest, with the result that the benefits of secured credit are unavailable. Any priority placed ahead of the secured party represents a substantial cost, which is generally transferred back to borrowers in the form of higher interest rates and transaction costs. Often the public policy represented by the priority (say, benefiting workers) receives a minor and occasional benefit at a substantial cost to the entire commercial system. Such priorities should be eliminated, reduced, and, where public policy concerns are compelling, addressed by other legal reforms that do not compromise the system for secured lending.

2.3 Recording and Registration of Secured Rights (Principle 4)

59. *There should be an efficient and cost-effective means of publicizing secured interests in movable and immovable assets, with registration being the principal and strongly preferred method. Access to the registry should be inexpensive and open to all for both recording and search.* As noted, both possessory and non-possessory interests should be allowed. When a security interest is possessory, meaning the assets pledged are in the possession of the creditor or a third party, another prospective lender or buyer will be prevented from assuming that these assets are owned or can be disposed of by the debtor. But this is not the case when the interest is non-possessory, meaning the assets remain in the possession of the borrower (as with buildings, fixtures, equipment, inventory and the like). This calls for a system through which public notice can be given of non-possessory security interests, preferably by recording in a public office.

60. A registration or similar system is needed to prevent a debtor from raising fur-

8. Notice to the account debtor does not feature as a constitutive element of a security assignment in the UNCITRAL Draft Convention on Assignment in Receivables Financing or in the draft chapter on assignment in the forthcoming part III of the Principles of European Contract Law prepared by the Commission on European Contract Law. Notably, in recent years, there has been a sharp move from notification to non-notification receivables financing. A requirement to give notice to individual debtors as a condition of protection against an assignor's bankruptcy creditors is a serious impediment to such financing and makes it difficult to grant security over future receivables, since the identify of the debtor may not be known at the time of the assignment. A number of civil law systems likewise have begun to adapt their laws in this regard.

ther credit on the strength of his apparent ownership of the assets (the "false wealth" doctrine). Such systems enable third parties intending to acquire an interest in the assets to learn of a prior security interest. Registration also plays a central role in the ordering of priorities. For assets capable of unique identification, such as aircraft, ships and motor vehicles, it is feasible to have a registration system that names them. For other assets, registration is effected in the name of the debtor. In keeping with a policy allowing global (all assets) security, the registration system should allow global security over current and future property to be effected by a single registration. A modern registration system should be electronic and should allow registration and searching online. Experience in Canada and the United States has shown that registration and search fees can be kept to modest levels yet still allow the registration system to operate at a profit.

61. Most states have title registration systems of varying scope and efficiency for some assets, like land, ships, aircraft and intellectual property. Views differ about registration of security interests over other property (goods, intangibles). Most Canadian provinces and U.S. states have filings that aim to warn unsecured creditors of the security interest and to regulate priorities (such as double mortgages). The common law system for registering corporate charges adopted by nearly 70 jurisdictions is primarily a warning, not a priority, system, though it does have some priority effects. By contrast, some major jurisdictions such as Germany and the Netherlands have not favored this type of publicity.

62. Ideally, there should be a minimum number of registries for security interests. Most systems have a separate regime for security interests in land, because this is more complex, uniquely identifiable and lends itself to registration against the asset given in security. Security in most classes of movable property, including intangibles, is against the debtor, which is generally registered or headquartered in a specific location. Following from international conventions, most countries have separate registries for ships and aircraft. Where multiple registries exist for a specific type of assets, moveable or immovable, it is useful to establish links or redundancies between them. Registries should be open to the general public for recording and search. The required filing should be a simple notice of the most basic facts of the secured transaction (for example, the debtor's name and address, the creditor's name and address, the date and a general description of the collateral in which the security interest has been granted). The contract between debtor and creditor, or the terms of that contract, should not have to be filed. The notice and registration system should simply provide to a searcher a method of discovering that there is a secured party who claims security rights over existing and future assets of the type described. In an electronic system of registration, searches are dealt with by computers with no human intervention-hence the concept of notice filing, where prescribed data are transmitted to the registry but there is no filing or even presentation of security agreements or other documents. The searcher is responsible to act as it deems prudent to protect its interests, which would typically be to require more details from its prospective debtor or the secured party.

63. Registry officials should not review filings for accuracy or legality. Lenders must take the risk that any serious inaccuracy could result in the partial or complete invalidity of the record, which may lead to unenforceability of the security interest. Consequently, a registry should be lightly staffed and inexpensive to operate. The ideal registry will be electronic, a form that will enable adopting nations to leapfrog technologically past existing Western systems to a system that is swift, cheap and accessible to all areas of the nation. Electronic filing will also facilitate links among registries if there is more than one. Consid-

eration should be given to outsourcing operation of registries to qualified non-governmental, competitive private entities, who would act under government supervision (such as in Colombia and Romania).

2.4 *Enforcement of Secured Rights (Principle 5)*

64. *Enforcement systems should provide efficient, inexpensive, transparent and predictable methods for enforcing a security interest in property. Enforcement procedures should provide for prompt realization of the rights obtained in secured assets, ensuring the maximum possible recovery of asset values based on market values. Both non-judicial and judicial enforcement methods should be considered.* Creditor protection through a variety of security devices, such as those discussed above, affords little actual relief if it is not complemented by sound and effective enforcement mechanisms. These mechanisms include the typical methods for recovering debts, including self-help, court action and foreclosure and execution procedures. Such enforcement systems reinforce and stimulate domestic credit practices, promote foreign direct investment and discipline wayward or incompetent borrowers. In distressed markets, as in normal markets, enforcement systems play a critical role in investment decisions and serve as a backdrop against which legal rights are measured. If these rights can be enforced reliably and predictably, both borrowers and creditors may be encouraged to engage in consensual debt resolution.

65. This principle has several subprinciples. First, enforceability is easiest when the law allows parties to agree upon their own default remedies, bypassing courts, but provides adequate safeguards to the debtor, where court involvement will be required. This may include the use of self-help remedies where these can be exercised consensually without violating the legal rights of others or upsetting the peace. In the case of default by a debtor, non-judicial means of seizure and sale of collateral make a secured credit system more efficient and economically useful. Non-judicial means include self-help repossession and sale (as in Article 9 of the United States Uniform Commercial Code and in the Canadian Personal Property Security Acts) receivership (as in the United Kingdom) and non-judicial enforcement by a bailiff or marshal of executable instruments drawn up or recorded by a notary. If non-judicial methods are allowed, it will be necessary to include standards for ensuring that proper procedures are followed in seizure and reasonably fair value is obtained when collateral is sold.[9]

66. Where self-help remedies are unavailable, enforcement procedures should enable parties to obtain enforcement based on summary, accelerated proceedings for recovery and sale collateral, either through the judicial process or by way of public auctions. Enforcement by seizure and sale of collateral should be swift and inexpensive, with rules or incentives encouraging the recognition of good value for the collateral. Rapid recovery ensures that market values are realized and avoids the loss of value due to delayed enforcement and reinvestment opportunities. Finally, secured creditors should be entitled to apply the proceeds from the disposition of assets against their claims as early as possible. Special rules may be appropriate for intangible assets such as accounts receivables.

3. *LEGAL FRAMEWORK FOR CORPORATE INSOLVENCY*

3.1 *Key Objectives and Policies (Principle 6)*[10]

67. *Though country approaches vary, effective insolvency systems should aim to:*

9. With respect to the effect of enforcement and priority in the case of insolvency, see the discussion under principle 15 on the setting aside of transactions and in principle 16 on priorities.

10. Most of the elements in this principle were identified as critical principles in the G-22 Report

• *Integrate with a country's broader legal and commercial systems.*

• *Maximize the value of a firm's assets, including by providing an option to reorganize.*

• *Strike a careful balance between liquidation and reorganization.*

• *Provide for equitable treatment of similarly situated creditors, including similarly situated foreign and domestic creditors.*

• *Prevent the premature dismemberment of a debtor's assets by individual creditors seeking quick judgments.*

• *Provide for timely, efficient and impartial resolution of insolvencies.*

• *Provide a transparent procedure that contains incentives for gathering and dispensing information.*

• *Recognize existing creditor rights and respect the priority of claims with a predictable and established process.*

• *Establish a framework for cross-border insolvencies, with recognition of foreign proceedings.*

68. **Integration**. An insolvency system must be complementary to and compatible with the legal system of the society in which it is rooted. To be properly implemented, an insolvency system's procedural and substantive rules must match the capacity of the relevant courts or agencies (judicial, professional, institutional, regulatory, administrative). As much as possible, a country's insolvency system should reflect the society's social and economic goals. Finally, the system must be continuously monitored to ensure that it is being implemented in accordance with the policies and purposes for its design.

69. **Maximizing asset values**. Maximizing asset values is a crucial objective of the insolvency process. Administrators and other stakeholders should have strong incentives to achieve higher values, because more value means that creditors will receive higher distributions and reduce the burden of insolvency. This is not an easy task given that creditors tend to act in their own self-interest. In some cases where creditors have bargained for superior rights, such as secured or *in rem*[11] creditors, there may be a legitimate reason to treat them differently. As a general rule, maximizing value may require that before its sale the business is operated as a complete productive unit or merely to preserve the highest value of its assets. A number of design considerations emanate from this objective, including the need to protect the business and assets against actions by individual creditors, the balance to be struck between rapid liquidations and efforts to rehabilitate the business, the amount of investment that should be made to preserve or raise value and the implications for other stakeholders, the discretion that can be exercised by qualified administrators, and the extent to which creditors should be allowed to monitor the process. Some of the design features pertain to the efficiency of procedures and the institutions that implement them. Accordingly, this objective resurfaces in the discussion of the institutional framework in section 4.

70. **Rehabilitation policy**. The modern trend supporting rehabilitation or rescue is an extension of the goal to maximize value. It is predicated on the idea that the value of the whole is greater than the value of the parts. Put differently, an enterprise is more valuable as a going concern than if it is liquidated. This approach also reflects other objectives, such as preserving jobs. It is achieved by imposing a moratorium at the outset of an insolvency proceeding to prevent creditors from engaging in collection efforts or exercising enforcement remedies that dismember the enterprise for the benefit of a few. As discussed below, the

of the Working Group on International Financial Crises, pp. 16 and 44-45 (1998). Principle 24 discusses international considerations.

11. Creditors holding *in rem* rights are those with an interest in property that has been mortgaged or pledged, or in which an ownership interest is retained. These are discussed in more detail under principle 16.

moratorium should be brief to stabilize the business and determine if there is a decent likelihood of rehabilitation. The moratorium gives the debtor or the administrator a neutral forum in which to negotiate a consensual business solution, which can result in a higher dividend to creditors by salvaging an enterprise as a going concern rather than realizing value through liquidation, which is often much lower.

71. **Equitable distribution**. The principle of equitable distribution is based on the notion that in a collective proceeding, creditors with similar legal rights should be treated the same. The equity policy permeates many provisions of an insolvency law, including the automatic stay, the moratorium on payments of claims created prior to the bankruptcy, provisions to set aside claims and recapture property or value, classification and voting procedures in a rehabilitation, and distribution mechanisms. At the outset an injunction prevents the "free for all" system of individual enforcement and replaces it with one that balances the interests of creditors, the debtor and the government. Another way of expressing the equity policy is the principle of pari passu treatment for creditors, which espouses that creditors should be paid on a ratable basis and in the relative priority of their claims and interests from the proceeds of the liquidated estate.[12] Put differently, creditors on an equal legal footing should be treated equally, receiving a distribution on their claim proportionate to aggregate claims of the same kind. In reality, the pari passu principle and equity policy are modified by social choices on claim priorities.

72. **Timely, efficient and impartial resolution.** The objectives of timely and efficient administration support the objective of maximizing asset values, while impartiality supports the principle of equitable distribution. If the insolvency process is to have meaning, it must be fair and impartial. It must also result in genuine value if it is to provide meaningful benefit to creditors. Value reflects a number of factors, such as the ability to dispose of the business or assets promptly at fair market values, the costs incurred by creditors in realizing the asset value and the timing of distributions to creditors of value realized. If administrators or liquidators are not equipped to handle insolvency cases, they may not realize the highest value or may squander the remaining value in a hopeless search for the ideal buyer. If the institutions that render decisions are inefficient and overburdened, they may be unable to provide prompt responses on applications filed or other matters affecting the disposition of assets. The entire process must be examined at every stage to ensure maximum efficiency without sacrificing flexibility. This generally requires establishing clear but reasonable deadlines for most matters that occur within a proceeding. It may also mean providing time limits that assure secured or other creditors predictable outcomes by a certain time.

73. **Predictability, transparency and accountability**. Effective insolvency systems include rules that are reasonably predictable, transparent and hold all parties duly accountable throughout the process. There is no substitute for a clear law. A predictable law promotes stability in commercial transactions, fosters lending and investment at lower risk premiums, and promotes consensual resolutions of disputes between a debtor and its creditors by establishing a backdrop against which parties can assess their relative rights. In the same way, transparent rules and procedures promote fairness and integrity in the system and create an informed and communicative environ-

12. The "estate" or "bankruptcy estate" refers to the body of assets to be administered in the insolvency proceeding, and over which the court will exercise jurisdiction. All systems have a concept of the estate and generally define it to include all enterprise assets. But many systems exclude certain assets subject to rights or claims by particular persons. In addition, some estate assets are legal or contractual rights to recover payment or an asset, including assets or the value of assets that were transferred inappropriately to other creditors or third persons.

ment by which greater levels of cooperation can be achieved. Disclosure of information is crucial to an accurate evaluation of the prospects for the business and to assess the rights and priorities of creditors, but the enterprise must be assured that confidential information will be properly protected. Finally, a system that holds all participants in the process accountable reinforces predictability and promotes fairness.

74. **The importance of well-balanced policies.** The design of an insolvency law is influenced by numerous policy objectives pertaining to a variety of goals, rights and interests. For example, should bankruptcy law promote discipline and seek to weed out inefficient and incompetent market players? Or should it be tolerant, and would tolerance encourage entrepreneurial activity? Should the law be pro-debtor ("debtor friendly") or pro-creditor ("creditor friendly"), and what do these labels mean? Should the law have a wider social or collective purpose, or should it aim to achieve a just and reasonable resolution of individual competing interests? For example, should the law seek to protect employment? Should it encourage investment? Should it be biased toward rehabilitation to shield the economy from systemic collapses that are not the fault of management?

75. Insolvency laws balance the rights and interests of creditors and society by reapportioning the risks of insolvency in a way that suits a country's economic, social and political goals. There is no universal solution because countries vary significantly in their needs, as do their laws on security interests, recordation, property and contract rights, remedies and enforcement procedures. Most insolvency systems address the questions raised above. Some laws favor stronger recognition and enforcement of creditor rights and commercial bargains, while others tilt toward rehabilitation of the debtor with its implications for workers and other constituencies. But rescue-friendly jurisdictions should not provide a safe haven for moribund enterprises. Enterprises that are beyond rescue should be liquidated as quickly and efficiently as possible.

76. The first task for any insolvency system is to establish a framework of principles that determine how the estate of the insolvent debtor is to be administered for the benefit of all affected parties. A series of choices must be made in designing this distribution system, to ensure that the law embodies goals and priorities consistent with the values of the society. The creation of such a framework and its integration with the wider legal process are vital to maintaining social order and stability. All parties need to be able to anticipate their legal rights in the event of a debtor's inability to pay, or to pay in full, what is owed to them. This allows both creditors and equity investors to calculate the economic implications of default by the debtor, and so estimate their risks.

77. Because society is constantly evolving, insolvency law cannot be static. The law should be reappraised at regular intervals to ensure that it meets current social needs. Responses to perceived social change involve an act of judgment. The custodians of legal revision and reform should try to identify international best practices and transpose them into the system they oversee, taking into account the realities of the system and available human and material resources.

3.2 General Design Features of an Insolvency Law (Principles 7-16)

78. This section and the one that follows address some key features pertaining to the design of an insolvency law. These are by no means exclusive or exhaustive. The issues addressed here represent a variety of potential policy choices and implementation practices. Each subsection begins with a principle that in most cases reflects what might be considered a best practice. The principles are split into two groups: features and issues of general applicability to all insolvency proceedings, and features

specific to rehabilitation proceedings. No principle can be considered in isolation from the overall system, and each may offer a range of choices for implementation. In economies facing systemic insolvency, interim measures may be needed to take advantage of relative strengths and minimize the impact of weaknesses in the system. These interim measures may be a step toward greater alignment with international best practices.

79. ***Principle 7: Director and officer liability.*** *Director and officer liability for decisions detrimental to creditors made when an enterprise is insolvent should promote responsible corporate behavior while fostering reasonable risk taking*. As a general rule, directors and officers have a duty to their shareholders but not to their creditors. The relationship between the enterprise and its creditors is governed by contractual agreement. Accordingly, when an enterprise is solvent, directors and officers need not consider whether business activity will have an effect on creditors. When the enterprise becomes insolvent, however, the creditors (as opposed to the shareholders) become the real financial stakeholders of the enterprise. Because insolvency, in the technical sense, means that the liabilities of an enterprise exceed the total value of its assets, as the enterprise continues to trade, the risk of loss is borne entirely by creditors. The natural tendency of most directors and officers is to try and trade out of its losses, thereby increasing the risk of potential loss to creditors. The difficult decision for policy maker is deciding at what point directors and officers should be held accountable for the deterioration in the value of the enterprise to the detriment of its creditors. This decision is complicated even more by the fact that accounting practices are not an exact science making it difficult to determine when exactly a company has crossed the threshold of insolvency. Some criteria are more clear than others, such as general cessation of payments or inability to pay debts as they come due.

80. The best safeguards against wrongful trading or improper conduct by management are strong corporate governance and creditor rights enforcement. Strong corporate governance promotes checks and balances on the behavior of companies and their managers and owners and provides for a balance in the rights of corporate stakeholders. Similarly, strong debtor-creditor rights and enforcement systems provide an external means of monitoring credit and commercial relationships and enforcing rights among creditors and their debtors, which support incentives for proper corporate behavior. In many developing economies these complementary systems are weak, raising the question of whether the insolvency response should be more exacting and onerous. For example, should managers be held to a higher standard of conduct when an enterprise becomes insolvent? Or perhaps replaced altogether during the proceedings, while granting creditors a stronger voice in the process?

81. *At a minimum, standards should address conduct based on knowledge of or reckless disregard for the adverse consequences to creditors.* There is broad disparity in the imposition of liability on directors and officers for continuing to conduct business when the company becomes insolvent, better known as "wrongful trading" in some jurisdictions. Some countries impose criminal sanctions for this activity, others provide for onerous penalties, and still others have no liability at all. Even in countries that impose liability for wrongful trading, it is very difficult to monitor inappropriate behavior and developing countries often lack the requisite enforcement measures to give effect to sanctions or penalties. The explanation for the variance relates to competing policies that, on the one hand, encourage entrepreneurial activity, and on the other foster corporate responsibility to stakeholders. A policy supporting entrepreneurial risk taking activity may be more effective if no obligation to commence insolvency exists, which could lead to pre-

mature insolvencies. Conversely, a policy favoring stronger corporate discipline may call for more precise rules establishing a baseline case for corporate discipline when directors and officers engage in wrongful trading. The objective should be to strike a balance the design of rules and mechanisms that promote reasonable risk taking, while encouraging responsible conduct by management toward stakeholders, including engaging in early efforts to resolve financial distress through consensual workouts.

82. ***Principle 8: Liquidation and rehabilitation.*** *An insolvency law should provide both for efficient liquidation of nonviable businesses and those where liquidation is likely to produce a greater return to creditors, and for rehabilitation of viable businesses.* Nearly all jurisdictions have a liquidation law. Nearly all probably go further, offering an alternative procedure designed to save a business rather than terminate it. Although a variety of rescue models have been developed, efforts are constantly being made to make the rescue process more efficient and find ways to best accommodate it. This issue necessarily requires further discussion of the liquidation process and the rescue process. How best to marry the two is a fundamental policy issue. If settled in advance, the legal framework can be plotted more easily.

83. In its strict traditional sense, liquidation refers to immediate or early cessation of a business, the sale of the business or its productive units or the piecemeal sale of its assets. In contrast, a strict view of rehabilitation refers to the restructuring of a corporation that can be restored to productivity and become competitive. But this traditional division is somewhat artificial and creates unnecessary polarization. It does not accommodate cases not easily situated at these poles-the many in-between cases where, although the corporation may or may not survive, there is still a great deal to achieve from maximizing the value of its assets. The insolvency law must provide more than a choice between a strict traditional liquidation and the harder to attain rehabilitation. Thus the concept of rehabilitation needs to accommodate a variety of arrangements. These need not be specifically detailed. It should be sufficient for the rescue regime to permit a result that would achieve more than if the corporation was liquidated. Indeed, in some cases, the rehabilitation may contemplate an eventual liquidation or sale of the business.

84. *Where circumstances justify it, the system should allow for easy conversion of proceedings from one procedure to another.* Some countries adopt a unitary approach (e.g., France, Germany) that establishes an interim period for review of the business prospects before deciding on whether to liquidate or rehabilitate the business. In countries that do not adopt the unitary approach, it is particularly important that the court and participants have the ability to request a conversion of the proceeding where, in retrospect or based on a change in the financial circumstances of the enterprise, it becomes apparent that rehabilitation can or cannot be achieved. As discussed under the provisions on rehabilitation below, conversion to liquidation might be appropriate even after a restructuring plan has been approved, if approval for the plan has been procured by fraud or the enterprise is unable to perform its restructured obligations under the plan. Typically, proponents of conversion will be those with a financial stake in the outcome of the proceeding (e.g., creditors, management, etc.).

85. ***Principle 9: Commencement: applicability and accessibility.*** *The insolvency process should apply to all enterprises or corporate entities except financial institutions and insurance companies, which should be dealt with through a separate law or through special provisions in the insolvency law. State-owned corporations should be subject to the same insolvency law as private corporations.* The law should clearly identify the entities to which it applies-a threshold policy decision that can have enormous economic implications

because entities left outside the process will not be entitled to the benefits or exposed to the discipline of the system. With a few exceptions for special industries, this principle embraces an all-inclusive approach to eligibility for all forms of enterprises and corporations, both private and state-owned. Public interest concerns relating to certain closely regulated industries or arising by virtue of the government's relationships with other enterprises may place these in a different category. For example, the insolvency of banks and insurance companies should be governed by special insolvency legislation or be subject to special rules of the insolvency law. Few if any jurisdictions would permit a bank (private or state-owned) to be subject to a basic corporate insolvency law without some regulatory involvement.[13] The extent to which foreign debtors are subject to the law is a question of increasing importance and should be considered.[14]

86. This principle also supports the view that state enterprises that compete in a market economy should be subject to the same regulatory, commercial and economic processes as private corporations-including the insolvency law. In cases where the treatment of state enterprises is part of a change in macroeconomic policy, independent legislation on state enterprises may be warranted. (Examples include massive privatization programs, as in transition economies.) But outside this context, there is no compelling reason for state enterprises to be exempt from the regular insolvency system or to be guided by separate rules. The disciplinary effects of the insolvency system provide a means for regulating state enterprises with weak corporate governance structures. Viable state enterprises should be placed under independent supervision acceptable to creditors, to avoid the conflicts often inherent in state enterprise insolvency, where the state acts in multiple capacities (e.g., shareholder, management, and judicial arbiter).

87. *Access criteria. Debtors should have easy access to the insolvency system upon showing proof of basic criteria (insolvency or financial difficulty). A declaration to that effect may be provided by the debtor through its board of directors or management. Creditor access should be conditioned on showing proof of insolvency by presumption where there is clear evidence that the debtor failed to pay a matured debt (perhaps of a minimum amount).* Like the eligibility criteria, the access criteria are instrumental in delineating which entities are brought into the insolvency process. These criteria should be designed to cover as many enterprises as possible. The law should encourage a financially distressed or insolvent corporation to voluntarily submit to the process. Although the power to initiate the rescue process may be given to creditors as well, the debtor typically initiates the process. If the law adopts a modified unitary design, attention should be given to the possibility of access by a debtor through conversion from the liquidation to the rescue process. This is particularly relevant when a creditor has initiated liquidation.

88. Access to the law should be convenient, inexpensive and quick. Overly restrictive access can deter debtors, smothering the commercial need. Delay can result in insolvent corporations that should clearly be liquidated, otherwise being left uncontrolled with a likely dissipation or waste of assets. Delay can also cause insolvent but viable businesses to wither on the vine. Accordingly, careful consideration must be given to how the law frames the criteria required to satisfy the test for insolvency when an enterprise voluntarily submits to the process and where an involuntary petition is brought by creditors.

89. Creditor rights are a fundamental concern of bankruptcy law, and an insol-

13. Annex I discusses in more detail a number of issues relevant to insolvency and restructuring of banks.

14. See the discussion of international considerations accompanying principle 24.

vency system should enable creditors to petition for commencement of proceedings. Still, there is potential for creditors to abuse the process when their complaint is little more than a two-party dispute. The collective nature of the insolvency process requires that determinations be made on the appropriate triggers in order to balance incentives to negotiate workouts while avoiding abuses. While bankruptcy should be available to small and large creditors alike, it may be useful to establish clear guidelines for sorting out cases where the filing of a petition is the result of a single creditor action, not an instance of real insolvency.

90. **Test for insolvency**. *The preferred test for insolvency should be the debtor's inability to pay debts as they come due-known as the liquidity test. A balance sheet test may be used as an alternative secondary test, but should not replace the liquidity test. The filing of an application to commence a proceeding should automatically prohibit the debtor's transfer, sale or disposition of assets or parts of the business without court approval, except to the extent necessary to operate the business.* The two common tests for insolvency are the balance sheet test and the liquidity test. Under the balance sheet test an enterprise is insolvent if its liabilities exceed the fair market value of its assets. Liquidity is based on cash-flow criteria and relates to a debtor's inability to service its debts as they come due. The balance sheet approach can be an inaccurate measure of insolvency because domestic accounting standards and valuation techniques may give rise to distorted values that do not reflect fair market values. If domestic practices and rules do not follow international accounting principles and are not applied uniformly by qualified valuation experts, the balance sheet test as the sole measure of insolvency may invite arbitrariness, uncertainty and even corruption. The balance sheet approach is also likely to be more costly and difficult because it generally requires an expert evaluator to review books, records and financial data to determine the enterprise's fair market value.[15]

91. The better standard for commencing proceedings is the liquidity test or a variant thereof. As noted, under this standard a debtor is considered insolvent if it has ceased making payments or cannot pay its debts as they come due. When debts come due is determined by the contract governing the relationship. When deciding on the trigger for commencing proceedings, consideration should be given to potential abuses by debtors or creditors. Where a debtor is using bankruptcy as a shield against a single creditor, creditors should be able to seek a dismissal of the proceeding or a conversion to another proceeding-whether liquidation or rehabilitation-when it is in their best interests. The system should also be protected from creditors intent on using bankruptcy to force viable businesses out of the market-that is, using the bankruptcy system as an extortion mechanism.

92. For creditors, the standard of insolvency needs procedural refinement to establish a threshold of evidence or proof. A reasonably convenient and objective test is a debtor's failure to pay a debt within a specified period after a written demand for payment has been made. In a voluntary case one might consider a lesser standard that might also apply-that of financial difficulty. This might be best described as a state of financial affairs that, if not dealt with, will almost certainly result in insolvency. This lesser standard is most necessary in the voluntary case, particularly if a corporation genuinely seeks a possible rescue. Presump-

15. Fair market value is generally considered to be the reasonable value that can be obtained in a sale between a buyer and a seller where neither party is under an obligation to buy or sell. In the absence of a real sale, value is always somewhat speculative, because values are based on assumptions made about the conditions for the sale of the assets in question, and the parties must rely on other techniques for approximating market value. These values may be complicated where local accounting practices do not accord with international accounting standards.

tions of insolvency are useful in cases where the enterprise has failed to perform obligations, and shifts the difficult burden of proving solvency on the enterprise in a contested proceeding. In countries where the application of the law is less predictable, presumptions may be inadequate and may need to be replaced with objective tests that do not allow for the debtor to abuse the rebuttal process.

93. A final point is worth noting. Insolvency laws are designed to deal with business failures in a normal economic environment. The rules of the game may change in systemic financial crises, where asset and enterprise values become artificially deflated or harder to predict. Commencement criteria should not be altered to achieve desired results for market aberrations. Rather, where crises require special treatment, interim solutions should be cautiously tailored to the market in question, to maintain commercial predictability and encourage market activity.

94. ***Principle 10. Commencement: moratoriums and suspension of proceedings.*** *The commencement of bankruptcy should prohibit the unauthorized disposition of the debtor's assets and suspend actions by creditors to enforce their rights or remedies against the debtor or the debtor's assets. The injunctive relief (stay) should be as wide and all embracing as possible, extending to an interest in property used, occupied or in the possession of the debtor.* For reasons of principle, policy and pragmatism there must be some restraint on the debtor and creditors if a fair and orderly administration is to result and if fundamental objectives and policies of the insolvency law are to be upheld. Accordingly, the commencement of proceedings should have two main effects. First, it should impose a moratorium on the disposition of the debtor's assets (including repayment of debts that arose before the filing of the petition) except as authorized by the court. Second, it should enjoin actions by creditors to enforce claims against the enterprise's assets through collection efforts, adjudication, execution or otherwise. Both effects inhibit the disposition or removal of assets in a way that would undermine the ability to maximize asset values, and both promote equitable distribution among creditors[16] and encourage the rehabilitation of viable businesses.

95. There is nearly uniform agreement on the need to prevent improper disposition of assets by the debtor to avoid instances where the debtor or its management seek to engage in wrongful or fraudulent transfers of assets to the detriment of creditors. All systems generally impose a moratorium on repayment of debts, though there may be exceptions for setoff rights, netting of financial contracts and other important interests.[17] Similarly, most systems take a common approach to preventing similarly situated creditors from gaining an unfair advantage over other creditors in the enforcement of claims. Imposing a stay on creditors, however, raises one of the more difficult policy choices in designing an insolvency law. Legislators must balance policies that encourage greater certainty and predictability in commercial relationships (especially collateral enforcement rights) with those that encourage a process to maximize asset values, ensure equitable distribution and promote rescue of viable enterprises. In this context the treatment of secured creditors must be carefully considered.[18] Compelling state interests or rights may be exempted from the stay, but these

16. As discussed above, the pari passu principle holds that similarly situated creditors should receive equal treatment with respect to their claims, meaning a proportionate recovery from the proceeds of sale. The imposition of a moratorium on payment to any one creditor and the prohibition on creditors from grabbing assets to satisfy their claims is designed to give effect to that principle.

17. For a more detailed discussion of issues pertaining to setoff and contract cancellation, see principle 14.

18. For a more detailed discussion of issues pertaining to treatment of secured creditors, see principle 16.

should be clearly articulated and as limited in number as possible.

96. *To maximize the value of asset recoveries, a stay on enforcement actions by secured creditors should be imposed for a limited period in a liquidation proceeding to enable higher recovery of assets by sale of the entire business or its productive units, and in a rehabilitation proceeding where the collateral is needed for the rehabilitation.* In a liquidation proceeding, core assets of the business may be pledged or secured. Allowing secured creditors to seize these assets at the outset would defeat any prospect for a sale of the entire business or of productive units of the business, with the result that the remaining assets would have lower value. The higher risk of loss would be borne by the general creditors. At the beginning of a proceeding, it is sometimes difficult to know whether the business can be sold as a going concern, or is sufficiently viable to warrant a conversion of the case to a rehabilitation proceeding. For these reasons, the stay should extend to secured creditors, at least for a short specified duration sufficient for reasonable assessment of business prospects and to allow a fair opportunity to sale the business (in whole or part) for a higher price. Because the stay erodes the superior rights of secured creditors it should be limited to promote confidence in asset based lending and to establish a degree of predictability in the process.

97. The stay on secured creditors is even more important in the context of a rehabilitation proceeding, where typically rehabilitation would be impossible in most cases unless secured creditors were bound by the process. As discussed elsewhere, if secured creditors are enjoined from enforcing their collateral rights, there should be counterbalancing provisions that safeguard the rights these creditors by expressly limiting the duration of the stay, requiring protection of a creditor's interest in the collateral during the injunctive period and allowing affected creditors to seek to have the injunction dissolved where the collateral interests are not sufficiently protected or where the collateral is not necessary to a sale of the entire business or a productive unit of the business. Clearly, in cases where particular collateral is not essential to a rehabilitation or the sale of the business in whole or part, the rationale for enjoining collateral creditors fails.

98. Another facet of this issue relates to timing-when the moratorium on creditor actions should commence. In many jurisdictions, when a petition is filed, there may be a gap between the petition and the declaration of bankruptcy. This gap is inevitable because an involuntary commencement raises a number of potential disputes over the debtor's condition, status of payments, qualification of claims, status of creditors and so on. These facts and related legal issues must be resolved, though in some cases they are susceptible to summary dispositions. Nevertheless, in cases of a genuine petition there is a risk that the debtor's business will be altered or further deteriorate during the gap. Thus protective measures are often needed even during this period even though no declaration of bankruptcy has been made. The presumption of bankruptcy might be sufficient to impose a suspension of proceedings during the gap and to restrict the kinds of activities in which the debtor may engage. Without these measures, creditors are not prevented from exercising enforcement rights through execution procedures, which could lead junior creditors to elevate their claims over those of senior creditors, including secured creditors, during the gap. While an automatic stay may be enforced retroactively, in some cases the damage may be irreparable where seizure of key assets prevents the business or productive units of the business from being sold.

99. ***Principle 11: Governance: management.*** *In liquidation proceedings, management should be replaced by a qualified court-appointed official (administrator) with broad authority to administer the*

estate in the interest of creditors. Control of the estate should be surrendered immediately to the administrator except where management has been authorized to retain control over the company, in which case the law should impose the same duties on management as on the administrator. In creditor-initiated filings, where circumstances warrant, an interim administrator with reduced duties should be appointed to monitor the business to ensure that creditor interests are protected. The clearest case for replacing management exists in the context of a liquidation proceeding, which is a terminal proceeding. The ultimate objective of such proceedings is to maximize estate value and pay creditors as much as possible while shifting assets to more efficient market participants. Where the enterprise's assets are to be owned and operated by someone else, the only reason for management to remain in place is to facilitate the sale of assets and the business. The prevailing rule in all known jurisdictions is to replace management with an independent officer upon commencement or declaration of a liquidation proceeding. This does not mean that all management should be replaced where an enterprise continues to operate. Incumbent honest management can enhance value by continuing to serve or advise pending the liquidation or sale of the business or assets.

100. *There are two preferred approaches in a rehabilitation proceeding: exclusive control of the proceeding by an independent administrator or supervision of management by an impartial and independent administrator or supervisor. Under the second option complete power should be shifted to the administrator if management proves incompetent or negligent or has engaged in fraud or other misbehavior. Similarly, independent administrators or supervisors should be held to the same standard of accountability to creditors and the court and should be subject to removal for incompetence, negligence, fraud or other wrongful conduct.* This decision is more complicated in a rehabilitation proceeding, where salvaging the business is the ultimate goal. In such cases, insolvency laws invest governance responsibilities in incumbent managers who retain control, or in an independent administrator who exercises all of the rights and duties of management, or combine the two approaches, retaining existing management but appointing an independent person to supervise and, if necessary, replace management. Displacing management from the outset, except in circumstances that warrant it, can cause damage and result in repercussions detrimental to the operation of the business at a critical juncture in its survival.

101. In a genuine rehabilitation effort, replacing or sharply curtailing the powers of management could create a disincentive for incumbent management to seek rehabilitation when necessary, which would be counter-productive to policies supporting director and officer liability for wrongful trading (see principle 7). On the other hand, creditors may have little or no confidence in management, and allowing management to continue in its capacity without appropriate checks and balances on its powers may make creditors less cooperative, which is vital to developing a rehabilitation plan that creditors will support. While some systems adopt this approach, it works best where management has express duties to the creditors who exercise active supervision over the process (such as, in the United States). Weaknesses in governance rules and institutional capacity suggest that the more practical approach in developing countries is to appoint and independent supervisor to work as a liaison between management and creditors, appointing an independent administrator where management is clearly unfit or has engaged in improper conduct. As indicated in the principle, however, independent administrators and supervisors are themselves held accountable to the same standards as management; they should be subject to removal for malfeasance or incompetence.

102. ***Principle 12: Governance: creditors and the creditors committee.*** *Creditor interests should be safeguarded by establishing a creditors' committee that enables creditors to actively participate in the insolvency process and that allows the committee to monitor the process to ensure fairness and integrity. The committee should be consulted on non-routine matters in the case and have the ability to be heard on key decisions in the proceedings (such as matters involving dispositions of assets outside the normal course of business). The committee should serve as a conduit for processing and distributing relevant information to other creditors and for organizing creditors to decide on critical issues. The law should provide for such things as a general creditors assembly for major decisions, to appoint the creditors committee and to determine the committee's membership, quorum and voting rules, powers and the conduct of meetings. In rehabilitation proceedings, the creditors should be entitled to select an independent administrator or supervisor of their choice, provided the person meets the qualifications for serving in this capacity in the specific case.* As a general proposition, creditor interests should be safeguarded by the appointment of an administrator or liquidator who serves as an officer of the court. A creditors committee provides "double protection" for creditors, giving them the ability to participate in and monitor the proceedings.

103. Creditors have varying degrees of involvement in the decision making process of the proceedings. In some systems, such as the English model, the administrator or insolvency practitioner makes all key decisions on uncontested general matters of administration and liquidation, with the creditors playing a marginal role and having little influence. Proponents of this approach argue that the process is better handled by experienced insolvency practitioners or administrators because it avoids endless notices to creditors and approvals of creditors. The English approach is reinforced by a strong emphasis on regulation of the system and the participants.

104. An alternative approach gives creditors a stronger role in the proceedings, in some cases allowing them to select and replace the administrator in much the same way as shareholders elect directors. In these systems a creditors committee serves a vital function in the proceedings, as the primary check on the activities of the enterprise, the administrator or the liquidator. The committee serves as a voice for all unsecured creditors and should be representative. Given that the real stakeholders in the estate are the creditors, they should be afforded an opportunity to be heard on matters that affect the disposition of the case or issues that affect their rights. Where to draw the line on whether creditors have a genuine interest or financial stake in the outcome can be difficult. It makes no sense to allow creditors to be involved in the resolution of matters that have no significant effect on their recoveries. On the other hand, such interests can be affected indirectly, such as where the foreclosure of key assets of the estate by a creditor will substantially diminish the value of all other assets that are unencumbered and from which unsecured creditors expect to be paid.

105. As a general rule unsecured creditors committees should consist only of unsecured creditors. In some cases a committee of secured creditors might be justified. Some systems provide for secured and unsecured creditors to serve on the committee or to take part in decision making. Often, secured creditors have little in common with unsecured creditors, and their ability to participate in and alter the outcome of decisions by the committee may be inappropriate and not in the best interest of other creditors. By nature, the interests of secured creditors conflict with those of unsecured creditors. Secured creditors almost always favor a quick sale of their collateral, while distributions to unsecured creditors are predicated on the amount realized for the sale of assets or the business. In general,

care should be taken to avoid potential conflicts of interest on the committee.

106. An approach that falls somewhere between these two relates to the provisional appointment of a creditor representative (such as an interventor in some civil law systems) pending the final appointment by the creditors meeting. Under prior Mexican law, for example, the interventor served as a representative of the creditors, fulfilling a role analogous to that of the Creditors Committee in the United States or to inspectors under Canadian practice. Interventors could bring action against the debtor, request court hearings and call extraordinary meetings of creditors. They were reimbursed from the estate. Because there is generally a gap under many systems between the date of filing bankruptcy and the date of appointing a final administrator or estate representative, it is essential that the rights and interests of creditors are protected during this interim period when vital decisions may be made.

107. In general, a committee can serve a useful function as a sounding board and in monitoring activities of the administrator, in processing and distributing information to its constituents and in organizing creditors for decisions on critical issues. Typically, before the enterprise will agree to disclose confidential information, it will require the creditors' committee to sign a confidentiality agreement, agreeing not to disclose the information to competitors or others without prior approval. Efficiency should be tempered with accountability and transparency, and greater transparency and creditor participation are generally required when regulations or institutions are weak. Consistent with the committee's role in monitoring the proceedings and representing the voice of creditors (at least unsecured creditors), the committee must have access to impartial advice to ensure that the rights of creditors are being protected. For this reason the law should allow creditors to retain an independent professional who will be compensated from the estate or from the proceeds distributed to the creditors represented by the committee.

108. *Transparency and approval rights*. It is important to distinguish between issues of transparency and management. Transparency is designed to protect creditors by giving them notice of issues that affect their interests and affording them an opportunity to be heard. Notice does not afford the right to approve or make management decisions, as discussed above. Creditors and a creditors committee can serve as an effective check and balance on the activities of an administrator or liquidator. To effectively monitor proceedings, creditors should be given an opportunity to obtain relevant, accurate and current information on the debtor's enterprise, trading activities and financial affairs. This requires that proceedings and the administrator's activities be open and transparent, and that administrators be held accountable for their conduct. While notice to the entire creditor body may not be required, notice should be obligatory for the committee, major creditors (including secured creditors) and fiscal creditors. Significant events might be published in an appropriate public journal to provide additional notice to creditors at large.

109. Finally, on significant sales, the court should take into account the views of creditors, the creditors committee or both. They should be consulted by the administrator or the judge and should be given an opportunity to oppose major actions that will affect their interests. Having an ability to veto actions outright is less significant where secured creditors have already been given the right to take their collateral. One need also consider an appropriate check on irrational creditors with unrealistic expectations. In general, creditors tend to act rationally if they have full access to information to make decisions and have a financial stake involved.

110. Rules and procedures are required to deal with such things as the calling of

meetings of creditors, the eligibility of persons to attend and participate in meetings (including voting rights and establishing a quorum) and the chairing and general conduct of meetings. The committee itself should operate according to by-laws or another governing document, adopted by the committee to normalize and define the parameters of its operations and deliberations.

111. ***Principle 13: Administration: collection, preservation, disposition of property.*** *The law should provide for the collection, preservation and disposition of all property belonging to the debtor, including property obtained after the commencement of the case.* Fundamental to the insolvency process is the need to identify, collect, preserve and dispose of property belonging to the debtor. Property includes all types of property, such as immovable and movable, tangible and intangible, including premises, fixtures, stock, inventories and goods, works in progress, bank accounts and accounts receivables, books and records, securities and financial instruments, contract rights, intellectual property and other kinds of property interests. Some jurisdictions exclude from the administration certain types of property or property subject to certain interests. Others require all property to be subject to the proceedings in the first instance, subject to the proof of harm or prejudice.

112. Complex issues are sometimes raised in determining whether an asset is owned by the enterprise or owned by another party but in the debtor's possession subject to use, lease or licensing arrangements. The ability to continue to use property that is subject to a contractual right should be expressly stated in the law. Likewise, the law should address whether property that has been pledged as security to a creditor is subject to the administration. Most systems provide for this result, while others may provide that such creditors are unaffected by the bankruptcy and may proceed to enforce their legal and contractual rights.[19] Typically, third parties asserting an ownership interest in the debtor's property must establish to the court's satisfaction that their rights and interests are superior to those of the debtor and should be enforced notwithstanding equity or reorganization policies. Finally, in keeping with the goal of maximizing the estate for the benefit of creditors, the administrator should be entitled to abandon assets with negative or insignificant value, providing the abandonment does not violate compelling public policies.

113. *Immediate steps should be taken or allowed to preserve and protect the debtor's assets and business.* As an operating business, the debtor's property may be located in various places. Debtors facing bankruptcy may be inclined to strip assets or remove books and records in an effort to conceal inappropriate transactions. Books and records are essential to understanding the business, identifying assets and establishing ownership, and identifying and characterizing contractual relationships with creditors. Even where assets are fixed, if the business continues to operate, there may be a need for an administrator to act quickly to take control of the business to ensure that unpaid creditors and employees do not cease to deal normally with the company, to continue to work, or to protect its property. Collecting the debtor's property also may require affirmative action to recover property that was improperly transferred or transferred at the time of insolvency. The justification for recovering property transferred is to protect creditors or uphold the pari passu principle of equal treatment among creditors. Most insolvency laws or legal systems provide a means of setting aside and recovering the value of antecedent transactions that result in preferential treatment to some creditors or that were fraudulent in nature or made in an effort to

19. See the discussion on treatment of secured creditors under principle 16.

defeat the rights of creditors. The applicable avoidance period varies by jurisdiction. The process of recovering assets fraudulent and preferential pre-bankruptcy transfers is discussed in principle 15 below.

114. *The law should provide a flexible and transparent system for disposing of assets efficiently and at maximum values.* There are many ways in which assets may be sold. The law should provide a flexible and transparent system for disposing of assets in whatever fashion will realize the greatest value. In some cases the sale will include the entire business as a going concern, operating or productive units of the business, and sales on a piecemeal basis. Sales can occur through public auctions or private sales. In a public auction, rules and procedures should be transparent and fair. Generally the sale is preceded by public notice or advertisement. The offer selected is generally the one providing the highest and best value for the asset in question, provided the offer is genuine and the buyer is ready, willing and able to consummate the sale. Public sales are desirable when significant assets are involved. In contrast, private sales are generally negotiated between the administrator and one or more potential buyers. Because privates transactions are potentially more vulnerable to abuse, careful consideration should be given to ensure proper notice to the creditors and that the sale terms are fair. Generally all sales will be subject to court approval, but they should also be subject to notice to and review by the creditors committee and other interested parties.

115. *Where necessary, the law should allow for sales free and clear of security interests, charges or other encumbrances, subject to preserving the priority of interests in the proceeds from the assets disposed.* Often, certain assets of an enterprise will be subject to a security interest, pledge, mortgage or other collateral interest in favor of one or more creditors. If the assets or the business can be sold as a going concern or productive unit at higher prices, the law should allow this to occur while respecting the priorities of secured creditors. After deducting the sales costs, proceeds from the sale of pledged assets should be distributed promptly to secured creditors to the extent of their claims. Allowing the administrator to continue operating the business with the net sales proceeds of collateral creates a perverse incentive to administer the assets inefficiently and distorts expectations of rights among secured and unsecured creditors.

116. ***Principle 14: Administration: treatment of contractual obligations.*** *The law should allow for interference with contractual obligations that are not fully performed to the extent necessary to achieve the objectives of the insolvency process, whether to enforce, cancel or assign contracts, except where there is a compelling commercial, public or social interest in upholding the contractual rights of the counterparty to the contract (as with swap agreements).* Counterparties to a contract[20] are mainly interested in getting the benefit of their bargains by having contracts enforced according to their terms. This attitude may change for the debtor upon the declaration of bankruptcy, where the objectives of the proceeding may prevail. In a liquidation, there is less motivation to preserve contracts, except to the extent they may add value and promote the sale of the business. The dynamic is different, however, in a rehabilitation proceeding, where the ultimate objective is to enable the enterprise to survive and continue its affairs to the extent possible in an uninterrupted manner. In such cases, the interest typically is to avoid burdensome obligations (those that have negative economic value or that do not promote the rehabilitation) while taking advantage of those contracts that are beneficial and contribute value. The former

20. For ease of reference, the discussion of contracts includes treatment of unexpired leases. Where the discussion relates specifically to a lease, that term is used.

would be disclaimed and the latter adopted; both options raise very unique issues and policies choices that must be balanced against other policies (such as those that support certainty in commercial dealings and that promote rescue of enterprises and preservation of jobs). Principle 14 adopts the baseline case recognized in most jurisdictions, including Europe, of allowing adoption and rejection of contracts, and to allow interference or an override of contractual obligations to the extent needed to promote other policy objectives of the system in question. For example, rehabilitation may depend on the ability to enforce contracts (including labor contracts), notwithstanding a right of cancellation in the event of insolvency, or cancellation to enable the enterprise to downsize its workforce to a reasonable level or to avoid burdensome contracts. The principle encourages policy makers to take account of other policies that may provide a compelling case for altering the commercial expectations and bargains of the parties.

117. Most insolvency laws allow the administrator to elect to continue or disclaim contracts based on a cost-benefit analysis of what is in the best interest of the creditors. All contracts constitute a set of benefits and burdens to the enterprise. Where costs exceed anticipated benefits, rejecting a contract allows the administrator to carry out his duties to maximize recoveries by minimizing losses, and fix claims that can be measured and equitably treated in the bankruptcy as of the commencement of proceedings. When the contract is disclaimed or rejected, the counterparty is entitled to assert a damage claim for breach of contract, which is given the status of an unsecured claim that arose or existed prior to the commencement of the proceedings. Even in a rehabilitation proceeding, where the intended outcome is to continue the business, rehabilitation prospects are often enhanced if the administrator is allowed to reject burdensome contracts where the cost of performance is higher than the benefits to be received or, in the case of an unexpired lease, the contract rate exceeds market rate. As in a liquidation proceeding, counterparties of rejected contracts are entitled to assert a general unsecured claim for damages, but may have an administrative claim for unperformed obligations during the proceedings.

118. Where the benefits of a contract exceed ongoing costs, adopting the contracts enables the administrator to realize greater value in the liquidation of the estate or to enhance the prospects for rehabilitation.. Adopted contracts are treated as ongoing obligations of the enterprise that must be performed. Some laws require, as a condition of adoption or acceptance, that the administrator cure any defaults under the contract and provide assurance of future performance. If the adopted contract is subsequently breached, the counterparty may then assert an administrative claim (as opposed to an unsecured claim) for damages or for amounts outstanding under the contract.

119. Many contracts contain clauses entitling one party to cancel if the other becomes insolvent. These are often called ipso facto clauses because the contract states expressly that it is cancelled as a consequence of bankruptcy. Some insolvency laws override these clauses to prevent cancellation of the contract, with the result that a party who cancels may be liable for damages to the insolvent. There are arguments for and against this override. Those supporting the practice of prohibiting cancellation include the need to keep the business together to maximize the sale value or to enhance its earnings potential, the need to reduce the bargaining power of an essential supplier and the desirability of locking-in all parties in the final disposition of the business. These arguments are more persuasive in the context of a rehabilitation proceeding. Arguments against a stay on counterparty rights to cancel contracts include:

• The insolvent can "cherry pick"-that is, claim selective performance of contracts profitable to the insolvent, but cancel others. It is unreasonable for a defaulter to have an advantage denied to the innocent counterparty.

• The stay prevents netting,[21] and it is difficult to isolate contracts that should be eligible for netting from those that are not.

• The insolvent estate is generally unable to perform, so there is no point in waiting.

• It is inappropriate to compel a transfer of contracts to a different unknown transferee.

• The occasional abuse should not influence a much larger policy.

120. On the whole, the approach internationally to a freeze on contract cancellations has been relatively cautious aside from the special case of real property leases. A few countries have implemented the freeze (Canada, France, United States), but it has not been a general feature of rescue statutes. In some countries there are a variety of exceptions to the freeze. The issue is exacerbated by the fact that modern life is honeycombed with the contract-not merely the ordinary contract of sale, but also leases and charters, title finance, contracts for the sale of securities or foreign exchange, transportation, construction, obligations to lend money or to subscribe for securities and licenses of intellectual property. The insolvent could be on either end of the contract-buyer or seller, lessor or lessee, constructor or employer, licensor or licensee. There is an inherent tension for policy makers in promoting the debtor's survival, which requires the preservation of contracts, and interjecting unpredictability and extra costs into commercial dealings by creating a variety of exceptions to the general rule.

121. *Setoff and netting*. Insolvency setoff takes many approaches. In many common law countries setoff is permitted between solvent parties, but becomes compulsory on insolvency. The approach favors payment to creditors who want to be paid without deduction to maintain cash flow and to support the practice of "pay now, litigate later". When a counterparty becomes insolvent, the same policy favors payment to creditors, who are paid by the defaulter even though they are unsecured. By contrast, in other jurisdictions, setoff is "permitted" between solvent parties but "prohibited" on insolvency (augmenting the debtor's estate and favoring debtors). Setoff avoids circuity of payment and achieves judicial economy by avoiding multiple proceedings. But the main effect of setoff is that a creditor with a setoff is effectively secured in that the debtor's cross-claim can be paid or discharged by setting it off against the creditor's claim. Setoff is not significant until insolvency because if a counterparty could always pay, there would be no need for it. So, like security, the efficacy or otherwise of the remedy is measured on insolvency.

122. There are a number of arguments against allowing setoff. Insolvency setoff is a violation of the pari passu principle because a creditor with a setoff gets paid in full. Setoff is like an unpublicized security interest causing assets to disappear on bankruptcy. (Unlike the registration requirements for collateral, it is clearly not practicable to require parties who have reciprocal claims to publish that fact.). Setoff depletes an insolvent debtor's assets and inhibits a rescue. A rescue cannot succeed if the debtor loses access to its bank accounts or the cash in its bank accounts. Conversely, there are many equally compelling arguments favoring setoff. It is unjust that the defaulter should insist on payment but not pay himself. Setoff helps creditors escape the debacle and so mitigates the knock-on or cascade effect of bankruptcy. Setoff is fundamental in wholesale markets and for payments systems to mitigate systemic risk. Setoff reduces exposures and hence the cost of credit. Setoff avoids circuity and hence reduces transaction costs. Setoff prevents

21. Netting is discussed below under setoff and netting.

the debtor from being bankrupted on a debt he does not owe if the overall position is taken into account; if he has this relief, he should not be in a better position than the creditor.

123. Netting is different from setoff because in one form it can consist of the setoff of non-money fungibles (such as securities or commodities deliverable on the same day, known as settlement netting) and because in its more important form it generally involves a cancellation by a counterparty of open contracts with the insolvent, followed by a setoff of losses and gains either way (closeout netting). So closeout netting is not just setoff: hence the importance of the question of whether contractors can cancel under an ipso facto clause.

124. The international position on setoff and netting is almost beyond the ability of experts to master, let alone market participants who have to use the law. Jurisdictions that did not traditionally accept insolvency setoff (which are in a minority), except for certain transaction and current account setoffs, still mainly adhere to that position. But a few have widened their transaction setoffs, and some have introduced netting statutes, though applying only to contracts within the statute (Belgium, France, Luxembourg). Among states that traditionally allowed insolvency setoff-notably those in the common law and Germanic groups, as well as Dutch and Scandinavian jurisdictions and Italy-a small minority (such as Canada) have imposed a stay in the case of rescue proceedings, though usually subject to a carve-out for financial contracts. Some recent insolvency laws do not appear to deal with the matter (as in Russia). If there is a rescue stay, then presumably markets cannot take the risk since setoff and netting require high predictability and there could just as well be a rescue proceeding as a liquidation. If there is a carve-out, then the counterparty has to check that the detail of the carve-out applies to his contract, which is often complicated.

125. *Carve-outs for financial/derivative contracts.*[22] Setoff and netting raise another issue that is rapidly becoming a more generalized feature of insolvency laws-the carve-out. A carve-out is an exemption from the usual bankruptcy regime in favor of a particular class of creditor or class of transactions. For example, about 20 jurisdictions, most of them major, have carve-outs in favor of netting prescribed financial contracts. Many developed jurisdictions have special carve-outs for security interests, repos and securitizations. The recent EC Finality Directive is another illustration. Carve-outs generally establish a better and more efficient regime. Many are essential for the safety of markets. Still, there is a wider policy involved. The carve-outs often seem quite restricted. These exemptions accumulate internationally into a web of extraordinary complexity. Not only are the carve-outs themselves often very detailed, but they can quickly get out of date. This situation can create undesirable extra risks (because the ordinary businessman cannot always be expected to comprehend two-tier systems facing both ways at once), leading to high transaction costs. The paramount importance and use of certain derivative contracts in risk hedging international transactions today demands the highest level of certainty for the international community. This is best achieved by including carve-

22. Derivatives are contracts whose market value is "derived" from the value of other securities or variables. The most common form of these are currency exchange and interest rate swap agreements, designed to limit repayment risk that is tied to a floating interest rate or to a particular currency. The former International Swap Dealer's Association , now known as the International Swap and Derivatives Association (ISDA), had developed master agreements governing interest rate and currency swaps. ISDA has been collecting legal opinions on the enforceability of these contracts in a wide-number of jurisdictions, but the total number of jurisdictions is relatively low and considerable uncertainty exists under the laws of most countries. For a more detailed discussion on the treatment of setoff in the context of bank insolvency and restructuring, see the discussion of these issues in Annex I.

outs for these types of contracts, even though the general commercial law of a particular jurisdiction may permit post-commencement setoff.

126. ***Principle 15: Administration: fraudulent or preferential transactions.*** *The law should provide for the avoidance or cancellation of pre-bankruptcy fraudulent and preferential transactions completed when the enterprise was insolvent or that resulted in its insolvency. The suspect period prior to bankruptcy, during which payments are presumed to be preferential and may be set aside, should normally be short to avoid disrupting normal commercial and credit relations. The suspect period may be longer in the case of gifts or where the person receiving the transfer is closely related to the debtor or its owners.* The transfers covered by this principle fall into two categories: fraudulent and preferential. Fraudulent transfers are those made by the debtor's management with an intent to defraud creditors, while preferences are typically payments made in the usual course of affairs but which violate the *pari passu* principle by preferring some creditors over others who go unpaid during the period of insolvency leading up to the filing. The suspect period for fraudulent transfers (1-6 years) is generally much longer than that for preferences (3-6 months). The suspect period for preferences should be kept reasonably short, as the effects of setting aside preferential transfers are potentially disruptive of normal commercial activities.

127. All developed insolvency laws provide for the recapture of assets transferred by the debtor in the suspect period prior to the commencement of formal insolvency proceedings. The fundamental requirements qualifying a transaction as preferential are that it prejudices other creditors of the debtor (who receive a lower dividend in the bankruptcy by virtue of the payment made to other creditors), occurs while the debtor is insolvent or renders the debtor insolvent and occurs in a suspect period prior to the formal opening of insolvency proceedings. The first item is always required. The other two are usually required, though there are exceptions (as in the case of deliberate concealment). Justifications for this outcome include:

• *Fraud.* To prevent the debtor from fraudulently concealing or transferring his assets beyond the reach of his creditors when he knows that his insolvency is looming. This is the true fraudulent transfer and often carries an element of dishonesty.

• *Equality.* If the debtor is insolvent, he should treat his creditors equally even though formal insolvency proceedings have not begun. Other creditors should not be prejudiced by a preferential payment or transfer to one of them, thereby diminishing the assets of the estate available to creditors generally.

• *Debtor harassment.* To discourage creditors with special leverage or who are especially diligent from harassing the debtor to pay them off or secure them in priority to the others.

128. The conflicting policies favoring a mitigation of preference rules include:

• *Predictability.* The need for predictability and certainty that transactions with a party will be inviolable and be upheld in favor of third parties dealing with the party in good faith and for value. If all transactions could be unwound if they took place in the suspect period regardless of knowledge or guilty participation or lack of value given by the third party, there would be less safety in commercial and financial transactions. The preference rules impose equality at some uncertain date before formal insolvency proceedings have begun and so backdate the guillotine. Insolvency becomes retroactive.

• *Avoidance of insolvency.* The second policy mitigating against an overly broad recapture is the need to occasionally give the debtor an opportunity to trade out of his difficulties. If the debtor and its directors are potentially exposed to penalties or disqualification if they prefer creditors, then the debtor may be pressured into closing up shop prematurely to the likely detriment of his creditors generally. Insolvency proceedings generally have a catastrophic effect on the value of a company's assets and usually destroy its goodwill, even if as a rehabilitation. This contrary policy illustrates the tension that always exists between encouraging debtors to stop before it is too late and allowing them to continue to rescue both themselves and their creditors.

129. While nobody objects to the avoidance of the intentional dissipation of assets, the reach of preference laws to catch the more ordinary transaction has always been unpopular. In most jurisdictions preference rules may be grouped into the following categories:

• *Intentionally prejudicial transfers.* This category is made up of transfers by the debtor intended to prejudice or defeat creditors by removing assets otherwise available to them on insolvency. This is the original Actio Pauliana, stemming from at least the 9th century and reflected in all developed insolvency laws. Its hallmark is a deliberate intention to defraud creditors. Generally there is no suspect period and the transaction is vulnerable whenever it is made.

• *Gifts.* This category calls for the avoidance of gifts by the debtor since these clearly reduce assets available to creditors. This category generally includes transactions at an undervalue where there is an element of gift, such as a sale of the debtor's assets at an undervalue. The rule may be extended to other types of undervalue transactions, such as excessive remuneration to insiders and extortionate credit transactions. There may or may not be a suspect period for gifts.

• *General preferences.* This is a general provision attacking all payments and transfers by the debtor that prejudice creditors by depleting the debtor's assets or improve the position of the preferential creditor by placing him in a better position than he would have been on the insolvency of the debtor in the absence of the transfer. Almost invariably, the general preferences in this class must occur within a specified suspect period prior to the commencement of insolvency proceedings at a time when the debtor was actually insolvent.

130. There also may be specific statutory provisions dealing with involuntary transfers by the debtor, such as creditor executions over the debtor's property and transfer or assignment of claims between creditors to build up setoffs. There may also be provisions controlling transfers of the debtor's business (commonly called bulk sales laws) and provisions restricting the payment of shareholders before creditors, such as the payment of dividends out of capital or various direct and indirect forms of repayment of share capital (such as financial assistance for the purchase of the company's shares). "Financial assistance" rules are considered burdensome in some jurisdictions. Main issues in the law of preferences include:

• The extent of creditor protections or safe harbors for general preferences, notably whether the transaction is saved if the debtor had no intent to prefer or if the creditor did not know of the debtor's insolvency at the time of the transfer.

• The protection of ordinary course of business payments. This is particularly relevant to survival workouts.

• The validity of security for preexisting debt. Common problem areas include top-up margin collateral and ordinary corporate guarantees (no new money).

• The length of the suspect period.

131. ***Principle 16: Claims resolution: treatment of stakeholder rights and priorities***. *The rights and priorities of creditors established prior to insolvency under commercial laws should be upheld in an insolvency case to preserve the legitimate expectations of creditors and encourage greater predictability in commercial rela-*

tionships. Deviations from this general rule should occur only where necessary to promote other compelling policies, such as the policy supporting rehabilitation or to maximize the estate's value. Rules of priority should support incentives for creditors to manage credit efficiently There are many diverse and competing interests in an insolvency proceeding. For the most part, all creditors are creditors by virtue of having entered into a legal or contractual relationship with the debtor prior to the bankruptcy. The rights of these creditors will be governed by a host of different laws. While many creditors may be similarly situated with respect to the kinds of claims they hold based on similar legal or contractual rights, others may have superior claims or hold superior rights. As discussed in section 1, the insolvency law should carefully balance the legal and commercial rights of creditors in a way that preserves legitimate commercial expectations, to foster predictability in commercial relationships. Of course, there are limits to the extent to which this can be done, given the competing goals and other interests underpinning the insolvency process. Some of the more difficult policy options are discussed below.

132. **Treatment of secured creditors**. *The bankruptcy law should recognize the priority of secured creditors in their collateral. Where the rights of secured creditors are impaired to promote a legitimate bankruptcy policy, the interests of these creditors in their collateral should be protected to avoid a loss or deterioration in the economic value of their interest at the commencement of the case. Distributions to secured creditors from the proceeds of their collateral should be made as promptly as possible after realization of proceeds from the sale.* While the debtor is solvent, security is of limited significance because, assuming that the debtor has not removed its assets from the reach of its creditors, they can secure satisfaction by obtaining a judgment and enforcing it against those assets. It is when the debtor goes bankrupt that the creditor has a particular need for recourse to the security. Thus it is of prime importance that bankruptcy law in principle respect the pre-bankruptcy entitlements of secured creditors and give them priority over other creditors as regards rights over the collateral. The justification for such priority is to be found in the concepts of bargain, value and notice.

133. An area of particular difficulty and contention is the extent to which secured creditors should be allowed to assert their priority and enforce their security over the general body of creditors. The contest is between the interest of a creditor who has bargained for security in exchange for value that reflects the reliance on it and the interest of unsecured creditors in the avoidance of precipitate action. The secured creditor merely seeks to take out of the estate that which it put in, while the interest of unsecured creditors is to prevent the devaluation of the business by the removal of those essential to running the business. This concern is particularly relevant in the context of a rehabilitation proceeding, where removal of assets will likely prevent the reorganization to the detriment of all creditors. The problem is less acute in a straight liquidation, where the liquidator's function is to collect and realize the assets and distribute the proceeds among creditors by way of dividend. Here the secured creditor is commonly permitted to realize its security despite the bankruptcy, except in the rare case where the liquidator can produce a better result for all creditors. The secured creditor is therefore largely outside and unaffected by the bankruptcy process. Striking a balance between the competing interests is not easy, and the topic has generated a huge literature. There are significant disparities with respect to the granting of secured rights and the treatment of such rights in insolvency proceedings, with at least two clear options.

• *Option 1*: *Bankruptcy has no effect on secured creditors*. One group of countries allows universal security over all the debtor's assets, allows it to reach future assets, permits the security to cover all future debt without stating a maximum amount, allows the secured creditor to sell the collateral without court intervention and permits the secured creditor privately to appoint a possessory manager or receiver to run the business without selling. This group includes about 80 common law countries that have the universal fixed and floating charge. Similarly, other jurisdictions allow universal corporate security but limit it in various ways, including Finland, Poland, Russia, South Africa, Sweden and the United States (except Louisiana). The main difference is the absence in the second group of countries of immediate possessory management through a receiver who displaces the directors.

• *Option 2: Secured creditors are stayed from enforcing their rights in bankruptcy*. Another group of countries takes a different view. These jurisdictions allow security over land, as most jurisdictions do, but make it difficult to take security over goods, receivables, contracts and investments. They may do so by prohibiting the security altogether or by limiting its effect (say, by restricting the security to existing specific assets, excluding future goods and receivables generically), by excluding security for future debt or for revolving credits, requiring a maximum amount for the secured debt, subordinating the security to unsecured priority creditors (taxes, bankruptcy costs, employees) and by restricting enforcement, such as by requiring a judicial public auction (delays, costs, interest pile-up), compulsory grace periods and in some cases freezes on enforcement in the event of reorganization proceedings.

134. *Incentives and disincentives*. A decision on which of the available options is suitable hinges on the incentives and disincentives supported by the two approaches. Option 1 creates a strong incentive for debtors to act financially responsible, at least with their secured creditors, who are more likely to be major lenders. A second argument is that this approach promotes lending on the most favorable credit terms by giving the highest assurance to the market and lenders that their secured rights are protected. This solution effectively elevates specific secured rights over those of general unsecured creditors, especially where a secured creditor is diligent in protecting its interests. Rewarding positive behavior will likely encourage more creditors to be diligent in protecting their interests. This option also could encourage a secondary market by making distressed debt more attractive to buyers, who will have greater certainty of realizing value from secured bad debt.

135. Admittedly, any constraint on the enforcement rights of secured creditors diminishes certainty in the ability to recover debt. This may translate into higher risk assessment and so higher credit rates and charges. Uncertainty can be reduced by providing time-bound rules on the duration of the injunction with clear outside limits. In some cases the risk might be turned to a secured creditor's advantage in bankruptcy where the potential to realize collateral in bankruptcy is much stronger than under nonbankruptcy enforcement procedures. Such assurances enable creditors to better price their risks of insolvency for time delays and may improve their enforcement rights where the process for execution through normal civil or commercial court procedures is attenuated.

136. **Stay protection.** *In cases where the stay applies to secured creditors, it should be of limited specified duration, strike a proper balance between creditor protection and insolvency objectives, and provide for the possibility of orders being made on the application of affected creditors or other persons for relief from the stay.* In a liquidation the emphasis is on selling assets, in whole or in part, so that creditors can be repaid from the proceeds as quickly as possible. Maximizing value is an overriding objective in liquidations. The difficult balance is between the competing in-

terests of secured creditors with collateral rights and the interests of general unsecured creditors. More often than not, the secured creditors will hold a secured interest on the business's most important assets. Arguably, in a liquidation, where the interest in preserving enterprises does not exist, the balance of interests should tilt strongly in favor of upholding the contracted rights, subject to respecting the pari passu principle. In other words, there should be a strong interest in protecting secured rights and allowing such creditors to recover their collateral. Because such creditors have rights that are senior to or different than those of unsecured creditors, special treatment of such rights does not violate the pari passu principle as among unsecured creditors. At the same time, the interest in protecting secured rights should be balanced against the strong interest in maximizing value in the liquidation of the business. This often means, in the first instance, attempting to sell the enterprise assets collectively rather than piecemeal where the collective value is higher than the breakup value. It may also mean ensuring that any equity or unencumbered value in the collateral is preserved for the benefit of the estate.

137. Extending the automatic stay to secured creditors and holders of in rem interests in the debtor's property is more controversial. In the context of a rehabilitation proceeding, the issue is fairly straightforward. A business cannot be reorganized if it has no assets left to reorganize. The rationale is that attempts at rescue may fail unless the essential assets and component parts of the property of the debtor and its businesses are maintained. Consequently, the policy supporting rescue of an enterprise necessitates that an injunction or stay of creditor actions be imposed for a reasonable period to prevent creditors from disassembling the business while the parties negotiate a rescue plan. The scope of the injunction should be all embracing, even to the extent of restraining secured creditors from exercising enforcement rights and restraining government from exercising priority rights.

138. Notably, the rationale of salvaging the business as a going concern collides with the policy of promoting credit flows by reducing insolvency risks for secured creditors. In some cases this is not possible. For example, some secured transaction rights may be so entrenched in the commercial culture that it is difficult to restrain the exercise of those rights. As a result legislation may have to provide for an exception to the restraint or afford the secured creditor the opportunity to elect whether to exercise those rights. The floating charge form of security has had to be accommodated in this respect in the rescue processes of England and Australia. In any event, the stay or suspension should be of limited duration and should not be extended without a court order.

139. Where the interests of affected creditors are inadequately protected, provision should be made to enable them to apply for relief from the stay. While protection may take many forms, the essence of the concept aims at maintaining the status quo of a secured creditors interest in property by taking measures that will either prevent the erosion in the value of the collateral or compensate the secured creditor for the loss in value. Protection might take the form of periodic cash payments during the case, providing the secured creditor an additional security interest in other unsecured assets, providing a priority in repayment to the secured creditor from other unencumbered assets, and the like.

140. *Title finance and title retention holders*. Title finance is often used as an alternative to security, and an assessment of security should include an assessment of title finance. For example, English 19th century bills of sale legislation prohibited non-possessory chattel mortgages by individuals but were sidestepped by the title finance technique of hire purchase. The result is that credit based on assets is available to consumers. In some countries finan-

cial leasing, widely used for aircraft and other large pieces of equipment, seems to have received special impetus from railroad financings, where there were problems about taking or enforcing security over rolling stock.

141. In title finance the financier has title or ownership of the asset as opposed to a mortgage or security interest. Apart from hire purchase and finance leases, other examples are trade finance forms, including retention of title and discounting or factoring or forfeiting of commercial receivables; sale and leaseback; sale and repurchase (repos-commonly used for investment securities and important in financial markets); and stock borrowings. Perhaps one might include in this bracket securitizations of receivables and repackagings of debt securities, of which there are many variations.

142. In essence, title finance often has the commercial effect of security. Indeed, many of the techniques are designed to avoid the obstacles of pledge laws. The attitude of jurisdictions toward title finance has ranged from enthusiasm to hostility. Some jurisdictions encourage the escape from the cage of mortgages and hence support form over substance. Others seek to rebolt the gate: they recharacterize the transaction as security with the result that it often fails for noncompliance with a pledge rule or is reintroduced into the regime covering security interests (such as Article 9 of the U.S. Uniform Commercial Code). Some legal systems protect one form (such as seller's retention of title to goods) but not others.

143. Reservations of title have longstanding importance in continental Europe. A reservation or retention of title clause is generally found in an agreement between a buyer and seller, and provides that the seller transferring property thereunder retains ownership of such property until satisfaction of the conditions in the agreement, such as payment in full. The reservation also extends to the proceeds of the goods if sold, to the extent traceable.

144. Retention of title devices are not confined to sellers, but also may be used by lenders or other providers of financing for the sale of property. Retention of title effectively provides a security for payment of the purchase price. The well-recognized effect of such clauses is to confer upon the holder of the reservation of title a prior right or security interest in the goods in question. These clauses protect sellers against the rights of other secured creditors holding fixed or floating charges, as well as preferential rights. Retention of title devices often do not require registration or notice and hence may operate as a "secret lien" when such clauses may be enforced without notice or registration to any other party. Some jurisdictions (Portugal, Spain, Switzerland) require registration for the title retention to be effective.

145. The central issue is not whether title finance is similar to security-which it often is-but the role of this safety valve. If a device is established and widely used to escape incompatible pledge and mortgage restrictions, the more sensible place to consider addressing the issue would be pledge laws. Moreover, transparency greatly helps solve the potential problems with systems that preserve a distinction between retention of title and grant of security. It is important that retention systems require some form of public registration, at least for collateral values over a stated amount, or the system will suffer most of the serious cost disadvantages mentioned in the discussion accompanying principle 4 above. If registration is not accepted for retention interests, then at a minimum retention must be narrowly defined to include only purchase-money situations rather than the grant of security interests over property already owned. Otherwise, sham transactions will abound.

146. **Treatment of unsecured creditors**. *Following distributions to secured creditors and payment of claims related to costs and expenses of administration, proceeds available for distribution should be*

distributed pari passu to remaining creditors unless there are compelling reasons to justify giving preferential status to a particular debt. Public interests generally should not be given precedence over private rights. The number of priority classes should be kept to a minimum. The insolvency laws of many countries recognize, in varying degrees, the priority of certain categories of unsecured debt, such as taxes and unpaid wages. There is an observable tendency to increase the categories of debts enjoying such priority, for example by giving this status to each new form of tax or duty or each additional employee entitlement. Indeed, in countries with a strong tradition of worker protection there is sometimes an acute tension between the provision of safeguards for employees against the consequences of their employers' insolvency and the need of the bankruptcy trustee to keep the business viable and, if possible, restore it to profitability, which may involve a sharp reduction in the workforce. In recent years there has been a reaction against preferential status for unsecured debt and even against the concept of unsecured preferential claims as impeding the perceived objective of insolvency law-namely, to maximize returns for creditors as a whole.

147. Another factor eroding the position of the ordinary unsecured creditor is the wide range of nonconsensual security interests found in many legal systems-for example, liens given by law to secure the payment of repair charges, port and landing dues for ships and aircraft, seamen's wages and other maritime claims, and the like. Typically, such liens have priority not only over the claims of unsecured creditors but also over consensual security interests. And because they are often non-possessory and not readily susceptible to registration, their existence is not visible to creditors holding consensual security, who simply have to accept the risk of such liens arising. Accordingly, when a new legal regime is being devised for consensual security interests it is important that due attention be paid to the position not only of secured creditors and ordinary unsecured creditors but also to preferential creditors and those holding nonconsensual security interests.

148. Legislators should resist the temptation to create a proliferation of priority classes based on special interests rather than solidly endorsed and widely embraced social policies. All insolvency laws reflect policy choices that prioritize some claims over others in the distribution scheme. While many such policies recognize important public interests, such as preserving the state's revenue base or ensuring employee security, these broader public interests compete with private interests and may distort normal commercial incentives. Insolvency laws should not serve as surrogate social security systems, environmental protection agencies and the like.

149. **Treatment of employees.** Workers are a vital part of an enterprise, and careful consideration should be given to balancing the rights of employees with those of other creditors. In liquidation, where the fate of the enterprise is terminal, one cannot reasonably make a case for preserving jobs at the expense of a defunct enterprise. Bankruptcy is generally viewed as a process of financial adjustment in the relationships among lenders and borrowers or creditors and debtors-a view that could be interpreted to overlook or marginalize the significance of employees and their rights. As a class, workers fall between the extremes of shareholders or managers and lenders or creditors. There is typically an implicit commitment between workers and the firm. If the worker continues to work effectively, the firm will continue employment and pay wages commensurate with the employee's abilities and efforts. This commitment is necessarily qualified: if the firm's financial fortunes decline precipitously, the worker, as well as the firm's shareholders, bear some of the risk. The commitment is typically not explicit, simply because it is impossible to write down all the relevant conditions. Many legal sys-

tems recognize these implicit commitments. Thus in bankruptcy proceedings a payment due to workers for work already performed is given seniority over other unsecured creditors holding a priority or preference in payment.

150. There are broader, and typically unresolved, issues concerning other "obligations" toward workers (those embedded in the implicit contract) and other creditors. Depending on training and location, employees may have limited job mobility and prospects. For employees whose pension benefits derive from the ongoing operations of the business or who are vested in the stock of the company (now worthless), there are valid concerns of practical security. Employees and pensioners could have their retirement security disappear in insolvency without particular protections. These broader issues, affecting employment rights and benefits, must be taken into consideration. Such issues are even more acute in the context of systemically distressed economies, where the unemployment rate may already be elevated. The issue is compounded in many transition and developing economies where there may be a weak social safety net for unemployed workers. In times of corporate financial distress, it is not uncommon for firms to downsize their workforce considerably to become more competitive. Redundant employees may have few options.

151. Recent experience demonstrates the potential for social unrest in severely distressed markets where there is no coherent strategy for dealing with employee rights. Such issues raise difficult policy questions for the design of an insolvency law. Should the rights of employees be given priority over those of other creditors supplying essential inputs to a business? If so, businesses that are labor-intensive will represent a higher credit risk than capital-intensive businesses, which may penalize job creation.

152. **Treatment of equity interests**. As a general rule, the owners of the business are not entitled to a distribution of the proceeds of assets until the creditors, who are senior in priority, have been fully repaid. Accordingly, it is only in the rare liquidation case that the equity interests or owners may realize any recovery from their investment in the enterprise. In a rehabilitation proceeding, the same rule should apply, and its application quite often poses obstacles to workouts and voluntary commencement of proceedings that owners know will ultimately result in the demise of their ownership. This outcome is extremely hard to accept when owners or a family have devoted their life's earnings and hard labor to growing the business. Accordingly, rehabilitation procedures, which adopt the same general rule on priorities, sometimes allow equity interests to negotiate to retain a stake in the enterprise.

3.3 Features Pertaining to Corporate Rehabilitation (Principles 17-24)

153. Traditional forms of rescue include voluntary compositions, preventative compositions, moratoriums (long and short), arrangements with creditors, judicial management, accords and creditor compositions. These older versions of the modern rehabilitation proceeding were often grudging and subject to abuse. They often imposed high thresholds for entry or impractical requirements for guaranteed initial payments or other restrictions. As a result they have not been used much. Creditors preferred to engage in private workouts or, if there was no further hope, to pursue liquidation.

154. Recent years have witnessed the introduction of "low entry" rehabilitation proceedings intended to rescue businesses or at least enable them to be wound down more sedately.[23] They are low entry because

23. Examples are Chapter 11 in the United States, the administration proceeding in the United Kingdom, the *redressement judiciare* in France, the examinership in Ireland, the extraordinary adminis-

management can initiate them only by showing insolvency (or sometimes potential insolvency or even just a looming problem) plus some chance of survival, without having to assure creditors of the immediate payment typical of many traditional compositions (25-40 percent); and because the stay on creditors may be more extensive than in a liquidation proceeding to preserve the business and enable it to be sold as a going concern.

155. The process of rescue, in contrast to liquidation, has been used increasingly in many jurisdictions. In some jurisdictions rescue is akin to liquidation, while in others rescue and liquidation are vastly different. Two things stand out in the confusion. First, most jurisdictions that use the word rescue have experienced fairly recent legislative reform and development of their insolvency laws. Those developments have been centered on corporations of various juridical structures. These are the modern "merchants" or "traders," and the law has been developed to encourage their survival rather than end their existence. The modern desire to introduce a corporate rescue process into insolvency laws has been driven by the need to respond to both economic and commercial expectations.

156. Second, few of these jurisdictions describe their new statutes under the formal heading of rescue. Rather, a variety of terms are used, such as reorganization, rehabilitation, restructuring, arrangement, administration, composition, reconciliation and even merger or acquisition. To this list of titles should be added the informal "workout" device that has also been accorded the status of a rescue method. It is employed outside of, and sometimes due to the absence of, a formal rescue process. Each of the formal rescue titles delineates a formal statutory regime that in some important ways is different from liquidation. Moreover, when contrasted with liquidation, these regimes might produce a better economic result in the administration of an insolvent corporation. This has resulted from the growing fusion of contemporary legal and economic thought to insolvency law.

157. The distinction between conventional liquidation and corporate rescue tends to get blurred, however, when maximizing value is the overriding goal. For example, if a bankruptcy or liquidation law can preserve and possibly enhance the value of an insolvent corporation's assets, albeit in the context of transferring the business to another entity (such as through an English "hive-down" procedure), then such procedures would seem to fall within the scope of the rescue concept. In this regard rescue does not necessarily mean that an insolvent corporation is fully restored or that the main participants in the insolvency (creditors and owners) are eventually restored to their pre-insolvent legal positions. Rather, what rescue regimes seek to signal is that, through the application of various techniques and mechanisms (involving something other than the traditional methodology of liquidation), more value can be obtained than would be realized from the standard liquidation sale of the corporation's assets. It should be emphasized that the policy favoring rescue in no way implies that every enterprise is a suitable candidate for it. Enterprises that are beyond salvage, or that should be brought to an end, should be liquidated swiftly and efficiently.

158. What the different regimes have in common is that a formal process can offer the opportunity to rationalize a corporation's business and financial affairs. This

tration for large enterprises in Italy, judicial management in Singapore, commercial reorganization in Canada, voluntary administration and deed of company arrangement in Australia, the aptly named legislation in India for "sick" companies, and recent equivalent procedures in Belgium, the Czech Republic, Finland, Germany, Russia, the Slovak Republic, Sweden, Thailand, and many others. Nearly all these systems were created in the past 20 years, with only a few earlier examples, such as the Spanish Suspension of Payments of 1922 and the Japanese Corporate Rehabilitation Law of 1952, the latter influenced by the U.S. Chandler Act of 1938.

suggests that rescue should be principally concerned with preserving the enterprise's income-producing business and with reducing, rescheduling or extinguishing debt according to the corporation's ability to bear it. It does not necessarily follow that the corporation must be preserved and left intact. The overall aim is to provide an environment that can achieve the type of goal that contemporary economic thought and commercial expectations appear to agree on. It might also include, as a by-product, some protection for wider interests such as employees, preservation of markets for suppliers and the like. Viewed in that way, a rescue can still produce one, more or all of the following results:

• A liquidation or sale of some or all of the enterprise's assets to third parties, including an income-producing business-bearing in mind that the rescue regime creates a more appropriate market in which to obtain the best value for such an asset.

• The ultimate termination of the life of the corporation, which may come about through a later formal liquidation of the corporation.

• The total cancellation of owner equity. This interest should be secondary to the interests of creditors unless the owners are prepared to support the preservation of their interests in the corporation by injecting further capital or debt funding.

• The removal of power from and the possible replacement or dismissal of some or all of the corporation's management.

• The retrieval of rights of various classes of creditors-particularly creditors who hold security over the corporation's assets-which may have been suspended or curtailed as a result of the formal rescue process.

• A compromise or composition of debt owed to creditors. It will be rare that even a rescue that might be described as successful will result in full payment of debt. Instead, rescue may result in the transfer of ownership from the previous equity holders to creditors.

159. ***Principle 17: Design features of rehabilitation statutes.*** *To be commercially and economically effective, the law should establish rehabilitation procedures that permit quick and easy access to the process, assure timely and efficient administration of the proceeding; afford sufficient protection for all those involved in the process, provide a structure that encourages fair negotiation of a commercial plan, enable a suitable majority of creditors in favor of a plan or other course of action to bind all other creditors by the exercise of voting rights (subject to appropriate minority protections and the protection of class rights) and provide for judicial or other supervision to ensure that the process is not subject to manipulation or abuse.* Modern rescue procedures typically address a wide range of commercial expectations in dynamic markets. Given the disparity in legal and commercial systems, such laws may not be susceptible to precise formulas. Nevertheless, the features addressed in this principle pertain to various stages of the rescue proceedings that may be considered prescriptive of modern systems. Other essential features of the modern process include the opportunity, whether prompted by possible sanction or encouraged by possible benefit, for a corporation in financial difficulty to commence the process before it is too late; restraints on interventions by creditors (secured or otherwise) intent on pursuing individual rights against the property of the corporation at the expense of the rescue; and transparency-access to information by creditors and an opportunity for them to have a voice in the outcome of matters in which they have a financial stake. As discussed above, access to confidential information may be regulated by a confidentiality agreement between the enterprise and the creditors committee and/or independent supervisor. The proceeding should be amenable to quick resolution, and not subject to delay or exposed to extensive or uncon-

trolled time periods for the performance of critical parts of the process.

160. While most features of a rehabilitation proceeding are similar to those set out in section 3.2 above, there are some unique aspects of a rehabilitation proceeding that require careful consideration, such as measures taken to stabilize business operations (including the financing of operations); the importance of access to and disclosure of information; plan formulation, consideration, approval and implementation; and the significance of the discharge.

161. Detailed rules should be provided for timely and efficient advancement of the rehabilitation process. While efficient administration is always important to maximize asset recoveries, time is of the essence in a rehabilitation proceeding. Swift and reasonably rigid time limits are necessary to ensure that the process is conducted without delay. Decisions pertaining to the business operations or authorizing sales or transactions should take place, as nearly as possible, in "real time" so that the debtor's business is not disrupted, resulting in further decline and loss of customers. Similarly, critical disputes between parties must be resolved as quickly as possible, especially where these threaten to halt the business or the use of assets. The court or tribunal responsible for the proceeding must ensure that the rules and deadlines established to promote efficiency are strictly enforced and grant extensions or deferment only on proper cause being shown. At the same time, procedures should ensure that parties receive fairness and justice.

162. ***Principle 18: Stabilizing and sustaining business operations.*** *The law should provide for a commercially sound form of priority funding for the ongoing and urgent business needs of a debtor during the rescue process, subject to appropriate safeguards.* One of the main problems associated with the rescue process is that often the debtor is in urgent need of liquid funds to pay for crucial supplies of goods and services to maintain its business activities. Where a genuine prospect of rescue exists, ongoing funding will often be crucial. Insolvency laws have failed to address this need, even in some developed countries. An insolvency law can and should address this situation by providing power to use existing cash that may be pledged or constitute security or to obtain new financing with assurances and safeguards for the eventual repayment of this funding. The law can do this in a number of way, such as by recognizing the need for and authorizing such funding, and by creating a priority for its repayment to the provider. Where cash, or the proceeds of collateral is to be used, a replacement lien or additional collateral might be provided to assure repayment. Often, such protections will be inadequate of themselves and would be coupled with restrictions on the use of the funds.

163. There are various types of priority, and a flexible practical approach is best. For example, in some systems, parties who lend to the business after the commencement of proceedings are entitled to priority in repayment ahead of all creditors. Such a priority is effectively a surcharge against the entire estate and assets. Another form of priority for those advancing money or goods is an administrative priority, which gives a priority in repayment over the general unsecured creditors, but not over a secured creditor with respect to its collateral. And an intermediate approach allows for lenders and those advancing goods to take a security interest in the debtor's secured and unsecured assets. In some instances, a senior or priming security interest or lien can be granted in exceptional circumstances. Some countries make all options available to accommodate the unique needs and circumstances of particular cases. In the same way, principle 18 allows priority financing on a flexible basis as determined to be appropriate in particular markets. Thus, if a court concludes that priority financing involving collateral is in the best interests of the creditors, and not prejudicial to the secured creditor with an interest

in collateral, the court should be able to approve the financing. However, to the extent the solution developed impacts the rights of secured creditors or those holding a prior in time interest in assets, principle 18 must be interpreted in light of the general proposition upholding commercial bargains and the adequate protection requirement in principle 16. This calls for a carefully balanced approach.

164. ***Principle 19: Disclosure of information***. *The law should require the debtor to disclose relevant information regarding the business and financial affairs of the debtor in detail sufficient to enable the court, creditors and affected parties to reasonably evaluate the prospects for rehabilitation. It should also provide for independent comment on and analysis of that information. Directors of a debtor corporation should be required to attend meetings of creditors. Provision should be made for the possible examination of directors and other persons with knowledge of the debtor's affairs, who may be compelled to give information to the court and administrator.* Disclosure of a basic set of data including financial statements, operating statistics, and detailed cash flows is a requisite for sound risk assessment. Fundamental factors underpin the determination of which option - reorganization or liquidation - provides the best and quickest return for creditors. The administrator and creditors need to assess: (1) what the company's immediate liquidity needs are and if new financing is prudent; (2) what the company's business prospects are and if the business is viable on a long-term basis; and (3) if management is qualified to continue to lead the company. Assessment of long term viability will often involve the development of a business plan based on comparable historical data.

165. Time is of the essence and speed is vital in business rescues requiring fast decisions and actions before the value of the assets dissipates. Although incentives for gathering and providing information are somewhat intangible, all parties -lenders, directors, courts, receivers/administrators - require information that is complete, accurate and reliable; provided on a timely and frequent basis; and sufficiently comprehensible to be analyzed by creditors and parties interest. The law should prescribe broadly the substance of the information to be provided and how and when that information is to be provided. As a general rule, the information should be supplied by officers and other relevant third parties. Safeguards may be needed to protect confidential information (such as trade secrets). In addition to providing the type of information mentioned above, one or more directors of the debtor should be represented and required to attend a main (possibly initial) meeting of creditors and answer questions. In cases where information is withheld, a form of 'public examination' of officers and directors or other persons may be required to compel the provision of relevant information.

166. Some jurisdictions have developed disclosure requirements to the point of standardized information schedules to be completed by the debtor or its management (with sanctions for false or misleading information) or by an independent person or administrator. Where it is proposed that the business of a debtor will continue to be conducted, important information will include projections of profits and losses, cash flow, marketing, industry trends and other information relevant to the feasibility of a successful rescue, not merely indicate possibilities. Revenue and growth assumptions should be carefully scrutinized. Although it may not be considered necessary for the law to intrude and recite exhaustively on such matters, it can be beneficial in countries that have little experience with formal (or informal) rescue techniques to spell these out.

167. Other relevant information includes the causes of the debtor's financial difficulty and a review of past transactions that may be avoided under the avoidance

provisions of the insolvency law. The provision and analysis of information should not be left to the debtor alone, but should be required by the administrator and creditors' committee. Thus it is important to provide for the appointment of an independent person to review or comment on the information.

168. ***Principle 20: Plan: formulation, consideration and voting.*** *Formulation: the law should not prescribe the nature of a plan except in terms of fundamental requirements and to prevent commercial abuse.* Three main issues arise in the context of plan formulation: what should be the nature or form of a plan, who should devise the plan; and what opinions or comments should accompany a plan. From the creditors perspective, rehabilitation should result in higher distributions to creditors than they would realize through liquidation, due to the higher going concern (as opposed to liquidation) value of the business. With varied constituencies involved, each may have different objectives in promoting a rehabilitation (e.g., continued business with a major customer or supplier versus rapid repayment) and varying levels of risk tolerance. Some creditors may prefer to take an equity stake in the business, while others do not. From the debtor's perspective, settling on a plan with creditors requires a reasonable forecasting of future cash flows that will be the source of payment under the plan. Cash flow projections over the life of the plan are predicated on a number of business and economic assumptions that are sometimes hard to measure, which often results in a range of enterprise value. Consequently, there is typically a range of options that exist, and finding the one that most creditors will agree is the art of the process. With numerous potential options available, the law should not prescribe the nature or form of a plan. For example, the law should not limit a plan to one that is designed to fully rehabilitate the debtor; nor should the law provide that debt cannot be written off; nor should it provide that a minimum amount must be eventually paid to creditors. In short, the law should let the market determine the appropriate commercial solution.

169. There are some issues that the law should address (for example, the priority accorded to classes of creditors). Similarly, the plan on its face should reveal how the plan is to be implemented to achieve the objectives of the plan, whether by rehabilitation or otherwise. While a "de minimus" approach is desirable that enables any of a number of possible results, typical solutions include a simple composition (agreement to pay creditors a percentage of their claims); the continued trading of the business and its eventual sale as a going concern (with the debtor then being liquidated); a form of restructuring of debt and equity and so on. The statutory regime should permit the exchange of debt for stock, which permits the transfer of ownership to creditors and can encourage the creation of a secondary market for distressed debt.

170. Who should devise a plan is generally dictated by the commercial reality that a number of constituencies have a vested interest or financial stake and will likely play a part. Certainly management (and/or owners) of a debtor should have a major and, possibly, the principal role in negotiating and devising a plan. Independent advisers should also be expected to comment on a proposed plan. Major creditors are generally closely involved in negotiating details relevant to the treatment of their claims and other important details regarding the restructuring (e.g., asset sales, changes in management, etc.). Likewise, The creditors committee, along with other important stakeholders, should have an important role in plan negotiations. The law should not intensely regulate the process of negotiation. But in the interests of certainty and efficiency, it is desirable that some statement be made and that a specified time limit be provided for the presentation of a plan. Aside from who participates in the

process, creditors should be entitled to propose a plan.

171. *Plan consideration.* The outcome of the plan rests on whether it is feasible, meaning that based on facts and circumstances known and reasonable assumptions, the plan and the debtor are more likely than not to succeed. Because the ultimate success or failure of the plan affects the repayment of claims under the plan, it is important that the plan be feasible. If the plan is based on faulty assumptions or the restructuring is impartial leaving the enterprise overleveraged with debt, the creditors are entitled to evaluate these facts in deciding whether to vote for the plan. Determinations of feasibility are best left to qualified professionals, who should be obliged to report to creditors (and the court) to enable them to reasonably and fairly evaluate the plan's proposed treatment of their claims. An independent evaluation of the plan or an objective statement from an independent adviser has the benefit of providing a credible and unbiased review. The creditors committee and other major creditors should be entitled to formulate their own opinions about a plan's feasibility and given an opportunity to express concerns, issues or objections if they disagree with the conclusions contained in the plan or in the independent statement. The court can then take these matters into consideration along with any additional evidence submitted.

172. *Classification and voting. The law may provide for classes of creditors for voting purposes. Voting rights should be determined by amount of debt. An appropriate majority of creditors should be required to approve a plan. Special provision should be made to limit the voting rights of insiders. The effect of a majority vote should be to bind all creditors.* The three main issues that arise with respect to voting rights are whether there should be classes of creditors; what should be the voting rights and powers; and what should be the effect of a majority vote. It is appropriate to provide for classes of creditors when there are divergent legal interests that are to be treated in a different manner, although some jurisdictions appear to function quite well without an immense or any detailed structure or sophistication in this area (e.g., Australia). In jurisdictions that support classification of claims, rules governing classification should be clearly stated and designed to avoid abuse. The primary purpose for classifying claims is to satisfy the requirement to provide fair and equal treatment to creditors, treating similarly situated claims in the same manner. Classification also makes it easier to assure that claims holding priority or preference (e.g., administrative or secured claims) are treated in accordance with the priority established under the law. In some cases, classification makes it easier to treat the claims of major creditors who opt to receive a different treatment from the general class of unsecured creditors, where such treatment is necessary to render the plan feasible; in such cases, the treatment for these creditors is generally on less favorable terms than other similarly situated creditors. Finally, classification may be a useful means of overriding the vote of a class of creditor that votes against the plan, where the class is otherwise treated in a fair and equitable manner.[24]

173. Voting rights should be simplified – voting by amount of debt rather than number of creditors and requiring approval by an appropriate majority. Most laws require a qualified majority of creditors (e.g., 60-66%) to vote in favor of the plan, with voting conducted en masse or by classes. In cases, where classes vote, the requisite

24. This override, which has come to be known as a "cramdown" based on its effect, allows the court to conclude that a rejecting class should be compelled to accept the plan where the class is to be paid in strict accordance with the relative priority of creditor claims and will receive under the plan a distribution in an amount equal to or greater than such creditors would receive in a liquidation proceeding. The rationale is that these creditors cannot claim foul if their recovery is at least as good as they would receive if they prevailed in having the enterprise liquidated.

majority may be established by class. In some countries, a hybrid test is used that requires a class approval by a requisite majority in the total number of creditors in the class and by a qualified majority of the total debt of the class. Failure of one or the other would be fatal to class acceptance. Special provision should be made to restrict or limit the voting rights and powers of 'insiders'. Approval of a plan should bind all creditors. Likewise, failure to attain a majority vote to approve a plan should result in a conversion to a liquidation proceeding. It should always be possible, however, for a majority of creditors to vote to adjourn the decision meeting if it appears that some further negotiation on a plan might produce a favorable result. As with all areas of the process, however, only one such adjournment should be tolerated and strict time limits should apply. Adjournment for good cause should as a general rule be permitted, although this might be regulated by an appellate mechanism or other check to prevent abuse.

174. ***Principle 21: Plan approval.*** *The law should establish clear criteria for plan approval based on fairness to similar creditors, recognition of relative priorities and majority acceptance. The law should also provide for approval over the rejection of minority creditors if the plan complies with rules of fairness and offers the opposing creditors or classes an amount equal to or greater than would be received under a liquidation proceeding.* There are two stage of approval of a rehabilitation plan. The first is approval by a majority of creditors at a creditors meeting. The second is approval by the court. A court order approving the plan has the binding effect of a court-adjudicated order, which is necessary to give certainty to all parties on the newly formed legal rights and remedies of creditors dealing with the enterprise, including minority creditors who did not vote for the plan but are bound by its terms. At the second stage the court's role is limited. The court does not decide whether the plan is commercially viable or whether a different plan would be preferable for creditors. Instead the court satisfies itself that the decision of the creditors has been properly obtained and the necessary preconditions were met, and investigates allegations of collusion or fraud by creditors or between the administrator and creditors. Because a plan is sometimes accepted by one or more classes of creditors and rejected by others, careful consideration should be given to designing a law that enables viable businesses to be salvaged when the rights and interests of creditors are not prejudiced by doing so. The provision to force certain classes of creditors to accept the plan even when the minimum approval for a class has not been met is reasonably tailored to the goals of rehabilitation.

175. *Some provision for possible adjournment of a plan decision meeting should be made, but under strict time limits. If a plan is not approved, the debtor should automatically be liquidated.* In some cases, circumstances may warrant a brief adjournment of the plan decision meeting, either to enable more disclosure or for parties to address unresolved disputes and issues. These periods should be kept to a minimum to encourage rapid resolution. If the plan is not approved, typically a court will direct that the company be liquidated.

176. ***Principle 22: Plan: implementation and amendment.*** *The law should provide a means for monitoring effective implementation of the plan, requiring the debtor to make periodic reports to the court on the status of implementation and progress during the plan period. A plan should be capable of amendment (by vote of the creditors) if it is in the interests of the creditors. The law should provide for the possible termination of a plan and for the debtor to be liquidated.* Most plans will be executed without a great deal of need for further intervention. But sometimes it might be necessary for the implementation to be supervised or controlled by an independent person. In most systems the court maintains jurisdiction over the case or en-

terprise pending consummation or substantial consummation of the plan. This is critical where there may arise issues of interpretation over the performance or obligations of the debtor or others.

177. Of greater importance is what happens if execution of the plan breaks down or is found incapable of performance. Many jurisdictions provide for the possibility of a plan being amended if that is in the interests of creditors. Reorganized companies often require further reorganization despite careful provisions on feasibility. In such cases most affected parties are the same. Rather than apply the same strict gateway requirements for accessing the system, it may be more practical to enable the court or governing institution to reconsider the case subject to lower access standards. But if a plan becomes impossible to perform (through, for example, the default of the debtor), the law should make provision for the plan to be terminated and for the debtor to be liquidated.

178. ***Principle 23: Plan: discharge and binding effects.*** *To ensure that the rehabilitated enterprise has the best chance of succeeding, the law should provide for a discharge or alteration of debts and claims that have been discharged or otherwise altered under the plan. Where approval of the plan has been procured by fraud, the plan should be subject to challenge, reconsidered or set aside.* This principle contains two important concepts. The first supports the need for commercial certainty by giving binding effect to the forgiveness, cancellation or alteration of debts in accordance with the approved plan. The principle is particularly important to ensure that the plan provisions will be complied with by creditors that rejected the plan and by creditors that did not participate in the process. It also gives certainty to other lenders and investors that they will not be involved in unanticipated litigation or have to compete with hidden or undisclosed claims. Thus the discharge establishes unequivocally that the plan fully reconstitutes the legal rights of creditors.

179. The second aspect of the above principle concerns cases where plan approval was obtained by fraud and where creditors would not have voted on the plan had they not been defrauded. This principle is consistent with fundamental rules of contract law that contracts induced by fraud are voidable. In some instances the level of fraud may not have a fundamental impact in altering the rights or decisions of creditors, in which case the court should be entitled to consider those questions before setting aside the plan.

180. ***Principle 24: International considerations.*** *Insolvency proceedings may have international aspects, and insolvency laws should provide for rules of jurisdiction, recognition of foreign judgments, cooperation among courts in different countries and choice of law.* In particular, an insolvency law should provide for:

- Foreign insolvency administrators to have direct access to courts and other relevant authorities.
- A clear and speedy process for obtaining recognition of foreign insolvency proceedings opened in accordance with internationally recognized standards of jurisdiction.
- A moratorium or stay at the earliest possible time in every country where the debtor has assets.
- Nondiscrimination between creditors, regardless of the nationality, residence or domicile of the parties concerned.[25]
- Courts and administrators to cooperate in international insolvency proceedings, with the goal of maximizing the value of the debtor's worldwide assets, protect-

25. The principle of nondiscrimination does not necessarily oblige states to accord parity of status to foreign fiscal or public claims; differential provision is also permissible in the giving of individual notice to foreign parties to ensure that they are able to exercise their rights effectively.

ing the rights of the debtor and creditors, and furthering the just administration of the proceedings. The most effective and expeditious way to achieve these objectives is enacting the UNCITRAL Model Law on Cross Border Insolvency.

181. The phenomenon of cross-border insolvency, where the dispersal of the debtor's assets and activities generates a spread of interests and claims involving the potential application of more than a single system of law, has existed for as long as human societies have permitted mobility and exchange. The diversity among domestic laws-in matters both of detail and in the fundamental approach to insolvency-make it essential that the cross-border aspects of insolvency be addressed. The globalization of trade has increased the incidence of international insolvency. Furthermore, the size and complexity of such insolvencies can be significant enough to raise public concerns about the approaches to be followed, in the interests of achieving fair and efficient solution of the problems disclosed. This has given rise to an acceleration in regional efforts to deal with cross-border insolvency and to initiatives aimed at producing a global approach to the same problems. An example of the regional approach is the Regulation on Insolvency Proceedings adopted by the EU Council of Ministers in 2000, which will enter into force in EU member states in May 2002.

3.4 Informal Workouts and Restructuring (Principles 25-26)

182. ***Principle 25: Enabling legislative framework.*** *Corporate workouts and restructurings should be supported by an enabling environment that encourages participants to engage in consensual arrangements designed to restore an enterprise to financial viability. An enabling environment includes laws and procedures that require disclosure of or ensure access to timely, reliable and accurate financial information on the distressed enterprise; encourage lending to, investment in or recapitalization of viable financially distressed enterprises; support a broad range of restructuring activities, such as debt write-offs, reschedulings, restructurings and debt- equity conversions; and provide favorable or neutral tax treatment for restructurings.* Because informal workouts take place in the "shadow of the law," consensual resolution requires reliable fallback options through existing legal mechanisms for individual enforcement and debt collection or through collective insolvency procedures. As such, the most conducive environment for informal workouts is having effective insolvency and enforcement regimes, as reflected in the foregoing sections.

183. In addition, the ability to implement a restructuring relies on having a legal framework that can accommodate the restructuring plan at a fundamental level, such as allowing debt-equity swaps, forgiveness of bank debt and taking of collateral. The legal framework must also provide incentives for the parties to accept treatment that will render the restructured business viable (for example, favorable offsetting tax treatment for debt forgiveness). Participants must be provided with sufficient information on a borrower's operations and related financial criteria as well as the ultimate judicial or nonjudicial enforcement process. Concerns and issues relevant to informal workouts are often addressed in the context of formal frameworks for rehabilitation procedures, but are often overlooked or ignored in the context of informal arrangements. While there are a variety of different policy choices on the substantive and procedural nature of laws and the allocation of risk among participants, these rules must be clearly specified and consistently applied to encourage consensual workouts.

184. ***Principle 26: Informal workout procedures.*** *A country's financial sector (possibly with the informal endorsement and assistance of the central bank or finance ministry) should promote the devel-*

opment of a code of conduct on an informal out-of-court process for dealing with cases of corporate financial difficulty in which banks and other financial institutions have a significant exposure-especially in markets where enterprise insolvency has reached systemic levels. An informal process is far more likely to be sustained where there are adequate creditor remedy and insolvency laws. The informal process may produce a formal rescue, which should be able to quickly process a packaged plan produced by the informal process. The formal process may work better if it enables creditors and debtors to use informal techniques. While informal workouts have been used for many years, most recent procedures trace their lineage to the so-called London Approach, pioneered by the Bank of England in a largely unofficial capacity and further developed by leading English commercial banks. A similar approach has emerged in the United States and possibly become more developed among the banking, financial and insurance sectors. The reasons for the development of this process are important because they suggest that more formal "modern" rescue regimes may not always be suitable for rescue. In October 2000, INSOL International released a "Statement of Principles for A Global Approach to Multi-Creditor Workouts," which espouses eight best practices for multi-creditor workouts. The principles are fundamental to informal multi-creditor workouts and is a useful guide for developing effective practices and procedures in this area.

185. There are a variety of explanations for the popularity of informal workouts. There is a need for something more flexible and less rigid than the process available under formal rescue regimes. Many cases of corporate financial difficulty require an earlier and more active response from key bank and financial institution creditors, which is normally not possible under formal rescue regimes. It is a much more private process and, possibly, less prone to unwanted publicity and speculation. It is less confrontational and so provides a better environment for market negotiations, both between creditors and the debtor and among creditors themselves. It is perceived to carry less stigma than the formal process.

186. An informal workout probably would not be attempted unless a number of well-defined conditions were present, including:

• A significant amount of debt owed to a number of main bank or financial institution creditors.

• The inability of the debtor to service that debt.

• The attitude that it may be preferable to negotiate an arrangement for the financial difficulties of the debtor-not only between the debtor and the creditors but also between the creditors.

• The availability of relatively sophisticated refinancing, security and other commercial techniques that might be used to alter, rearrange or restructure the debts of the debtor or the debtor itself.

• The sanction that if the negotiation process cannot be started or breaks down there can be swift and effective resort to the insolvency law.

• The prospect that there may be more benefit for all through the negotiation process than through direct and immediate resort to the insolvency law (in part because the outcome is subject to the control of the negotiating parties and the process is less expensive and can be accomplished more quickly without disrupting the business).

• The debtor does not need relief from trade debt, or the benefits of formal insolvency, such as the automatic stay or the ability to reject burdensome contracts.

• Favorable or neutral tax treatment for restructuring both in the debtor's jurisdiction and the jurisdictions of foreign creditors.

187. Of these, the most important for this paper is the presence of the sanction-the "shadow" of the insolvency law, as it has been described elsewhere. Oddly enough, despite the claimed benefits of the informal work out process, it might not have had much chance of survival were it not for formal insolvency processes. The main aspects of a workout are discussed below.

188. *Commencing the process.* The informal process essentially involves bringing together the debtor and creditors (at least the main creditors). Someone has to initiate this process. There is no law to facilitate it, which can present a difficulty. A debtor may not be willing to have a dialogue with creditors. Among creditors, some will be concerned for their own position and may not want a collective process. Well-established and widely used creditor remedy and insolvency law regimes can be used to influence the commencement and progression of an informal workout. The invitation to commence a dialogue should rarely be refused. If the opportunity is declined, the debtor faces the prospect that individual creditor remedies or formal insolvency proceedings will be pursued. Unwilling creditors face a similar sanction. This threat is generally sufficient to initiate some type of dialogue. In countries where creditor remedy and formal insolvency regimes are suspect, it may be desirable to provide, in some semi-official way, for a facilitator to encourage the commencement of the process. This approach has been adopted, with some success, in some Asian countries. Selecting a forum in which the debtor and relevant creditors can come together to negotiate an arrangement to deal with the debtor's financial difficulty. This forum is important for both sides and for the creditors, between themselves.

189. *Engaging advisers.* Few if any attempts are made at a workout in the absence of independent advisers or experts. These may come from a variety of disciplines-accounting, finance, law, business reorganization, marketing and so on. Problems encountered because of factors such as cost, intrusion and surrender of control can impede the process.

190. *Coordinating participants.* The workout should involve all key constituencies; generally the lenders group and sometimes other key creditor constituencies who may be affected by the restructuring or are critical to the resolution. To better coordinate negotiations, a lead creditor should be appointed to provide leadership, organization, management and administration. The lead creditor typically reports to a committee that is representative of creditors (a steering committee) to help the lead creditor and to act as a sounding board for proposals for the debtor and creditors.

191. *Stabilizing the business.* As soon as possible, to allow business operations to continue, parties will need to provide for a negotiation period. This is generally accomplished by entering into a standstill agreement (a contractual agreement to suspend adverse actions by both the debtor and the main creditors) that endures for a defined, usually short, period. This is akin to the moratorium or stay under the formal rescue process.

192. *Ensuring adequate cash flow and liquidity* during negotiations and restructuring. This problem was mentioned above in the section on formal rescue processes. It may be more of a problem during the informal process because, even though there may be some sensible provision under the rescue law for some type of "super priority" for a debtor's ongoing funding, that law will not extend to such an arrangement under the informal process. Carefully and sensibly drafted, however, it might be capable of such extension. In the absence of that, commercial people are driven to devising commercial means. This often results in an agreement among major creditors that emergency funding by one or more will rank for repayment in advance of their other entitlements in the event of a formal insolvency administration of the debtor.

193. *Access to complete, accurate information on the debtor's business is essential* to reaching a consensual agreement, including its business activities, current trading position, general financial position and assets and liabilities. This is akin to the statutory requirement for similar disclosure found in most formal rescue regimes.

194. *Negotiating, agreeing and implementing the restructuring plan* is generally based on agreement among creditors and the debtor on the terms and conditions for the restructuring, and acceptance by a majority of creditors. The percentage approval required may vary depending on the acts undertaken during the restructuring (for example, 75-90 percent for restructuring, 75 percent for moratoriums, 66 percent for capital spending, credit draws and asset sales, and 100 percent for new money). These percentages are subject to agreement among creditors, but without agreement all such decisions would have to be unanimous. Accommodation will have to be given to accommodate creditors with valid security rights. Notably, many credit agreements or intercreditor agreements in syndicated lending arrangements already specify the level of approval required for making decisions. These should be respected to the extent possible. In the case of new money, no lender can be forced to extend new financing against its will. Where a country is facing systemic problems it should be noted that exchange movements can adversely affect foreign creditors' positions relative to themselves and domestic creditors.

195. *Dealing with outside and dissenting creditors.* In most cases it will not be possible to include or involve every creditor in the workout process. One problem is their sheer number and diversity. Another is the inefficiency of involving creditors owed small amounts or who do not have the commercial expertise, knowledge or will to participate in the process in a constructive manner. But such creditors cannot be completely ignored or forgotten. They may be important to the continued business operations of the debtor. Moreover, because it is an informal process, there are no rules by which creditors can be compelled to accept the decision of a majority of their number.

196. Often in an informal workout, trade and small creditors recover payment in full. Although this smacks of inequality, it may make commercial sense to a group of major creditors. Alternatively, an endeavor might be made to obtain complete unanimity, such as where major creditors would agree on a rescue plan with the debtor. The plan is circulated to all creditors and their agreement is requested. It is pointed out that such a plan would be the likely result if the affairs of the debtor were to be dealt with under the formal rescue law. If unanimity is not obtained the debtor volunteers itself under that law, the plan is approved by the majority and binds the dissenting creditors. This highlights another reason for the desirability of an adequate formal rescue law. Only with one is it possible for the informal process to be transferred to the formal process.

197. *The restructuring agreement must be legally binding on all affected creditors.* The final restructuring agreement is made legally binding on a dissenting minority, provided they are party to an intercreditor agreement that binds them to the majority decision. Parties who have not bound themselves contractually would not be bound by the decision of majority creditors, which raises a risk that the restructuring could be rendered meaningless by the independent action of minority and holdout creditors. In such a situation, one would have to revert to a formal process. In formal proceedings the statute creates the mechanism for binding minority creditors.

4. IMPLEMENTATION OF THE INSOLVENCY SYSTEM

198. A strong institutional and regulatory framework is crucial to an effective insolvency system. The framework encom-

passes three main elements: first, the various institutions with responsibility for and jurisdiction over insolvency proceedings; second, the operational system through which cases and decisions are processed; and third, the fundamental requirements needed to preserve the integrity of these institutions, recognizing that the integrity of the insolvency system is the linchpin for its success or failure. This section sets forth fundamental principles for the design and maintenance of the institutions and participants invested with authority over insolvency proceedings.

4.1 Institutional Considerations (Principles 27-33)

199. ***Principle 27: Role of courts.*** *Bankruptcy cases should be overseen and disposed of by an independent court or competent authority and assigned, where practical, to judges with specialized bankruptcy expertise. Significant benefits can be gained by creating specialized bankruptcy courts.* The role, responsibility, organization and services of the governing judicial institution, the court, are central to an effective, efficient and fair insolvency process. A well-functioning and predictable insolvency court provides for the quick disposition of insolvency cases, preserving assets and maximizing their value. It also provides incentives for parties to attempt out-of-court workouts before seeking judicial relief.[26] In most jurisdictions the judiciary fulfills oversight and dispute resolution functions through general jurisdiction courts, commercial courts or specialized bankruptcy courts. In some jurisdictions nonjudicial or quasi-judicial institutions may fulfill this role. This is probably the result of historical evolution. It may also have been dictated by the need for independent and impartial adjudication, the need for justice and fairness and, in some cases, the need to satisfy constitutional requirements on property rights. Some countries (Colombia, Peru) have nonjudicial administrative procedures that may be practical where the judicial system has fewer resources than another administrative agency or where court capacity is weak, provided that appropriate safeguards are put in place to protect the rights of participants and to assure due process. Careful consideration must be given to how the functioning of the administrative agency interfaces with the legal framework in resolving disputes and affording a right of appeal. In addition, agencies serving in this role should be subject to the same principles and standards applied to the court system.

200. Sometimes judges are specialized and have exclusive responsibility for insolvency proceedings. In other jurisdictions judges may have wider jurisdictional authority. Given the specialized nature of enterprise insolvency and the issues that arise in bankruptcy proceedings, there is significant value in having independent, specialized commercial and bankruptcy courts or specialized insolvency judges within general jurisdiction courts. The insolvency process is highly complex and demands a specific understanding of and familiarity with financial and business arrangements and with commerce and finance standards and practices. Specialization ensures greater competence and higher-quality decision making, quickens the pace of proceedings and decision making, and promotes consistent decision making on similar issues and situations. In addition, specialization tends to decrease unnecessary litigation by increasing predictability in the outcome of decisions. Where there is no expertise on the bench and decisions are inconsistent, parties are often tempted to litigate in hopes of gaining a different or novel decision. The same can be said of appeals courts that have no expertise in insolvency.

201. The caseload in many countries may not justify the additional expense of

26. See also the discussion on out-of-court workouts accompanying principles 25-26 in section 3.4 above.

creating an independent insolvency court system. Where this is not possible, the optimal approach is to have a pool of judges trained in insolvency who are equipped to deal with the real-time litigation demands of insolvency proceedings, which likewise should be governed by independent rules and procedures designed to accommodate the unique needs of insolvency. Finally, consideration should be given to the attributes of the bankruptcy court, or comparable alternative judicial authority, relative to other administrative or regulatory bodies that govern the insolvency process. This will involve a determination on the appropriate interface between the judiciary and other regulatory institutions that round out the insolvency system.

202. *The law should provide for a court or other tribunal to have a general, non-intrusive, supervisory role in the rehabilitation process. The court/tribunal or regulatory authority should be obliged to accept the decision reached by the creditors that a plan be approved or that the debtor be liquidated.* In a rehabilitation proceeding, a court or tribunal must ensure that the process is efficiently conducted. The law should establish clear time-bound procedures for events that afford some flexibility but avoid delay. In this regard, the court acts as a case manager to move the process forward. In addition, the court should ensure that the process is conducted fairly and in accordance with proper procedures. This requires that creditors or others who claim that they have been prejudiced or affected by the non-observance of proper formalities and rules have the right to apply to the court for appropriate redress. One of the main functions of the court will be to resolve problems or disputes that develop. Even the most detailed of legislative procedures cannot hope to provide for every eventuality or avoid problems in application or interpretation of applicable law. A court or tribunal, acting sensibly, can avoid or overcome technical and non-material problems and difficulties. Finally, the court presides over the plan process to determine whether a plan meets the criteria established in the law for approval and to investigate abuses by parties in the process. In this regard, the court's role provides a balance of power for creditors that may wish to challenge a plan or attack the means by which it was procured (for example, by the influence of fraud or 'insider' votes).

203. Bright-line rules can be an effective way of improving the efficiency in the system, both where court capacity is technically weak due to lack of training or external influence or because the costs of delay are asymmetrical benefiting the debtor and not the creditor. Consideration can be given to limiting bright-line rules to strict time limits in which specific steps should be taken. While such rules limit discretion and introduce a measure of arbitrariness, it may be justifiable to signal to users of the system the expectations of timeliness and inform the judge what should be done.

204. ***Principle 28: Performance standards of the court, qualification and training of judges***. *Standards should be adopted to measure the competence, performance and services of a bankruptcy court. These standards should serve as a basis for evaluating and improving courts. They should be enforced by adequate qualification criteria as well as by training and continuing education for judges*. General standards for measuring competence, performance and services would include ready access to the court, efficiency and timeliness of court actions, integrity and independence in court decisions and treatment of parties, transparency in court decision making and operations, and public trust and confidence in the court. Standards should be reviewed regularly to ensure that they keep pace with economic and social changes.

205. Evaluation procedures should be elaborated and courts should be regularly evaluated based on the standards. A body of judges-perhaps supplemented by professional and other users of insolvency proceedings-should be charged with designing

and implementing evaluation procedures. This procedure should not compromise judicial independence.

206. The integrity and effectiveness of courts and the insolvency system depend on the quality and skills of judges. There should be clear criteria for qualification and selection of judges. Personal qualifications should prevail over political considerations. A good knowledge of commercial practice and basic principles of business and finance, as well as specific knowledge of insolvency legislation, are desirable minimum standards.

207. The quality and skills of judges, newly appointed or existing, are reinforced by continuing training. Training should include basic and more sophisticated insolvency concepts and techniques, related commercial law subjects, and accounting and finance concepts and techniques that are important in insolvency. Training should also focus on techniques for conducting research, court administration and case management.

208. ***Principle 29: Court organization.*** *The court should be organized so that all interested parties-including the administrator, the debtor and all creditors-are dealt with fairly, objectively and transparently.* Control and management of such items as the court's budget, internal finances, personnel, facilities and administration and technical support systems should be vested within the court system to the extent possible or be regulated with substantial input from the court system. In judicial functions the judge should be paramount and preeminent. In matters of case management the judge should have broad discretion in managing the docket and cases, but court administrators should manage the system on a daily basis. For court administration the judiciary should be integral and active, but operating primarily in a cooperative and oversight capacity.

209. *To the extent possible, publicly available court operating rules, case practice and case management regulations should govern the court and other participants in the process.* The insolvency law should be supplemented by sensible, predictable and flexible rules and regulations to better manage cases and streamline procedures. That way all parties to an insolvency case (administrator, debtor, creditors, professionals) will have a recognized guide to facilitate their roles, responsibilities and activities in case management and court procedures. Because of the need for insolvency cases to be dealt with quickly, normal court procedures for civil and criminal activity may be unsuitable.

210. *The court's internal operations should allocate responsibility and authority to maximize resource use. To the degree feasible the court should institutionalize, streamline and standardize court practices and procedures.* This separation of court administrative functions could help centralize and foster specialization in nonjudicial responsibilities; allow for better administration of the court and the cases, and more coordination and continuity in court activities; improve efficiency and maximize use of available (usually limited) resources; increase accountability; and pinpoint responsibility.

211. In addition, courts should be able to appoint other officials to deal with matters calling for special expertise or outside technical knowledge or, alternatively, to handle less complex matters so that the court can focus on substantive decision making. For example, a judge should have the power to have a qualified and independent person appointed as an officer of the court for a special task-say, to liquidate the estate of the bankrupt and distribute the proceeds, to act as a receiver and manager in a reorganization (or be the watchdog of the reorganizer), to make inquiries on a subject and report back, or to act as a neutral go-between to negotiate a working arrangement. Any such appointment carries the authority of the court as well as the responsibility to be neutral and to provide a full

account to the court and other interested parties. Such appointments allow the court to be more effective in its decision making, dispute resolution and supervision on insolvency proceedings.

212. Uniform court rules, case practice and management regulations would augment the insolvency law and would streamline bankruptcy processes in and out of court. The complex matters inherent in bankruptcy, coupled with the sometimes overwhelming number of cases, require an organized methodology for handling matters. Maintaining predictable regulations can facilitate the court's business, expedite court decisions and enhance parties' participation in the process and satisfaction with the institution. Moreover, increased continuity between and standardized practices among courts will improve courts' procedures and judges' effectiveness.

213. ***Principle 30: Transparency and accountability.*** *An insolvency system should be based on transparency and accountability. Rules should ensure ready access to court records, court hearings, debtor and financial data and other public information.* Transparency and accountability are vital to establishing public trust in the insolvency system. The system should support transparency at every stage. Relevant features include adequate notice through dissemination of information, notice to creditors and interested parties of hearings and activities that affect their interests, notice for filing claims and pleadings, and disclosure and publication of court decisions, court records and public information.

214. Transparency is a key element of accountability. While accountability includes holding persons-including judges-responsible for their conduct, it does not include influencing decisions or impinging on a judge's independence. Hearings should be conducted in public according to a publicly available, pre-announced schedule, and court files should be made available for inspection and copying, subject to rules of confidentiality. Transparency allows the public to form opinions on the insolvency system through the media and other outlets.

215. ***Principle 31: Judicial decision making and enforcement of orders.*** *Judicial decision making should encourage consensual resolution among parties where possible and otherwise undertake timely adjudication of issues with a view to reinforcing predictability in the system through consistent application of the law. The court must have clear authority and effective methods of enforcing its judgments.* Consensual resolution of cases prior to final court resolution is almost invariably beneficial to all concerned. Alternative techniques such as arbitration or mediation can also resolve disputes. This approach can conserve resources, expedite case disposition, foster compromise and cooperation, ameliorate the adversarial nature of disputes and moderate the risk of failure of enterprise rescues.

216. Judicial decision making should be separate, distinct and defined to distinguish it from that of other parties involved in insolvency. Consistent decisions facilitating predictable disposition of cases are invaluable in establishing an effective court. Whether by using cases as precedent, by disseminating judicial opinions or simply by striving for continuity in decision making, important goals can be achieved such as increasing prospects for negotiated settlements in lieu of litigation, making better use of scarce judicial resources and reducing the cost and delay of court intervention, trials and formal dispute resolution.

217. Timely access-indeed, in some cases immediate access-to the court is essential to successful bankruptcy cases. Problem-solving and dispute resolution by the court as events occur-real-time litigation-is often a necessary feature of bankruptcy administration. This can apply to trial courts as well as appeals courts.

218. ***Principle 32: Integrity of the court.*** *Court operations and decisions*

should be based on firm rules and regulations to avoid corruption and undue influence. The court must be free of conflicts of interest, bias and lapses in judicial ethics, objectivity and impartiality. The court, including judges and court employees, must meet these standards and be perceived as doing so by parties and the public alike. Clear legal rules should establish remedies to address improprieties, including complaint and investigation procedures. Written standards, guidelines, advisory opinions, complaint and investigation procedures, and tools to redress impropriety should all be vested in an independent and respected judicial or ancillary authority.

219. The organization of the court-and the nature, degree and extent of direct and express judicial contact with the press, television and public-is an important and delicate issue. It may be largely affected by the traditions and legal culture of the country. The court itself needs to establish a structure, orderly framework and procedures to effect public access to court decisions, access to court files and records, and transparency of its operations to the public. Within that framework, a judge's direct exposure to the press should be defined to avoid any compromise in the judge's integrity, objectivity and fairness.

220. ***Principle 33: Integrity of participants.*** *Persons involved in a bankruptcy proceeding must be subject to rules and court orders designed to prevent fraud, other illegal activity and abuse of the bankruptcy system. In addition, the bankruptcy court must be vested with powers to deal with illegal activity or abusive conduct that does not constitute criminal activity.* Alleged fraud and other criminal conduct related to bankruptcy should be dealt with promptly, firmly and uniformly by referring the matter to an authority vested with powers to investigate and take appropriate measures. Misconduct short of criminal conduct should be addressed promptly by the bankruptcy court, which should be vested with powers to investigate and take appropriate measures, including imposing sanctions.

221. An insolvency system should provide firm and public rules and regulations to avoid corruption and undue influence that would undermine public confidence in the system. Preferably an independent but accountable department, committee or body should be responsible for establishing, monitoring and enforcing standards of conduct for judges and other participants. Maintaining ethical and professional standards for judges and, where appropriate, other court employees is essential for instilling public confidence in the bankruptcy court.

4.2 Regulatory Considerations (Principles 34-35)

222. ***Principle 34: Role of regulatory or supervisory bodies.*** *The bodies responsible for regulating or supervising insolvency administrators should be independent of individual administrators and should set standards that reflect the requirements of the legislation and public expectations of fairness, impartiality, transparency and accountability.* The regulatory or supervisory body may be a government department or agency, a separately constituted body, a professional body (or bodies) or some combination, provided their roles, duties and responsibilities are clearly spelled out.[27] It is essential where a professional body is involved that its indepen-

27. For example, in some jurisdictions (Australia, Canada, the United States) registration and regulation are government functions. The United Kingdom has a statutory framework requiring the licensing of administrators, with the power to grant and remove licenses delegated to seven recognized legal and accountancy professional bodies within that framework. Finland has no insolvency licensing system, but administrators are invariably members of the national bar association and their administrations are overseen by an independent ombudsman. The Netherlands has no formal system of government licensing but administrators, invariably lawyers, are overseen by the courts and the professional body.

dence from its members is clearly demonstrated through its constitution, mechanisms and processes, and through its staff. That may require a legislative framework or statutory oversight-but not necessarily involvement in individual matters-by a government department or agency or separately constituted body.

223. How the regulatory or supervisory body is established partly depends on what systems exist for recognition and regulation of lawyers, accountants and other professionals appointed as administrators; for setting standards; for monitoring performance; and for taking regulatory action. Some of those systems may need to be refined for insolvency to reflect the differences between a lawyer, accountant or other professional undertaking the public interest responsibilities of an administrator and acting in pursuit of private interest on behalf of a client.

224. Where there is a system for licensing individuals or recognizing bodies, identifying suitable persons to act as administrators is much simpler for the courts, the creditors or whoever has the power to appoint. Inquiries on the proposed administrator's qualifications are generally not necessary, avoiding delay and cost in making an appointment. It may be useful to be able to identify individuals' experience with particular industries or businesses (say, an engineering company or property business) or with different procedures (liquidation, rehabilitation) and to consult key parties where specialized knowledge and skills are likely to be required. Licensing requirements vary from jurisdiction to jurisdiction based on the particular duties to be performed, but may include another professional license (such as in law or accounting), business or economics degree, a minimum level of experience, and specialized training as an insolvency practitioner or administrator.

225. Professional bodies may not have a specific statutory, regulatory or supervisory function relative to the insolvency system and those who administer cases within it. But many have recognized the increasing importance and complexity of insolvency and have established their insolvency qualifications and relevant professional and ethical standards, best practice guidance and continuing professional education for members specializing in insolvency. They have also adapted their monitoring, complaint handling and discipline procedures to reflect the nature of insolvency. Professional bodies can provide an essential pillar in the development of a regulatory framework.

226. In most jurisdictions the oversight of individual cases is seen as the responsibility of creditors (or their representatives) and the court-to receive reports, approve proposed actions, give directions, sanction payments and fix remuneration and fees, as set out in legislation, specified by creditors or the court or as appears necessary to the administrator. In some jurisdictions the regulatory or supervisory body may be responsible for ensuring that cases are administered properly and in the best interests of creditors. The different points and levels of oversight will depend on who made the appointment and constructed the checks and balances in the system and on the nature, complexity, costs and risks of the proposed action.

227. ***Principle 35: Competence and integrity of insolvency administrators.*** *Insolvency administrators should be competent to exercise the powers given to them and should act with integrity, impartiality and independence.* Those who administer insolvencies[28] -whether appointed by creditors, the court, a government department or agency, a public or statutory authority or

28. Insolvency administrators may be referred to as trustees, liquidators, administrators, supervisors, receivers, curators, official or judicial managers, commissioners or promoters. The insolvency administrator may be an individual, or in some jurisdictions may be a corporation or other separate legal entity.

the debtor - are given powers[29] over debtors and their assets, and they have a duty to protect them and their value. The nature of the appointment in some jurisdictions is seen as that of, or closely resembling, a trustee exercising public interest powers and undertaking functions on benefit of the creditors and the debtor. But with those powers and functions go responsibilities and mechanisms for ensuring their proper discharge. The nature of those duties is very much underlined in jurisdictions where the administrator is defined as or deemed to be an officer of the court (whether appointed by the court or not).

228. Those appointed as administrators come from a range of backgrounds and may not be exclusively involved in insolvency work. In many jurisdictions administrators are lawyers or accountants, usually but not necessarily members of a professional body recognized in that jurisdiction. Thus they will have been subject to formal training, examination and qualification, and to some form of professional regulation. Or those appointed as administrators may hold some other qualification considered relevant, such as an economics or law degree; or have a particular specialization, such as property or business management; or hold no special qualification but be appointed based on experience.

229. In some cases the selection of the administrator may be predicated on particular skills required to deal with the circumstances of the case-be it the nature of the debtor's business or other activities, the type of assets or the market in which the debtor operates or has operated; the special knowledge required for understanding the debtor's affairs; or some other special reason. The focus in a particular case may be on unraveling complex financial transactions, continuing a manufacturing business or dealing with stock, commodity or futures market transactions. Whatever the type of insolvency, the highest professional and ethical standards for the administrator are of paramount importance. The interests of those involved in and affected by the insolvency and the public interest override the administrator's private interests.

230. The administrator needs to be able to handle novel and contentious issues where time is invariably short and where commercial considerations have to be balanced with legal requirements. In all this it is appropriate for the administrator to call on specialists for assistance. What is essential is that the administrator has a practical understanding of insolvency and other relevant legislation and (with the increasing emphasis on rehabilitation) experience with business issues.

231. All that points to the need for an insolvency qualification exam for administrators. Some legal, accountancy and other degrees may already cover insolvency and related legislation. But insolvency is not a matter of general principles, and general qualifications will not provide the technical knowledge and practical understanding that is needed. Moreover, experience-particularly in jurisdictions where insolvency legislation is relatively new-may be limited. Once they are licensed, it is equally important that administrators maintain their knowledge through continuing education or experience that covers the range of insolvency issues at both technical and practical levels.

ANNEX I: BANK INSOLVENCY AND RESTRUCTURING

1. This annex discusses some basic issues related to the regulatory treatment, rehabilitation and liquidation of insolvent

29. Powers of the administrator generally include the right to manage the business and make business decisions regarding the assets (subject to review and approval in some cases), to negotiate and enter into agreement with creditors and to bind the company, to collect and dispose of assets, including to bring legal actions to recover assets transferred, to hire professionals needed to assist the administrator in carrying out his responsibilities, and so on.

banks, both individually and as part of the restructuring of a banking system. Many of the aspects covered elsewhere in this report for non-banks also apply to banks. Thus this annex focuses on what distinguishes the treatment of insolvent banks from that of insolvent enterprises and is intended as an input for the work currently being undertaken by the Bank, in cooperation with the Fund and other international institutions and through various forums, aimed at developing principles in these areas. Those principles will be the necessary complement to the ones presented in the main part of this paper.

1. What Makes Banks Different?

2. **Special treatment of banks**. In a market economy, banks are subject to special licensing, regulation and supervision rules known as prudential regulation. Banks are treated differently from other enterprises because a safe and sound banking system is indispensable for sustainable economic growth and because the nature of banking activities makes banks and the banking system vulnerable to destructive panics caused by a sudden loss of public confidence.

3. Market economies cannot function properly without an efficient banking system, which intermediates between public savings and investments and provides other essential financial services to the state and the public. For example, a sound banking system is needed to conduct monetary policy and to operate payment and securities transfer systems.

4. Because of their traditional role of intermediating between short-term demand deposits and medium- and long-term loans, banks are vulnerable to a sudden loss of confidence in their financial soundness on the part of their depositors, causing a run on the bank. If a bank cannot meet the demand for deposit withdrawals and becomes illiquid, the public may lose confidence in other banks as well. Bank failures may affect the financial health of other financial institutions, including banks that are counterparties of the failing banks. Failures may even impair the operations of financial markets and payment and securities transfer systems. Thus interbank contagion and loss of public confidence can quickly snowball into runs on otherwise healthy banks that may ultimately bring down the entire banking system. Moreover, it is hard to contain a banking crisis within the borders of the country where it originates. Due to growing business connections between banks in different countries, a banking crisis in one country can trigger a financial crisis in another.

5. Prudential licensing and supervision of banks is essentially driven by the need to avoid panics and by concern for the safety of public savings deposited with banks. In countries with public deposit insurance, there is also a need to protect the deposit insurance agency and indirectly the state treasury that may guarantee its solvency.

6. Although bank supervision addresses the safety and soundness of individual banks, the most compelling reason for prudential bank regulation is concern for the safety and soundness of the banking system as a whole-and ultimately the national economy. Even the objective of protecting public savings is inspired not just by social goals but also by the fear that a loss of public confidence would lead to wholesale withdrawals of savings from the banking system. Thus the prudential regulation of individual banks must essentially be driven by systemic considerations.

7. **Differences between bank insolvency law and general insolvency law**. In many countries the general insolvency law applies to banks. But in several countries the banking law includes special rules, administered by the bank regulator, for the restructuring and forced liquidation of banks. In most cases there is similarity between the broad policy objectives served by general insolvency law and those pursued by the restructuring and liquidation

provisions of banking law. But there are some fundamental differences between the rehabilitation of nonbank enterprises (referred to hereafter simply as enterprises) under general insolvency law and the treatment of banks under banking law.

8. The first and most obvious difference is that restructuring under banking law is a broader concept than rehabilitation under general insolvency law, in both time and functional scope. Enterprise rehabilitation under general insolvency law typically commences only if the enterprise has been declared insolvent based on strict statutory standards. Bank restructuring, by contrast, is usually part of a continuum ranging from regulatory enforcement of prudential law to receivership. Thus bank restructuring generally begins at a much earlier stage than does enterprise rehabilitation.

9. The differences between enterprise rehabilitation and bank restructuring have important consequences for the legal rights of creditors and owners. In a general insolvency procedure such rights are protected by procedural safeguards written into the law and by judicial administration of rehabilitation and liquidation proceedings. Fewer safeguards are available in bank restructuring because it is often carried out under the control of the bank regulator, without judicial administration. The bank regulator and its agents, such as provisional administrators and receivers, are subject to principles of administrative law that protect bank owners and creditors against regulatory abuse. Still, the appeal of regulatory decisions is often time-consuming and does not suspend the regulatory decision under review. Moreover, even when the agents appointed by bank regulators are experienced and licensed insolvency practitioners, they are rarely familiar with administrative law.

10. Are the systemic reasons for the special treatment of banks strong enough to justify exempting them from the principle that the rehabilitation and winding up of insolvent institutions should be submitted to judicial administration under general insolvency law? An extra-judicial regulatory process is often more efficient than a court-administered process, an important advantage if immediate action to close or transfer a bank's business is required for systemic reasons. But granting a regulator the power to act expeditiously and to avoid the delays inherent in court administration has a significant cost: excluding the courts deprives bank owners and creditors of the procedural and substantive safeguards of a court-administered proceeding. This question comes to a head when a bank becomes insolvent and when bank restructuring measures must be particularly intrusive. In some countries (United States) the law grants the bank regulator sweeping powers to take control of insolvent banks without judicial administration. Other countries (Germany, United Kingdom) require the bank regulator to turn the proceedings over to the courts for bank restructuring and ultimately for liquidation of the bank under general insolvency law.

2. *Bank Regulators and Policies*

11. **Requirements for bank regulators.** Bank regulators should be operationally and financially autonomous, accountable to the public, transparent in their activities and staffed with qualified and experienced personnel. These features promote public confidence in the regulator-essential for a safe and sound banking system. Without public confidence, a single bank closure may grow into a banking crisis if the public questions the safety and soundness of banks that the regulator allows to remain open.

12. The law should endow the bank regulator with operational and financial autonomy. Bank supervision should be based on technical criteria and should not be subject to political considerations or undue influence from the political establishment or the banking industry. With financial independence, the regulator can avoid the risk

of political influence peddling in exchange for financial support. Financial independence can normally be sought by assigning bank supervision to an autonomous central bank or to an independent supervision agency whose financial autonomy is provided by levies from the banking industry.

13. Accountability advises that prudential regulation be assigned to a single authority for each category of banks. But in some countries prudential responsibilities are divided between several agencies. Bank licenses are typically issued (and revoked) by the minister of finance, while bank supervision is entrusted to the central bank or another bank regulator even, in some cases, to the deposit insurance agency. Although such arrangements may work in countries with a strong tradition of interagency cooperation (United States), in others they tend to promote negligent forbearance and to weaken accountability by giving the authorities an excuse for blaming one another when a bank fails.

14. Equitable treatment, transparent policy and predictable decision making are key characteristics of a good bank supervision system. They help ensure a level playing field where regulatory costs rest evenly on all banks, and they help build the moral authority and credibility of the bank regulator-prerequisites for public confidence. Transparent regulation reduces the risk of unexpected regulatory action and so lowers transaction costs for the banking industry. Transparency is promoted by submitting draft bank regulations for public comment before their adoption, by rendering all regulatory decisions rationally and impartially, and by promptly publishing all generally applied prudential regulations and regulatory decisions.

15. **Exit policies.** *The law must include explicit exit policies for insolvent banks.* Unsafe and unsound banks pose risks to the entire banking system. Thus explicit exit policies should be in place and promptly enforced to limit those risks. Exit policies need not be limited to the delicensing and liquidation of insolvent banks, but may include, among other actions, their merger with, or the transfer of all or part of their assets and liabilities to, other banks.

16. The bank regulator is supposed to protect the banking system-not save every insolvent bank. Allowing banks to fail is in the interests of the banking system because it shows the owners and managers of other banks that unsafe or unsound banking practices have a price. Conversely, a regulatory climate of bank bailouts or negligent forbearance creates moral hazard. The expectation of official assistance or tolerance encourages failing banks to take excessive risks because the perceived likelihood of failure is low and because vanishing capital tempts bank owners to increase the leverage of their diminishing stake. Such unhealthy practices eventually undermine the banking system.

17. There are, however, exceptional situations where the interests of the banking system require the rescue of one or several failing banks especially if their failure is expected to do irreparable harm to public confidence in the banking system or to the financial sector's ability to serve the economy.

18. **Official financial support.** *Official financial support to banks should be based on a careful cost-benefit analysis, weighing the cost of moral hazard against the benefit of systemic risk reduction.* Usually, two types of official funding are available to banks facing difficulties: lender of last resort support from the central bank and exceptional official financial assistance.

19. Lender of last resort support traditionally consists of liquidity support in the form of a collateralized loan provided in exceptional circumstances by the central bank to a failing bank if the bank is still solvent. But liquidity support can also take other forms or be provided by another agency. In countries with deposit insurance, the deposit insurance agency is often authorized to provide early liquidity support

to insured banking institutions, ostensibly to reduce the risk of loss to the agency.

20. By definition, lender of last resort support is available only to solvent banks whose assets have a value that exceeds the aggregate nominal amount of their liabilities. But in practice, the central bank may be prevented from reaching a reliable judgment on a bank's solvency without spending time on a bank audit, which the urgency of the situation does not allow. Thus it could be suggested that the burden of proof of insolvency be turned around so that banks requesting lender of last resort assistance are presumed to be insolvent unless they prove otherwise.

21. Exceptional official financial support (sometimes called open bank assistance) is typically provided to an insolvent bank to rescue it or to prepare it for sale when its failure is judged to have serious consequences for the banking system-for instance, because the bank is too big to fail, or when such assistance is required in a systemic banking crisis. Exceptional financial support is usually corrective in the sense that it provides remedial assistance aimed at preserving the bank's franchise in one form or another.

22. The justification for providing exceptional financial support to insolvent banks comes from the systemic consequences of withholding it. The use of public funds to recapitalize a bank and the provision of liquidity support to ensure continued functioning of the payment system, are steps taken to avoid or mitigate the broad disruption in the real economy that might result from the failure of one or more systemically important banks. Such actions should only be taken when the costs of disruption exceed the costs of extraordinary measures. The burden of proof for such measures to deal with problem banks should be very high, leading to a presupposition against the use of public funds in normal times. This burden of proof is more readily met in a banking crisis, where there is an evident need to preserve part of an insolvent banking system to provide core functions for the real economy.

23. Exceptional official financial support to an insolvent bank may take several forms. It may come, among other modalities, as a loan from the central bank, the state, the deposit insurance agency or commercial sources, as a guarantee for loans provided by others, as a bond swap or as an equity contribution. Such support is typically provided within the framework of provisional administration (conservatorship) to ensure that it is used for its intended purpose.

24. The law may require that open bank assistance be the least-cost solution relative to other bank resolution strategies. This is often taken to mean that the assistance has the lowest financial cost to the fiscal authorities. But the solution with the lowest financial cost is not necessarily the one with the lowest economic cost. Thus it remains open the question whether the law should provide a safety valve permitting open bank assistance in cases where rescuing a bank is motivated by systemic considerations even though other solutions would carry a lower financial cost. Abuse of this exception can be curtailed by prescribing a restrictive decision making process with participation by the political establishment, which ultimately must pay for the operation.

25. The law must provide that the price of official financial support first be borne by the bank's owners and managers. Charging the costs of a bank's failure to its owners-by devaluing their equity stake, suspending dividend payments or imposing civil or criminal penalties-ensures that the owners do not benefit from official assistance and reduces the moral hazard that a rescue operation poses to other banks. Bank managers guilty of negligence or worse should be removed and made to pay penalties. Such sanctions would not be appropriate where bank failures occur solely as a result of circumstances beyond the manag-

ers' control, such as a general economic crisis, war or natural disaster.

3. Bank Administration Procedures

26. **Bank insolvency procedures.** *The law should provide clear authority and procedures for taking control of insolvent banks.* In general two types of procedures are used to take control of an insolvent bank. Bank administration procedures, set forth in the banking law, consist of regulatory administration (control by a regulator, directly or through a provisional administrator or receiver, without judicial involvement) or judicial administration (control by a provisional administrator or receiver, appointed and supervised by the court, usually in cooperation with the bank regulator).

27. Judicial insolvency procedures are governed by a general or special insolvency law and carried out under judicial administration. In addition to a formal bankruptcy regime, general insolvency law may offer an extensive rehabilitation procedure, including a combination of provisional administration and receivership for banks (England, France). Where the general insolvency law applies to banks, the law often includes special provisions for banks, recognizing their unique position, the role of the bank regulator and the public interest in a safe and sound banking system. For example, the law may involve the bank regulator in the judicial ruling on a petition for opening insolvency proceedings against a bank.

28. Several countries subject banks to bank administration procedures under the banking law and to judicial insolvency procedures under the general insolvency law (Australia, Austria, Denmark, France, Netherlands, Switzerland) or under a special insolvency law for financial institutions (Canada). In such countries the law should exclude or regulate concurrent proceedings. In some other countries banks are excluded from judicial insolvency procedures and may be subject only to regulatory bank administration under the banking law (Italy, Norway, United States) or judicial administration under the banking law (Luxembourg). In yet another group of countries only judicial insolvency procedures apply to banks, to the exclusion of bank administration procedures (Belgium, England, Germany).

29. **Role of judiciary.** *The role of the judiciary in instituting and supervising provisional administration and receivership for insolvent banks should be calibrated by law to reflect the competing interests of bank owners and creditors and the bank regulator, the need for prompt action in cases of urgency and the socio-juridical traditions of the country concerned.* Taking control of a bank is invasive and restricts or eliminates the right of the bank's owners to control the bank's management and thus raises questions about the need for judicial involvement. The issue is not whether owners of an insolvent bank should lose control of their bank; clearly they should. At issue is whether the judgment that the bank is insolvent should be left to the discretion of the regulator without judicial oversight. Regulatory decision making processes generally lack the legal safeguards offered by judicial proceedings. Even when bank owners can appeal decisions of the regulator or administrator to the courts, appeals are often time consuming and do not suspend the regulatory decision while they are under review. A similar argument can be made for the rights of bank creditors after the regulator has taken control of the bank. Although judicial administration offers greater safeguards to bank owners and creditors, it is time consuming and often fails to meet the systemic need for prompt regulatory action when a bank is found to be insolvent. Moreover, in certain countries the judiciary cannot be relied on to mediate impartially the competing interests of bank regulators, bank owners and bank creditors.

30. In weighing these considerations, some countries give preference to systemic

interests and authorize the regulator to take control of insolvent banks without judicial involvement. In others, with independent judiciaries, receivership (and sometimes provisional administration) are deemed so invasive and their effects on shareholder and creditor rights so serious that the law submits them to judicial administration under the banking law or judicial insolvency proceedings.

31. Achieving the proper balance between concern for the soundness of the banking system, which in most instances requires the authorities to act with extreme speed and high levels of confidentiality, and the need to protect the interests of bank owners and creditors should drive the choice between regulatory receivership and judicial receivership. Regulatory receivership would be justified only if systemic considerations outweigh owner and creditor interests. In countries where immediate court action cannot be obtained in urgent cases, extra-judicial regulatory action would be justified if a bank fails unexpectedly and a receivership could transfer the bank's business quickly to another bank in a sale or merger. Efficiency and speed are at a premium, and the operation protects the interests of the bank's creditors as well. The same justification holds if there are urgent reasons for taking immediate control of a bank in order to stop criminal activities (money laundering) or to secure its assets to prevent their dissipation by dishonest owners or managers. In contrast, where fast-track judicial proceedings are available, the systemic justification for extra-judicial action by the regulator loses much of its force.

32. As insolvent banks move closer to liquidation and the chances of a quick transfer or a restructuring of their business diminish, the argument begins to favor protection of creditor rights under a judicial receivership. The case for ex ante judicial oversight is even stronger where liquidation is administered by a deposit insurance agency (Norway, United States). As a major bank creditor, a deposit insurance agency should not be expected to make unbiased decisions about the rights of other bank creditors.

33. **Criteria for bank insolvency.** *The law should define in a manner appropriate for banks when a bank is to be regarded as insolvent and may be brought under the control of an administrator or receiver.* The main statutory grounds for taking control of a bank are often based on a bank's actual or imminent insolvency. In banking law, three types of tests are used to determine a bank's insolvency. Under liquidity insolvency, which is built on general insolvency law, a bank may be deemed insolvent when it is established that it is unable to pay its obligations as they are due and has no prospect of being able to do so. Under balance sheet insolvency a bank may be deemed insolvent when its balance sheet shows a deficit. Because the distress signals produced by both tests come too late to be appropriate for banking regulation, regulatory insolvency tests are used as an early warning sign. Thus a bank may be deemed insolvent when it no longer complies with the lower levels of prudential capital adequacy standards, which provide banks with a financial safety margin.

34. Because the effect of the regulatory insolvency test is felt well before a bank would meet traditional insolvency criteria and become unable to meet its obligations, the law should ensure that any regulatory action is proportionate to the seriousness of the shortfall in regulatory capital. This can be achieved by prescribing a series of graduated remedial steps for increasingly grave levels of noncompliance. The most invasive remedies, such as taking control of a bank through a provisional administrator or a receiver, should be reserved for the most serious shortfalls in regulatory capital.

35. **Powers and responsibilities of provisional administrators and receivers.** *The law should clearly define the powers of administrators and receivers appointed*

for insolvent banks Administrators and receivers appointed for insolvent banks should be required to prepare and follow action plans. Having a plan of action that defines the nature and scope of the powers and activities of the administrator or receiver helps ensure their consistency with the prudential considerations supporting the decision to take control of the bank. It also increases the administrator or receiver's accountability for its activities.

36. After assessing the insolvent bank's financial condition, the administrator or receiver would present to the bank regulator or the court a report on options for treatment of the bank. The main options would be restructuring the bank, transferring the bank in whole or in part on a going-concern basis to another institution in a sale or merger, or liquidating the bank. Each option would include an assessment of its probability of success, a cost-benefit calculation (economic, social, financial) and an estimate of the time required to execute it. If the report proposes state budgetary assistance, it would need to be discussed with the government. A bank restructuring plan may require the concurrence of the bank's owners if their consent is needed for a recapitalization plan. Since taking control of a bank is done for systemic reasons, systemic considerations should guide the choice between saving a bank as a going concern and closing it; an insolvent bank should be saved only if its failure would have significant systemic consequences. This systemic objective should be weighed against the interests of the bank's creditors, including the deposit insurance agency. Generally, bank creditors may expect to be paid as much as they would receive in a traditional liquidation of the bank.

37. In several countries (Canada, France, Italy, Luxembourg, Netherlands, United States) the banking law offers both provisional administration and receivership for taking control of insolvent banks. In others the banking law offers only provisional administration (Australia, Austria, Portugal, Switzerland) or receivership (Denmark, Norway).

38. Provisional administrators and receivers must be required by law to take prompt physical control of the assets, books and records of the banks for which they are appointed, if necessary with police assistance. Otherwise, there are fundamental differences in the powers and duties of administrators and receivers that reflect their different objectives and degree of judicial supervision.

39. Provisional administration usually consists of the appointment of one or more provisional administrators to manage the bank to comply with prudential requirements or to preserve the value of the bank while it is prepared for liquidation or for transfer to another institution in a sale or merger. Because a provisional administrator operates within the corporate structure of the bank, a key consideration in defining the powers of the administrator is the extent to which these powers supersede those of the bank's owners and managers.

40. At a minimum, the banking law should provide that the provisional administrator assume all the powers of the bank's management. The owners of banks under provisional administration typically retain their rights, but with some exceptions. The law may restrict the exercise of ownership rights by authorizing the provisional administrator to veto decisions of shareholders and authorizing the bank regulator to submit decisions of shareholder meetings for prior approval by the provisional administrator. The law may empower the courts to order bank owners to dispose of their shares or to decide that shareholder voting rights will be exercised by a trustee appointed by the court (France). It may provide that the order appointing the provisional administrator has the general effect of suspending the functions of shareholder meetings (Italy). Or it may simply transfer the powers of the bank's owners to the provisional administrator (United States).

41. In many countries provisional administration is a form of regulatory administration (Australia, Canada, Italy, France, Netherlands, United States). Provisional administrators are appointed by the bank regulator, and their activities are not subject to judicial oversight. In other countries provisional administration is instituted and supervised by the courts (Austria, Luxembourg, Switzerland). In countries where the general insolvency law applies to banks, that law may include rehabilitation procedures that provide for a judicial form of provisional administration.

42. Under bank receivership a receiver generally takes full control of the bank to restructure it pending its transfer in a sale or merger, or to close and liquidate it. The objective is to minimize systemic effects of the bank's failure while maximizing the value of the bank for its creditors, whether by preserving the parts of the bank's business that are important for the banking system or by liquidating the bank if its continued operation is not needed.

43. Bank receivership effectively terminates the rights of the bank's owners to their bank, if not legally in some cases, then in an economic sense. This is done not only to deny owners a free ride at the expense of the state budget but also, by dispensing with the need for shareholder consent, to facilitate financial measures, including transfers of the bank's business, to maximize the bank's value for its creditors.

44. Accordingly, the receiver generally assumes the powers of the bank's owners as well as its management. Thus the law may provide that the powers of the organs of the bank be exercised exclusively by the receiver or that the bank's organs be suspended or rendered inoperative and the receiver assume the authority vested in them. In some countries the receiver's powers include such superpowers of a trustee in bankruptcy as the authority to transfer liabilities and to bind the creditors concerned, without their agreement, to the decisions made about the assumption of debt obligations (Italy, Netherlands, United States). In several countries receivership may be carried out under regulatory administration (France, Denmark, Italy, Norway, Spain, United States). In others it is subject to judicial administration (Luxembourg, Netherlands).

45. **Special bank insolvency provisions.** *If insolvent banks are submitted to general insolvency procedures, the general insolvency law should include provisions serving the special interests of the financial system.* If banks are subject to general insolvency proceedings, the law should provide that this be done only at the request or with the concurrence of the bank regulator, to avoid insolvency proceedings against banks that should be rescued for systemic reasons. The law could specify that such consent may be withheld only for systemic reasons and only if the monetary authorities ensure that exceptional financial support is available to cover the bank's deficit.

46. Effects of bank insolvency decrees on payment systems. Unless the law provides otherwise, a court decision opening insolvency proceedings against a bank-and the resulting statutory prohibition on disposal of the bank's assets-typically take effect at the beginning of the day on which the decision is made. Payments and securities transfers made during that day by the bank and its agents, including the execution of payment and transfer orders given earlier, are, in principle, void or voidable under the law. So that voided or voidable payment and transfer orders are not executed by payment and transfer systems that are unaware of the insolvency decision, requiring the system to reverse the transactions and creating major problems for net settlement systems, the law should ensure the continued effectiveness of payment and securities transfer orders entered into a payment or transfer system before the insolvency decision is handed down regardless of when they are carried out Additional protection may be provided to orders entered into the system after the insolvency decision is handed down provided they orders are executed on the day of the decision and the payment and transfer system operators were not aware of the decision (European Union Directive 98/26/EC).

47. *Setoff and netting.* A growing portion of banks' business is with other banks (including nonbank financial institutions). This business is often conducted within the framework of long-term business relationships. Much of this business takes the form of spot, swap, options and forward foreign exchange and interest rate transactions that banks conclude with other banks for their own account and risk or for the risk of their customers, requiring both parties to the transactions to exchange payments. These exchanges can be harnessed in bilateral arrangements, one for each bank and each bank counterparty, to offset or otherwise net out the mutual rights and obligations of each pair of banks. That reduces the mutual debt exposure at any time for each pair of banks to a single net balance payable by one bank to the other. Such arrangements often take the form of a master agreement specifying categories of financial transactions and the terms and conditions for the netting and settlement of the payments between the two banks. The agreements provide rules for contract termination and closeout netting in the event of a default or bankruptcy of one of the banks.

48. These arrangements reduce banks' exposure to each other and the risk of default to payment systems by converting what otherwise would have been two streams of payments between the two banks to one net payment of one bank to the other. This reduces the risk to a payment system of failure of one of the banks from a large number of payments for a large aggregate amount to a single net payment of a much smaller amount.

49. The law of setoff usually provides that mutual obligations due and payable simultaneously are discharged ipso facto. Consequently, mutual debts between two banks that become due and payable and are therefore discharged by setoff before insolvency proceedings are opened against one of the banks would normally not be covered by the insolvency proceedings. But master agreements between financial institutions often go beyond the general rule of setoff and also net out, under closeout netting covenants, payment obligations that would have become due and payable after the opening of insolvency proceedings against one of the institutions. This raises the issue of whether such extended closeout netting arrangements can be upheld in a bankruptcy or whether general principles of insolvency law would call for each leg of such mutual obligations to be disconnected from the others in order to run separately to and from the bank's estate. The issue is of practical significance because without closeout netting the creditors of insolvent banks would have to pay the full amount of their debt to the estate while they would usually receive only a fraction of their claim from the estate. Conversely, if closeout netting arrangements are immune from the legal effects of insolvency, a creditor would be permitted to net out the full amount of its claim against the amount of its obligation to the estate, leaving only a net balance due to or from the estate.

50. Exempting closeout netting from the effects of insolvency requires amending the insolvency law, as several countries have done (Australia, Austria, Belgium, Canada, France, Germany, Luxembourg, Norway, Switzerland, United States). Although these provisions afford protection to payment and banking systems, they create a special class of preference for claims of creditor banks and other financial institutions over the claims of other types of bank creditors. Financial creditors benefiting from netting agreements may use the aggregate amount of their claims on an insolvent bank to reduce their obligations to the insolvency estate, while other creditors with matching obligations and claims on the bank's estate must pay their obligations in full when due, while expecting only partial payment on their claims at some future date.

This inequality of treatment between financial and nonfinancial creditors of failing banks can be justified only by systemic risks that otherwise would be uncovered, and then only to the extent required to cover those risks.

4. Bank Resolution Procedures

51. **Bank mergers.** *The law should provide for bank resolution procedures that include bank mergers, purchase and assumption transactions, the creation and use of bridge banks, and forced liquidation.* A bank merger consists of the sale of the ownership interests in one (insolvent) bank to another (solvent) bank. The chief advantages of a bank merger are that it builds on the fact that the acquisition of an existing banking franchise is attractive to other banks that want to expand their operations; that the activities of the failing bank can largely continue, albeit under the corporate roof of another institution, avoiding disruptions in banking services and in payment, clearing and settlement systems; that the sale price for the bank can include its franchise value or goodwill that could not be recovered if the bank were liquidated; and that the packaged transfer of assets and liabilities is more efficient than a traditional bank liquidation in which assets and liabilities are processed separately. The chief risk of a bank merger is that an otherwise sound bank will be significantly weakened by the purchase of an undercapitalized or insolvent bank. Thus mergers of insolvent banks may have to be aided by the monetary authorities through financial arrangements that compensate for some of the risks of acquiring an insolvent enterprise.

52. **Purchase and assumption transactions** are possibly the most common technique for realizing a going-concern value for the creditors of an insolvent bank. Whereas a merger is done through a sale of equity shares, a purchase and assumption transaction consists of a sale of bank assets and a transfer and assumption of bank liabilities, each of which may require different legal steps.

53. A purchase and assumption transaction may require that certain incentives be offered to the buyer. The deposit insurance agency may have to cover deficits between the assets and liabilities of the failing bank, less its franchise value. In some cases no institution can be found to acquire a failing bank's assets and liabilities because the transaction is done too soon to permit their appraisal and banks are understandably loath to acquire open-ended liabilities. Two techniques have been developed to address such concerns. One is the so-called clean-bank purchase and assumption transaction, in which only "clean" assets and "known" liabilities are transferred. "Dirty" assets and open-ended liabilities may be transferred to an asset management corporation, also called a bad bank, to be processed separately. The other technique has the deposit insurance corporation write a put option to the acquiring bank that entitles it to return to the corporation, within a specified period, certain assets at an agreed price.

54. Purchase and assumption transactions include the transfer and assumption of a bank's liabilities. The law of obligations generally provides that the assumption of liabilities by a third party will not bind creditors without their consent. Obtaining the consent of all of a bank's creditors under a wholesale purchase and assumption transaction would cause substantial delays before the transaction could be closed. Thus the law normally authorizes the receiver of an insolvent bank to transfer the bank's liabilities or provide for a procedure whereby such transfer can be made-without creditor consent.

55. **Bridge banks.** Bridge banks are used in some countries as part of the receivership process. When one or more banks are insolvent or in danger of becoming insolvent, the deposit insurance agency may organize a new bank that the bank regulator is required to charter (bridge bank).

This authority can be used to facilitate sales of large banks that were first intervened by the regulatory agency. Once established, the bridge bank continues to operate the business of the failed bank, while the owners of the failed bank are left with an empty corporate shell. Depositors and other bank customers face a seamless transition between the failed bank and the bridge bank because , in a practical and economic sense, the doors of the bank never closed.

56. Bridge bank powers enable the deposit insurer to stabilize a large bank suffering from a depositor run, clean its balance sheet through the use of a receivership, and enter into bidding through which interested parties can do due diligence prior to making an offer for the bridge bank, either in a whole-bank or clean-bank purchase and assumption transaction and without the interference of the owners of the failed bank. The bridge is then closed a second time; if the bridge bank was sold in a clean-bank transaction, the deposit insurance agency administers a second receivership for the unsold assets and liabilities.

57. **Forced liquidation.** Forced bank liquidation winds up all or part of an insolvent bank that cannot be rehabilitated or benefit from one or more of the preceding bank resolution procedures. Forced liquidation is generally carried out through the liquidation of assets and the discharge of liabilities. The forced liquidation of insolvent banks should be governed by rules consistent with those in the general insolvency law.

58. **Operating license.** *The law should grant the bank regulator the exclusive authority to issue and to revoke a bank's operating license.* The bank regulator generally has exclusive authority to revoke banking licenses. There are good reasons for this setup. Enabling an agency other than the bank regulator to revoke banking licenses tends to weaken accountability. And if that agency is a member of the political establishment, the system risks political interference. In some countries the law tries to compromise by requiring that a banking license be revoked only on the recommendation of the bank regulator. But the problem is not that too many banking licenses are improperly revoked, but that too few are revoked that should have been. Controlling the bank regulator's authority to revoke banking licenses by making it subject to the consent of another authority is equally objectionable. Although shared responsibility may be effective in countries with strong political discipline, it is rarely effective in most other countries.

59. Insolvency does not always provide sufficient justification for revoking a banking license. Neither does a court order opening insolvency proceedings. The reason is that the bank might still be rescued or transferred to another institution. Thus the issue remains open whether the law must provide discretion to the bank regulator by including broadly phrased grounds for license revocation and leaving room for judgment based on the circumstances of each case. Even if a bank is found to be insolvent, it may be argued that the bank regulator should have the authority to let it keep its license-as when the bank is deemed too big to fail or when, in a systemic banking crisis, mindless application of the rules would lead to the closure of the entire banking system.

ANNEX II: SYSTEMIC INSOLVENCY AND CRISES

1. Systemic crises require sufficient public resources; deep changes in institutions, rules of the games and attitudes; an early and systematic evaluation of the size of the problem; design of an overall strategy; and prompt action. The approach needs to be comprehensive and repair both the flow and stock problems of weak and insolvent banks and corporations. Exit policies and procedures-for firms and financial institutions-need to be revamped and appropriately enforced. The government might have to provide capital to viable

banks, but this should not inhibit private equity injections. Extraordinary mechanisms- institutionalized out-of-court schemes, structured loss absorption mechanisms-may be needed to accelerate corporate restructuring. Shifting nonperforming loans from bank balance sheets to loan recovery agencies can ease the banks' stock problem, but it has risks. Regulatory changes need to balance the need for fundamental reforms with political and social realities.

2. Systemic restructuring is difficult and often leads to moral hazard. Appropriate design depends on a country's circumstances, including its macroeconomic environment, fiscal standing and external financing, and the quality of its institutions. While there is no universal solution, there is no alternative to a comprehensive and integrated solution. Crucial in any financial crisis is building social and political consensus to carry programs through. Systemic restructuring involves redistributing wealth and control and deciding how the costs will be shared among government, shareholders of banks and corporations, and foreign investors and lenders. And that is inevitably a major political and social issue.

1. Conditions of Systemic Crises

3. Since the late 1970s there have been at least 112 systemic crises in 93 countries. The fiscal costs of these episodes have been huge both in terms of GDP and in other social and economic costs . The crises have had many causes. A significant proportion of the crises were caused by cronyism (excessive political interference, connected lending), and correlated excess borrowing. Panics by foreign investors played a role in the Latin American crises of the 1980s and the East Asian crisis of the 1990s, and premature liberalization could be cited in many cases. Macroeconomic problems have also been common, especially terms of trade declines or recessions. Still, crises are typically manifestations of weaknesses in the financial and corporate sectors that make the country prone to such events. When the weaknesses are combined with a lack of political will to take the measures necessary to correct the situation in a timely fashion the result is a systemic crisis that impacts the public, in general, and the poorest sector, in particular.

4. In the financial sector, besides the failure of owners to discipline managers (particularly of state banks), incentives for prudential banking are typically weak. Lending limits are poorly designed and weakly enforced. Asset classification systems and loan loss provisioning rules fall short of international standards. And there is no clear exit policy for troubled financial institutions. Countries with systemic crises often have huge holes in their regulatory, supervisory, accounting, auditing and disclosure frameworks and practices. Information and financial statements are often unreliable or out of date. And enforcement of laws and regulations can be pitifully weak.

5. Weak financial systems often protect poorly performing firms by continuing to provide loans. Thus a crisis may be preceded by an extended period of debt-financed overinvestment in low-margin or loss-making businesses and markets. Corporate profitability and returns may be low and falling, leverage increasing and interest coverage deteriorating. When a systemic crisis hits, it typically involves simultaneous distress among many corporations. Currency and interest rate fluctuations, steep drops in demand and other economic shocks may precipitate the crisis or soon follow its onset and worsen corporate performance. The sudden suspension of corporate debt payments will quickly decapitalize financial institutions, and the value of corporate assetsand bank collateralwill plummet. Desperate efforts by financial institutions to preserve liquidity by calling in loans and refusing new loans or loan rollovers may cause a credit crunch. All this may threaten the survival of both strong and weak cor-

porations. Despite emergency efforts to preserve liquidity, rapid decapitalization may threaten many financial institutions with insolvency.

2. Issues and Conditions for Systemic Restructuring

Financial sector restructuring

6. **Containment phase.** *During the containment phase while a systemic crisis is unfolding, special measures are needed to protect the financial system and limit the fiscal cost of resolving the crisis.* In the early stages of any crisis, crucial choices must be made that affect the stability of the financial system and determine the scope for further restructuring and the fiscal costs of resolving the crisis. International experience offers guidance on the steps to be taken during this containment phase: Don't provide liquidity to a bank on an ongoing basis until oversight is more than adequate. Don't close a bank in the middle of a systemic crisis unless there is a credible policy on resolution. Don't announce a blanket deposit guarantee if depositors are merely running to quality within the system. And don't act aggressively except in the context of a coherent and workable plan. Rather, governments should impose rational constraints on financial institutions and alter lending practices.

7. *Suspensions, guarantees and limits.* It is often not feasible or economically sensible to close or suspend a large segment of the financial sector. Abruptly closing banks in a climate of widespread uncertainty can prompt depositors to flee further and faster from banks. Such a move also disrupts relationships between banks and borrowers, shutting off new lending or inducing borrowers to stop servicing old loans. Nor should authorities resort to the quick fix of giving guarantees to depositors and creditors to stem the loss of confidence without assessing all the factors involved. Guarantees may not even work if the problems are big enough and the government lacks the resources and capacity to back them up-which can turn a depositor run into a currency panic.

8. A legal and institutional infrastructure for prompt corrective action and for intervention in insolvent institutions should be in place before a crisis to provide clarity on any intervention, including the priority of claims and procedures for transferring performing loans. Short of that, failed banks cannot be allowed to return to business as usual without adequate capital, nor should shareholders be indemnified against losses. Instead, countries should appoint a conservator of failed banks or hammer out contractual arrangements through which the government holds some of the capital for a transitional period.

9. *Liquidity support.* At the outset of a crisis, it is important to stop the flow of new financing to bank borrowers in default and new lending to insolvent institutions should only be allowed when required for the continued functioning of the payments system. Managerial and shareholder incentives shift when a financial institution becomes insolvent: managers have no incentive to run the institution on a viable basis, and they often speedily drain away resources-including liquidity support from the central bank. Costs rise when the authorities are unable (or unwilling) to stop the transfer of resources from long-insolvent financial institutions. Intense regulatory oversight is needed to stop what may amount to looting by managers and owners.

10. **Systemic restructuring.** *Systemic crises require active but balanced public support, using a comprehensive medium-term plan based on proper diagnosis and third-party inputs, all in a context of sound macro-economic policies.* Experiences in many countries point to clear principles for systemic restructuring of financial systems. Without systemic and accelerated restructuring, usually involving government financial support, problems in the financial and corporate sectors are unlikely to be re-

solved. Insolvent banks will be tempted to gamble or will sharply reduce lending in an attempt to build up capital. Undercapitalized, the financial system will remain dysfunctional. Prompt action and large upfront investments by the public sector-through bank recapitalization-may lead to lower costs because the moral hazard of repeated bailouts may be avoided and, more generally, because there are large benefits in getting credit flows and economies moving again. But to avoid moral hazard, these interventions need to be preceded by some fundamental reforms.

11. *Prompt, comprehensive and credible action.* Fast action is essential for successful systemic restructuring. Prompt action on financial sector restructuring is also needed to maintain credit discipline for borrowers. Borrowers often take the attitude that their creditors are less likely than they are to be around in the future, making them less likely to repay even when they can. Minor fixes, such as increasing loan rates or imposing an inflation tax to restore profitability and recapitalize banks, do not work. Banks that try such methods only reduce the demand for financing and the number of sound firms able (or willing) to pay the higher costs, at severe costs to the economy and to financial development.

12. *A coherent medium-term strategy.* A coherent, realistic and comprehensive approach to the crisis, steadfastly applied, is crucial. In a systemic crisis it is not enough to address only the problems of a handful of the most affected institutions. Unless credible action covers all (or most) financial institutions that are ailing or failing, market uncertainty may be heightened rather than reduced. Asset prices will continue to languish or fall. And without a credible policy, government can become vulnerable. Systemic bank restructuring needs to be driven by a well-articulated, medium-term vision for the financial (and corporate) sector, to be developed by the government in collaboration with the private sector.

13. *Diagnosis and third-party inputs.* The development of the medium-term strategy begins with diagnosing the problem, which requires rigorous monitoring and scrutinizing of financial institutions, including detailed portfolio reviews by reputable outside (preferably international) auditors. The crisis calls for immediate focus and high-level attention, including designation of a dedicated, top-notch crisis team to coordinate the government's response. The team should develop basic principles to tackle the crisis and develop an immediate action plan. Most pressing is greater empowerment of a single restructuring agency-whether in the central bank, ministry of finance or elsewhere-to avoid gaps and conflicts in approaches and actions. The rehabilitation and restructuring plans of individual banks and financial firms can be given more credibility with, for example, the participation of independent parties, including international experts. More generally, there is often a need for more third-party inputs and technical assistance at various stages of restructuring. These include diagnostic audits of financial institutions, loan workouts to create viable restructured assets and investment banking to sell restructured assets.

14. **Loss allocation and use of public resources.** *Losses should first be allocated to private shareholders and creditors. The public resources typically required in a systemic crisis should complement-not displace-private sources, and their use should minimize moral hazard.* Restructuring starts with allocating losses to shareholders of insolvent financial institutions. Corporate and insolvency laws establish the seniority of claims and the order in which they can be written off, with equity at the top of the list. Thus if a bank (or corporation) is still solvent but is in dire need of debt relief from creditors or public support, shareholders' equity (and voting power) should be diluted. And when a bank (or corporation) is insolvent, the claims of shareholders and subordinated debt-hold-

ers should be written down before public money is forthcoming.

15. Financial discipline can be strengthened by allocating at least some losses to creditors and depositors who should have been monitoring the bank. Allocating losses to creditors or depositors will not necessarily lead to a run on banks or end in the contraction of aggregate money and credit, and output, though the situation should be carefully assessed before decisions are made in this area. In past crises-most notably in the United States (1933), Japan (1946), Argentina (1980-82) and Estonia (1992)-governments have imposed losses on depositors with little or no adverse macroeconomic consequences or flight to currency. Economic recovery was rapid, and financial intermediation (including household deposits) was restored within a short time. Financial discipline was further strengthened when management was changed and banks were restructured. In some of the most comprehensive bank restructurings (in 1995 in Argentina, for instance) shareholders, nondepositor creditors and sometimes depositors have sustained losses without significantly undermining confidence in the restructured system.

16. *Public resources.* Government's instinctive response to a crisis is to allocate too few public resources. Unsure of the amount of help available, financial institutions tend to hide the extent of their problems. Existing and potential shareholders will not put up new capital because they are uncertain about the government's capacity to protect against losses. More generally, the crisis undermines the confidence of depositors and investors. In short, countries need (or must be perceived) to have sufficient resources to deal with the large costs of a systemic crisis. But public capital injections should not bail out existing shareholders. Rather, the aim is to allocate losses transparently and minimize costs to taxpayers while preserving incentives for the infusion of new private capital.

17. Some countries have opted not to rely on private injections-and they eventually suffered. They resolved their financial crises partly through partial or full public bailouts, which reinforced the perception of an implicit government guarantee on deposits and other bank liabilities, to the detriment of market discipline. In some cases bank management was not even changed as part of the restructuring, which further undermined incentives for prudent behavior. The lingering effects of such policies often contributed to new crises.

18. Badly designed recapitalizations using public resources have failed, with one recapitalization following another. Efforts focused on fixing balance sheets, with little attempt to correct underlying problems. Repeated recapitalization led to moral hazard; with an implicit government guarantee there was little incentive for prudential banking. Several countries had to recapitalize its banks several times before they got it right; others repeatedly restructured their banks. Even rich countries have not been immune to recurrent recapitalizations. Mergers can help, but only when they make commercial sense to the acquirer. Merging two weak banks will compound the problem, making the bigger bank a bigger problem down the line. Reprivatizing banks hastily is not advised.

19. *The need for private contributions.* Government can take several steps to help clean up banks' balance sheets-rehabilitating assets, sharing losses, reducing debt and injecting new capital. Wherever possible, undercapitalized banks should seek private capital at the same time public support is offered. Banks that choose not to participate on the terms offered are either sound or, more likely, have weak portfolios with private owners unwilling to put up new capital. Such banks should be closed. Assisted banks should be required to draw up a business plan, verified by third parties, disclosing capital and operational restructuring to reduce costs and improve profit prospects without taking on additional risks.

Tight and regular monitoring and supervision, onsite and offsite, are needed to ensure that banks do not subsequently become undercapitalized.

20. *A bank restructuring program should be supported by detailed and transparent provisions of bank restructuring law.* The law governing the bank restructuring corporation must use clear, comprehensive and unambiguous language and must be comprehensible to bank owners and managers, potential investors in and buyers of restructured banks and their assets, and the general public. Transparency is especially important in defining the grounds and procedures for referring and transferring a failing bank to the bank restructuring corporation, the legal effects of the transfer on the powers and rights of bank owners and managers, the content and scope of the posers of the bank restructuring corporation, and the circumstances under which banks referred to the corporation must be liquidated and their licenses revoked. In addition, if the statute of a bank restructuring corporation grants rights, powers and procedures that conflict with or override other laws (such as company, bankruptcy, securities, real property and employment laws), the hierarchy between the statute and other laws should be clearly stated in the organic law of the bank restructuring corporation.

21. The agencies involved in bank restructuring are usually government agencies, so their acts are governed by administrative law, including procedures for administrative review. With the urgent and exceptional nature of banking system restructuring, there is justification for curtailing the rights of interested parties to administrative review of such acts - at least to the extent necessary not to suspend bank restructuring or liquidation.

22. The bank restructuring law should have sunset provisions that limit its life and that of the bank restructuring corporation, to avoid using the same regime to restructure banks under circumstances unrelated to the banking crisis for which it was created. But sunset provisions have an important disadvantage. Once a law has expired, its revival in response to a new banking crisis would require a full-fledged legislative procedure, delaying bank restructuring. Keeping restructuring legislation on the books would avoid such delays. This can be achieved, without risking that the restructuring law would be applied outside crisis situations, by limiting sunset provisions to a suspension of the law's operation and by providing that the law may be reactivated only under certain conditions pursuant to a simplified legislative process, such as a resolution of parliament or a government decree issued with the advice and consent of the legislature.

23. **Supporting reforms.** *Financial sector restructuring after a systemic crisis must be done in tandem with fundamental reforms-including strengthening regulation and supervision and enhancing private sector monitoring.* Fundamental reforms initially involve strengthening prudential regulation, adopting internationally accepted accounting, auditing and financial reporting standards and practices, and toughening compliance and regulation. After that, institutional and legal tools must be forged to resolve failed institutions and dispose of their assets. While these reforms are often started in a crisis, they are hardly ever completed. Bank supervision, for example, typically falls short of international best practice; bank regulators are often not truly independent. Predetermined procedures and corrective actions are needed for early intervention and resolution when banks and financial institutions are distressed but not insolvent. The aim is to put them on a sounder footing and avoid insolvency, closure or forbearance. Most countries fall far short of this ideal, however.

Corporate sector restructuring

24. **Corporate restructuring framework.** *Effective corporate restructuring requires a conducive general framework, en-*

abling creditors to induce restructuring on debtors and ensuring realistic loss recognition by financial institutions. Given the excess corporate debt typical of a systemic crisis, corporate viability cannot be restored without workouts with creditors-debt maturity extensions, debt-equity swaps, debt forgiveness and so on. During a systemic crisis much of this corporate restructuring will need to be done like case-by-case corporate restructuring under non-systemic circumstances. But the scale of corporate distress and the difficulties of getting parties to act in a systemic crisis require special attention. Three conditions must be present for effective medium-term restructuring of distressed companies and to avoid imprudent corporate investment. First, tax, legal, regulatory and other rules must be conducive. Second, creditors must be able to induce corporate restructuring and impose losses on debtors. Third, governments must be able and ready to induce domestic financial institutions to take losses on corporate restructuring.

25. *An enabling environment.* Corporate restructurings are often delayed or derailed by tax, legal, regulatory or other impediments. Countries typically have to ease corporate restructuring by improving the enabling environment-including better accounting, financial reporting and disclosure standards, speedier foreclosure procedures, and changes in tax and accounting rules. Other measures often include liberalizing foreign investment rules, revamping merger and acquisition policy, opening markets and implementing other tax reforms. Investment in the financial and corporate sectors needs to be liberalized because foreign investment can provide much-needed capital and expertise. Tax and regulatory changes may be needed to facilitate debt-equity conversions and ease asset sales. Over the medium term, biases in the tax treatment of debt and equity often need to be redressed.

26. *Ability to induce restructuring and impose losses on debtors.* Controlling shareholders and managers of distressed companies may naturally seek to avoid the downsizing of operations, forced asset sales, dilution of equity ownership and diminution or loss of management control. The ability of creditors to seize ownership or control of a company-through receivership or special administrator-encourages debtors to cooperate with out-of-court workout efforts. This includes a credible foreclosure threat that provides incentives to debtors to subject themselves to (court-supervised) rehabilitation. The absence of such "sticks" will delay corporate restructuring. A weak insolvency regime may impose big losses on the creditors of financial institutions or lead to a standoff between corporate debtors and financial institution creditors. Furthermore, a credible threat of foreclosure and court receivership can help forestall systemic crisis by discouraging imprudent corporate investment.

27. *Ability to induce losses by domestic financial institutions.* For corporate restructuring to be effective and timely, governments must be able to induce domestic financial institutions to accept losses from corporate restructuring. Losses to financial institutions are inevitable given the close link between corporate restructuring and financial sector restructuring. Typically, however, financial institutions prefer to postpone corporate restructuring and their losses from it. Government policies need to quicken the pace of loss recognition by financial institutions and thus the pace of corporate restructuring. Policies that accelerate loss recognition include the application of standard forward-looking criteria for classifying corporate debt and corresponding provisioning rules, and the prompt closure of weak financial institutions.

28. **Framework enhancements.** *Governments need to undertake further specific actions in a systemic crisis to preserve asset values and to induce corporate restructuring.* Even with these elements in place, exclusive reliance on the market to solve corporate problems may lead to loss in asset values and be insufficient in a systemic

crisis. In the containment phase of a crisis, preservation of asset values may call for across-the-board rescheduling of principal or interest (or both) for small and medium-size enterprises, as well as special financing schemes. Working capital or trade finance may be needed to prevent potentially viable enterprises from going out of business. Because of the breadth, severity and complexity of corporate restructuring and systemic crises, and because enforcement and insolvency systems are often not fully effective, special guidelines for corporate restructurings can be necessary and desirable.

29. In a systemic crisis, insufficient restructuring is typically the biggest problem. Though it may be adequate for normal times, the (revamped) bankruptcy and restructuring framework might not be sufficient for a systemic crisis given the various coordination problems and weaknesses in other aspects of the institutional framework. Courts will not be able to handle all restructurings due to the scale of the problems and the general lack of experience and other weaknesses that often led to the crisis in the first place. Given the difficulty in determining economic prospects and asset values, creditors and equity holders will not want to recognize losses and instead will be waiting for better times-and, often, for more public support. The dispersion of claims and interests among many creditors makes coordination difficult. In such an environment the framework may need to be enhanced to induce restructuring outside formal reorganization and bankruptcy procedures.

30. *Enhancing the corporate restructuring framework.* The government may want to create a more institutionalized framework for corporate restructuring, as was first done in Mexico in 1995. Following Mexico's example, some Asian economies (Indonesia, Korea, Malaysia, Thailand) moved in 1998 toward out-of-court but institutionalized procedures to complement in-court procedures. These frameworks take as their starting points the so-called London rules, principles for corporate reorganization first enunciated in the United Kingdom in the early 1990s. But the London rules were not designed for systematic corporate distress, and countries have had to enhance them (box A.1). In most cases these frameworks have established voluntary arbitration mechanisms and professional services. In addition, further enhancements have taken place through an out-of-court accord, under regular contract or commercial law, to which all (or most) creditor institutions (are coerced to) sign on. With such an accord, agreements reached among the majority of creditors can be enforced on other creditors without going through formal judicial procedures. In addition, arbitration with specific deadlines-and specific penalties for failure to meet deadlines-can be made part of the accord, avoiding the formal judicial process to resolve disputes.

Box A.1 Developing institutionalized, out-of-court approaches to corporate restructuring

Several factors should be considered in deciding whether to adopt and how to formulate an institutionalized, out-of-court approach to corporate restructuring.

Principles under which the approach will operate. Beyond the objective of accelerating restructuring, other principles to be decided include: Will the new approach try to maximize creditor recovery, or will it favor corporate restructuring? Will the program use as its basis generally accepted corporate restructuring principles? While a variety of policy goals are possible, the more market-based restructuring principles are abandoned, the more the government will entangle itself in restructuring. This poses serious risks and requires a careful evaluation of the credibility and professionalism of the proposed government decisionmakers, as well as the value of the goals to be achieved through their involvement.

Determining how substantive decisions are made. One of the most important issues is whether and under what circumstances institutional decisionmakers will substitute their judgment for that of private parties. Involving the institutional program in substantive debt restructuring can provide credibility and leverage, and can help to overcome the reluctance or inability of the parties to engage in good-faith negotiations. But involving emerging market governments in debt restructuring discussions is fraught with risks. In many countries it was the close "cooperation" between the corporate and government sectors that caused economic problems in the first place.

Using mediation mechanisms. Though the institutional program may not assume the role of substantive decisionmaker, it may nevertheless provide substantive (and procedural) guidance through a mediation mechanism. Trained mediators can provide substantive opinions to the parties and can bridge cultural gaps, improving communication. But the decision to include a mediation mechanism must be made in light of the cost of the professionals involved, their skills, and the need to provide guidance to participants.

Determining the leverage available to the program. An additional policy choice is whether the institutional program is designed to operate on a voluntary basis or whether those administering the program are empowered to punish parties who refuse to participate or who participate in an unsatisfactory fashion. If so, what type of sanctions should be available, and what discretion should those administering the program have over their use? A voluntary program will require adequate funding and staff capable of developing and maintaining market credibility. When sanctions are built into the institutional restructuring program, the professionalism and dependability of those responsible for its operation, as well as the level of discretion left to them, will need to be assessed to avoid the improper use of powers.

Choosing a rigid or flexible procedural system. A flexible system favors adaptability and can enable decisionmakers to tailor restructuring procedures to the needs of each case. But in many developing countries a lack of certainty and experience merits the institutional program in the first place, so strict rules on restructuring (including timeframes and steps to be taken) may be important.

Striking a balance between real and financial sector restructuring. In any corporate restructuring, immediate cash settlements may come at the expense of long-term recovery. But a predictable, workable and quick corporate restructuring system can reduce process risk. The institutional approach will have to balance these competing objectives.

31. The enhancements have varied by country, reflecting different policy objectives and country circumstances. In East Asia, Thailand's framework seems to have been the most conducive to out-of-court restructuring, followed by Korea and Malaysia. Indonesia's framework was the least conducive. These differences seem to explain part of the variations in the speed of corporate restructuring in these four countries. Regardless of their precise design features, out-of-court frameworks need to have a legal backing to force debtors to participate, to allow foreclosure of collateral and to avoid having small creditors obstruct negotiations and hold out for more generous treatment. Thus proper bankruptcy and foreclosure procedures are important for the success of these approaches.

32. *Further special measures.* Whether additional special measures for distressed companies are needed in a systemic crisis is less clear. Some observers have argued for a general moratorium on debt service or a "super Chapter 11" to apportion losses from systemic corporate distress among shareholders, financial institutions and na-

tional treasuries and taxpayers. Before concluding that some special regime is needed, governments should ensure that creditors are able to impose losses on debtors, that domestic financial institutions are forced to recognize losses from necessary corporate restructuring in a timely manner, and that no other major tax, legal, regulatory or political obstacles thwart immediate corporate distress resolution and follow-on operational restructuring. Without considering these factors, a special regime could create moral hazard, encourage a resumption of excess leverage and investment, preserve nonviable companies that should be liquidated, and tie up capital and assets in less productive enterprises.

33. **Lead restructuring agency.** *In general, private sector solutions for corporate restructuring seem to be preferable. Publicly owned asset management corporations have had limited success in developing countries.* Successful operational and financial restructuring of corporations requires proper valuation of distressed assets and the right incentives for restructuring. These factors depend on the agent selected to lead the corporate restructuring. Possible choices are banks and other financial institutions, governments and existing or new corporate shareholders (foreign or domestic). The choice will determine not only the depth and sustainability of restructuring, but also the medium-term financing and governance structures of the corporate sector. In general, private sector solutions should be adopted where feasible. Privately managed assets will yield higher returns (or smaller losses) than those managed by government. This is especially so in emerging markets, given the historically large role the state has played in allocating resources, with mixed success.

34. *Decentralized and centralized approaches.* Workouts can be decentralized through internal workout units in banks, through "bad" banks (separately capitalized banks with bad loans that are managed by the good bank with other investors or spun off to new investors) or through separate asset management companies that are subsidiaries of banks. Workout units in banks should be financially and organizationally separate from other parts of the bank, and it is inadvisable to make the same bank officer who made the (now) distressed loan responsible for restructuring it. Further segregation, through bad banks or asset management companies, can clarify the bank's financial situation and avoid skewed incentives and drains on managerial effort. Segregation will be necessary in any case if government support is provided. But there are risks. Transferring loans to a separate asset management company can break the link between the bank and a corporation-a link that may have value given the bank's privileged access to corporate information. Other issues are the price to be paid for distressed assets and the additional time needed to organize an asset management company and transfer assets to it. In addition, restructuring often requires new lending, and an asset management company may not have the capacity to lend.

35. Alternatively, under a centralized approach, a single publicly owned asset management company, restructuring agency or deposit insurance agency takes over bad assets from many financial institutions and centralizes the management of them. Recovery on centrally held financial assets can benefit from economies of scale-as with the centralization of management workout skills and information technology-and can help with the securitization of assets. Moreover, distressed loans are removed clearly, quickly and completely from banks, which can help rebuild confidence in failed banks. To perform the asset resolution role more effectively, the public asset management company can be given super-administrative powers to seize collateral and take over the management of debtor companies. But there are risks as well, mainly related to the incentive structure of the management of a public asset management company.

36. *Different countries, different choices.* During their systemic crises, Norway and Spain adopted variations of an internal workout, while the United States opted for a government agency (the Resolution Trust Corporation). The choice between the two approaches is complex. The decentralized approach requires a strong framework and proper incentives for private agents to undertake restructuring. A review of decentralized restructuring in seven countries shows that the success of this approach depends on the quality of the institutional framework (including accounting and legal services) and on the initial conditions (including the capital positions of banks and ownership links).[30]

37. Publicly managed asset management companies have mixed track records. In several documented cases the companies have not expedited bank or corporate restructuring. In some cases (Mexico, Philippines, some transition economies) the establishment of a public asset management company actually delayed problem resolution. When given extrajudicial powers not available to other creditors, a government asset management unit may make decisions on immediate cash settlement and long-term recovery that do not always maximize corporate values. Experiences in Spain and the United States suggest that asset management companies can be effective, but only for narrowly defined purposes of resolving insolvent and nonviable financial institutions. And even achieving those objectives required many ingredients: professional management, political independence, a skilled resource base, appropriate funding, adequate bankruptcy and foreclosure laws, good information and management systems, transparency in operations and processes, and-importantly-political will.

38. A review of country experiences with asset management companies shows a very mixed record, with more success in industrial countries than in emerging markets.[31] Much of this disparity arises from the much larger systemic crises in developing countries, which make asset management companies not easily replicable. Total assets handled by the U.S. Resolution Trust Corporation, for example, accounted for about 7 percent of GDP-while in many emerging markets nonperforming assets have equaled 20 percent or more of GDP. Moreover, capital and other financial markets are typically better developed in industrialized countries than in emerging markets, allowing faster disposal of assets, and qualified personnel are more widely available.

39. Thus private sector actors are preferable as lead agents for corporate restructuring. But in a systemic crisis, foreclosure, liquidation and court-supervised reorganization procedures are often weak. Without reliable means for imposing losses on debtors, private actors will have a hard time resolving corporate distress in a timely and effective manner that restores corporate health and deters further imprudent behavior. Because it can be difficult to strengthen a country's insolvency capabilities in the midst of a crisis, countries should rely more on hard budget constraints to force corporate restructuring and avoid leakage of government support for the financial system. Hard budget constraints can vary from close oversight of weak financial institutions to lending limits on certain types of corporations. They can also include reserve requirements that force financial institutions to direct new deposits to safe assets, such as government bonds, rather than onlend these funds to weak corporations.

30. Dado, Marinela, and Daniela Klingebiel, "Decentralized Creditor-Led Corporate Restructuring: Cross-Country Experience," World Bank, Washington, D.C (2000).

31. See Daniela Klingebiel, "The Use of Asset Management Companies in the Resolution of Banking Crises: Cross-Country Experiences," World Bank, Washington, D.C. (1999).

40. If a centralized unit is used, it must be set up quickly with a clear pricing mechanism for transferring assets. The market value of loans should be recognized early on-using international principles and verified by independent accountants and auditors-and loss provisions made accordingly. Any agency must be well funded and have the authority and incentives to place assets in the private market as quickly as possible. Selling assets quickly establishes floor prices that promote a speedier recovery from the economic crisis. For example, the U.S. Resolution Trust Corporation sold most of its $450 billion in assets within three years. An asset management company cannot be used to hide the size of losses and should be audited regularly, with third-party validation of asset quality. Finally, it must be established with a clear mandate and a short life-no more than three to five years.

ADDENDUM: SURVEY OF OTHER INITIATIVES

Cross-border insolvency

International work on multi-jurisdictional business and bank insolvency has focused on the need for access, recognition and cooperation. Initiatives have included the European Union's 1995 Convention on Insolvency Proceedings, adopted as an EU regulation in May 2000 after 40 years of groundwork.[32] The United Nations Commission on International Trade Law (UNCITRAL), in collaboration with INSOL International, began work in 1994 on a Model Law on Cross Border Insolvency, adopted in 1997. Like the EU regulation, the UNCITRAL model law contains choice of law provisions and provides for access, recognition and cooperation in cross-border insolvencies among countries that adopt it. In 1998, in response to the Barings Bank failure, the Group of Thirty released a report titled "International Insolvencies in the Financial Sector." The G-30 recently commissioned a further examination of the extent to which globally active financial institutions take cross-border insolvency risks into account in their private risk management calculations.[33] And in 2000 the American Law Institute completed its Transnational Insolvency Project, which aims to develop principles and procedures for managing enterprise failures among members of the North American Free Trade Agreement.[34]

National insolvency law reform

Throughout the 1990s the Bank and other international financial institutions helped transition economies develop insolvency and creditor rights systems to facilitate the transfer of state property to the private sector and to smooth the exit of loss-making enterprises. As these economies mature, they are being swept by a new wave of reform that takes a more comprehensive, market-oriented approach to the role of insolvency and creditor rights systems in promoting and stabilizing commerce. After the East Asian crisis, a G-22 study underscored the importance of these systems in preventing, managing and resolving systemic crises.[35] This led to a range of responses from international financial institutions. In 1998 the Asian Development Bank (ADB) be-

32. Effective in May 2002, the EU regulation establishes a choice of law framework for cross-border insolvencies within EU member states. Preparatory work began in 1960 and resulted in two drafts of 1980 and 1984 which then member states found unacceptable. Work resumed in 1990.

33. Group of Thirty, "Reducing the Risks of International Insolvency: A Compendium of Work in Progress" (2000).

34. American Law Institute, "Principles of Cooperation in Transnational Insolvency Cases among the Members of the North American Free Trade Agreement" (2000).

35. Group of 22, "Report of the Working Group on International Financial Crises" (1998). The G-22 study endorses a short list of principles for insolvency and debtor-creditor regimes but makes no specific recommendations on strengthening national systems in these areas.

gan providing technical assistance for insolvency law reform in Asia and the Pacific.[36] Its final report, released in 2000, identifies 16 standards for insolvency laws. In 1999 the International Monetary Fund issued a report titled "Orderly and Effective Insolvency Procedures," identifying key features of an insolvency law and discussing the policy considerations underpinning the design of a modern insolvency law.[37] In 2000, building on work by the Bank and others, UNCITRAL began developing legislative guidelines for a formal corporate insolvency law. This work is expected to be completed in 2003.

Initiatives on secured transactions

Among international financial institutions, interest in secured transactions began with the Bank, European Bank for Reconstruction and Development and Inter-American Development Bank projects in the early 1990s.[38] The EBRD, among the first to recognize the importance of secured lending, pioneered principles for a modern secured transactions law that have received a measure of acceptance among developing countries in Europe and Central Asia, where they are often used to modernize secured transaction legislation.[39] In Asia and the Pacific the Asian Development Bank is providing technical assistance on secured transactions law reform, complementing its work on insolvency law reform.[40] And in Latin America the Organization for American States has begun work on a model secured transactions law.

Informal corporate workouts

In October 2000 INSOL International released a "Statement of Principles for A Global Approach to Multi-Creditor Workouts." The principles derive from the London Rules approach to informal workouts and espouse eight best practices for multicreditor workouts. Because informal workouts take place in the "shadow of the law," consensual resolution requires reliable fallback options through existing legal mechanisms for individual enforcement and debt collection or through collective insolvency procedures.

GLOSSARY[41]

Administrator: A person or entity appointed in place of a debtor's management to administer an insolvency proceeding and who is accountable to the court, tribunal or agency with jurisdiction over insolvency cases. As used in this paper, the administrator refers to a qualified and competent office holder or professional who is knowledgeable of business matters. There term, as used in many countries, is not susceptible to a consistent meaning. Generally it refers to one appointed to manage the affairs of a business with a view to rehabilitating it. In this paper, the term is used generically to encompass a liquidator as well, even though the term "liquidator" generally

36. Asian Development Bank Regional Technical Assistance Program for Insolvency Law Reform (TA No. 5795-REG).

37. The IMF report concentrates on the legal framework and procedures for an insolvency law, which are addressed in Section 3 of this report.

38. The reforms of the United States and Canada, dating from the 1950s, set out fundamental principles for a modern secured transactions law that have been relied upon as a model for current initiatives.

39. This report's principles 3-5 on creditor rights and enforcement are largely consistent with the EBRD's 10 core principles on secured transactions. For a discussion of these principles, see www.ebrd.com/english/st.htm.

40. Asian Development Bank Regional Technical Assistance Program for Secured Transactions Law Reform (TA No. 5773-REG).

41. The definitions in this Glossary have been adapted to the usage of terms and concepts in this paper. They do not necessarily have the same meaning that may be applied in a specific jurisdiction or country. Some of the definitions on security draw from those used in the EBRD's model law on secured transactions.

refers to one charged with liquidating (as opposed to rehabilitating) the enterprise. In systems where a debtor's management is not replaced by an administrator, the debtor's management is typically responsible for carrying out the duties of an administrator (as with a "debtor in possession" in the United States). Other terms often employed with variances in meaning and duties include trustee, supervisor, examiner, receiver, insolvency administrator.

Bankruptcy judge: A judge designated to handle bankruptcy cases. The bankruptcy judge should be specialized, even if there is no specialized bankruptcy court In jurisdictions where a bankruptcy court is not the preeminent bankruptcy authority, the person or insolvency agency with equivalent powers may serve a comparable role.

Bankruptcy proceeding: A proceeding conducted according to established law wherein an enterprise or entity is rehabilitated or liquidated for the benefit of its creditors and others. Bankruptcy proceeding is often used to refer to a liquidation proceeding, whereas insolvency proceeding is more often used to refer to both liquidation and rehabilitation proceedings. In this paper the two terms are used interchangeably to represent all court-supervised (or agency-supervised) proceedings, while liquidation and rehabilitation are used specifically.

Charge: Used in a generic sense to encompass the various forms of a possessory or non-possessory security. In some countries the term refers only to a non-possessory security interest. Generally, the charge confers a priority entitlement to the proceeds of assets given as security. The English "floating charge" is distinctive in that it gives the enterprise a right to dispose of assets in the ordinary course of business from free from the charge.

Collateral: Assets or property, movable and immovable, for which a security interest has been granted to a creditor. If an obligation is not satisfied, the collateral subject to a security interest may be recovered or held, or the value realized, by the creditor holding the security interest.

Court: A tribunal or judicial authority that, as an independent and objective agent, is responsible for resolving insolvency cases. If final authority for insolvency cases is not lodged in a court, then an insolvency agency may serve a comparable role.

Debtor: An enterprise or legal entity that is indebted to a creditor. In the context of a bankruptcy proceeding, whether liquidation or rehabilitation, the term debtor is used to refer to the insolvent.

Lien: A generic term used in the United States to refer to a charge to secure payment of a debt or performance of an obligation, whether consensual, judicial or statutory. Under English law the term refers to a passive right arising by operation of law to retain the chattel until paid.

Liquidation: The process of assembling and selling a debtor's assets in an orderly and expeditious fashion in order to dissolve the enterprise and distribute the proceeds to creditors according to established law. A liquidation can include a piecemeal sale of the debtor's assets or a sale of all or most of the debtor's assets in productive operating units or as a going concern.

Liquidator: The person or professional designated to handle the liquidation of an enterprise.

Mortgage: A transfer of assets by way of security under the express or implied condition that ownership will be transferred back to the debtor on discharge of the obligation. The term is most often used to refer to security in real or immovable property. The term *hypothec*, used in other systems, is equivalent.

Pledge: In a generic sense, a pledge refers to a possessory security. Still, it is often used to refer to both possessory and non-possessory securities.

Rehabilitation: The process of reorganizing (restructuring) an enterprises' financial relationships to restore its financial well being and render it financially viable. This process may include organizational measures and the restructuring of business and market relationships through debt forgiveness, debt rescheduling, debt-equity conversions and other means. It can also involve selling the business as a going concern, in which case the procedure may be equivalent to similar sales under a liquidation proceeding.

Security: Generally used to refer to the right taken as a guarantee of the fulfillment of a debtor's obligations-and more specifically, to the asset given as a guarantee. In secured transactions the term is distinct from debt or equity securities that may be traded on securities markets

Security interest: A right or interest granted by a party's commitment to pay or perform an obligation. Whether established voluntarily by agreement or involuntarily by way of legal process, a security interest generally includes, but is not necessarily limited to, mortgages, pledges, charges and liens.

Secured transaction: A transaction that involves giving a security interest to a creditor to grant that creditor a right or interest in specified collateral. Commonly used in the United States to cover a wide range of transactions, including any transaction intended to create a security interest in personal property or fixtures, including goods, documents and other intangibles.

A DISCIPLINA JURÍDICA DAS EMPRESAS EM CRISE NO BRASIL: SUA ESTRUTURA INSTITUCIONAL*

PAULO FERNANDO CAMPOS SALLES DE TOLEDO

1. Introdução. 2. A lei brasileira: uma apresentação. 3. O sistema falimentar e sua estrutura institucional: 3.1 O papel do juiz; 3.2 A função do Ministério Público; 3.3 Os órgãos auxiliares: 3.3.1 O síndico; 3.3.2 Os auxiliares do síndico. 4. A reforma premente. 5. Conclusões.

1. Introdução

O objetivo deste estudo é mostrar, em breves linhas, o estado atual da legislação brasileira em matéria de empresas em crise. Em especial, será considerada a estrutura institucional de que se dispõe para implementar essas normas legais. E por fim, será feita uma alusão a algumas das modificações propostas no Projeto de Lei de Recuperação de empresas, em tramitação no Congresso Nacional.

2. A lei brasileira: uma apresentação

O direito brasileiro em matéria de insolvências de empresas é regido pelo Decreto-lei 7.661, de 21 de junho de 1945. A data em que foi editado o diploma já indica sua defasagem no tempo, uma vez que: a) no plano mundial, as grandes mudanças normativas no campo das empresas em crise deram-se a partir da década de 1960, com a edição, na França, da lei de 13 de julho de 1967; b) no plano interno, observou-se, no período, um acentuado desenvolvimento das atividades econômicas, tendo o Brasil deixado de ter, como nos anos 40, uma economia predominantemente agrária, para passar a ser, nos dias de hoje, a 8ª economia do mundo.

A Lei de Falências ainda em vigor no Brasil é um reflexo, ao mesmo tempo, da visão jurídica então prevalecente nos países filiados ao Direito Continental europeu, e das características econômicas que na época limitavam o âmbito das atividades empresariais. É, por isso, uma lei que, sem se preocupar com a preservação da empresa ou com a separação entre esta e o empresário, ainda se destina, basicamente, à liquidação, com a venda dos ativos que puderam ser arrecadados e o rateio do resultado entre os credores.

O instituto da falência no Brasil aplica-se exclusivamente ao devedor comerciante (art. 1º). Quanto à chamada *insolvência civil*, a matéria é tratada no Código de Processo Civil, dizendo respeito não só a pessoas naturais, mas também a pessoas jurídicas não exercentes de atividade empresarial comercial (por exemplo, imobiliárias, mineradoras, agricultores). Para os bancos e instituições financeiras há uma legislação específica e regimes próprios (in-

* Texto de apoio para palestra proferida na cidade do México, em outubro de 2000 (no *Latin American and Caribbeau Insolvency*).

tervenção, liquidação extrajudicial, administração especial temporária).

A falência é decretada judicialmente quando o devedor se torna *impontual* (ou seja, como dispõe o art. 1º da Lei, quando deixar de pagar, no vencimento, obrigação líquida que legitime processo de execução), ou quando se verificar alguma das hipóteses previstas no art. 2º do mesmo diploma, e que fazem presumir a situação de insolvabilidade.

O decreto de falência acarreta efeitos imediatos, previstos na Lei nos arts. 23 e seguintes. Assim é que todos os credores do devedor comum são convidados a participar do processo concursal, cabendo-lhes declarar seus créditos e reclamar seus direitos perante o juízo da falência. O falido perde desde logo a administração de seus bens (art. 40), e fica obrigado a cumprir uma série de deveres legais (deve prestar declarações em Juízo esclarecendo as causas da falência e dando informações sobre a empresa, não pode ausentar-se do lugar da falência sem autorização judicial, deve comparecer a todos os atos do processo etc., cf. art. 34 da Lei). Se o falido descumprir esses deveres, poderá ter sua prisão decretada pelo juiz (art. 35). As sociedades falidas serão representadas pelos seus diretores, gerentes ou liquidantes, os quais ficarão sujeitos às obrigações impostas ao devedor ou falido (art. 37).

Paralelamente ao processo falimentar, corre, também no Juízo da falência, um inquérito judicial, objetivando apurar a possível ocorrência de crimes falimentares. Com base nesse procedimento, poderá ser instaurado processo crime falimentar (arts. 103-113). Dos crimes falimentares trata o Título XI da Lei de Falências (arts. 186-199).

Ainda em paralelo ao processo da falência, prevê a Lei um procedimento para a verificação (ou *accertamento*, como se diz no Direito italiano) do passivo. São as declarações de crédito, as quais, uma vez julgadas, ensejam o *quadro geral de credores* (art. 96).

Publicado o quadro geral de credores e decidido o inquérito judicial, abrem-se duas oportunidades. Ou o falido requer concordata suspensiva, ou se passa para a fase de liquidação. Nesta, são vendidos os bens do falido que tiverem sido arrecadados (arts. 114-123), e pagos os credores, de acordo com uma rígida ordem (art. 102), dando-se prioridade aos créditos dos empregados, aos tributos, aos encargos e dívidas da massa, aos créditos com direitos reais de garantia, aos rivilegiados e, finalmente, aos quirografários (arts. 124-130).

Além da falência, o Direito Concursal brasileiro prevê a concordata, que pode ser preventiva ou suspensiva (art. 139). No primeiro caso, terá por finalidade evitar a falência (art. 156), que será suspensa na segunda hipótese, possibilitando ao falido o pagamento de seus credores na proporção, prazo e condições estipulados (art. 177 e parágrafo único). A concordata obriga a todos os credores quirografários (art. 147), mas apenas a estes, não influindo nas demais relações de débito e crédito.

Das duas modalidades de concordata, a preventiva é a mais freqüente e a que produz mais resultados positivos. Não é, contudo, uma reorganização de empresas. Não tem nenhum conteúdo patrimonial, não afasta os administradores (nem os mantém, na verdade, porque não interfere na gestão), não exige que se apresente plano algum de recuperação nem que se examine a viabilidade econômica da empresa, nem objetiva a preservação desta. Pura e simplesmente dá um prazo de até dois anos para que o devedor pague seus credores quirografários, ou integralmente, ou com dedução que pode chegar a 50%, se o pagamento for à vista (art. 156, § 1º).

3. O sistema falimentar e sua estrutura institucional

3.1 O papel do juiz.

Fundamental, no sistema falimentar brasileiro, o papel do juiz. Não se restringe ele a presidir o processo, como acontece nos casos em geral. Sua função, aqui, é também administrativa, na medida em que, muito embora seja o síndico quem exerça diretamente a administração da falência, ele o faz "sob a imediata direção e superintendência do juiz", como expressamente dispõe o art. 59 da Lei. Para dar mais um exemplo, cabe ao juiz decidir, na venda de bens da massa mediante propostas, qual delas é a melhor, autorizando a realização do negócio (art. 118, § 2º).

O processo falimentar é da competência da Justiça dos Estados (e não da Federal), por disposição expressa da Constituição (art. 109, inciso I). Em alguns Estados, a função é exercida por um juiz especializado, em outros (na maioria), pelos juízes de Direito de varas cíveis.

A propósito da criação de cargos especializados na estrutura judiciária para o julgamento de causas falimentares, inexiste, por enquanto, um consenso. No Estado de São Paulo há uma grande resistência a respeito, entendendo-se que os juízes de varas cíveis, que têm competência comum e cumulativa (abrangendo, por isso, também as questões falimentares), estão aptos para o julgamento desses casos.

A prática tem mostrado que os juízes cíveis estão aptos a julgar questões de falências e concordatas. Mas o fato é que a complexidade da matéria justificaria a criação de juízos especializados. É certo que a maioria das hipóteses submetidas a julgamento corresponde a casos simples, porém isso não afasta a constatação de que muitas vezes as questões, pelo seu vulto e dificuldade, poderia ser mais bem enfrentada por um juiz especializado. A prática que este adquiriria, pelo trato cotidiano com a matéria, facilitaria certamente o exame da hipótese, e lhe daria uma visão em profundidade que lhe permitiria enxergar no caso *sub judice* o que poderia passar despercebido a alguém não afeito ao tema.

Em segunda instância, as causas são decididas, conforme a organização judiciária de cada Estado, normalmente por uma Câmara Cível. No Estado de São Paulo, é competente uma das Câmaras de Direito Privado do Tribunal de Justiça. Nessas hipóteses recursais, parece não se justificar uma especialização maior. Pesa mais, para o julgamento do processo em grau de recurso, a experiência do julgador e a soma de conhecimentos jurídicos mais amplos que a passagem do tempo veio naturalmente proporcionando.

3.2 A função do Ministério Público

O Ministério Público atua, no processo falimentar, em duas funções distintas. Uma primeira, na qualidade de *custos legis*, fiscalizando a aplicação da lei ao caso concreto. E uma segunda, no processo criminal falimentar, como parte principal, atuando no pólo ativo da relação processual penal.

A contribuição do Ministério Público, em ambas essas funções, tem sido bastante positiva. Quanto à atuação no campo criminal, não há muito o que enfatizar: trata-se da vocação tradicional do *Parquet*, com a peculiaridade, tão-só, de que os delitos, nesse caso, são específicos.

Chama a atenção, no entanto, a atuação do Ministério Público como *custos legis* nas falências e concordatas. Principalmente nas maiores comarcas, onde é possível a especialização, o Ministério Público intervém nos processos falimentares por meio de promotores de Justiça especializados na área. Isto possibilita um domínio da matéria que se traduz em maior eficácia funcional. Abusos e fraudes, tão freqüentes nos processos falimentares (*decoctor, ergo fraudator*, costumava-se dizer em tempos idos), podem ser evitados e combatidos pela intervenção do Ministério Público no processo.

É certo que, por vezes, e isto é queixa constante dos que atuam na área falimentar, o órgão do Ministério Público radicaliza suas posições. Para a correção dessas hipóteses, no entanto, os advogados dispõem de meios processuais hábeis, e o juiz estará presente para restabelecer o equilíbrio momentaneamente rompido.

3.3 Os órgãos auxiliares

3.3.1 O síndico

A administração da falência, já se disse, é exercida pelo síndico, "sob a imediata direção e superintendência do juiz" (art. 59). Do síndico depende, por isso, em grande parte, o bom ou mau resultado da falência. Um síndico diligente irá trazer, para a massa, bens e recursos que um negligente sequer pensará que possam existir. Saberá fazer ilações, descobrir fatos que se supunham poder ficar ignorados, ganhar causas que a omissão poderia conduzir ao fracasso etc.

Ante a relevância da função, a lei brasileira procura discipliná-la cuidadosamente (arts. 59-69). Prevê regras para a escolha do síndico (art. 60), casos de impedimento (art. 60, § 3º), enumera seus deveres e atribuições (art. 63), preconiza sua destituição quando excede prazos, descumpre "quaisquer outros deveres", ou tem interesses contrários aos da massa (art. 66), e explicita sua responsabilidade civil por prejuízos causados à massa (art. 68).

3.3.2 Os auxiliares do síndico

A lei prevê que o síndico deverá designar perito contador, chamar avaliadores, e "escolher para os serviços de administração os auxiliares necessários" (art. 63, incisos V, VI e VII). Serão pessoas de confiança do síndico (e, pois, por extensão, de confiança do juiz), remunerados não pelo Estado (porque normalmente não são funcionários públicos), mas, sim, pela massa falida, ficando, pois, na expectativa de que esta gere recursos para tanto.

As dificuldades materiais evidenciam-se nos processos falimentares. Por aí logo se percebe que não é fácil, muitas vezes, encontrar bons síndicos, peritos e outros auxiliares. O pagamento a que fazem jus qualifica-se como encargo da massa, e como esta, como é óbvio, é falida... Quer isto dizer que apenas nos processos de maior expressão econômica é que se encontram, sem muito esforço, esses imprescindíveis colaboradores. Na generalidade das situações, somente o prestígio pessoal do juiz que nomeia e a boa vontade do que aceita a nomeação, ou o amor à Justiça, explicam o andamento normal de boa parte dos processos falimentares. O problema é ainda maior nas comarcas do interior, onde não há sequer a contrapartida da possibilidade de que venham a existir, no futuro, boas causas (no sentido remuneratório), que compensem a falta ou insuficiência de pagamento nas pequenas falências.

Não há solução pronta para o problema acima mencionado. Transformar em funções públicas as exercidas pelo síndico e outros agentes do processo falimentar seria burocratizar a estrutura, sem a certeza de resultados positivos. Mas deixar-se como está também não é recomendável.

4. A reforma premente

A situação acima retratada está para vir a ser alterada. Com efeito, tramita no Congresso Nacional o Projeto de Lei n. 4.376/93, que "regula a recuperação e liquidação judicial de devedores de pessoas jurídicas e pessoas físicas que exerçam atividades econômicas". O projeto, de que é relator o deputado Osvaldo Biolchi, está para ser submetido ao Plenário da Câmara dos Deputados, o que significa que, em espaço de tempo não muito longo, após apreciado pelo Senado e cumpridos os demais trâmites processuais, poderá finalmente transformar-se em lei.

Se o referido projeto vier a ser acolhido, o Direito Concursal brasileiro terá dado um grande passo no sentido de sua atualização. Não é caso, neste ponto, de estender-se em considerações a respeito. Mas alguns tópicos merecem ser salientados.

Em primeiro lugar, nota-se desde logo que o projeto põe de lado os arcaicos institutos da falência e da concordata, substituindo-os pela recuperação e pela liquidação judicial. Não se justifica, hoje, deixar de oferecer uma disciplina jurídica adequada às crises das empresas. Estas, quando se mostrarem economicamente viáveis, merecem ser preservadas, propiciando-se, para isso, o instrumental próprio para suas reorganizações, liquidando-se apenas as empresas inviáveis.

O projeto também não se restringe às empresas comerciais, ampliando o âmbito de sua aplicação também às sociedades civis. Prevê o exame da viabilidade da recuperação, enumera uma série de meios para que esta se verifique, não mais atrela a sorte da empresa à conduta do empresário (como acontece atualmente, no sistema em vigor no Brasil), e dispõe que, demonstrada a inviabilidade da empresa, ou o descumprimento do plano, a recuperação será convolada em liquidação judicial.

A liquidação judicial é longamente disciplinada no projeto, que não se esquece de estabelecer, também, um procedimento especial (tanto de recuperação quanto de liquidação) para as microempresas e empresas de pequeno porte, que representam uma grande parcela das empresas em atividade. Traz igualmente, o projeto, uma nova disciplina referente aos crimes falimentares e respectivo procedimento penal.

5. Conclusões

Uma observação final impõe-se. Demonstrada a insuficiência da sistemática legal hoje em vigor no Brasil em matéria falimentar, não se percebe como possa ainda encontrar alguma resistência a constatação de que a mudança legislativa é imperiosa. E mais: não bastam alterações tópicas, de um ou outro ponto cujo descompasso com a realidade se mostre mais notório. O que é preciso é mudar o sistema, buscar novas soluções e, talvez, acima de tudo, encarar de outro modo, positivo e moderno, o problema das empresas em crise.

Bibliografia

OS DIREITOS FUNDAMENTAIS

Rescensão da obra de MAURIZIO FIORAVANTI *Appunti di Storia delle Costituzioni Moderne. Le Libertà Fondamentali*, por ARMINDO SARAIVA MATIAS

1. Os objectivos da obra[1] de Fioravanti. 2. A fundamentação teórica das liberdades. 3. As revoluções e as doutrinas das liberdades. 4. As liberdades e as doutrinas da época liberal. 5. As liberdades nas Constituições actuais. 6. Apreciação crítica das posições de Fioravanti.

1. Os objectivos da obra de Fioravanti

Maurizio Fioravanti,[2] Professor italiano de História das Constituições Modernas, deparou, no seu ensino, com a necessidade de explicar aos alunos o fundamento do fenómeno universal do constitucionalismo moderno que é o da consagração das liberdades, dos direitos individuais fundamentais.

E, desde logo, teve de colocar a questão de saber se o constitucionalismo moderno é fruto da criação, pelos Estados, de um núcleo de normas modernas, recentemente criadas, logicamente ordenadas, ou, antes, o resultado do evoluir da história, das tradições jurídico-culturais de cada povo.

Fioravanti não poderia, obviamente, afirmar qualquer destas teses sem a demonstrar. E para a demonstração terá de lançar-se no estudo da história do direito.

É esse estudo de história, é essa análise detalhada dos movimentos políticos e das revoluções que o vai determinar pela conclusão de que o constitucionalismo moderno não é uma criação recente, é o resultado de uma evolução lenta, de doutrinas, tradições, culturas, revoluções.

É quanto vai ensinar aos seus alunos através do livro que, na sua primeira edição, despretensiosamente, designou de *Appunti di Storia delle Costituzioni Moderne. Le Libertà Fundamentali.*

Pois bem: foi o interesse que a leitura deste livro despertou em nós que motivou a presente recensão, esperando poder desafiar a curiosidade de outros leitores para a síntese compacta e brilhante que é esta obra do autor italiano.

2. A fundamentação teórica das liberdades

Fioravanti deixa a discussão teórica da liberdade individual para os filósofos e tenta

1. Título original da obra *Appunti di Storia delle Costituzioni Moderne. Le Libertà Fondamentali.* Existe tradução espanhola, *Los Derechos Fundamentales*, editorial Trotta, 2ª ed., 1996.

2. Maurizio Fioravanti, Professor da Universidade de Florença, é considerado um dos maiores especialistas actuais em matéria de história do constitucionalismo. Destacam-se as suas obras: *Giuristi e Costituzione Politica nell'Ottocento Tedesco* (1979); *Stato e Costituzione. Materiali per una Storia delle Dottrine Costituzionali* (1993); a obra de que agora fazemos a recensão *Appunti di Storia delle Costituzioni Moderne. Le Libertà Fondamentali* (1990).

a fundamentação teórica das liberdades, no plural.

E entende haver três modelos para fundamentar essas liberdades: o modelo *historicista*, o modelo *individualista* e o modelo *estatista*. Obviamente, cada um destes modelos combina-se com os outros dois.

Ora, é a compreensão destas combinações que explicará os direitos fundamentais constitucionalmente consagrados. Vejamos, então, detalhadamente, cada um daqueles três modelos.

O modelo historicista

Ao contrário do que é habitual pensar-se, foi na Idade Média, e não depois, que se constituiu a tradição europeia da necessária limitação do poder político. Seria, pois, demasiado redutor estudar, para o efeito, apenas os séculos XVII a XIX.

Com efeito, um estudo detalhado da realidade medieval permite identificar não apenas uma norma geral e abstracta, de garantia, como também a presença de um direito objectivo, radicado no costume que define a cada um o seu lugar, isto é, os seus direitos e os seus deveres, começando pelos mais poderosos.

Trata-se de um *jus involuntarium* que nenhum poder foi capaz de definir e sistematizar por escrito.

Todavia, ele assenta num contrato de dominação entre o senhor e os subordinados, nele se dispondo, com frequência, sobre a necessidade de consenso das assembléias representativas para a imposição de tributos extraordinários.

O senhor que violasse as regras do contrato seria havido como tirano.

Chama-se, por vezes, a atenção para a *Magna Charta* de 1215, que teria continuidade até à *Petition of Rights de 1628*, ao *Habeas Corpus Act de 1679*, ao *Bill of Rights de 1689*, até ao constitucionalismo moderno.

Nele se encontra já a estrutura corporativa da Idade Média, quando dispõe que nenhum homem livre poderá ser detido ou preso, privado dos seus direitos ou bens, senão por sentença judicial dos seus pares.

Conclui Fioravanti que, neste modelo, o que sobressai são as liberdades civis, a liberdade como segurança; as liberdades políticas seriam meramente acessórias, relativamente às civis. O modelo historicista esgotaria aí a sua potencialidade.

O modelo individualista

Na análise do autor, a cultura historicista encontra, na Idade Média, a grande tradição europeia do governo moderado e limitado; já a Idade Moderna propugna a consagração dos direitos individuais e de aperfeiçoamento da sua tutela.

Haveria, assim, forte oposição entre as duas concepções: na medieval, os direitos e deveres seriam atribuídos aos indivíduos segundo a sua posição na sociedade; na concepção moderna, afirma-se o direito individual, iniciando-se com as declarações revolucionárias, especialmente com a Revolução Francesa de 1789.

E, do mesmo passo que esta concepção vai conhecer a maior concentração de poderes da história, sob a forma de Estado absoluto ou sob a forma do poder revolucionário intérprete da vontade geral, o certo é que as modernas Constituições vão garantir os direitos e liberdades frente ao exercício arbitrário do poder estatal.

Esta concepção conduzirá, por outro lado, à presunção da liberdade consagrada na *Declaração dos Direitos do Homem e do Cidadão*.

Todavia, o modelo individualista distingue-se do estatista porque se presume a existência da Sociedade Civil dos indivíduos, anterior ao Estado. E necessário o Estado para garantir os direitos, mas a Sociedade é anterior ao Estado.

Distingue-se, ainda, por outra razão: a da existência do poder constituinte criador das liberdades políticas "positivas".

Na concepção estatista, o poder apenas nasce com o Estado; na concepção individualista, ou contratualista medieval, antes do Estado existe a Sociedade.

Haveria, assim, uma constituição prévia limitadora dos poderes do Estado.

Deste modo, o modelo individualista distinguir-se-á do estatista quer porque pressupõe uma Sociedade anterior impondo a presunção geral da liberdade e, ainda, pela existência de um poder constituinte já estruturado.

O modelo estatista

Neste modelo, não haveria um contrato em que as partes se outorgam mútuas vantagens; deriva, antes, de um contrato unilateral, irreversível, em que todos se submetem a um sujeito investido com o monopólio do poder. É este soberano que faz respeitar os direitos individuais.

No modelo estatista, admite-se e afirma-se que o Estado nasce da vontade dos indivíduos; todavia, essa vontade não pode ser representada por um contrato social, entendido como composição de interesses individuais; trata-se antes, de um *pacto*.

Os indivíduos não defendem os seus interesses, mas necessitam (desesperadamente) de uma ordem política. Os indivíduos passam, então, a constituir a nação, o povo, mas apenas porque existe o Estado.

3. As revoluções e as doutrinas das liberdades

Revolução Francesa

No caso da Revolução Francesa, diz Fioravanti, assiste-se a uma combinação entre o modelo individualista e contratualista por um lado, e estatista, por outro lado. A grande novidade da Revolução Francesa, aliás, algo perturbadora, foi a de fazer aparecer uma Sociedade Civil unificada na perspectiva da vontade política constituinte, como povo ou nação.

Nasce, com ela, o direito de voto que assume um novo significado: este direito de voto permite aos cidadãos delegar o exercício das funções públicas na classe política.

Deste modo, o povo deixa de existir como sujeito de soberania política e, em seu lugar, aparece o sistema de poderes constituídos, conduzido pelos representantes eleitos.

De um lado, sobressai um constitucionalismo com regras complexas de revisão constitucional, mas sem conseguir assegurar a sua efectividade; de outro lado, existe uma busca desesperada de encontrar um garante da constituição.

Segundo Fioravanti, todo o debate revolucionário francês sobre a Constituição e sobre a garantia dos direitos está precedida pelo debate sobre a soberania do poder constituinte ou dos poderes constituídos, do povo soberano ou seus representantes.

Revolução Americana

Há quem afirme (como Matteucci) que o constitucionalismo moderno, entendido como técnica de limitação de poderes, nasce mais da Constituição Federal americana que da Revolução Francesa.

Na verdade, enquanto na Revolução Francesa estão, lado a lado e em permanente tensão, o modelo individualista e o modelo estatista, na Constituição americana combina-se o individualismo e o historicismo, com exclusão das filosofias estatistas europeias da soberania política.

Com efeito, a cultura revolucionária americana dos direitos e liberdades é, ao mesmo tempo, de carácter historicista e individualista. E será assim porque o historicismo e o individualismo americanos não são iguais aos europeus.

O historicismo emancipa-se do modelo britânico e admite a possibilidade de uma Constituição escrita a qual defenderá os direitos e as liberdades; o individualismo, por outro lado, também se liberta do contexto europeu continental do Estado moderno, como concentração máxima do poder, e encontra o clássico binómio britânico de liberdade e propriedade.

O historicismo e individualismo americano são, assim, diferentes dos modelos ingleses, mas também franceses.

Desde logo, porque a Revolução Americana não tinha o *ancien régime* com que lutar e a substituir.

Depois, porque, enquanto a Revolução Francesa parte da necessidade de estabilizar e legitimar uma classe política forte, proclamando-a capaz de representar o povo, a Revolução Americana parte da necessidade de negar uma representação política não desejada nem directamente instruída pelas múltiplas comunidades de interesses que compõem o povo soberano.

No resumo de Fioravanti, a cultura revolucionária francesa tende a legitimar os legisladores representantes; a cultura revolucionária americana tende a desconfiar deles como de toda a forma de autonomia do político relativamente ao social, da classe política relativamente à realidade concreta da sociedade civil, nas suas distintas articulações.

E se a Revolução Francesa tem o seu ponto débil na garantia dos direitos, a Revolução Americana conhece o seu ponto débil por fundamentar-se, prévia e incondicionalmente, nesta concepção geral do constitucionalismo.

Como afirma Fioravanti, é, assim, difícil resistir à tentação de formular a conclusão de que, sendo o constitucionalismo moderno a ideologia que sustenta o princípio do governo limitado com finalidade de garantia, então serão os Estados Unidos e não a França a sede do constitucionalismo moderno. E isto é assim porque só na experiência americana é que os modelos historicista, individualista e contratualista recuperam a sua originária e comum inspiração de garantia contra as filosofias estatistas e legicêntricas da Europa continental.

Todavia, esta conclusão só é aceitável concebendo o constitucionalismo moderno como forma de limitação do governo com a finalidade de garantia. Pode, porém, não ser assim. É que o constitucionalismo francês pretende mais: é uma promessa para o futuro, de uma sociedade mais justa. Assim, seriam constitucionais também as questões sociais, os direitos sociais.

O constitucionalismo americano fundar-se-ia sobre um único valor: o da forte tutela dos direitos individuais, deixando de lado um conjunto de valores — os valores sociais — a realizar no futuro.

4. As liberdades e as doutrinas da época liberal

São, então, dois os tipos fundamentais de constitucionalismo: um, entendido como norma directiva fundamental que convoca todos os indivíduos a trabalhar para a mesma sociedade; outro, como norma fundamental de garantia que dá liberdade aos indivíduos, limitando os poderes do governo.

E, enquanto nos Estados Unidos os direitos estão na Constituição e o arbítrio pode provir dos poderes do Estado, na Europa os direitos estão no Estado e o arbítrio pode provir do poder constituinte, do contrato social, da Constituição, como resultado ou fruto das vontades dos indivíduos e das forças sociais.

Por vezes, desliza-se mesmo para a supremacia do Estado e do seu direito positivo, com o desenvolvimento da ciência europeia do direito público. Mas é nesse contexto que surge uma autêntica doutrina europeia do Estado de Direito, baseado nos direitos e liberdades. Fioravanti indica como teóricos máximos Carré de Malberg, Jellinek e Vittorio Orlando.

Estes autores confluem nas mesmas linhas de análise, procurando traçar uma linha de continuidade entre a revolução e a doutrina do Estado de Direito.

No Estado liberal de direito aposta-se na exclusividade do direito do Estado, com aplicação rápida e segura, não contestável com base noutro direito não estatal; e retira-se ao poder político toda a aspiração a impor valores de ordem constitucional ou directrizes queridas pelo povo soberano as quais informem e conformem toda a sociedade.

O liberalismo significava, assim, duas coisas, aparentemente antagónicas: reconstruir a autoridade do Estado soberano e negar ao mesmo Estado o poder global de direcção da sociedade.

Poderia dizer-se, então, que, na lógica liberal, a Constituição, como norma fundamental de garantia, não pode impor-se como norma ao Estado soberano, da mesma maneira que a Constituição como norma directiva fundamental não pode impor-se como norma à sociedade.

5. *As liberdades nas Constituições actuais*

As Constituições actuais propõem modelos diferentes do Estado liberal: reafirmam o princípio da soberania popular contra a tradição do século passado que o havia substituído pelo princípio da soberania do Estado.

De outro lado, retomam a tradição da declaração de direitos, incluindo os direitos sociais que, só de modo passageiro, haviam sido afirmados pela Revolução Francesa.

Mais do que isso, assiste-se, após a Segunda Guerra Mundial, à consagração da supremacia da Constituição, quer como forma de garantia dos direitos e liberdades, quer como norma directora fundamental para a realização dos valores constitucionais.

A norma constitucional actual destrói o dogma liberal da força absoluta da lei e faz depender a validade das normas do Estado de um juízo de conformidade com a Constituição.

Mas não só. Com as Constituições actuais, volta a colocar-se a concepção da Constituição como norma directiva fundamental, dirigida aos poderes públicos, promotora e realizadora de valores, como é exemplo o gozo dos direitos sociais.

A *doutrina constitucionalista* não pode ser só a doutrina do *governo limitado*, como também a *doutrina dos deveres do governo.*

Todavia, existe amplo debate sobre estas concepções de Constituição.

Fioravanti, após defender que as Constituições actuais têm como característica a defesa dos direitos e garantias (objectivo exclusivo do modelo inglês), afirma existir outra componente que se traduz num projecto de reforma e de superação de uma certa sociedade que contrasta com esses valores constitucionais, em busca de uma direcção fundamental que mantenha unida uma colectividade e o seu sistema de poder.

O Autor termina a sua obra, desafiando cada um a eleger as suas próprias inclinações, segundo a sua sensibilidade.

Importa saber, no entanto, que esta é uma escolha fundamental da qual deriva o significado último e mais importante de todo o sistema positivo dos direitos e liberdades.

6. *Apreciação crítica das posições de Fioravanti*[3]

No que toca às fundamentações teóricas, o Autor procura, com todos os condicionalismos que tal opção implica, enquadrar em três grandes grupos, as opções de aceitação ou protecção dos direitos fundamentais. Este enquadramento, se louvável, dos pontos de vista teórico e pedagógico, pode revelar-se traiçoeiro do ponto de vista prático ou de correspondência histórica. Isto porque, como de resto esclarece o Autor, os modelos se entrecruzam, sucedem e influenciam.

O primeiro modelo apresentado procura resumir uma época histórica. É, portanto, um modelo que se pretende delimi-

3. Esta apreciação crítica recebeu contributos de Gonçalo Matias.

tado no tempo. Ora, se é um modelo delimitado no tempo, antecedente e pressuposto dos que lhe sucederam, não pode ser visto como uma fundamentação teórica ou como uma diferente visão do Estado, mas tão somente como um passo do *iter* a percorrer até se chegar à época liberal.

De facto, a Idade Média não tinha condições conjunturais para reconhecer e garantir um satisfatório conjunto de direitos individuais. Não havia, mesmo, um Estado, na moderna acepção da palavra que, de resto, só foi introduzida, no léxico da ciência política, por Nicolau Maquiavel.[4] Numa sociedade disseminada, feudal, o rei era um *primus inter pares*. Não detinha poderes especiais, podendo mesmo configurar-se alguns senhores feudais como muito mais poderosos que o seu rei. Numa sociedade onde a guerra grassava, predominantemente rural e amedrontada, era natural que tivesse de fazer-se a opção entre dois valores que o Autor aflora: segurança e liberdade. Esta eterna dicotomia, este *magnum* dilema tem afrontado os povos, ao longo do tempo.

E a experiência diz-nos que sempre que falta a segurança, os homens estão dispostos a trocá-la pela liberdade. Assim aconteceu na Idade Média. O homem rural tornava-se servo para se poder abrigar, nas muralhas do senhor, das incertezas da guerra. Ora, daqui nasceram as especificidades da organização medieva, não tanto de uma convicção teórica, mas, antes, da necessidade; foi esta dependência que levou o homem rural a sujeitar-se ao senhor feudal. Ainda assim, surgiram movimentos tendentes ao reconhecimento de direitos. Foi o primeiro passo para uma sociedade estamental, com os primeiros órgãos de representação popular, incipientes, é certo, mas que permitiram uma evolução nas mentalidades.

Aparece associada a este modelo a experiência britânica. Ora, o que coloca dificuldades ao Autor é, precisamente, a impossibilidade de a enquadrar num modelo. Isto porque não houve, coerentemente, aliás, com os seus princípios, qualquer ruptura no sistema político-constitucional britânico. Não há, sequer, um texto constitucional, em sentido instrumental, pelo que, tal como Fioravanti refere, é difícil encontrar o momento constituinte. Diria mais, que é impossível, tão simplesmente porque esse momento não existe, porque a construção constitucional britânica se vai cimentando, numa base consuetudinária, sem necessidade de rupturas nem clivagens ideológicas.

E se, do ponto de vista teórico, este sistema revela pouco interesse, pela dificuldade de enquadramento e pela dispersão de diplomas, do ponto de vista prático, a sua eficácia é mais garantida, maxime, no que respeita à protecção dos direitos fundamentais. Se não, veja-se o argumento, aliás, trazido pelo Autor: a *Magna Charta de 1215* consagra direitos que só viriam a ser protegidos, em França, em 1789, com a *Declaração dos Direitos do Homem e do Cidadão*. A aposta britânica na continuidade constitui, sem dúvida, uma vitória. Isto porque conseguiu sempre liderar e o próprio sistema britânico sofreu uma evolução. A Câmara dos Comuns, que começou por ter uma importância quase nula, acabou por ter vindo a aumentá-la, em detrimento da dos Lordes. E assim se chega ao actual parlamentarismo de gabinete, onde o *Cabinet* e o *Prime Minister* possuem grande poder que lhe advém da sua particular legitimidade.

Ora, daqui se extrai que a experiência britânica foi permeável à evolução dos tempos, embora sem as rupturas que tanto tempo fizeram perder, por exemplo, aos seus vizinhos franceses. Quanto ao problema das liberdades e das diferenças entre liberdades, positivas e negativas, coincidem, no essencial, com a distinção entre liberdade dos antigos e dos modernos, formulada por Benjamim Constant.

A liberdade dos antigos correspondia à ideia grega de participação política, a dos

4. Nicolau Maquiavel, *O Príncipe*, Europa-América, pp. 14 e ss.

modernos à garantia dos direitos dos Cidadãos perante o Estado. Mais uma vez se repara, aqui, na dificuldade de enquadramento, sobretudo numa época, a medieval, em que seria difícil encontrar protecção às liberdades. Na formulação de Constant, as liberdades dos antigos viria da Grécia, a dos modernos, do liberalismo. Jellineck apresenta uma actualização deste conceito com a sua classificação tripartida de *status libertatis*, *status civitatis* e *status activae civitatis*.[5] Assim, primeiro, os homens adquirem a liberdade, passando à condição de sujeitos de direito. Depois recebem bens e serviços do Estado. "Numa fase ulterior, obtêm participação activa dentro do Estado e tornam-se sujeitos do próprio poder político".[6]

Apresenta-se, seguidamente, um modelo oposto, o modelo individualista. Este sim, já poderia colocar-se, sob o ponto de vista teórico, como uma visão própria da teoria do Estado. O modelo individualista aparece como uma concepção de ruptura, revolucionária. Apresenta, como momento fundamental, o momento constituinte.

Neste ponto de vista, o modelo britânico tem de ser afastado, essencialmente, por esse momento não poder ser aferido. Diferente é, no entanto, a afirmação do Autor, no sentido de que o modelo de construção de direitos e liberdades não pode ser o britânico. Porquê?

Só porque o momento constituinte, formal, não pode ser definido? Não parece plausível, nem aceitável. Além do mais, as liberdades têm sido sempre defendidas, por vezes em antecipação ao que acontece no Continente. O certo é que ninguém duvida que existe um sistema constitucional em Inglaterra, pelo que, o momento constituinte, ainda que não definível, tem, necessariamente de ter existido! Pelo menos, em teoria.

Mais uma vez, do ponto de vista teórico, o que se passa é que o sistema britânico não oferece facilidades de estudo; ao invés, o francês, é um autêntico laboratório pela larga plêiade de experiências que tem apresentado, desde logo pelo número infindável de Constituições e, consequentemente, por ter repetido o momento constituinte. Também quanto a definir Thomas Hobbes como profundamente individualista, a questão é discutível. Hobbes via no Estado o poder supremo "*non est potestas super terram quae comparetur ei*".[7]

Ora, segundo esta formulação, poder-se-ia encontrar um Estado, com o seu momento constituinte perdido no tempo, regendo-se por princípios puramente *hobbesianos*. Não haveria, pois, um individualismo moderno nem uma aceitação do povo. A alienação foi irreversível, não havendo, aqui, possibilidade, por parte do povo, de uma avocação do poder. Já o pensamento de Rousseau, ao contrário do que refere o Autor, poderia considerar-se mais enquadrável neste modelo.

Apesar de o momento constituinte não ser claro, é, sem dúvida, necessário ao processo. Por outro lado, o *Genebrino* defendia uma democracia directa e não representativa o que, na prática, significava um permanente exercício do poder constituinte, sendo, sob este ponto de vista, muito mais individualista que Hobbes.[8] A grande contribuição francesa, apesar de não ser pacífica e ter resultado das sucessivas convulsões, resulta numa delimitação do conceito de liberdade e da consagração do princípio da legalidade que, ao fim e ao cabo, já estaria, ainda que indirectamente, presente na *Magna Charta*.

Por último, apresenta-se o modelo estatista, nele se enquadrando Hobbes, e os jusracionalistas, em geral, Grócio e Puffen-

5. Jellinek, *Teoría General del Estado*, Buenos Aires, 1954, pp. 307 e ss.
6. Jorge Miranda, *Manual de Direito Constitucional*, t. IV, Coimbra, 1998, p. 83.
7. Thomas Hobbes, *Leviathan, or the Matter, Form and Power of a Commonwealth Eclesiastical and Civil*, Penguin Books, London, 1982.
8. J. J. Rousseau, *O Contrato Social*, Europa-América, Lisboa.

dorf. E ainda os positivistas, como Kelsen. Reconduz-se à ideia de Estado soberano como entidade máxima, criada por pacto unilateral. Pode dizer-se que se trata do modelo teórico, dos aqui apresentados, que menos garante os direitos individuais, ainda que pelos Cidadãos tenha sido legitimado. Implica, pelo menos, uma menor participação cívica, eliminando, assim, as liberdades positivas e cerceando, naturalmente, as passivas.

Quanto à comparação entre as Revoluções Americana e Francesa e a sua influência no moderno constitucionalismo, tais diferenças advêm, naturalmente, da diversa natureza de cada uma delas.

Numa fórmula simplista, mas acertada, costuma dizer-se que o moderno Estado de Direito tem dois pais e duas mães.[9] Os pais seriam Hobbes e Rousseau e as mães Locke[10] e Montesquieu,[11] isto porque os primeiros autores defendiam um modelo mais autoritário e os segundos um modelo mais flexível de Estado. Quanto aos caminhos seguidos pelas referidas revoluções, é necessário esclarecer que estes foram opções mais de percurso e de mentalidades que de condicionalismos que os impusessem. Se não, repare-se: os americanos iniciaram a sua contestação, a propósito da questão fiscal que ficou sintetizada na expressão "*no taxation without representation*". E, no entanto, esta foi a questão que despoletou todo um movimento independentista. Tal processo teve o seu impulso ideológico com a obra de Thomas Paine[12] e não mais parou. Não obstante a questão se colocasse, não tanto em relação à independência, quanto ao modelo a seguir, se de uma confederação, se de uma federação de Estados.

Ora, apreciando este cenário, dir-se-ia que havia mais motivos para o radicalismo na América do que em França, onde o único corte a dar-se era com o passado. Assim não aconteceu. A Revolução Francesa podia ter tomado outro rumo, não fosse a vitória dos jacobinos. Robespierre e Saint-Just adoptaram, para a França, o modelo de Rousseau, um dos "pais" do Estado, portanto, um modelo mais autoritário. O modelo convencional, da *Convención* francesa, fora decalcado do *Contrat Social* de Rousseau. Era um modelo de *Comités* (que haveria de ser retomado na União Soviética) donde resultou o *Comité de Salut Public* liderado por Robespierre e que foi o responsável pelo período do *Thermidor*. Ora, foi esta conjuntura austera que levou aos exageros que se verificaram e à hostilidade contra o *ancien régime*. Não foi tanto a necessidade, o rei estava morto e a aristocracia aniquilada. Os próprios juizes desacreditados e sujeitos à lei.

Tal resultado ficou, aliás, claro, na célebre formulação de Montesquieu "*le juge est la bouche qui prononce les paroles de la loi*". Conclui-se, portanto, que a acção jacobina foi excessiva e desnecessária e a não ter sucedido, poderia ter feito da França o bastião do constitucionalismo e da liberdade. A história assim não permitiu e esta preponderância veio a ser assumida pelo país que, presumivelmente, menos condições teria para tal, os Estados Unidos da América. A revolução e o consequente constitucionalismo americano, ao contrário do francês que se inspirou em Rousseau, baseou-se em Locke. Este Autor, mais moderado, era muito caro aos ideais norte-americanos. Desde logo, por ser um autor de língua inglesa e, depois, porque o seu contratualismo, a ideia de passagem de Estado de natureza a Estado de sociedade, mediante contrato, era familiar aos norte-americanos.

Os primeiros colonos, os pioneiros do *Mayflower*, também eles assinaram um contrato, ao desembarcarem na costa este do Continente americano. Este território esta-

9. Vasco Pereira da Silva, *Em Busca do Acto Administrativo Perdido*, Almedina, Coimbra, 1998.

10. John Locke, *Two Treatises of Government*, Everyman's Library, London, 1982.

11. Montesquieu, *De l'Esprit des Lois*, Garnier-Flamarion, Paris, 1979.

12. Hampden Jackson, *Tom Paine and the Rights of Man*, Political Ideas, London, 1966, p. 107.

va, à sua chegada, em perfeito estado de natureza e foi, aos poucos, tornando-se civilizado. Esta é a explicação para o sucesso das ideias *lockianas*, entre os americanos.

Talvez a inspiração deste Autor tenha influenciado o carácter moderado da Revolução e da Constituição Federal que se lhe seguiu. Não houve uma tentativa de corte absoluto com a metrópole inglesa, pelo contrário, o sistema jurídico-constitucional americano funda-se no *Common Law*. O que permitiu que os Estados Unidos elaborassem uma Constituição com sete artigos, assegurando os princípios fundamentais, isenta de ideologias e remetendo os desenvolvimentos para futuras emendas e, sobretudo, para a jurisprudência constitucional.

Pode, pois, dizer-se que a raiz do moderno constitucionalismo é comum e funda-se nos ideais de Hobbes, Locke, Montesquieu e Rousseau, depois adaptados ao caso concreto de cada revolução (no caso francês, por Sieyès,[13] no americano, por Paine); os resultados é que foram diferentes. A França optou por Constituições ideológicas e radicais que garantem menos estabilidade e asseguram menor garantia de direitos, os Estados Unidos seguiram a linha de moderação britânica e mantêm a mesma Constituição, há duzentos anos, que funciona, ainda hoje, como um baluarte de defesa dos direitos individuais.

Finalmente, chegados aos nossos dias, podemos lançar um olhar retrospectivo sobre as Constituições e os modelos de Estado que nos antecederam. Na época liberal, a procura incessante da defesa dos direitos fundamentais nem sempre foi feita da melhor maneira. O não intervencionismo estatal, em todos os domínios, da economia à área social, levou a que se descurassem determinados direitos.

A chamada administração agressiva abstinha-se de actuar quando, por vezes, era necessário, e actuava, agressivamente, em alturas em que o não devia fazer. No entanto, a época liberal deve ser vista como de transição, de estabilização constitucional. O moderno constitucionalismo era, ainda, muito recente e era natural que a confusão por vezes se instalasse.

De todo o modo, reagindo contra os eventuais exageros do liberalismo, assistimos à passagem do Estado liberal para o Estado social ou providência.

Esta passagem teve importantes consequências ao nível dos direitos fundamentais. O Estado social era muito mais austero e intervencionista. Era, por excelência, um Estado prestador. Isto levava a que, frequentemente, fosse invadida a esfera privada do Cidadão. Característica do Estado social foi, aliás, um determinado cercear de liberdades individuais e direitos fundamentais. Isto foi particularmente evidente em Estados de regimes totalitários, como era o caso da Itália com Mussolini, da Alemanha com Hitler, de Portugal com Salazar e da Espanha com Franco. A Constituição era vista como uma norma fundamental, mas onde as liberdades individuais não eram a primeira preocupação. Com o fim da Segunda Guerra Mundial, iniciou-se nova transição que foi, no entanto, mais tardia para os países ibéricos.

Após a queda de Franco e de Salazar, pode entender-se por concluído o processo europeu de transição do Estado social para o Estado pós-social ou pós-providência, também chamado de *infra-estrutural*.[14] Pode dizer-se que é um modelo ecléctico entre o liberal e o social. É um Estado que já não está preocupado em prestar serviços directamente, mas em criar as condições necessárias para que sejam prestados.

Este constitucionalismo contemporâneo mostra-se particularmente atento aos direitos fundamentais, colocando-os no

13. Prelót, *Histoire des Idées Politiques*, Dalloz, Paris, pp. 427 e ss.

14. Vasco Pereira da Silva, *Em Busca do Acto Administrativo Perdido*, Almedina, Coimbra, 1998, pp. 122 e ss.

vértice das normas fundamentais como limite e pressuposto da restante actividade normativa e interpretativa. A própria *Declaração Universal dos Direitos do Homem de 1948* constitui um importante catálogo de direitos fundamentais, oponíveis, aliás, *erga omnes*, já que são considerados pela generalidade da doutrina internacionalista como *jus cogens*. Permita-se-me que diga, ainda, em conclusão, que a Constituição Portuguesa de 1976, actualmente em vigor, com quatro revisões, é das que apresenta um maior rol de direitos fundamentais, evidenciando, assim, a preocupação do legislador constituinte português.

Não obstante a experiência possa apontar para que é, precisamente, nos países em que, pura e simplesmente, se omitem os direitos fundamentais no texto da constituição, que estes são mais respeitados, não é de menosprezar a preocupação crescente que tem havido de colocá-los ao nível constitucional. Mais, foi o reconhecimento da sua importância, sobretudo quando as sociedades se viram deles privadas, que levou a considerá-los como supra constitucionais, servindo de limite ao poder constituinte derivado e, mesmo, originário.

Vivemos numa época de revalorização da norma constitucional, em que esta ocupa o lugar cimeiro do ordenamento jurídico. Será, portanto, ainda maior a vitória do reconhecimento que se faça da prevalência dos direitos fundamentais sobre a Constituição.

Mercosul

SERÁ POSSÍVEL UMA CONVERGÊNCIA REGULATÓRIA E FISCALIZADORA DAS INSTITUIÇÕES FINANCEIRAS NO MERCOSUL?*

Dan M. Kraft

I — Introdução. II — Uma breve visita à evolução financeira do Mercosul: 1. O Brasil; 2. A Argentina; 3. O Uruguai; 4. O Paraguai. III — Intermediação, desintermediação, credibilidade e Banco Central. IV — Regulamentação e fiscalização financeiras. V — Convergência regulatória e fiscalizadora: 1. União Européia; 2. Basiléia; 3. FMI; 4. Mercosul. Conclusão.

I — Introdução

Inicialmente, quando pretendemos falar sobre instituições financeiras, devemos buscar respostas sobre como surge um mercado financeiro, como se estimula seu crescimento e desenvolvimento, e a que se presta tal instituto na sociedade em que se insere.

As instituições financeiras vêm da combinação dos institutos "trocas" e "comércio" — criados pela humanidade desde tempos imemoriais — à necessidade de gestão da poupança (disponibilidades). Com a utilização da fabulosa capacidade humana de abstração e tecnologia da informação, as instituições financeiras passaram a atuar em larga escala, culminando na complexidade global hoje vista, e certamente jamais imaginada.

Os intermediários de negócios, ou a necessidade de se intermediar transações, são relatados em antigos escritos e retratam a capacidade humana de se relacionar. A criação de classes profissionais de intermediários deu origem aos especialistas, aos comerciantes, desenvolvendo-se um direito próprio, em vista da habitualidade da atividade e os objetivos almejados.

A partir da monetização das trocas, criou-se uma facilidade de acúmulo de riquezas, no sentido físico de portabilidade, e as instituições financeiras passaram a funcionar não apenas como repositório de riquezas, mas como instrumento potencial de sua disseminação.

Assim como o grau de sofisticação das trocas é proporcional ao desenvolvimento cultural, social e econômico de um povo, a estruturação do sistema de trocas financeiras — através de intermediários financeiros — refletirá a oferta da capacidade cria-

* Palestra proferida no Seminário de Inverno do GEDIM (Programa Interdisciplinar Globalização Econômica e Direitos no Mercosul), patrocinado pela UNESCO, na Uni-Rio, aos 24 de agosto de 2000, com ajustes posteriores fruto de comentários dos debatedores. Meus agradecimentos à graduanda Nádia R. Xavier, pelo auxílio na pesquisa bibliográfica.

tiva, ou seja, criação e circulação de riquezas. Estes fatores determinam a organização financeira de um Estado, ou de uma região.

Devemos, portanto, nos lembrar que o desenvolvimento de instituições financeiras em ex-colônias é bastante diverso daquele visto em países colonizadores. O papel do mercado, propriamente dito, veio muito mais tarde para nós, do que, p. ex., para ingleses ou holandeses. O movimento convergente na área da regulamentação e controle, entretanto, com maior intervenção pública, é fenômeno recente, tornado necessário em virtude de crises financeiras e seu contágio a economias remotas.

É sabido que, em países da Europa na Idade Média, as instituições financeiras cresceram pelas mãos dos comerciantes bem-sucedidos, onde mediante avenças com reis e imperadores — atrás de recursos para financiarem seu luxo e conquistas territoriais, já que não mais poderiam retirar tanta riqueza do campo — concedeu-se-lhes o monopólio da cunhagem de moedas, da intermediação financeira (apesar das limitações à usura) e da custódia de valores. Surgia a autorização para funcionar em atividade conduzida primordialmente pela lógica privada, auto-regulada.[1] O mercantilismo, urbanizando países através do desestímulo à atividade agrícola, incrementou e expandiu a cultura das trocas internacionais, com o objetivo de acumulação de riquezas (leia-se: ouro e prata) nos países mais organizados.[2]

Na esteira deste fato histórico — que mereceria, em outra ocasião, um maior aprofundamento — foram surgindo ricas colônias onde o sistema de trocas, inclusive o monetário, apareceu sob controle e normas emanadas dos colonizadores. A publicização de tais instituições de troca, quando da independência desses países colonizados, levando em conta os fracos mercados privados locais nacionais, a monocultura, a baixa renda *per capita*, a dependência de recursos externos e o vínculo da população a atividades agrárias, fez com que se escrevesse a história financeira dos novos países com a pena da ávida intervenção política, quase sempre com visão de curto prazo e conduta amadora.

Sem qualquer dúvida, na América Latina a tônica constante foram os dirigentes políticos controlando o erário e, em virtude do monopólio legal, manipulando a poupança pública de forma aventureira e, por conseqüência, catastrófica. Felizmente, a mentalidade e os instrumentos estão mudando para melhor, em um fim de século onde se busca o maior controle e transparência na administração da poupança pública.

Tendo em vista aspectos da evolução das economias de nossa região, o desenho original de seus sistemas financeiros não acompanhou padrões de livre mercado, sofrendo com a grande fragilidade política e econômica da região. Vemos que a jovem estrutura financeira dos países da América Latina depende não apenas de uma melhor instrumentalização harmônica, mas da sedimentação de valores que transcendem um único setor, ou uma única atividade. Nesse sentido são sábias as palavras de Emílio Dantas Costa,[3] quando afirma que "as autoridades responsáveis pela condução da política monetária de um país que não possua um sistema financeiro sólido sofrerão severas restrições no cumprimento de suas atribuições (...) a administração das taxas de juros, só pode ser plenamente utilizada *se o sistema financeiro não apresentar problemas estruturais*. Basta considerar que a

1. O conceito de auto-regulamentação existente no Reino Unido até recentemente privilegiava um relacionamento amigável e não impositivo entre o Banco da Inglaterra e instituições financeiras, o que foi alterado especialmente em função dos escândalos BCCI e Barings.

2. V., neste sentido, o brilhante ensaio de David Cohen, *Richesse du Monde, Pauvretés des Nations*, Flammarion, 1997.

3. "Supervisão bancária — Conceitos gerais", in *Intervenção e Liquidação Extrajudicial no Sistema Financeiro Nacional*, org. Jairo Saddi, Ed. Textonovo, SP, 1999.

elevação brusca das taxas de juros, uma medida que muitas vezes tem que ser adotada para evitar crises que podem comprometer todo o sistema econômico, só pode ser levada a efeito se o sistema financeiro for sólido" (grifo nosso).

É nesse cenário que tentaremos discutir uma convergência regulatória e fiscalizadora das atividades financeiras, no âmbito do Mercosul.

II — Uma breve visita à evolução financeira do Mercosul

1. O Brasil

No Brasil o real desenvolvimento do sistema financeiro deu-se na segunda metade do século XX, sendo o passado marcado pela onipresença do Banco do Brasil, instituição pública criada em 1829. O BB possuía posição virtualmente monopolística no cenário financeiro brasileiro, administrando não apenas os recursos do Tesouro, mas também exercendo política monetária (controle de emissão da moeda, taxas de juros e inflação), câmbio, poupança, regulamentação e fiscalização da atividade bancária, esta desempenhada por poucas casas privadas, sem ingerência eficaz nos escritórios das casas bancárias internacionais.

Em 1921, foi criada a Inspetoria Geral dos Bancos, vinculada ao Ministério da Fazenda, posteriormente substituída em 1945 pela Superintendência da Moeda e do Crédito (SUMOC), que tornou-se responsável pela gestão da política monetária, das reservas bancárias, taxas de juros e desconto, administração da política cambial, assim como fiscalização dos bancos comerciais. Ambas repartições públicas não detinham qualquer autonomia, e o sistema financeiro fluía aos ventos do Poder Executivo.

Já em 1947, o primeiro projeto de lei para reestruturar o sistema financeiro brasileiro foi apresentado ao Congresso, questionando o sistema centralizado fruto da "Era Vargas". Em 1950, o projeto foi seguido por dois outros, trazendo a discussão à agenda política e visando dar maior transparência à administração das finanças e poupança pública, em uma época ímpar da democracia brasileira, influenciada pelos ares de Bretton Woods e do pós-guerra. É importante ressaltar que o conceito básico desses projetos fundava-se na criação de um Banco Central independente, onde técnicos definiriam a política monetária, separando-a da política partidária e de governo. Nenhum dos projetos foi colocado em pauta, e muito menos foi votado.

Sob inflação e pressão política insuportáveis, o Presidente João Goulart enviou a Mensagem 52, de 22.3.1963, ao Congresso Nacional, visando à reestruturação do sistema financeiro, contemplando a criação de um Banco Central e Conselho Monetário Nacional.

Após o Golpe Militar de 1964, talvez utilizando conceitos na mensagem presidencial acima mencionada, entrou em vigor a Lei 4.595, denominada também de "Lei de Reforma Bancária", compondo um movimento de ampla e sólida reestruturação das instituições financeiras brasileiras como via de confirmação ideológica e prática da preponderância do sistema capitalista sobre a pretensa ameaça comunista na região. Nessa época foram introduzidos os grandes sistemas, destacando-se o Sistema Financeiro Nacional (regulamentando as atividades de intermediários financeiros e administração da política monetária), tendo à frente o Conselho Monetário Nacional e o Banco Central do Brasil, o Sistema Financeiro da Habitação (financiado por depósitos compulsórios, via FGTS, e espontâneos, via Caderneta de Poupança), com o Banco Nacional da Habitação à sua frente, e o Sistema de Distribuição do Mercado de Capitais (criando incentivos fiscais para aplicação em valores mobiliários e privatizando a atividade bursátil, seguido posteriormente pela criação, via Lei 6.385/76, da Comissão de Valores Mobiliários), em essência.

No que tange à evolução do mercado de capitais brasileiro, já em 1845, pressionado pela necessidade de controlar as trocas de moedas e mercadorias, o Governo Imperial criou a primeira Bolsa de Valores na antiga Capital, Rio de Janeiro. A época era marcada por poucos produtos financeiros, ausência de profissionais, concentração do capital nas oligarquias agrárias, que dependiam pesadamente das exportações para financiarem suas colheitas, ambiente legal precário e presença maciça de comerciantes e banqueiros britânicos.

A criação da Bolsa de Valores do Rio de Janeiro foi influenciada pelas casas de comércio e um Governo Imperial quebrado. Logo após sua criação, o Decreto 417, de 1845, tornou a atividade de corretor uma função pública vitalícia (condição alterada somente após 1964), submetendo procedimentos de registro ao Imperador. Em 1849 foi criado o Conselho de Corretores de Fundos Públicos da Corte, com a finalidade de fiscalizar a legalidade das ações dos corretores, enviando ao Juiz de Comércio qualquer informação sobre violação de práticas de mercado, bem como visando manter o controle necessário para evitar-se que uma pessoa desempenhasse os ofícios de corretor sem a devida autorização imperial. Tal Conselho também resolveria disputas e recomendaria ao governo novos corretores para serem "credenciados". Na ausência de câmara de liquidação e custódia, o mercado era controlado pela corrupção e incestuosa convivência entre interesses públicos e privados.

Em 1890, a Bolsa de Valores de São Paulo foi fundada, durante o período conhecido como Encilhamento.[4] Da necessidade de se criar instrumentos para comercializar mercadorias, em 1917 surgiu a Bolsa de Mercadorias de São Paulo. As duas foram posteriormente fundidas, e a BOVESPA tornou-se líder na América Latina, situando-se sua filiada, a BM&F, em quarto lugar no mundo. Lembremo-nos, entretanto, que instrumentos mais eficazes de levantamento de capitais só surgiram após o Decreto das Sociedades Anônimas, n. 2.627/40, alterado pela Lei 6.404/76, e novamente pela Lei 9.457/97.

Nesse ponto, é necessário dizer que as bolsas de valores existentes no Brasil estão reduzindo gradualmente seu volume de negócios e liquidez, especialmente devido à alta carga tributária, o que desestimula qualquer crescimento do mercado de capitais nacionais, pois aliada à mobilidade global do capital, faz com que os grandes captadores migrem para a Bolsa de Nova York, especialmente. Nas palavras de Cláudio Grissi:[5] "(...) a tributação brasileira sobre aplicações financeiras é, quando comparada às legislações argentina e uruguaia, claramente desvantajosa, penalizando o investidor e desestimulando parte considerável das operações que aqui poderiam ocorrer". Recentemente, foram integradas diversas bolsas brasileiras, em face da redução do mercado e desinteresse do investidor nacional.[6]

4. Denominação de uma onda especulativa que arrasou a Bolsa do Rio de Janeiro entre 1890 e 1892, onde várias empresas fictícias captaram capitais no mercado aberto. A idéia era boa, mas o país era essencialmente agrícola à época, não bastando unicamente a existência de um instrumento de captação de recursos eficaz, pois deveria ter-se combinado a uma política realmente industrial.

5. "O Sistema Financeiro e o Mercosul, tendências predominantes e estratégias de atuação", in *Mercosul, Seus Efeitos Jurídicos, Econômicos e Políticos nos Estados-Membros*, org. Maristela Basso, Livraria do Advogado, POA, 1997.

6. Como informou a Bovespa: "Com a assinatura dos acordos de integração, que uniram as Bolsas de Valores de São Paulo, do Rio de Janeiro, de Minas-Espírito Santo-Brasília, do Extremo Sul, de Santos, da Bahia-Sergipe-Alagoas, de Pernambuco e Paraíba, do Paraná e a Bolsa Regional, o mercado de valores mobiliários está integrado, em âmbito nacional, com a participação de Sociedades Corretoras de todas as regiões do país. A Bovespa concentrará toda a negociação com ações, enquanto que a Bolsa do Rio será responsável pelas transações de títulos públicos. As outras Bolsas regionais manterão as atividades de desenvolvimento do mercado e de prestação de serviços à praça local. Além de gerar o crescimento do mercado acionário como um todo, a integração foi fundamental para que o Brasil tivesse um centro único de liquidez e uma representatividade importante dentro do Mercado Global. Certamente essa nova fase também trará importantes ganhos de produtividade, uma vez que todas as Bolsas terão um único sistema de

2. A Argentina

O Banco Central da República Argentina foi criado em 1935 pela Lei 12.155, tendo sido nacionalizado em 1946, agrupando funções antes espalhadas em diversos departamentos de governo, dando-lhe o monopólio de emissão da moeda e poder de polícia para violação de tal privilégio.

Em 1949 o BCRA perdeu sua independência, passando ao controle do Ministério das Finanças, sob sua direta ingerência, apesar de possuir corpo técnico especializado, situação que vigora até hoje em graus variáveis. Em virtude da adoção de um *currency board*, o BCRA tem função praticamente inexistente no que tange à política monetária.[7]

Atualmente o BCRA administra reservas, compensação e redesconto, em substituição ao Banco de la Nación Argentina, que combinava, como no exemplo do Banco do Brasil, funções de regulamentador, banco público e comercial. Além destas funções, o BCRA é o agente financeiro do governo, administra a dívida pública e fiscaliza a atividade financeira. A partir de 1976 o sistema financeiro argentino sofreu grande liberalização, sendo que a Argentina regula seu mercado de valores através da Lei 17.811, de 16.7.1968, por meio de uma Comissão Nacional de Valores.

3. O Uruguai

O Banco Central do Uruguai foi criado por norma constitucional em 1967 (regulado pela Lei 13.594) com monopólio de emissão da moeda, condução da política monetária, bem como regulamentação e fiscalização do sistema financeiro. O Banco Central do Uruguai supervisiona não apenas as atividades financeiras, mas de seguros e mercado de capitais.

O Uruguai tinha o mercado de valores mobiliários regulado de forma oblíqua pelo Decreto-lei 15.322, de 17.9.1982, e em 1996 promoveram-se mudanças, sendo que o Banco Central do Uruguai exerce a supervisão denominada "de segundo piso" do mercado de valores, que se baseia na autoregulamentação e disciplina de mercado, com atuação periférica da autoridade pública, já que o Uruguai é um país considerado pouco regulado, para os padrões da região.

4. O Paraguai

O Banco Central do Paraguai foi fundado em 1952 como instituição governamental, e não possui atuação independente. O Paraguai tem seu mercado de valores desde a Lei 94/91, tendo criado sua Comissão Nacional de Valores.

III — Intermediação, desintermediação, credibilidade e Banco Central

Os serviços financeiros compreendem instituições financeiras exercendo o papel de intermediário, mas a obtenção de capitais pode ser exercida diretamente através da ida ao mercado, pela via das bolsas de valores ou mercado de balcão. Classificamos, portanto, como serviços financeiros aqueles que têm por objetivo promover a permeabilidade de riquezas, o encontro do excesso com a escassez de poupança entre o doador e o tomador de recursos.

O crescimento da intermediação financeira é um fenômeno lógico, pois os intermediários oferecem vantagens como a *expertise*, economia de escala (produzindo-se a divisão do custo das operações de aná-

negociação, de telefonia, de liquidação e custódia" (in www.bovespa.com.br, set. 2000).

7. Comentando a questão conceitualmente, Affonso Celso Pastore e Maria Cristina Pinotti afirmam que "ao adotar o *currency board*, no entanto, o País estaria confessando sua completa incapacidade de aprender a fazer política monetária, e estaria renunciando a qualquer possibilidade de neutralizar os efeitos de choques externos sobre a economia. Como vimos, o *currency board*, como todas as variantes do regime de câmbio fixo, deixa os países que o adotam vulneráveis aos efeitos de choques externos" ("Globalização, fluxos de capitais e regimes cambiais", in *Estudos Econômicos*, v. 30, n. 1, FIPE, SP, 2000.

lise e administração de riscos entre doadores e tomadores), habilidade para diversificar investimentos e riscos, além de possibilitar a precificação de ativos negociados, dando-lhes maior liquidez.

A atratividade de capitais leva em conta fundamentalmente o custo da intermediação. Quanto maior a disponibilidade de recursos no mercado, a poupança pública e a estabilidade sistêmica, maior será a possibilidade de se obter recursos a custos mais baixos e promover-se desenvolvimento.

É também necessários haver agentes financeiros capacitados para exercerem tal atividade, e a credibilidade exerce influência essencial. A credibilidade fundamenta-se em um sistema legal estável e coerente, que preserve regras e os interesses dos depositantes, inserindo-os em uma cadeia de aproveitamento produtivo da poupança pública. Daí a necessidade de a atividade financeira ser regulamentada e fiscalizada por instituições que não sucumbam aos ventos da política, observando, além de critérios técnicos, interesses maiores da sociedade na qual se insere.

Nesse sentido, os bancos centrais foram sendo instituídos na segunda metade do século XX por todos os países que desejavam dar a si uma estrutura mais sólida e confiável da gestão financeira. Deve ficar claro, entretanto, que a existência de um banco central não pressupõe independência legal de suas ações. É o que ocorre nos países do Mercosul, diferentemente de países como a Nova Zelândia, onde as atividades do seu banco central estão afastadas de qualquer influência política, conferindolhe a capacidade de adotar medidas impopulares, se para promoverem o bem-estar em médio e longo prazos.

Um banco central tem diversas funções, que no passado se limitavam à emissão de moeda e financiamento do Estado. Hoje respondem, em geral, por (i) emissão de moeda, (ii) administração da política monetária, (iii) banqueiro dos bancos, (iv) exercer atividades combinadas de regulamentação e fiscalização bancária,[8] (v) banqueiro do governo,[9] (vi) administrador das reservas externas e de ouro, (vii) administração da dívida pública[10] e (viii) controles cambiais.

Atualmente, a atividade entendida como crucial a ser desempenhada por um banco central, constituindo o cerne de sua existência, é a administração da política monetária, que tem por objetivo, através da estabilidade dos preços — ou seja, a manutenção do poder de compra de uma moeda —, criar estabilidade financeira, crescimento econômico e gerar empregos. O restante consiste em proporcionar ao mercado instrumentos adequados para promover a permeabilidade de recursos na economia, com segurança e disciplina.

IV — Regulamentação e fiscalização financeiras

Por que mercados financeiros devem ser regulados? Parafraseando David Ricardo, a característica distintiva do banqueiro inicia-se no momento em que ele usa o dinheiro dos outros, pois enquanto ele usa seu próprio dinheiro, ele é apenas um capitalista. A assertiva clareia o conceito de que utilizar dinheiro dos outros será possível em um sistema, mas dependerá de grande responsabilidade, disciplina e controle.

A regulamentação é fundamentalmente necessária, pois o sistema financeiro administra a poupança pública, e seu direcionamento deve obedecer regras de segurança no que tange à custódia da riqueza nacional, bem como a forma com que tal riqueza promoverá desenvolvimento sustentado.

8. Apesar de se notar que a fiscalização poderá ser exercida por outro organismo público ou privado, o que já é tendência em países desenvolvidos, como bem nota Jairo Saddi em sua conclusão do artigo "Intervenção e liquidação no sistema financeiro no direito comparado", in *Intervenção e Liquidação Extrajudicial no Sistema Financeiro Nacional*, org. Jairo Saddi, Ed. Textonovo, SP, 1999.

9. O que é proibido na União Européia.

10. Que em muitos países é exercida pelo Tesouro.

A Constituição Federal brasileira, em seu art. 192, afirma o interesse público que permeia a existência do sistema financeiro: "O sistema financeiro nacional, estruturado de forma a promover o desenvolvimento equilibrado do País e a servir aos interesses da coletividade, será regulado (...)".

Rosa Maria Lastra,[11] em trabalho magistralmente didático sobre o Banco Central, classifica o ato de regulamentação bancária como o estabelecimento de regras, incluindo atos do Legislativo (Congresso ou Parlamento), e instrumentos ou regras emanadas de autoridades delegadas, visando à regulação dos mercados. A mesma autora aborda a supervisão bancária como um processo com quatro estágios ou fases: autorização, fiscalização,[12] punição e administração de crises, compreendendo o papel do Banco Central como doador de recursos em última instância (LOLR), seguro de depósito e procedimentos de insolvência bancária.

A autorização consiste no monopólio da autoridade reguladora em outorgar licença de desempenho da atividade financeira a sociedades públicas ou privadas, sob regras estritas, como capital mínimo (que garante proteção ao depositante e evita risco sistêmico), profissionalismo (regras para exercer a atividade) etc.

A fiscalização envolve policiar e orientar a atividade financeira ao rumo saudável e responsável de administração da poupança pública. É atividade de finalidade pública, a ser exercida com autonomia, sem influências políticas.

A punição implica a instrumentalização de meios de intervenção pública na atividade eminentemente privada, podendo causar desde a suspensão de certas atividades até a cassação da licença de funcionar da sociedade autorizada a atuar no mercado.

A administração de crises envolve regulamentar-se o tratamento a este tipo comercial diferente de qualquer outro, já que lida com a poupança pública e deve se basear em credibilidade e solidez, possibilitando o salvamento de instituições em benefício de poupadores, envolvendo conceitos como redesconto e seguro de depósitos.

É interessante esclarecer que cada vez mais os mercados financeiros, de capitais e de seguros se confundem, em razão da criatividade dos operadores de mercado e da rapidez de (análise de) operações em âmbito global. Instrumentos sofisticados, como os derivativos, que se referem a ativos sem fundamentar-se nos mesmos, movimentam grandes valores nocionais, gerando riscos jamais imaginados e originando a demanda de uma convergência regulatória e fiscalizadora das instituições responsáveis pela supervisão dos mercados financeiros, de capitais e da atividade de seguros.

Nesse sentido, as características de cada ramo classificadas por Richard Dale[13] são necessárias para entendermos as diferenças necessárias à regulamentação das diversas atividades financeiras. Para Dale, são qualidades específicas de bancos: horizonte de longo prazo, empréstimos mantidos até o vencimento, ativos sem mercado (ilíquidos), *risco de crédito*, avaliado como negócio em andamento (*going concern*), contabilidade baseada no valor original dos contratos, baixa capacidade de ajustes na carteira de operações, balanço estável (não sujeito a graves flutuações), dependente de depósitos para seu financiamento, vulnerabilidade a "corridas bancárias", acesso ao redesconto e seguro de depósito. Já as empresas corretoras e distribuidoras, que negociam valores mobiliários, possuem como fundamento visão comercial de curto prazo, rápido giro de ativos, *risco de mercado*, avaliado com base no preço de liquidação de ativos, contabilidade baseada no mercado (*mark-to-market*), rápidas variações e ajustes, balanço flutuante, dependente nos mercados de atacado de dinheiro para

11. Banco Central e Regulamentação Bancária, Ed. Del Rey, 2000.

12. Ou supervisão *stricto sensu*.

13. *International Banking Deregulation*, Blackwell, Oxford, 1992, p. 163.

se financiarem, impossibilidade de corridas para saques, ausência de redesconto ou seguro de depósito.

Assim sendo, a regulamentação, em um momento de permeabilidade global, passa a observar princípios que vão se tornando universais, sendo que a independência técnica da atividade reguladora vai ganhando mais adeptos progressivamente. Em países de economia emergente, é especialmente necessário se afastar a ingerência política da regulação e supervisão bancárias, mas também não é menos necessário criar um sistema de normas que gere permeabilidade das riquezas e sua divisão mais equânime.

Nesse sentido, defendemos que é inviável hoje criar-se um conjunto de princípios nacionais ou regionais na área financeira, sem observar a tendência global, sob pena de não serem atraídos capitais oriundos da poupança global. Uma regulamentação específica, dentro de princípios globais, entretanto, deverá observar as necessidades regionais e nacionais, levando em conta os alicerces econômicos dos países envolvidos, criando-se salvaguardas para a preservação de valores nacionais (indústria, comércio, regiões etc.) e buscando a compensação de desequilíbrio, na medida necessária.

A criação de um mercado financeiro global único é um desejo dos agentes de mercado e das sociedades nacionais, já que o acesso à informação implica a demanda por regras harmonizadas e um custo do dinheiro de forma menos desequilibrada nas diversas regiões do mundo.

O que, portanto, preservar como regional? O que aproveitar como conceito global? É o que tentaremos enfocar a seguir.

V — Convergência regulatória e fiscalizadora

Nas palavras da Profa. Lastra,[14] "os limites nebulosos entre os vários tipos de intermediários financeiros implicam na necessidade de uma cooperação mais próxima entre as diferentes autoridades reguladoras no nível internacional; supervisores bancários, reguladores do mercado de títulos e supervisores de seguros, de forma a atingirem um campo equilibrado para atuarem em um novo ambiente competitivo de grupos financeiros complexos, assegurando a solvência das instituições envolvidas".

Diante desse prisma examinaremos o tratamento legal convergente com relação à organização e regulamentação de serviços financeiros em blocos regionais.

1. União Européia

Não há como escapar do exame da experiência européia quando se fala na convergência dos mercados financeiros e de capitais. A UE é o grande paradigma da unificação, apesar de haverem regras e momentos específicos de mudança para cada acordo regional.

Para entender a saga européia, nos utilizamos das palavras de Louis Cartou:[15] "La communauté économique européenne fut d'abord conçue comme um marché intérieur, c'est-à-dire un espace économique dans lequel le principe était la liberté de circulation des biens, des services, des personnes, des capitaux, assortie d'une police de la concurrence et des politiques communes indispensables à la liberté de circulation. A mesure que le marché interieur s'est organisé de nouvelles politiques sont apparues indispensables: notamment das les domaines de l'energie et de la recherche. Mais il fut aussi rapidement démontré — et le Traité l'avait prévu — que le marché intérieur ne pourrait durer s'il n'était pas intégré dans un ensemble de politiques économiques menées selon des vues générales. Et surtout l'experience à partir de 1969 a montré que la Communauté était menacée par la diversité de la tenue des monnaies natio-

14. Ob. cit.

15. *L'Union Européene — Traités de Paris*, Rome, Maastricht, Dalloz, 1994, p. 521.

nales. L'aboutissement des faits et des idées fut la conception d'une Union économique et monétaire dans laquelle un sistème monétaire commun couronnerait la construction économique. *Dès lors l'objectif monétaire devenait l'objectif final de la CEE qu'il devait engager fortement dans la voie d'une union politique.* Les objectifs monétaires dominent donc l'Union économique et monétaire, dont l'examen montre qu'*elle ne peut êntre dissociée de ses bases économiques*" (grifos nossos).

Fica claro, no relato do Prof. Cartou, depender o sucesso da União Monetária Européia de uma convergência de instrumentos econômicos, combinado ao movimento de união política e criação de uma entidade supranacional para regulamentar não apenas esse item essencial da vida das nações que é a economia, possibilitando a livre circulação de bens, serviços, pessoas e capitais como condição de gerar uma área monetária ótima.[16] A União Monetária comporta instrumentos complexos, dentre eles a convergência das economias nacionais, importando, em seu bojo, em efetiva ajuda econômica recíproca.

A regulamentação financeira que tem por objetivo proibir ou limitar o financiamento das dívidas públicas ou monetizálas, sendo essencial como atividade da autoridade monetária.

Nesse sentido, como lembra Lastra,[17] o Tratado de Maastricht proíbe o financiamento de dívida de governo via crédito do Banco Central (seja por saque direto ou compra de títulos de dívida pública no mercado primário). Essa vedação da monetização da dívida tornou-se vinculante desde o estágio 2 da União Monetária Européia (iniciada em 1º de janeiro de 1994).[18] Maastricht contém outras medidas de disciplina fiscal, como a proibição de acesso privilegiado pelos governos a instituições financeiras e outros. Em nosso continente, p. ex., o Chile tem sérias proibições constitucionais a respeito da monetização da dívida pública.

Em trabalho que examina a união monetária, e mais especificamente o Banco Central Europeu, René Smits,[19] oriundo do Centre for Commercial Law Studies do Queen Mary and Westfield College, Universidade de Londres, lembra o art. 2º do Tratado da CEE, que trata da criação do mercado comum e aproximação das políticas econômicas dos seus membros, examinando cinco alvos: desenvolvimento harmônico da economia, crescimento, estabilidade, elevação do nível de vida e relações mais próximas entre os Estados. Uma outra redação após Maastricht estabeleceu novos meios para atingir os objetivos comunitários: criação do mercado comum, *introdução da união econômica e monetária* e observância das políticas e atividades previstas na lista da CE.

O Prof. Smits comenta que: "the lack of progress in the monetary front was brought to an end by initiatives to bring more currencies into the exchange rate arrangement and to breath new life into the idea of monetary stability in Europe. These led to the institution of the European Monetary System (SEM). (...) The EMS features three elements: (i) an exchange rate mechanism (ERM) between the participating currencies; (ii) the creation of ECU's against the deposit of foreign reserves of all Mem-

16. Definição criada por Mundell em 1961, como ensina Pastore (ob. cit.), significando "área geográfica (que não necessariamente coincide com os limites dos países) na qual existe, pelo critério de Mundell, elevada mobilidade de mão-de-obra".

17. Ob. cit.

18. Lastra recomenda visitar o art. 104 c/c art. 109e, onde, de acordo com o art. 104 desse Tratado, adiantamentos e qualquer outro tipo de empréstimo junto ao BCE ou bancos centrais nacionais em favor de instituições ou órgãos comunitários, governos centrais, autoridades públicas locais, regionais ou governos ou outros órgãos governamentais regidos por direito público ou obrigações de Estados-membros serão proibidas, bem como a compra direta de instrumentos de dívida destes pelo BCE ou bancos centrais nacionais.

19. *The European Central Bank — Institutional Aspects*, Kluwer, 1997.

ber States; (iii) mechanisms to provide credit to the participating central banks in order to maintain the central rates agreed, and coordination of the economic and monetary policies to underpin the currency arrangement".

Nesse sentido, a criação de um mercado único eleva a uma estrutura supranacional o movimento liberalizante dos serviços financeiros, promovendo-se o reconhecimento mútuo de instituições (com controle nacional das atividades, mas baseada na licença do país de origem), uma regulamentação comum (com questões de implementação afetas a cada um dos países envolvidos), coordenação na supervisão das atividades financeiras e um tratamento uniforme no relacionamento dado a empresas de terceiros países.

O princípio de tratamento nacional, constante das normas do GATT, e posteriormente da Organização Mundial do Comércio, implica em não discriminação na aplicação das leis perante estrangeiros ou nacionais. No caso da UE, o que há é algo mais: é o reconhecimento mútuo onde as regras do país estrangeiro são aceitas da mesma forma que o país hóspede. O objetivo é a convergência regulatória, aplicando-se inclusive restrições, em princípio regido pela reciprocidade regulatória, o que motiva harmonização.

O enfoque da EU se baseia nas seguintes premissas: supranacionalidade (superação de tratados entre autoridades financeiras, atos legislativos nacionais etc.), ampla harmonização de matérias (como requisitos de capital, seguro de depósitos etc.) e única estrutura institucional.

Prof. Diogo Leite de Campos[20] relata brilhantemente a evolução européia:

"Primeiro, houve criar uma certa harmonização quanto às sociedades bancárias e financeiras. Dando um objeto semelhante, de país a país, às suas designações (banco, sociedade de *leasing*, corretora, etc.)

"Depois, criaram-se regras comuns quanto à solidez financeira dos bancos. É preciso que os bancos e as demais instituições financeiras dêem as mesmas garantias quanto à sua boa gestão, honorabilidade e solidez financeira, independentemente do país em que se situem. Daqui, três 'diretivas' em matéria bancária, criando normas européias quanto às sociedades, à sua honorabilidade, à sua solidez financeira e à supervisão.

"Hoje, os bancos europeus (e demais instituições financeiras) sujeitos a regras idênticas, podem prestar serviços e estabelecer-se em qualquer Estado-membro da CE em igualdade de condições com os nacionais — por já serem 'juridicamente iguais'.

"Tanto em matéria de operações bancárias como das instituições, tem-se verificado, além disso, um fenômeno de 'concorrência' ou, se quisermos, de 'imitação', entre os diversos direitos nacionais, no espaço que lhes é deixado pelo Direito europeu.

"Para que as instituições financeiras (e as próprias sociedades comerciais não financeiras) tenham capacidade de concorrência quanto às suas congêneres dos outros Estados-membros da CE é necessário que disponham de instrumentos jurídicos pelo menos não inferiores aos que existem nos outros Estados. Não bastará disporem dos melhores computadores, máquinas-ferramentas ou técnicas de gestão financeira. Em conseqüência disso, os legisladores europeus, nos últimos anos, têm se preocupado em dotar as suas empresas com os melhores instrumentos jurídicos do Direito Bancário."

Vê-se, portanto, que a harmonização de regras preconizadas desde o Tratado de Roma, pressupõe um movimento convergente de larga amplitude, o que demanda grande engajamento político para que a permeabilidade de fronteiras quanto a bens, serviços, pessoas e capitais de fato ocorra.

20. *Revista Brasileira de Direito Comparado*, Instituto de Direito Comparado Luso-Brasileiro, 1999, p. 8.

A convergência, entretanto, esbarra em questões de ordem política e econômica, e dados recentes têm mostrado uma clara tendência à oposição pública à adoção do Euro em face das moedas nacionais,[21] confirmando que a convergência regulatória é possível, mas não constitui pressuposto para o fim de todas as barreiras e símbolos de soberania — como é o caso da moeda.

2. *Basiléia*

O Comitê da Basiléia de Supervisão Bancária (denominado também "Comitê") abrange representantes dos bancos centrais e autoridades de supervisão dos países integrantes do G-10 (Bélgica, Canadá, França, Alemanha, Itália, Japão, Holanda, Suécia, Reino Unido e Estados Unidos da América), também integrando-o Luxemburgo e Suíça, funcionando na Basiléia o Banco de Compensações Internacionais (BCI). O Comitê, cujo nome original era Comitê de Regulamentação Bancária e Práticas de Supervisão, foi fundado ao final de 1974 para motivar a cooperação na supervisão preventiva e negócios bancários internacionais, e suas reuniões e deliberações são movidas por ânimo preventivo e corretivo, sendo que a maioria das questões que conduziram a alterações profundas na estrutura financeira internacional decorreram de práticas bancárias prejudiciais a países ou depositantes.

Utilizamos, para melhor apresentar o trabalho do Comitê, os conceitos relatados por Lastra:[22]

"Apesar de o Comitê agir como um fórum informal (um 'clube' de bancos centrais e outras agências de supervisão), e suas decisões não terem força imperativa legal direta sobre países membros do grupo dos dez expandido (G-10), ele tornou-se de fato um órgão regulatório internacional. Um grande número de países adotou várias resoluções e recomendações do Comitê, incorporando-as à sua legislação e regulamentação nacional.

"(...)

"De fato, a informalidade e 'independência' do Comitê serviu bem no desenho das 'regras internacionais bancárias', por ter atuado com razoável grau de despolitização e considerável montante de experiência técnica e competência nos assuntos bancários e monetários. Entretanto, esse caráter 'informal', deverá se alterar nos próximos anos. De acordo com Cooke, os quatro estágios a serem progressivamente perseguidos pelo Comitê são: contato, cooperação, coordenação e convergência (os quatro 'Cs'). Enquanto contato, cooperação e coordenação podem ser conquistados dentro de uma estrutura de aproximação informal de supervisores e reguladores bancários, ao meu ver, o quarto estágio, convergência ou harmonização, de normas, demandará outorgar ao Comitê poderes mais extensos e formais (talvez mediante um Tratado Internacional). A harmonização de regras — como técnica de cooperação intergovernamental visando reunir regimes legais diversos — pode ser melhor atingida através da delegação da responsabilidade pela adoção de regras a uma autoridade comum central. A harmonização de normas pode também ser adotada por lei modelo ou tratado, e através da assinatura de acordos internacionais definindo normas e padrões em questão, mas sem a instalação de uma estrutura supranacional."

O Comitê produziu vários documentos que vieram a ser adotados progressivamente pelos Estados nacionais. Dentre esses podemos citar o primeiro Acordo da Basiléia de 1975, que baixou normas de supervisão de bancos operando internacionalmente por meio de agências, subsidiárias

21. *O Estado de S.Paulo*, 4.9.2000, p. B14: "Uma pesquisa divulgada ontem mostra que 63% dos alemães são contra que o Euro substitua o marco. E na Grã-Bretanha, 69% dos entrevistados rejeitam a entrada do país na zona do Euro. Já na Dinamarca, onde haverá um plebiscito sobre o tema no dia 28,51% dos eleitores aprovam o euro e 42% estão contra". Soubemos posteriormente que a população da Dinamarca votou contra a adoção do Euro, contrariamente ao previsto nas pesquisas.

22. Ob. cit.

e *joint ventures*, com vistas a evitar que estabelecimentos internacionais dos bancos escapassem a uma adequada fiscalização.

Após o colapso do Grupo do Banco Ambrosiano, sediado em Luxemburgo, em 1982, houve a divulgação do *Acordo revisado de 1983*, divulgado ao público como os *Princípios para Supervisão de Estabelecimentos Estrangeiros de Bancos*, com orientações e recomendações sobre práticas fiscalizadoras ao nível corporativo de grupos compreendendo instituições financeiras e não financeiras. O Comitê recomendou o compartilhamento de responsabilidades entre autoridades de países em que instituições internacionais possuem operações. Em 1990, o Comitê adicionou recomendações sobre procedimentos de autorização, fluxo de informações, sigilo bancário e auditoria externa.

Em 1992, o Comitê publicou novas regras para a fiscalização de operações bancárias internacionais, através de um documento denominado *Padrões Mínimos para Supervisão de Grupos Bancários Internacionais e seus Estabelecimentos Estrangeiros*, compreendendo:

• Todos os grupos bancários internacionais e bancos internacionais devem ser fiscalizados por uma autoridade no seu país de origem, que desempenhe uma supervisão consolidada;

• A criação de um estabelecimento bancário no estrangeiro deve ser precedida de consentimento das autoridades fiscalizadoras local e remota;

• As autoridades fiscalizadoras devem ter o direito de reunir informação dos estabelecimentos bancários estrangeiros ou grupos bancários do seu país de origem;

• Se uma autoridade do país local determina que qualquer um dos padrões mínimos não a satisfaz, aquela autoridade poderá impor medidas restritivas aos padrões mínimos [de capital], incluindo a proibição de abrir estabelecimentos bancários.

Um relatório emitido pelo Comitê em 1988, intitulado *Padrões Internacionais de Convergência de Capital e Medição de Capital*, consistiu em uma declaração aceita por todos os seus membros com grande e real impacto legal em países desenvolvidos e em desenvolvimento.[23] Como lembra Lastra,[24] "a despeito da ausência direta de força vinculante legal, a linguagem utilizada pelo Comitê nesse documento foi mais imperativa do que nos anteriores: 'com vistas à implementação o mais cedo possível'; 'com vistas ao encorajamento à adoção de sua estrutura em países fora do G-10'".

Dentre os trabalhos do Comitê, destacam-se os *25 Princípios de Supervisão Bancária* (conhecidos como os *Core Principles*), de 1997, gerados para servirem de referência e inspiração para as autoridades bancárias. Os princípios tratam das pré-condições para supervisão bancária, autorização e estrutura do sistema financeiro, regulamentação preventiva, supervisão bancária ativa, trato de informações, poderes dos supervisores bancários e questões relacionadas à banca internacional.

O Comitê também produziu outros trabalhos como os *Princípios para Tratamento do Risco da Taxa de Juros*, em 1997, e *A Estrutura de Sistemas de Controles Internos*, de 1998, contendo recomendações para os fiscais de bancos a mais bem avaliarem a estrutura de controle de riscos das instituições financeiras avaliadas.

Como se vê, as iniciativas harmonizadoras do Comitê não possuem cunho ou intenção supranacional, e talvez aí resida sua maior glória, a de dever resultar de um convencimento movido pela lógica e aplicação prática, ao invés de regras teóricas emanadas de políticos. O reflexo do interesse em tais sugestões de normas reduz o papel do GATS e faz com que diversos países, dentre eles os integrantes do Mercosul, analisem atentamente o trabalho do Comitê e alterem sua legislação nacional para adotar um novo modelo.

23. No Brasil, vide Resolução CMN 2.099, conhecida como "Acordo da Basiléia".

24. Ob. cit.

Além do trabalho voltado especificamente para questões bancárias, o Comitê tem trabalhado conjuntamente com a IOSCO (que é a associação das CVM's no mundo), e após o encontro de Halifax, foi estabelecida uma agenda que preconiza (i) o estabelecimento de uma estrutura comum para os princípios regulatórios do mercado, (ii) a supervisão de conglomerados financeiros, (iii) informações sobre atividades com derivativos e instrumentos extrabalanço de bancos internacionais e corretoras. A atuação conjunta culminou na publicação, em 1997, do relatório conjunto sobre negociações com derivativos em bancos e corretoras, que acabou introduzindo uma disciplina de mercado no tratamento contábil similar das diversas atividades desenvolvidas no complexo mercado financeiro e de capitais internacional, dentre outras conquistas.

3. FMI[25]

As crises financeiras nos anos recentes expuseram a fragilidade do sistema financeiro internacional, geralmente relacionadas à dimensão dos fluxos de capitais internacionais. Os riscos de tal globalização mobilizam o mercado, que se agrupa em torno do Comitê da Basiléia, que é um ente fechado e direcionado ao mercado. Os mesmos riscos, por outro lado, geram constantes estudos no âmbito do Fundo Monetário Internacional, que tomou para si a função institucional de fortalecer a arquitetura do sistema financeiro internacional por meio da ajuda técnica e financeira a seus membros.

A arquitetura sugerida pelo FMI compõe-se das instituições, mercados e ações de governo, empresários e indivíduos, todos envolvidos na condução de atividades econômicas e financeiras. A busca de um sistema financeiro internacional mais estável e sólido é premissa, na visão do FMI, para proporcionar menor vulnerabilidade a crises mundiais, facilitando o acesso às vantagens da globalização, com o potencial de crescimento econômico e melhoria do padrão de vida.

25. Estudo baseado nos seguintes documentos: Report of the Managing Director to the International Monetary and Financial Committee on Progress in Strengthening the Architecture of the International Financial System and Reform of the IMF, September 19, 2000; Statement by the Managing Director to the International Monetary and Financial Committee on Progress in Strengthening the Architecture of the International Financial System and Reform of the IMF, September 19, 2000; Experimental Reports on Observance of Standards and Codes, September 6, 2000; Statement by the Acting Managing Director to the International Monetary and Financial Committee on Progress in Reforming the IMF and Strengthening the Architecture of the International Financial System, April 12, 2000; Report of the Acting Managing Director to the International Monetary and Financial Committee on Progress in Reforming the IMF; and Strengthening the Architecture of the International Financial System, April 12, 2000; Report of the Acting Managing Director to the International Monetary and Financial Committee on Strengthening Safeguards on the Use of Fund Resources and Misreporting of Information, April 10, 2000; Report by the Acting Managing Director to the International Monetary and Financial Committee Financing the Fund's Participation in the HIPC Initiative and the Continuation of the Poverty Reduction and Growth Facility, April 14, 2000; Communiqué of the International Monetary and Financial Committee, April 16, 2000; Progress Report on the World Bank-IMF Financial Sector Liaison Committee (FSLC), March 29, 2000; 1999 Interim Committee Communiqué, September 26, 1999; Code of Good Practices on Transparency in Monetary and Financial Policies, September 26, 1999; Report and Statement by the Managing Director on Progress in Strengthening the Architecture of the International Financial System, September 16 & 24, 1999; Interim Committee Communiqué, April 27, 1999; Report and Statement by the Managing Director on Progress in Strengthening the Architecture of the International Financial System, April 16 & 24, 1999; Involving the Private Sector In Forestalling and Resolving Financial Crises, March 1999; News releases on Architecture of the International Financial System, 1998; G7 Finance Ministers and Central Bank Governors Declaration and G7 Leaders Statement, October 30, 1998; Memorandum on the Work Program on Strengthening the Architecture of the International Monetary System, October 30, 1998; Reports on International Financial Architecture, October 1998; Progress in Strengthening the Architecture of the International Financial System — A Factsheet, July 31, 2000.

O FMI tomou para si o papel de responsável pela melhoria da qualidade da informação econômica que os governos e outras instituições coloca à disposição do público; implementação de códigos de prática essenciais ao bom funcionamento da economia; e a criação de linhas de crédito contingencial possibilitando ao FMI emprestar dinheiro para evitar crises sistêmicas como as vistas com origem no México, Ásia e Rússia. Esta última posição de doador de última instância é reflexo da proposta do Prof. Goodhart, que já defendia a necessidade de criação de um doador de última instância internacional[26] contra o contágio global de crises iniciadas regionalmente.

Vários relatórios documentam o progresso do fortalecimento do sistema financeiro internacional, mas isto também implica a necessidade de fortalecimento do FMI com relação à fiscalização das normas de conduta financeira, possibilitando-lhe ter acesso e oferecer consultoria e aconselhamento aos países-membros, o que nem sempre é bem-vindo em países com economias emergentes ou transicionais, face as iniciativas nacionalistas contrárias a tal influência externa.

Dentre os vários aspectos atacados pelos estudos do FMI, é relevante focar na preocupação relacionada à transparência, desenvolvimento e acesso a padrões aceitos internacionalmente, fortalecimento do setor financeiro, envolvimento do setor privado, adoção de novos modelos do FMI com relação a seus empréstimos e questões sistêmicas.

Com relação à adoção de maior transparência, o ideal, segundo o FMI, é oferecer dados confiáveis em tempo real, aliados a informações sobre política econômica e financeira, práticas e decisivas, ao mercado e ao público. Nesse sentido o FMI criou um padrão especial de disseminação de dados, que foi aceito e está sendo praticado em 47 países, incentivando os países-membros a fornecerem dados detalhados e confiáveis sobre suas finanças.

Quando os membros recorrem aos fundos do FMI, são fomentados a oferecer informações sobre suas políticas visando ao restabelecimento da estabilidade econômica com base no programa do FMI, e consta que 90% dos membros já disponibilizam tais informações. As discussões do Conselho do FMI também são utilizadas para gerar idéias nesse sentido.

O FMI prega incessantemente o desenvolvimento e acesso a padrões adotados internacionalmente, incluindo códigos de boa conduta, assegurando o funcionamento correto das economias no nível nacional como pré-requisito para o bom funcionamento do sistema internacional.

O FMI desenvolveu padrões e códigos de boa conduta em suas principais áreas de responsabilidade, podendo ser classificados como (i) Padrão de Disseminação de Dados Especiais;[27] (ii) Código de Boas Práticas sobre Transparência Tributária;[28] Código de Boas Práticas sobre Transparência de Políticas Monetárias e Financeiras;[29] e Diretrizes Envolvendo a Solidez do Setor Financeiro.

É de se notar que a associação internacional de Comissões de Valores Mobiliários promove a padronização de demonstrações financeiras e critérios contábeis, sendo que, atualmente, empresas globais adotam US Gaap, ou normas contábeis padronizadas aceitas nos Estados Unidos da América.

O FMI constatou que os bancos ou outras instituições financeiras necessitam incrementar suas práticas internas de análise de risco e administração, sendo que o

26. Neste sentido vide Goodhart, C., e Huang, H., "A Simple model of an international lender of last resort", *IMF Working Paper* WP/OO/75, abr. 2000.

27. *Special Data Dissemination Standard.*

28. *Code of Good Practices on Fiscal Transparency.*

29. *Code of Good Practices on Transparency in Monetary and Financial Policies.*

Poder Público nacional deve incrementar a forma com que fiscaliza e regulamenta o setor financeiro fortalecendo-o.

O FMI, juntamente com o Banco Mundial, intensificaram e incrementaram a análise dos sistemas financeiros dos países por meio de Programas Conjuntos de Coleta de Dados do Setor Financeiro,[30] que visam identificar focos de vulnerabilidade em cada país. Um programa piloto envolvendo 12 países está completo e outros 24 ocorrerão em 2001. Nesse sentido, o Comitê da Basiléia utiliza os dados do FMI para abordar a questão dos padrões regulatórios.

Para o FMI está claro que envolver o setor privado para prevenir e solucionar crises pode reduzir os riscos morais e aumentar a disciplina do mercado, melhorando o conhecimento dos riscos e melhorando as perspectivas para credores e devedores. Isto pressupõe o diálogo construtivo entre os agentes privados.

O enfoque dado pelo FMI é que, quando haja crises, o setor privado, especialmente os credores, devem comprometer-se com metas de longo prazo, e não só a liquidação de seus direitos em curto prazo. A capacidade de adotar mecanismos de estruturação de dívidas com interveniência do FMI ou de outras fontes catalisadoras de financiamentos pode ser essencial para impedir a expansão da crise.

O FMI criou, em 1999, um instrumento para prevenção de crises consistindo em linhas de crédito para contingências,[31] com objetivos profiláticos disponíveis imediatamente aos países-membros, acompanhadas de firmes políticas econômicas desenhadas para evitar problemas futuros na balança de pagamentos decorrentes do contágio financeiro global. Dentre as políticas, podem ser enumeradas a transparência para aceitação de padrões internacionais e um sistema financeiro sólido.

Outras iniciativas para reforçar os sistemas financeiros nacionais e internacional envolvem a identificação da vulnerabilidade externa e a melhor escolha do regime cambial, este último extremamente polêmico, especialmente quando examinada as escolhas diametralmente opostas da Argentina e Brasil, e seus resultados.

Note-se, por fim, que enquanto o FMI está presente em quase todos os países do globo, possuindo poderes de supervisão, acaba por centralizar o trabalho da busca de uma nova arquitetura financeira. Isto não diminui a importância de outros foros instituídos para examinar o tema financeiro, o que acarreta à equipe do FMI uma intensificação no contato e cooperação com tais foros, tais como o Comitê da Basiléia ou IOSCO.

4. *Mercosul*

> *Rule writing in the GATT game is less than half the battle. It is the enforcement of rules that is most diffcult.* (Michael Finger, World Bank[32])

As palavras acima são especialmente aplicáveis ao esforço integrador do Mercosul, já que é pública e notória a dificuldade de trabalho dos comitês formados para implementar a integração. Se até o Protocolo de Ouro Preto, o Mercosul não passava de um tratado, assumindo desde então o *status* de organização internacional, e o seu art. 42 deu caráter obrigatório às normas emanadas da organização, para serem incorporadas aos ordenamentos jurídicos nacionais, através dos meios de cada legislação nacional, as barreiras constitucionais e legislativas nacionais tornam o protocolo em retórica, no plano prático.

A premissa existente, entretanto, é de que, para o Brasil, por exemplo, sem alteração da Constituição Federal de 1988, o Mercosul permanecerá um tratado com

30. *Financial Sector Assessment Programs* (FSAPs).

31. *Contingent Credit Lines* (CCL).

32. Citado por Jaime de Melo e Arvind Panagariya, in *The New Regionalism in Trade Policy*, The World Bank, 1992.

objetivos de harmonização, gerando obrigação de meios, mas não de resultado, sem qualquer pretensão supranacional, à comparação do que ocorre na UE. A reflexão de Frederico Simionato[33] é oportuna: "(...) resta que a processualística estabelecida pelo Mercosul no tocante à harmonização legislativa, bem como ao processo de internalização de suas normas, não podem ser considerados certos ou errados, porém eles apenas se encontram completamente defasados em virtude do surgimento de novos princípios consagradores da primazia, da aplicabilidade direta e do controle da atuação dos Estados, os quais tratam a fenomenologia da integração como a resultante de um processo histórico inadiável".

Luiz Afonso Simoens da Silva é mais enfático, demonstrando a queda-de-braço improdutiva que vem marcando os passos do Mercosul:[34]

"Como era de se prever a crise que vem afetando Argentina e Brasil se mostrou má conselheira. Regredimos à etapa de negociações bilaterais, sem levarmos em conta o interesse dos sócios de menor porte, que muito tem a ver com a questão social, no caso do Paraguai. A reação destes não tardou, com o Uruguai fazendo valer a igualdade de voto nos foros políticos, para obter condições mais favoráveis a seu país, em inúmeros acordos. Como se isso não fosse previsível, os sócios maiores manifestam irritação e ameaçam com a introdução de um modelo de duas velocidades, já existente no Pacto Andino.

"Várias propostas foram apresentadas para a superação da crise (...) criação da moeda única ou uma variante, a dolarização da área, criação de instituições supranacionais para solução de controvérsias, submissão de divergências à OMC, e coordenação de políticas macroeconômicas. Verifica-se que a agenda do Mercosul reduziu-se a aspectos cosméticos ou burocráticos, como a questão da institucionalização, ou entrou no perigoso terreno das soluções irreais, como a coordenação macroeconômica."

O Mercosul, surgido como união aduaneira, onde os Estados-membros eliminariam barreiras tarifárias entre si, estabelecendo uma Tarifa Externa Comum, foi projetado para uma integração gradual, flexível e caso a caso, por setores. Não foi prevista a livre circulação de serviços e pessoas, proteção comum à propriedade intelectual, ou um ente supranacional, existindo uma união de Estados através do consenso de seus representantes. O ambiente em que se formou sofria de grandes *deficits* públicos, o que é um impedimento à estabilidade econômica na região.

No âmbito do Mercosul, o Subgrupo n. 4 trata dos assuntos financeiros (SGT-4), sendo coordenado pelos bancos centrais dos Estados-membros. Este grupo é o responsável pelo estudo e implementação da integração e harmonização de regras relacionadas ao mercado financeiro, de capitais e seguros. Em Boletim do Banco Central,[35] após examinar os impactos da forte desvalorização do real em janeiro de 1999, relata-se a "relativamente baixa interdependência econômica e o ambiente de incerteza macroeconômica com que convivem os seus países-membros (...) razões importantes para que se preserve o caráter pragmático do bloco e a flexibilidade que o seu sistema institucional assegura". Em outras palavras: manter a independência permanece importante, já que os fundamentos das economias são diversificados, e as incertezas incapacitam a união monetária.

33. "Métodos de harmonização legislativa na União Européia e no Mercosul: uma análise comparativa", in *Mercosul, Seus Efeitos Jurídicos, Econômicos e Políticos nos Estados-Membros*, org. Maristela Basso, Livraria do Advogado, POA, 1997.

34. Organismos multilaterais e política de integração financeira no Mercosul, nota de Seminário Fundap/Puc/Cedec na temática "Gestão Pública Estratégica e o papel dos governos subnacionais na integração regional e no Mercosul", São Paulo, 16.6.2000.

35. *Boletim Mercosul — Informações Selecionadas* 24, jan.-jul. 1999.

Resta, portanto, ao Mercosul, analisar a possibilidade de regulamentar especificamente algum traço da atividade bancária e de negociação com valores mobiliários e seguros, topicamente, como veremos adiante.

Nas interessantes palavras de Ricardo Olivera Garcia,[36] há um grande desafio adiante, que envolve diversos fatores, pois "el aseguramiento de las referidas libertades básicas parte del convencimiento de que la competencia de todos los operadores económicos en un único mercado integrado supone que, además de la circulación de productos, exista también la posibilidad de acceso a los mismos factores productivos, los cuales aseguren una estructura de costos competitivos. Entre estos factores productivos, el acceso al financiamiento en similares condiciones resulta absolutamente esencial, a los efectos de evitar las distorsiones que inevitablemente provocaría un régimen de competencia comercial con costos crediticios diferenciales. En el derecho comunitario europeo, el tránsito a la liberación de los mercados de capitales fue lento e tortuoso".

Uma iniciativa, derivada do Fonplata (criado em 1974), merece ser citada, à guisa das dificuldades em se traçar uma estratégia conjunta. Em 1996 foi sugerido pelo CMC (Conselho do Mercado Comum), órgão máximo deliberativo, a criação de um Banco do Mercosul, que seria operado como um banco de desenvolvimento, operando com capital próprio, direcionando recursos para a região, sobrevivendo majoritariamente com repasses do BIRD e BID. Não temos conhecimento de que a iniciativa tenha vingado, especialmente pela já existência de mecanismos extremamente ágeis no Brasil para financiamento do desenvolvimento, detidos pelo BNDES e BB.

Do ponto de vista normativo, o Boletim Mercosul, já citado, reafirmou a intenção das autoridades em transformar o bloco em um projeto de longo prazo, fortalecendo-o o suficiente para "enfrentar conjunturas desfavoráveis". O documento reitera que os "compromissos de aperfeiçoamento do bloco, instrumentos teriam de ser criados para que se venha a atingir o aprofundamento da União Aduaneira, permitindo: (a) definir disciplinas fiscais e de investimentos; (b) trabalhar na harmonização de políticas econômicas; (c) considerar os demais aspectos que poderiam facilitar o possível estabelecimento de uma moeda única para o bloco".

Assim sendo, o CMC criou em junho de 1999 um "Grupo de Trabalho de Alto Nível para Coordenação de Políticas Macroeconômicas", com o objetivo de (a) analisar as políticas econômicas dos países-membros, com ênfase na questão da sustentabilidade intertemporal das contas públicas e externas de suas economias; e (b) apresentar alternativas efetivas e práticas de coordenação macroeconômica e propor um programa de trabalho, a fim de que, a longo prazo e de forma gradual, seja alcançada a convergência das políticas internas nacionais.

De concreto, o SGT 4 já aproveita a Decisão 10/93, que implementou a recomendação do Comitê da Basiléia para adoção de níveis mínimos de capitais para instituições financeiras, mas que, deve-se notar, foram adotadas e implementadas nas legislações nacionais como exigência internacional, e não como harmonização de regras do bloco.

Note-se também que o Protocolo de Colonia, para a promoção de proteção recíproca de investimentos, resultou do trabalho do SGT 4, mediante a decisão CMC 11/93. Como lembra Diego Zavala,[37] "este protocolo busca la creación de condiciones favorables para las inversiones de inversores de una de las partes contratantes en el territorio de otra parte contratante, en la intención de intensificar la cooperación económica y acelerar el proceso de interac-

36. *IV Encuentro Internacional de Derecho. Mercosur, Balance y Perspectivas*, Ed. FCU.

37. *IV Encuentro Internacional de Derecho. Mercosur, Balance y Perspectivas*, Ed. FCU.

ción entre los cuatro países. Las principales disposiciones de este documento se relacionan con la igualdad del trato a inversiones nacionales de estados partes. Cada estado parte concede plena protección legal a tales inversiones y les acuerda un tratamiento no menos favorable que el otorgado a las inversiones de sus propios inversores nacionales o de inversores de terceros estados. Asimismo, los Estados Partes se garantizan que ninguna de las partes tomará medidas de nacionalización o expropiación contra inversiones de esos países, a menos que sea por causa de utilidad pública, sobre base no discriminatoria y con un debido proceso legal, mediando justa compensación".

O SGT 4 está levantando a situação dos sistemas financeiros dos Estados-partes para implementação dos *25 Princípios Básicos para uma Supervisão Bancária Eficaz*, emanados também do Comitê da Basiléia. A observância e implementação dos princípios nos Estados nacionais, mais que uma necessidade regional, é uma condição para inserção global das economias do bloco, e a adoção de um grupo de trabalho facilita a troca de informações e experiências. A observância dos princípios, mais uma vez, demonstra a tendência derivativa ao SGT 4, que possui iniciativas próprias, mas que observará, na maior parte das vezes, recomendações da Basiléia e IOSCO.

Mais especificamente no que tange à fiscalização bancária, assinou-se, em agosto de 1999, um Protocolo de Cooperação entre o Banco Central do Brasil e a Superintendência de Entidades Financeiras e Cambiárias do Banco Central da República Argentina, visando à cooperação das instituições. Este protocolo deverá se expandir ao bloco, mas em virtude de alegadas diferenças organizacionais nos demais países, restringe-se a Brasil e Argentina, não podendo ser considerado um instrumento do Mercosul.

Quanto à lavagem de dinheiro, matéria já tratada no Direito Brasileiro, através da Lei 9.613 de 3 de março de 1998, a Resolução GMC 82/99 estabeleceu uma força-tarefa para trocar experiências no seu combate, visando não apenas uma regulamentação mínima harmonizada, mas uma interação eficaz entre as autoridades responsáveis pela fiscalização financeira.

Como pressuposto para o exame de qualquer índice nas áreas financeira e societária, inicia-se um estudo visando à harmonização de regras contábeis no bloco, o que não deverá, entretanto, para não ser contraproducente, contrariar normas sugeridas pelos Comitê da Basiléia e IOSCO, que buscam a harmonização global.

No que tange ao mercado de capitais, foi delegada ao Uruguai a coordenação de um estudo comparativo da regulamentação de fundos de investimentos, ainda em estado incipiente.

Para o setor de seguros, fala-se sobre a livre circulação de serviços de seguro no bloco, via sucursais, mas como é um setor em grande transformação, com o Brasil tendo diante de si uma tendência à desregulamentação e privatização do IRB, parece que tais discussões se conduzirão a médio prazo, de forma eficaz.

Resta claro que, na Decisão 30/00 do CMC, não foi lançado um instrumento de mera retórica para coordenação macroeconômica do bloco, apesar de ainda indefinidos os seus instrumentos. Existem sérias críticas, fundamentadas, de que há muito mais "jogo de cena" do que reais avanços na harmonização econômica, pré-condição para uma harmonização nas áreas de serviços financeiros. Parece que os fundamentos das economias do bloco são por demais distintas para possibilitarem uma aproximação mais rápida e ampla.

Dentre as dificuldades ainda encontradas, citamos Celso Grisi,[38] que comenta: "a região padece (...) de políticas fiscais compatíveis com o desenvolvimento regional. Vícios de natureza cultural e desde há muito arraigados nas elites locais, promovem, com rara avidez e insaciável voracidade, o assalto aos Estados. Impõem difi-

38. Ob. cit., p. 553.

culdades à modernização econômica e jurídica das sociedades da região, impedindo o estabelecimento de políticas consistentes de investimento nas áreas sociais. Soma-se a isso o completo abandono à austeridade monetária. A expansão das bases monetárias supera em muito o crescimento da oferta de bens e serviços".

É interessante notar que, das decisões do CMC, a parcela majoritária não foi implementada ou sequer está em vias de implementação nos países-membros, denotando o grande desafio futuro de se instrumentalizar institucionalmente o Mercosul, para que seus membros promovam realmente uma integração, pois até agora a maior parte do trabalho se perde na retórica, com honrosas e raras exceções de setores extremamente organizados.

Conclusão

A recomendação de uma moeda única para o Mercosul não faz nenhum sentido diante das razões acima expostas. Ela nos parece mais um modismo, que desvia a atenção dos verdadeiros problemas em vez de auxiliar a concentração na sua solução.[39]

Apesar de estarmos tratando da questão em uma óptica jurídica de políticas públicas visando à formatação de um modelo regulador e fiscalizador no Mercosul, concluímos estar o argumento central focalizado mais no econômico, do que no jurídico.

Em vista da evolução existente, vemos que os passos dos grupos de trabalho encontram sérios desafios em relação à questão macroeconômica, que se tenta harmonizar, ainda sem sucesso.

Fica certo que qualquer iniciativa de integração financeira, seja regulamentadora ou fiscalizadora, passará pela capacidade e liberdade de captação e aplicação de recursos intrabloco, sem qualquer restrição. Para isto ocorrer, depende-se de uma harmonização não apenas regulatória e fiscalizadora, mas também tributária com relação aos produtos financeiros do Mercosul, o que constitui grande elemento dificultador, já que cada país possui uma política fiscal distinta.[40]

É bom lembrar que René Smits falou de necessidade de equilíbrio entre as moedas e estabilidade monetária como condições para o sucesso da UME. Este conceito se aplica igualmente ao Mercosul, e pelo que vemos adiante, em vista da problemática do regime de *currency board* adotado na Argentina, a estabilidade monetária da região só é vista com certa sustentação no Brasil atual.

As dificuldades de integração são grandes, sendo interessante lembrar questões levantadas por Marcos Fernandes Machado:[41] "um ponto controverso em relação às questões financeiras no Mercosul é o fato de os países integrantes serem tradicionais receptores de capitais externos. A integração não deverá alterar essa condição, de modo que a região como um todo continuará necessitando de capitais externos para impulsionar seu crescimento econômico. Se esse influxo se elevar como conseqüência da integração, teremos aí uma medida clara dos benefícios oriundos desse processo. Por outro lado, a criação do mercado comum também pode influenciar a escolha dos investidores internacionais quanto ao país receptor de capitais externos. Nesse caso, é possível antecipar a ocorrência de conflitos, independentemente de os países-membros conseguirem harmonizar adequadamente suas respectivas legislações nas áreas financeira, tributária e trabalhista".

Luiz Afonso Simoens da Silva[42] também contribui com reflexões sobre uma integração realmente eficaz:

39. Pastore e Pinotti, ob. cit.

40. Apesar dos grandes esforços moralizadores, com fórmulas quase sempre similares, pregados pelo Fundo Monetário Internacional na região.

41. *A Integração Financeira no Mercosul. Mercosul, Perspectivas da Integração*, 3ª ed., org. Antonio Brandão e Lia Pereira, FGV, 1998.

42. Ob. cit.

"Necessário se torna, então, aprofundar os estudos acerca da estrutura dos sistemas financeiros locais, particularmente quanto às tendências de aumento das diferenças regionais (...) e quanto aos impactos que a internacionalização e a regulamentação têm efetuado na região (...). Por ora, o maior tamanho e complexidade do sistema financeiro brasileiro — que o leva a apresentar maior profundidade financeira — parecem mais do que compensar a maior desregulamentação do sistema financeiro argentino. São Paulo parece atrair mais capitais externos para o sistema que Buenos Aires. Vai, com isso, se constituindo num subcentro regional, contribuindo com sua maior produtividade local a aumentar o grau de concentração bancária do País. Coloca em risco, portanto, o ritmo de desenvolvimento das regiões menos favorecidas do espaço regional.

"Essa questão da concentração regional é séria demais para ficar subordinada somente à lógica do mercado. Os Estados nacionais têm que criar instituições e mecanismos financeiros favorecedores de um modelo de integração que estimule o crescimento com desconcentração."

Por fim, a resposta à pergunta proposta ao palestrante, será afirmativa, observados os requisitos colocados para garantir-se não apenas uma convergência regulatória e fiscalizadora de longo prazo. Vemos que o processo já começou, mas sua independência em relação ao mundo globalizado é extremamente relativa, o que recomenda a adoção de princípios globais e regras individualizadoras das necessidades imediatas da região, como pressuposto para sua real inserção global.

Para não acharmos que o Mercosul está muito atrás de outros blocos regionais, citamos uma passagem relatada na Revista *Time*:[43] "In a high profile visit to his country's two North American Free Trade Agreement partners, Mexican President-elect Vicente Fox called on first Canada, then the US to broaden ties with Mexico. In his first stop in Ottawa, Fox proposed that NAFTA might eventually be developed into a European-style common market. Prime Minister Jean Chrétien rejected the proposal, saying that such an arrangement would ultimately fall victim to US domination. In the US, Fox called for the relaxation of barriers along the 3,000 km border between the US and Mexico, a proposal that was also received coolly".

43. *Time*, 4 de setembro de 2000, p. 9.

Jurisprudência Comentada

DESCONTO DE DUPLICATA NÃO ACEITA — RESPONSABILIDADE DO BANCO ENDOSSATÁRIO POR INDENIZAÇÃO DECORRENTE DA AÇÃO DE SUSTAÇÃO DE PROTESTO, UMA VEZ DEVOLVIDA A MERCADORIA PELO ENDOSSANTE-SACADO

Comentários de
HAROLDO MALHEIROS DUCLERC VERÇOSA
ao acórdão do recurso especial 185.269-SP

REsp 185.269-SP — 3ª T. do STJ
Rel. Min. Waldemar Zveiter
j. 25.9.2000
DJU 6.11.2000

Ementa oficial: O banco que recebe por endosso, em operação de desconto, duplicata sem causa, responde pela ação de sustação de protesto e deve indenizar o dano dele decorrente, ressalvado seu direito contra a endossante.

ACÓRDÃO

Vistos, relatados e discutidos estes autos, acordam os Srs. Ministros da 3ª T. do STJ, na conformidade dos votos e das notas taquigráficas a seguir, prosseguindo no julgamento, após o voto-vista do Sr. Min. Ari Pargendler, por unanimidade, conhecer do recurso especial e dar-lhe provimento. Participaram do julgamento os Srs. Ministros Ari Pargendler e Menezes Direito. Não participaram do julgamento os Srs. Ministros Pádua Ribeiro e Nancy Andrighi (2, art. 162, RISTJ).

Brasília, 25 de setembro de 2000.

Carlos Alberto Menezes Direito, Presidente. Waldemar Zveiter, Relator.

RELATÓRIO

O Exmo. Sr. Min. Waldemar Zveiter: Jaime Cia. e outros moveram ação declaratória de inexistência de obrigação cambial, c/c cancelamento de protesto e indenização por perdas e danos, contra Têxtil Trevisam e Rolim Ltda. e Banco do Estado de São Paulo S/A, alegando, em síntese, que comprou mercadorias da primeira ré, devolvendo-as em seguida, o que foi aceito pela vendedora, não obstante, logo após, receberam aviso de cobrança de duplicata através do Banespa, denunciando ao mesmo a devolução das mercadorias e que se tratava de duplicata sem aceite, advindo, porém, protesto, o que lhes causou prejuízos de ordem material e moral, insistindo este último em protestar o título sabendo da devolução das mercadorias.

O eminente Juiz sentenciante julgou procedente o pedido em relação à primeira ré e improcedente quanto ao Banco do Estado de São Paulo S/A aduzindo para tanto que: "Por se tratar de endosso traslativo, tem aplicação os princípios da autonomia e abstração, que informam o direito cambiário, sendo desse modo inaplicável ao Banespa o fato das mercadorias terem sido devolvidas e desse fato ter sido regulamente informado antes de levar o título a apontamento, pois seu direito de endossatário é o emergente do título e não do negócio subjacente, como alegou.

Assim sendo a devolução das mercadorias não retiraria do Banespa o direito de levar a duplicata objeto do contrato de desconto bancário a apontamento por falta de pagamento, o que providenciou no trintídeo legal (vencimento em 10 de maio e apontamento em 19 de maio); até porque confessa a co-réu em sua contestação que não "providenciou a cobertura de sua conta corrente para débito do título que descontou, tanto que meses após o ato do protesto, veio a ser acionada pelo banco em execução fundada justamente no contrato de desconto bancário" (f.).

Os autores interpuseram apelação e a 2ª Câmara Extraordinária do 1º TACivSP, por unanimidade, negou-lhe provimento, mantendo na totalidade do r. *decisum* monocrático, em aresto assim ementado (f.):

"*Declaratória. Cambial. Duplicata. Existência de contrato de desconto configurador de título executivo.* Possibilidade ainda assim do protesto, pois a lei não veda a dupla garantia do mesmo crédito. Recursos improvidos."

Opostos embargos declaratórios pelos autores, foram rejeitados (f.).

Inconformados, ainda, Jaime Cia. e outros interpuseram o presente recurso especial, com fulcro na alínea *a* do permissivo constitucional, no qual alegam violação aos arts. 159 e 160, I, do CC (f.).

Sustentam, em síntese, notificado o banco da devolução da mercadoria e sabedor de que nenhuma responsabilidade de pagamento poderia ser atribuída à sacada-recorrente, cabia-lhe protestar o título apenas com a finalidade de resguardar-se quanto ao direito de regresso, com a ressalva de não restringir o nome da empresa que sabia não ser devedora.

"Além do mais", continua, "havia contrato de desconto de duplicata firmado entre a co-ré emitente e o Banespa, com cláusula expressa de que a responsabilidade da emitente independia da cambial, donde o banco estava amplamente amparado quanto ao recebimento de seu crédito, inexistindo necessidade de tirar o protesto".

Ao final, acrescenta, que o recorrido agiu exacerbadamente, pois sabia que a operação mercantil havia sido desfeita e tinha "título executivo" substituto da duplicata, devendo, por isso, responder, junto à co-ré, pelos danos reconhecidos na sentença.

O banco recorrido, em contra-razões, sustenta que houve "endosso-mandato" e mesmo que assim não fosse estaria amparado pelo § 4º do art. 13 da Lei 5.474/68, pois o protesto era medida necessária para resguardar o direito de regresso contra a sacadora-endossante (f.).

O apelo foi admitido às f.

É o relatório.

VOTO

O Exmo. Sr. Min. Waldemar Zveiter (relator): O acórdão recorrido assim dirimiu a controvérsia (f.):

> A duplicata sacada pela co-ré, com vencimento para 10.5.1995, foi descontada junto ao Banespa, como se vê pela proposta de f.
>
> O banco remeteu-a a protesto, que foi tirado em 25.5.1995 (f.). A seguir, na data de 25.7.1995, ajuizou execução contra a sacadora-endossante, fundando-a na proposta de desconto e na duplicata.
>
> Não há que se cogitar, portanto, de mero endosso-mandato. O banco, na verdade, adquiriu o título.
>
> Afirmam os recorrentes, desnecessário o protesto, pois a referida proposta de desconto já possibilitava ao credor a execução, e até em maior amplitude. A com-

pra e venda, como a co-ré reconhece, fora desfeita, não se justificando a remessa da duplicata a Cartório.

Ocorre, no entanto, que a lei não proíbe o endosso antes do aceite da duplicata (*RT* 575/270, decisão do STF, e *RT* 701/178, do STJ), nem a duplicidade de títulos executivos para representação da mesma obrigação. Para impedir a perda da eficácia cambial, o banco-endossatário estava obrigado a tirar o protesto, sem o que não poderia, com base apenas na duplicata, acionar a sacadora (inexistindo aceite no título, contra a apelante é que não poderia agir).

Não estava obrigado a desistir daquele título, podendo permanecer com a dupla garantia, mormente porque a proposta de desconto constitui documento que por vezes tem sua executividade questionada na jurisprudência.

Sérgio Carlos Covello (*Contratos Bancários*, 2ª ed., Saraiva, p. 291) leciona que, "para o banco, o contrato de desconto dá margem a dois tipos de ação: a ação causal e a ação nascida do crédito descontado, ou, melhor dizendo, do documento representativo desse crédito. A ação causal, ou 'ex-causa', é aquela fundada na relação contratual entre descontário e o banco. O pressuposto da ação causal é o não pagamento, pelo terceiro devedor do crédito, no vencimento deste. É necessário que o banco proteste o título, caso se trate de desconto cambiário, para poder valer-se da ação causal, pois o protesto é a maior prova de que o banco diligenciou no sentido de receber o crédito e que o devedor cambiário não o saldou".

Como se vê, mesmo na execução fundada em contrato de desconto, o protesto é recomendável, não havendo violação aos arts. 159 e 160, I, do CC, pois o banco exerceu regularmente seu direito.

Nega-se provimento aos recursos.

Não se olvida que o protesto levado a efeito pelo endossatário de boa-fé está amparado pelo art. 13, § 4º, da Lei 5.474/68, e é ato necessário à preservação de seu direito de regresso contra o emitente-endossante.

Sustado o protesto, impõe-se assegurar ao endossatário, por meio de ressalva expressa, o exercício de sua pretensão regressiva (REsp 43.849-RS, 38.517-MG, rel. Min. Sálvio de Figueiredo, 63.212-MG, rel. Min. Costa Leite, dentre outros).

No entanto, a jurisprudência desta Corte tem afirmado recente entendimento no sentido de que se o banco-endossatário toma ciência inequívoca de que a duplicata não tem causa ou o negócio foi desfeito, como ocorreu no caso concreto, deve responder, juntamente com o emitente e o endossante do título, por eventuais danos que tenha causado ao sacado, em virtude de protesto.

O resumo de tal posicionamento encontra-se no voto proferido pelo eminente Min. Ruy Rosado de Aguiar, no REsp 143.997-SP, assim:

O tema que se repõe é a situação do banco endossatário de duplicata não paga pelo sacado, que deve protestar o título para resguardar seu direito de regresso contra o endossante, mas que é posto na condição de réu de ação cautelar de sustação de protesto e declaratória de inexistência da obrigação cambial, julgadas procedentes, com a conseqüente cominação nos ônus da sucumbência.

Tenho para mim que o v. acórdão bem resolveu a causa. Depois de concluir pela inexistência da obrigação cambiariforme, com o pagamento das duplicatas, e tornando definitiva a liminar de sustação do protesto, garantiu ao banco o exercício do seu direito contra o endossante, mas o condenou ao pagamento do ônus da sucumbência. É que o banco, recebendo por endosso traslativo os títulos sem causa, correu o risco do negócio, entre eles o de se defrontar com o sacado que prove a falta de causa dos títulos, ou o seu pagamento, não sendo justo que recaía sobre esse terceiro todo o ônus decorrente do protesto, que sabidamente tem outros e mais severos efeitos do que o simples registro para garantir a ação contra o endossante. Isto é, confrontam-se dois interesses protegidos pela lei: o do banco-endossatário, que teve o descuido de receber um título sem causa ou representativo de dívida já quitada, e o do terceiro, que já pagou os títulos e que nada fez para merecer o desprestígio e a lesão que o ato do protesto traz consigo. Nessa aparente colisão, prevalece o direito do terceiro a quem nada se pode atribuir como determinante da situação a que se chegou, em desfavor do banco que colaborou decisivamente para isso, aceitando endosso de tais duplicatas.

Por isso, resguardado o direito de acionar o endossante, deve o banco arcar com as conseqüências da procedência das demandas.

Verifico, no caso dos autos, uma peculiaridade. É que a empresa emitente dos títulos sem causa, endossados por ela ao banco, figura como ré nos autos. A ela cabe, por certo, parcela maior na causação desses prejuízos, pois errou duplamente: na emissão dos títulos e, depois, no seu endosso, prejudicando o banco e o sacado (*DJ* de 29.6.1998).

Na mesma linha de entendimento, o REsp 161.913-MG, rel. o exmo. Min. Carlos Alberto Menezes Direito, assim ementado:

Duplicatas fraudulentas. Protesto. Banco endossatário. Ciência do vício. Dano moral. Pessoa jurídica. 1. Tendo ciência inequívoca o banco endossatário de que as duplicatas eram fraudulentas, sem lastro algum, deve o mesmo responder pelos danos morais decorrentes do protesto. 2. Incidência, na espécie, da vedação da Súm. 07/STJ quanto à verificação da boa-fé do endossatário, afastada no acórdão recorrido. 3. Ressalvada a posição deste relator, tem direito a pessoa jurídica de postular indenização por danos morais ocasionados por ofensa à sua honra. Precedentes da Corte. 4. Dissídio jurisprudencial que não sustenta a passagem do recurso especial, a teor da Súm. 83/STJ. 5. Recurso especial não conhecido (*DJ* de 18.12.1998).

Naquela oportunidade, o eminente Min. Eduardo Ribeiro asseverou, com bastante propriedade:

Creio que, sopesadas todas as circunstâncias, preferível acolher entendimento que vem encontrando acolhida na jurisprudência. O banco, ao receber o título, desconhecendo sua causa, assumiu o risco de que, inexistente essa, o eventual protesto causaria dano injustificado a terceiro. E se, ciente da falta de fundamento para o saque, levou o título a protesto, haverá de ressarcir o dano suportado por terceiro.

Confiram-se, ainda, os seguintes precedentes, de ambas as Turmas da 2ª Seção desta Corte:

Comercial e processual civil. Duplicata. Protesto. Desfazimento da transação mercantil subjacente. Ciência do banco. Endossatário. Responsabilidade configurada. Recurso desacolhido. I — O apontamento levado a efeito pelo endossatário é, por imperativo legal (art. 13, § 4º, da Lei 5.474/68), ato necessário à preservação do direito de regresso contra o emitente-endossante, pelo que tal procedimento, quando dirigido a esse fim específico, não deve ser tido como abusivo. II — Deferida a sustação definitiva do protesto, com reconhecimento de inexigibilidade das cártulas em relação à sacada não aceitante, impõe-se assegurar ao endossatário de boa-fé, por meio de ressalva expressa, o exercício de sua pretensão regressiva contra a sacadora-endossante. III — Tendo tido o banco-endossatário ciência inequívoca de que desfeito o negócio jurídico em que se fundou a emissão das duplicatas, deixando os títulos sem lastro, deve o mesmo responder pelas perdas e danos decorrentes do protesto (REsp 144.585-SP, rel. Min. Sálvio de Figueiredo Teixeira, *DJ* de 17.12.1999).

Agravo regimental. Recurso especial não admitido. Duplicata sem causa. Pro-

testo. 1. O agravante levou a protesto título sem causa, deixando de tomar as devidas precauções, o que enseja a sua responsabilidade por tal conduta. Garantido expressamente no acórdão o direito de regresso ao banco-endossatário. Precedentes. 2. Configurando o acórdão recorrido a responsabilidade do banco-endossatário pela cobrança indevida de duplicata incompleta, sem a documentação comprobatória dos seus requisitos legais, fica mantida a sua posição de parte vencida. 3. Agravo regimental improvido (AgRg 235.041-SP, rel. Min. Carlos Alberto Menezes Direito, *DJ* de 17.12.1999).

É fato incontroverso que se trata de endosso traslativo, que a duplicata não foi aceita e que o banco teve ciência do desfazimento do negócio antes de levar o título a protesto. A própria endossante foi condenada, admitindo-se os prejuízos que causou à sacada, porque recebeu de volta as mercadorias e não providenciou o resgate da duplicata que descontara junto ao Banespa, nem efetuou cobertura para débito dessa.

Os dois demandados, portanto, devem ser responsabilizados, resguardado sempre o direito de regresso do banco contra o endossante, consoante, também, a farta jurisprudência desta Corte sobre o assunto.

Entendo que houve violação dos arts. 159 e 160, I, do CC, quando o acórdão recorrido afastou essa possibilidade do banco, uma vez que demonstrado os prejuízos sofridos pela empresa sacada.

Fortes em tais lineamentos, dou provimento ao apelo para julgar procedente o pedido dos autores em relação ao banco recorrido, invertendo-se o ônus da sucumbência, mantendo, no entanto, o valor arbitrado na sentença para os danos morais e materiais ali reconhecidos em face da coré endossante.

Observo que deve ser retificado o nome do recorrente equivocadamente grafado na capa dos autos para Jaime Cia.

VOTO-VISTA

O Exmo. Sr. Min. Ari Pargendler: Jaime Cia. e outros propuseram ação ordinária contra Têxtil Trevizam & Rolim Ltda. — ME e contra o Banco do Estado de São Paulo — Banespa (f.).

O MM. Juiz de Direito Dr. José Wagner de Oliveira Melatto Peixoto julgou o pedido improcedente quanto ao Banco do Estado de São Paulo — Banespa, e procedente em relação a Têxtil Trevizam & Rolim Ltda. — ME, condenando-a ao pagamento, a título de danos morais e materiais, de valor equivalente "a uma vez o valor da duplicata, ou seja, R$ 38.524,00" (f.).

A E. 2ª Câmara Extraordinária-A do 1º TACivSP, relator o eminente Juiz Morato de Andrade, confirmou a sentença (f.).

Lê-se no julgado:

> A duplicata sacada pela co-ré, com vencimento para 10.5.1995, foi descontada junto ao Banespa, como se vê pela proposta de f.
>
> O banco remeteu-a a protesto, que foi tirado em 25.5.1995 (f.). A seguir, na data de 25.7.1995, ajuizou execução contra a sacadora-endossante, fundando-a na proposta de desconto e na duplicata.
>
> Não há que se cogitar, portanto, de mero endosso-mandato. O banco, na verdade, adquiriu o título.
>
> Afirmam os recorrentes, desnecessário o protesto, pois a referida proposta de desconto já possibilitava ao credor a execução, e até em maior amplitude. A compra e venda, como a co-ré reconhece, fora desfeita, não se justificando a remessa da duplicata a Cartório.
>
> Ocorre, no entanto, que a lei não proíbe o endosso antes do aceite da duplicata (*RT* 575/270, decisão do STF, e *RT* 701/178, do STJ), nem a duplicidade de títulos executivos para representação da mesma obrigação. Para impedir a perda da eficácia cambial, o banco-endossatário estava obrigado a tirar o protesto, sem o que não poderia, com base apenas na duplica-

ta, acionar a sacadora (inexistindo aceite no título, contra a apelante é que não poderia agir).

Não estava obrigado a desistir daquele título, podendo permanecer com a dupla garantia, mormente porque a proposta de desconto constitui documento que por vezes tem sua executividade questionada na jurisprudência.

Sérgio Carlos Covello (*Contratos Bancários*, 2ª ed., Saraiva, p. 291) leciona que, "para o banco, o contrato de desconto dá margem a dois tipos de ação: a ação causal e a ação nascida do crédito descontado, ou, melhor dizendo, do documento representativo desse crédito. A ação causal, ou 'ex-causa', é aquela fundada na relação contratual entre descontário e o banco. O pressuposto da ação causal é o não pagamento, pelo terceiro devedor do crédito, no vencimento deste. É necessário que o banco proteste o título, caso se trate de desconto cambiário, para poder valer-se da ação causal, pois o protesto é a maior prova de que o banco diligenciou no sentido de receber o crédito e que o devedor cambiário não o saldou".

Como se vê, mesmo na execução fundada em contrato de desconto, o protesto é recomendável, não havendo violação aos arts. 159 e 160, I, do CC, pois o banco exerceu regularmente seu direito (f.).

A jurisprudência do STF discrepa desse entendimento, ao fundamento de que o endossatário do título, nessas circunstâncias assume risco próprio a seu negócio, não podendo valer-se das facilidades do direito cambial em prejuízo do terceiro de boa-fé.

O provimento do recurso especial, todavia, tal qual está no voto do eminente relator, que acompanho, não implica a majoração do valor arbitrado a título de danos morais e materiais; as rés responderão solidariamente pela quantia de R$ 38.524,00, pelas custas e pelos honorários de advogado de 20% (vinte por cento) sobre o valor da condenação.

Comentários de

Haroldo Malheiros Duclerc Verçosa

De todos os princípios fundamentais dos títulos de crédito (cartularidade, literalidade, autonomia, abstração e independência), dois deles jamais foram integralmente entendidos e acatados pelo legislador brasileiro em toda a extensão de seu conceito: a autonomia e a abstração. O acórdão sob exame é um exemplo flagrante dessa assertiva, correspondente a uma infeliz inclinação do STJ, que retira dos títulos de crédito os mais importantes de seus efeitos no tráfico mercantil, ou seja, a confiança e a certeza do crédito neles mencionado ou incorporado, como se queira.

Em resumo, a empresa *A* adquiriu mercadorias da empresa *B*, tendo descontado junto ao Banco *C* a duplicata correspondente à venda, anteriormente ao aceite. As mercadorias em causa foram devolvidas, fato que teria sido aceito pela vendedora. Após ter recebido do Banco *C* um aviso de cobrança, *A* denunciou a este haver efetuado a devolução do objeto da compra, ou seja, comunicou-lhe o desfazimento do negócio jurídico subjacente. Mesmo assim, em vista da falta de pagamento do título, *C* realizou o protesto previsto na lei, com o resultado de alegado dano material e moral experimentado por *A*. Em vista desses fatos, *A* ajuizou ação declaratória de inexistência de obrigação cambial, combinada com cancelamento de protesto e indenização por perdas e danos contra *B* e *C*.

Em decisão de primeira instância e a nosso ver acertadamente, o douto juiz sentenciante julgou procedente o pedido em relação a *B* e improcedente quanto ao Banco *C*, fundamentando-se no fato de que, tratando-se de endosso referente à transmissão da propriedade do título, aplicavam-se os princípios da autonomia e da abstração, não oponível a *C* o fato da devolução das mercadorias e de haver este sido regularmente informado a respeito antes de levar o título a apontamento. Aduziu a douta sentença que o direito do banco era emergente do título e não do negócio subjacente.

O recurso à segunda instância não mereceu tratamento diverso, tendo sido mantido integralmente a decisão original.

No entanto, o STJ houve por bem — e de forma unânime! — dar provimento ao recurso especial de *A*, sob fundamento de que "o banco que recebe por endosso, em operação de desconto, duplicata sem causa, responde pela ação de sustação de protesto e deve indenizar o dano dele decorrente, ressalvado o seu direito contra a endossante".

Observe-se que a referida Corte reconheceu não ser proibido pela lei o endosso antes do aceite da duplicata, nem a duplicidade de títulos executivos para representação da mesma obrigação. O STJ aceitou, até mesmo, que o banco endossatário estava obrigado a tirar o protesto como forma de aquisição do direito de regresso contra o endossante. Contudo, entenderam os ilustres ministros que, se o banco endossatário toma ciência inequívoca de que a duplicata não tem causa ou o negócio foi desfeito, deve responder, juntamente com o emitente e o endossante do título, por eventuais danos que tenha causado ao sacado, em virtude do protesto. Ou seja, negaram aplicação dos princípios cambiários acima referidos.

O eminente Min. Ruy Rosado de Aguiar, em voto diretamente acatado na decisão sob exame, já havia afirmado que o banco endossatário deveria experimentar o ônus decorrente do fato de que havia recebido ***por descuido*** um título sem causa ou representativo de dívida já quitada.

Parece que os eminentes julgadores não sabem como se exerce a atividade mercantil. Não se tratou de ***descuido*** do Banco, mas, isto sim, de uma operação rotineiramente efetuada com seus clientes. Os empresários mercantis tendo feito vendas a crédito e sacado duplicatas sobre tais negócios, correm aos bancos para descontar tais títulos, antes mesmo do aceite, objetivando a reposição imediata do seu capital de giro. É evidente que ambas as partes sabem dos riscos do negócio subjacente. Mas o ônus de tais riscos incumbe ao sacador/endossante, necessitado de crédito. O banco somente aceita o desconto de títulos antes do aceite porque tem o endossante como responsável cambial, baseado nos princípios da autonomia e da abstração, nascidos justamente do endosso, em casos como o presentemente examinado.

Ora, um dos efeitos práticos da decisão sob comentário estará na futura e generalizada negativa, por parte dos bancos, de concederem créditos aos vendedores/sacadores antes do aceite das duplicatas levadas aos primeiros para desconto, em evidente prejuízo aos interesses dos segundos. Dessa forma, se *A*, individualmente ganhou com a decisão do STJ, o comércio em geral vai perder em virtude da mesma. Se não for esse o caso, certamente o custo operacional vai aumentar para os comerciantes sacadores, em vista da elevação do risco, experimentado pelos bancos. Além disso, é possível que se venha a exigir do sacador/endossante a apresentação de um avalista, dificultando-se-lhe ainda mais a aquisição de crédito.

A esse respeito, Tullio Ascarelli — pouco lido entre nós e ainda menos entendido — já havia afirmado que (*Teoria Geral dos Títulos de Crédito*, São Paulo, Saraiva, 1969, p. 298):

"No entanto, o princípio em questão" (da autonomia) "é basilar na circulação do direito cartular e constitui um passo de importância fundamental".

"É com esse princípio que o sistema jurídico permite, em substância, a possibilidade de considerar os direitos, na sua circulação, de um ponto de vista objetivo e despersonalizado e justamente por isso sujeitos a regras correspondentes às das cousas móveis."

E mais adiante, o mesmo autor esclarece (p. 215):

"(...) o direito de cada titular sucessivo é autônomo, isto é, independente daquele do titular anterior. É autônomo, porque não deriva do direito do titular anterior, mas da propriedade do título e, por isso, pode subsistir embora não existisse o direito do alienante; é apenas necessário e suficiente que exista a propriedade do título."

Bonfim Viana alerta, ainda, para os efeitos da desfiguração da autonomia, disso resultando que os direitos e obrigações não se fariam mais em caráter originário. Nesse sentido, os vínculos do negócio subjacente exsurgiriam, neutralizariam a abstração e imporiam efeitos descaracterizadores até mesmo quanto aos estritos limites da literalidade (*Fundamentos das Exceções Cambiárias*, 2ª ed., Brasília, Ed. Brasília Jurídica, 1999, p. 38). E isto seria desmontar o sistema dos títulos de crédito.

Sabe-se que, muitas vezes, o julgador deve adotar uma posição em favor de alguma das partes que tenha direito equivalente. O favorecimento em causa será baseado no ***valor maior*** a ser atribuído ao direito da parte vencedora, em comparação a um ***valor menor*** computado à parte perdedora. Mas, no caso precedente, não se trata disso, pois há uma solução legal jurídica em favor do Banco *C*, pela aplicação dos princípios da autonomia e da abstração das relações cambiais. Esses e os demais princípios que todos conhecemos foram construídos ao longo de séculos a fio, justamente como forma de se proporcionar um seguro sistema de crédito.

Assim sendo, quando um banco, procurado por um comerciante interessado em obter crédito, recebe um título sem aceite para efeito de desconto, dispõe-se a realizar a operação fundada, principalmente, não na eventual garantia do sacado se o título vier a ser aceito, mas na garantia do sacador/endossante, ***independentemente dos riscos do negócio subjacente***. Esse é o mesmo sistema que implica na regra das cartas de crédito documentário, autonomamente desligadas do negócio subjacente, sob pena do sistema de comércio internacional não apresentar qualquer condição de funcionamento.

Lembre-se, ainda, que teria sido obrigação do sacador/endossante, ao receber aviso de cobrança do banco, pagar a duplicata originada da venda desfeita ou substituí-la por outra, a fim de manter o equilíbrio das relações concernentes à abertura de crédito junto em conta corrente, mantida junto ao banco, usual nesse tipo de operações.

De outro lado, mesmo que o banco estivesse indiretamente ligado ao negócio jurídico subjacente, como saber se a notificação do seu cliente (sacador/endossador) havia sido feita de boa-fé, ou seja, que um negócio havia sido efetivamente desfeito? Não estaria o banco abrindo o seu flanco a atos de má-fé originados até mesmo de um eventual conluio entre o sacador e o sacado?

Por todas essas razões é que a teoria geral dos títulos de crédito erigiu-se sobre os princípios que a caracterizam, única forma de se fazer funcionar o sistema com um mínimo de certeza e segurança, fulminadas pelo acórdão em tela, em sua infeliz orientação. Em tal sistema, não existe almoço de graça: alguém vai pagar a conta. E esse "alguém" será todos os comerciantes em relação aos quais o custo do crédito vai ficar mais caro, como forma de diluição do risco de fatos como os aqui apresentados.

INEXISTÊNCIA DE RELAÇÃO DE CONSUMO ENTRE O "SHOPPING CENTER" E SEUS FREQÜENTADORES

LUIZ GASTÃO PAES DE BARROS LEÃES

1. Exposição e consulta. 2. As relações de consumo. 3. O conceito jurídico de consumidor. 4. Consumidores por equiparação legal. 5. O conceito jurídico de fornecedor e o objeto da relação de consumo. 6. O "shopping center" não fornece serviços no mercado de consumo. 7. O freqüentador dos "shopping centers" não é necessariamente consumidor ou "bystander".

1. Exposição e consulta

1.1 O Ministério Público do Estado de São Paulo moveu ação civil pública junto ao MM. Juízo da 5ª Vara Cível da Comarca de Osasco contra B.S.P. e A.O.P.S. S/C Ltda., objetivando a condenação das rés para o fim de indenizar os danos morais e patrimoniais sofridos pelas vítimas do trágico acidente ocorrido no O.P.S., situado à Rua *xxx*, Centro, em Osasco, Estado de São Paulo.

1.2 No dia 11 de junho de 1996, por volta das 12:15h, sucedeu violenta explosão, seguida de desabamento nas dependências do O.P.S., vitimando centenas de pessoas, entre elas quarenta e duas mortas e outras tantas feridas, com graves mutilações. A explosão teria sido provocada por vazamento na tubulação de Gás Liquefeito de Petróleo (GLP), que vinha se acumulando no vão livre existente entre o piso e o solo do *shopping*.

1.3 A B.S.P., além de proprietária do imóvel onde está instalado o O.P.S., *é* o seu empreendedor, havendo constituído a empresa A.O.P.S. S/C Ltda. para, em conjunto, administrar o empreendimento.

1.4 Atribuindo a estas a responsabilidade, "independentemente da existência de culpa", pelo fato do produto e do serviço, introduzida pelo Código de Defesa do Consumidor (Lei n. 8.078, de 11 de setembro de 1990, arts. 12 *usque* 17), porque, como empreendedores e como administradores do *shopping*, seriam "fornecedores", no sentido jurídico do termo, assim como revestiriam a qualidade de "consumidores" os seus usuários e freqüentadores, o Ministério Público, após caracterizar os danos como decorrentes de produtos e serviços defeituosos, requereu a procedência do pedido indenizatório. Ainda nessa ordem de raciocínio, com fundamento no art. 28 do Código, requereu o Ministério Público inclusive a desconsideração da personalidade jurídica das rés, a fim de que os seus sócios respondessem também solidariamente pelos prejuízos sofridos pelas vítimas.

1.5 Como tese subsidiária, requereu também o Ministério Público a responsabilização das rés-pessoas jurídicas, com base nos arts. 1.056, 1.521-II, 1.527, 1.528 e 1.529 do Código Civil, por *culpa presumida* decorrente da responsabilidade contratual, pela guarda de coisa e pela ruína do prédio. Ainda como segunda tese subsidiária, o Ministério Público atribuiu às rés a responsabilidade pelo ocorrido em razão da conduta que reputa culposa de seus prepostos e representantes legais.

1.6 Eis que, por sentença prolatada em 26 de maio de 1997, o MM. Juízo acolheu a argumentação do Ministério Público, com base nos fundamentos jurídicos acima sintetizados, julgando procedente o pedido para condenar todos os réus, nos termos do art. 95 do Código de Defesa do Consumidor a reparar os danos morais e patrimoniais experimentados pelas vítimas do acidente, ocorrido nas dependências do *shopping*, ressarcindo as mesmas com indenização cujo montante deveria ser apurado em liquidação de sentença de acordo com o art. 97 da citada Lei n. 8.078/90.

1.7 Ao assim decidir, o MM. Juízo acolheu, portanto, a tese da aplicação na espécie do Código de Defesa do Consumidor, com fundamento de que "não há dúvida" de que "há relação de consumo entre as co-rés, pessoas jurídicas, administradoras do centro comercial e as pessoas usuárias e freqüentadoras do *shopping*", devendo ser o O.S.P. encarado como "fornecedor" de bens e serviços no mercado de consumo, já que "uma das preocupações essenciais desses centros comerciais é justamente propiciar o conforto e a comodidade dos consumidores", e as pessoas freqüentadoras do *shopping*, vítimas do acidente, "consumidoras".

1.8 Tendo em vista que, como a própria sentença admite, "ausente a condição de consumidores, de plano estará afastada a legitimidade do Ministério Público para a propositura da ação", somos consultados se procede a alegação da autora do feito, agasalhada pelo MM. Juízo, quanto a existência de "relação de consumo" entre as pessoas proprietárias e administradoras do O.P.S. e as vítimas do infausto acontecimento, para efeito da legislação especial. A resposta à consulta formulada exige que façamos um pormenorizado exame prévio sobre os conceitos acima ventilados.

2. As relações de consumo

2.1 Uma das figuras essenciais da experiência jurídica é representada pela chamada *relação jurídica*, cujo conceito foi formulado de maneira definitiva por Savigny, no decorrer do século passado. Alguns juristas sustentam até que a ciência do Direito somente adquiriu a sua maturidade no instante em que a pandectista alemã estabeleceu, de maneira precisa, esse conceito. Jhering chegou a dizer que a relação jurídica está para a ciência do Direito assim como o alfabeto está para a palavra.[1]

2.2 Que devemos entender pela expressão *relação jurídica*? Os homens, visando à obtenção de finalidades diversas, entram em contato uns com os outros. Há, assim, uma infinidade de laços prendendo os homens entre si, mas nem todos são, evidentemente, de natureza jurídica. A relação jurídica é toda relação da vida social que, uma vez disciplinada pelo Direito, passa a ser geradora de efeitos jurídicos.

Quais são as relações sociais que passam a ter efeitos jurídicos? Há duas respostas. De acordo com uma primeira visão, as relações jurídicas seriam as relações sociais postas na realidade e apenas *reconhecidas* pelo Direito, com a finalidade de protegê-las. A outra é a concepção operacional, segundo a qual a ordem jurídica, mais do que o reconhecimento de algo já estabelecido pelo livre jogo dos interesses individuais, instaura *modelos* que atribuem às relações sociais conseqüências jurídicas.

2.3 Assim, poderíamos dizer que quando uma relação social se subsume ao modelo normativo instituído pelo legislador, essa realidade concreta, encarada pelo prisma do Direito, adquire a condição de relação jurídica e passa ter os efeitos jurídicos que lhe são pertinentes. Para que essa relação jurídica se instaure, é, pois, necessário que sejam preenchidos dois requisitos. Em

1. Cf Manuel A. Domingues de Andrade, *Teoria Geral da Relação Jurídica*, v. 1, Livraria Almeida, Coimbra, 1966. pp. 1 e ss.

primeiro lugar, que exista uma relação intersubjetiva, ou seja, um vínculo entre duas ou mais pessoas. Em segundo lugar, que esse nexo corresponda a uma hipótese normativa, de tal maneira que, em ocorrendo a hipótese no plano fáctico, derivem as conseqüências obrigatórias previstas em lei.[2]

2.4 Daí podermos concluir que, em toda relação jurídica, haverá, ao menos, sempre quatro elementos a considerar: sujeitos, objeto, fato jurídico e garantia. *Sujeitos* da relação jurídica são as pessoas entre as quais se estabelece o liame respectivo. São titulares do direito subjetivo e das posições passivas correspondentes, do dever e da sujeição. O *objeto* da relação jurídica é aquele bem sobre o qual recai tanto a exigência do credor quanto a obrigação do devedor. Não é, pois, o direito subjetivo, nem o correspondente dever jurídico. Estes formam o "conteúdo" da relação jurídica. Objeto da relação jurídica é o objeto do direito subjetivo do sujeito ativo, a que se contrapõe o dever do sujeito passivo. Pode ser objeto da relação jurídica tanto uma coisa, quanto uma prestação, como até mesmo a própria pessoa.

O *fato jurídico* é todo ato humano ou evento natural, previsto na lei como hipótese de fato, que faz com que a relação jurídica passe do plano dos arquétipos ou dos modelos para o plano da realidade concreta. Por fim, a *garantia* da relação jurídica, que é o conjunto de providências coercitivas posto à disposição do titular ativo de uma relação jurídica, caso tenha ele o seu direito subjetivo violado, ou ameaçado.

2.5 O fenômeno da produção e do consumo em massa tornou imperiosa a atribuição de juridicidade às chamadas *relações de consumo*. Até há pouco tempo, essa categoria da experiência social não era, como tal, reconhecida pela ordem jurídica, mesmo em se tratando de institutos que se plasmaram à luz da realidade da produção e da circulação de bens. O próprio conceito de consumo não aparecia nos textos legislativos senão de maneira episódica, como, por exemplo, na classificação dos bens quanto à sua destinação, prevista na lei civil (arts. 51 e 726). A partir da década de 60, multiplicaram-se, em vários países, os diplomas relativos ao consumo e à proteção do consumidor. A Lei n. 8.078, de 11 de setembro de 1990, se inscreve nesse movimento.

2.6 A ordem jurídica reflete, como é sabido, os valores sociais dominantes, espelhando o sistema econômico vigente. Os códigos oitocentistas, e os que os sucederam no século atual, talhados à sombra da ideologia liberal, consagraram o modelo produtivo baseado na propriedade privada e na liberdade de iniciativa. Esta, através do princípio da autonomia de vontade, permeia toda a matéria negocial; aquela assume o papel ao mesmo tempo de limite ao risco da iniciativa privada e de garantia das obrigações que dela derivam. Ambas essas noções foram concebidas levando em consideração relações jurídicas *singulares*, não atingindo as relações de *massa*, instauradas entre os centros produtores e o público consumidor. Daí a insuficiência das técnicas jurídicas para enfrentar o fenômeno da produção e do consumo em massa.

2.7 Para ilustrar, tomemos a compra e venda, qualificada como o instrumento o mais hábil para regular as relações de pro-

2. Escreve Enneccerus (§ 64,1 do Enneccerus-Nipperdey, *Allgemeiner Teil des Burgerlichen Rechts*, v. I, 15ª ed., 1959) que as relações humanas podem ser dos gêneros os mais diversos, mas nem todas são relações jurídicas — *Rechtsverhaltnisse*; assim, constituem relações jurídicas as relações entre o comprador e o vendedor, de igual modo as relações entre cônjuges, até onde são juridicamente reguladas; mas não, por exemplo, a amizade, porque ela nem provoca quaisquer efeitos jurídicos, nem é disciplinada pelo Direito. Karl Larenz lembra que a relação jurídica é o conceito nuclear do Direito Privado — *Der Erste Grundbegriff des Privatrechts* — salientando que a relação jurídica é um vínculo normativo, que pertence ao plano ontológico do juridicamente válido, sendo inexato designá-la como uma "relação vital" reconhecida pelo Direito. "Da das Rechtsverhaltnis als ein Inbegriff von Rechten und Pflichten, also von normativen Beziehungen, der Seinsebene des rechtlich Geltenden angehort, ist falsch, es als ein von Recht bestimmtes 'Lebenverhaltnis' zu bezeichnen" (in *Allgemeiner Teil des Deutschen burgerlichen Rechts*, 6ª ed., C. H. Beck, Munchen, 1983, p. 185).

dução-circulação-consumo. Trata-se de um contrato de troca econômica, que se cinge à existência de duas partes — o vendedor e o comprador — que têm, por obrigações recíprocas, a entrega da coisa e o pagamento do preço. O modelo negocial está polarizado no sentido das operações *individualizadas*, não havendo previsão normativa para adequá-lo aos negócios em série.

A lei, tanto civil quanto comercial, admite, é verdade, uma grande liberdade de estipulação do conteúdo do contrato, contemplando um sem-número de hipóteses tópicas, como a venda à vista de amostras, a venda a esmo ou por partida inteira, a venda condicional, a venda a termo, a venda de coisa futura etc. Não prevê, porém, tipos diferenciados de contratos, conforme se relacione com a aquisição de bens de produção ou de consumo. Não distingue as situações em que o vendedor é um empresário fornecedor de bens para o mercado daquelas em que ele é o vendedor não-profissional de bens individualizados a compradores adrede identificados. Pelo contrato de compra e venda, o comprador tanto pode adquirir o bem para utilizá-lo como insumo em sua atividade empresarial, como fazê-lo para uso e consumo privados.

2.8 Em suma, ao contrato de compra e venda é irrelevante a relação de consumo subjacente, dando tratamento formalmente idêntico para todas as situações de utilização econômica da *res vendita*. Como conseqüência, impunha-se que em determinadas relações entre o produtor e os comerciantes intermediários, e entre estes e o adquirente final do bem, se estabelecesse uma "relação jurídica direta", que ultrapassasse o nexo vendedor-comprador, e que vinculasse o fabricante e o usuário ou o consumidor do bem levado ao mercado, de forma apta a responsabilizar o primeiro, caso viessem a ocorrer lesões no segundo, causadas pelo produto. De resto, em termos jurídicos, a obtenção de um bem ou serviço, por parte do consumidor ou usuário, pode revestir vínculos contratuais os mais variados que não apenas a compra e venda: empréstimo, locação, empreitada, arrendamento mercantil etc.

2.9 Daí a tentativa, presente em todas as legislações atuais voltadas à proteção do consumidor, de definir as *relações jurídicas de consumo*, procurando definir-lhes os elementos estruturais, ou seja, os sujeitos, o objeto da relação jurídica, o fato jurídico e a garantias. A Lei n. 8.078, de 1990, não foge dessa regra. Para efeito do presente parecer, nós nos limitaremos a examinar dois elementos apenas: os sujeitos e o objeto da relação jurídica de consumo, tal como definidos em lei.

3. O conceito jurídico de consumidor

3.1 Detenhamo-nos inicialmente nas notas distintivas do consumidor, um dos sujeitos da relação de consumo, que aparecem contempladas no *caput* do art. 2º, *verbis*: "Art. 2º. Consumidor é toda pessoa física ou jurídica que adquire ou utiliza produto ou serviço como destinatário final".

Como se vê, o conceito de consumidor, adotado pela lei, se atém ao seu significado *econômico*, levando em consideração tão-somente o personagem que no mercado de consumo adquire bens ou então contrata a prestação de serviços, como destinatário final, pressupondo, assim, que age com vista ao atendimento de uma necessidade própria e não para o desenvolvimento de uma atividade empresarial.

3.2 A lei, portanto, procurou abstrair de tal conceituação componentes de natureza *sociológica* (consumidor é qualquer indivíduo que frui ou se utiliza de bens e serviços, pertencente a uma determinada classe ou categoria social), *psicológica* (consumidor é o indivíduo sobre o qual podem-se identificar motivações pessoais as mais variadas que o levam ao consumo), *política* (consumidor é o cidadão que, além da estratificação social e das necessidades não coincidentes, revela um interesse típico, que consiste na expectativa de receber produtos e serviços de boa qualidade, a bom preço e com informações adequadas), ou *filosófica* (na sociedade contemporânea de massa, todas as pessoas são consumidoras).[3]

3.3 Adotado assim o conceito econômico de consumidor, procurou-se enfatizar os elementos positivo e negativo que o conceito de consumo revelam no campo econômico. O elemento positivo do consumo reside na função econômica, que exerce, de satisfação das *necessidades privadas* do consumidor ou usuário; sendo o elemento negativo, a sua conseqüente *destruição*, já destacada, aliás, na definição dada pelo art. 51 do Código Civil, de que são coisas consumíveis aquelas "cujo uso importa destruição imediata da própria substância". Ambos esses elementos positivo e negativo têm por escopo comum revelar que o consumo se define como o termo derradeiro para o qual sem orientam a produção e distribuição. É tendo em vista esse sentido que a lei define o consumidor como "*toda pessoa*" "que adquire ou utiliza produto ou serviço *como destinatário final*".

3.4 Daí que desse conceito de consumo — *consumo final* — deva ser excluído o chamado *consumo intermédio*, ou seja, a utilização de bens e serviços, por parte das empresas, necessários ao processo de produção industrial. Quer dizer, os *insumos*. Aqui, a par do lado positivo, o consumo de bens não revela a sua vertente negativa, já que não importa em sua destruição, visto que o mesmo se transforma e se incorpora ao processo produtivo. A rigor, não há falar na espécie em consumo, no seu sentido técnico. Como acentua Albert L. Meyers, nos seus *Elementos de Economia Moderna* (tradução brasileira, Livro Ibero-Americano, Rio de Janeiro, 1962, p. 13), "Consumo é o uso imediato e final de bens e serviços, para satisfazer as necessidades de seres humanos livres. Consumo não significa uso de bem, a menos que seja usado pelo consumidor final. Diariamente, emprega-se o carvão para gerar a força que movimenta as fábricas, entretanto, esta constitui parte do processo produtivo e não do consumo. De modo bastante remoto, poder-se-ia dizer que uma pessoa está consumindo carvão, quando se serve dos produtos industriais".

3.5 Nesse sentido, esse "consumo intermédio" não é alcançado pela proteção dessa legislação especial, como assevera Ferreira de Almeida, em livro que obteve larga divulgação no Brasil: "o consumidor é um não-profissional, ou quem como tal atua, isto é, fora da sua atividade profissional. Daí se conclui que o chamado 'consumo intermédio', em que o utilizador é uma empresa ou um profissional, não é consumo em sentido jurídico. O consumidor, nesta acepção, é sempre consumidor final (*Endverbraucher*, *Letzverbraucher*, *ultimate consumer*)" (in *Os Direitos dos Consumidores*, Coimbra, 1982, p. 215).

3.6 Assim, quando a lei brasileira define como consumidor "toda pessoa física ou jurídica" (à semelhança do que dispõem vários diplomas alienígenas, como a Carta do Conselho da Europa, que fala também em *physical or legal person*), há que distinguir os bens adquiridos pela empresa, a título de insumos, no exercício da sua atividade empresarial, dos bens adquiridos para uso pessoal ou privado — *for privy usance* — do consumidor, à margem de sua atividade empresarial.

Como já observava Fábio Konder Comparato, em 1978, "quando se fala, no entanto, em proteção ao consumidor, quer-se referir ao indivíduo ou grupo de indivíduos, os quais, ainda que empresários, se apresentem no mercado como simples adquirentes ou usuários de serviços, sem ligação com a sua atividade própria" (in *Ensaios e Pareceres de Direito Empresarial*, Forense, Rio de Janeiro, 1978, p. 476).

3.7 Como se nota, o objetivo que sempre norteou o legislador foi o de imprimir a

3. É justamente a opinião de José Geraldo Brito Filomeno, in *Código Brasileiro de Defesa do Consumidor*, Ada Pellegrini Grinover e outros, Forense, Rio de Janeiro, 1991, pp. 24-25.

maior objetividade na definição do consumidor, procurando encarar o consumo rigidamente nos termos definidos pela ciência econômica, sem interpretações extensivas. Logo mais adiante, voltaremos a esse tópico, que é de suma importância para o presente estudo.[4]

4. Consumidores por equiparação legal

4.1 Definido destarte o consumidor como todo aquele "que adquire ou utiliza produto e serviço como destinatário final", para os efeitos da proteção que prodigaliza, a lei, *por equiparação legal*, assimila ao consumidor:

a) "a coletividade de pessoas, ainda que indetermináveis, que haja intervindo nas relações de consumo" (art. 2º, parágrafo único);

b) "todas as vítimas do evento" danoso, "causados por defeitos decorrentes de projeto, fabricação, construção, montagem, fórmulas, manipulação, apresentação ou acondicionamento de seus produtos, bem como informações insuficientes ou inadequadas sobre sua utilização e riscos" (art. 17 c/c art. 12, *caput*); e

c) "todas as pessoas, determináveis ou não, expostas às práticas comerciais", e contratuais, utilizadas pelos fornecedores, "com relação a produtos oferecidos ou apresentados" aos destinatários finais (art. 29).

4.2 Vejamos as três hipóteses de equiparação legal, acima alinhadas, procurando destacar o fio condutor dessas equiparações. Em principio, consumidor é a pessoa física ou jurídica, que *adquire* bens ou serviços, como destinatário final. Também é considerado consumidor aquele que, embora não os tenha adquirido, *utiliza* bens e serviços, como destinatário final. É a definição legal constante do *caput* do art. 2º da Lei n. 8.078/90.

4. Antônio Herman de Vasconcellos e Benjamin, "O conceito jurídico do consumidor", in *RT* 628/72.

Pois bem, uma vez definido o que, para os efeitos da lei, seja o consumidor — ou seja, estabelecido os *limites* de sua conceituação — a lei, na primeira hipótese, "equipara" a consumidor, para todos os efeitos, a coletividade de pessoas, ainda que indetermináveis, que haja ingressado no circuito do consumo, como consumidores ou usuários de bens e serviços. Sempre evidentemente para a satisfação de necessidades privadas, estranhas ao processo produtivo. O que a lei tem em mira, nessa equiparação, é propiciar *tutela coletiva* para todo grupo, categoria ou classe de consumidores finais, garantindo a esse ente coletivo, encarado como um todo, os mesmos direitos que confere a seus membros. São mantidos os limites conceituais da noção legal de consumidor, sem interpretações extensivas, já que aqui se cogita apenas de uma *coletividade de consumidores*.

4.3 Na segunda hipótese, são equiparados aos consumidores os *estranhos* à relação jurídica de consumo e que, embora não tenham consumido ou usado os bens e serviços — ou seja, embora não sejam, a rigor, nem consumidores, nem usuários — hajam sofrido danos causados por *defeitos* dos bens e serviços "colocados no mercado de consumo". Trata-se dos chamados *bystanders* do direito norte-americano. Essa equiparação, ao contrário da anterior, não é feita para todos os efeitos legais (já que eles não são, a rigor, nem consumidores, nem usuários), mas tão-só e exclusivamente para efeito da aplicação do regime de responsabilidade civil "independentemente da existência de culpa", prevista na lei, na propagação de *acidentes de consumo* que esses não-consumidores e não usuários hajam sofrido pelo fato do produto ou do serviço defeituosos (art. 12 *usque* 17).

4.4 Nessa extensão da responsabilidade objetiva por fato do produto ou do serviço a terceiros, que não são a rigor nem consumidores, nem usuários (ou seja, são *penitus stranei* à relação de consumo), a lei brasileira se filia ao mais avançado estágio da jurisprudência norte-americana.

Esta reputa os terceiros, lesados por produtos defeituosos, ativamente legitimados a postular a reparação dos danos segundo os princípios da *strict liability in tort*, à semelhança dos consumidores ou usuários dos produtos ou dos serviços, por se encontrarem *in the vicinity of its use*, expostas à sua esfera de periculosidade.

Não é aqui o lugar apropriado para fazer um histórico a respeito da jurisprudência norte-americana a respeito da responsabilidade do fornecedor por danos provocados em terceiros, estranhos à relação de consumo. Cumpre apenas frisar que a adoção da tutela objetiva, desvinculada do requisito de culpa, para os *casual bystanders* só foi admitida dentro de limites cautelosos. Ou seja, essa responsabilidade sem culpa só se aplica a esses terceiros com prova de que os danos por eles sofridos foram provocados por infração ao dever de segurança que previsivelmente se espera (*reasonable foreseebility*) de um produtor, em circunstâncias normais, em relação ao produto colocado no mercado.[5]

Essa responsabilidade objetiva como forma de imputação condicionada a pressupostos especiais, ou seja, essa *responsabilidade objetiva limitada*, é também adotada pela lei brasileira, que agasalha o regime de responsabilidade, independentemente da existência de culpa, pelo fato do produto e do serviço. Com efeito, no art. 12 da Lei n. 8.078, é dito que, para efeito da responsabilidade objetiva do produtor, o produto causador do dano só é reputado defeituoso — e, portanto, causador de lesão indenizável — "quando não oferece a segurança que dele legitimamente se espera, levando-se em consideração as circunstâncias relevantes, entre as quais (i) sua apresentação; (ii) o uso e os riscos que razoavelmente dele se esperam; e (iii) a época em que foi colocado em circulação" (art. 12, § 1º).[6]

4.5 Na terceira hipótese acima elencada, são equiparadas pela lei aos consumidores, *todas as pessoas*, indetermináveis ou não, em situação atual e potencial de adquirir ou utilizar o produto ou o serviço, que se exponham às práticas comerciais e contratuais previstas pela lei, nos seus arts. 29 a 60. Trata-se de um conceito de consumidor extremamente lato, mas a ser aplicado *exclusivamente* "para os fins" da disciplina das "práticas comerciais" e dos "contratos que regulam as relações de consumo" (e não, por exemplo, para o fim de aplicação dos regimes de responsabilidade, previstos na lei).

4.6 Todas essas hipóteses de equiparação a consumidor devem ser vistas, portanto, *restritivamente*, dentro das finalidades específicas para as quais foram criadas. E em todas essas hipóteses, prevalece sempre exclusivamente a noção econômica de ato de consumo, que está sempre presente nas equiparações, ou seja, a do ato jurídico ou material, orientado no sentido de satisfazer as necessidades privadas do consumidor ou usuário, provocando o desgaste, total ou parcial, do bem ou do serviço prestados, que os retira do mercado.[7]

5. O conceito jurídico de fornecedor e o objeto da relação de consumo

5.1 Passemos agora ao segundo tópico. O outro pólo da relação de consumo é o

5. Cf. o estudo clássico de Dix W. Noel, "Defective products: extension of strict liability to bystanders", in *Tennessee Law Review*, v. 38, 1970, p. 2 e ss. reproduzido em *Product Liability*, 2ª ed., editado por Paul D. Rheingold e Sheila L. Birnbaum. V. nosso *A Responsabilidade do Fabricante pelo Fato do Produto*, Saraiva, São Paulo, 1987, pp. 58 e ss.

6. Zelo Denari, "Da qualidade de produtos e serviços; da prevenção e da reparação dos danos", in *Código Brasileiro de Defesa do Consumidor*, ob. cit., pp. 88 e ss.

7. "L'acte de consommation est défini comme étant 'l'acte juridique ou matériel qui, réalisant la destination finale du bien qui en fait l'objet, en épuise totalement ou partiellement la valeur économique et en provoque généralement le retrait, definitif ou temporaire, du marché'" (cf. Thierry Bourgoignie, *Éléments pour une Théorie du Droit de la Consommation*, Story Scientia, Bruxelas, 1988, p. 45).

fornecedor — sujeito passivo onerado por esse dever de segurança no fornecimento de seus produtos e serviços (*Verkehrssicherungnspflicht*, como dizem os alemães) — definido pela lei, no seu art. 3º, nos seguintes termos: "Art. 3º. Fornecedor é toda pessoa física ou jurídica, pública ou privada, nacional ou estrangeira, bem como entes despersonalizados, que *desenvolvem atividades* de produção, montagem, criação, construção, transformação, importação, exportação, distribuição ou comercialização *de produtos ou prestação de serviços*".

5.2 Não obstante comporte essa definição de fornecedor uma série de considerações, basta, para os fins deste parecer, extrair dela o conceito do *objeto* da relação de consumo. O objeto de uma relação jurídica é, como se sabe, o elemento em razão do qual a relação se constitui, e sobre o qual recai tanto a exigência do credor quanto a obrigação do devedor, podendo ser tanto uma coisa, uma prestação, como a própria pessoa. Na relação de consumo, esse objeto é, por certo, um determinado comportamento por parte do sujeito passivo, isto é, a prestação por parte do fornecedor, a que se alude na definição acima reproduzida, ou seja: "[fornecimento] de produtos ou prestação de serviços".

5.3 A seguir, em dois parágrafos sucessivos, a lei esclarece o que entende por *produto* e por *serviço*: "§ 1º. Produto é qualquer bem, móvel ou imóvel, material ou imaterial. § 2º. Serviço é qualquer atividade fornecida no mercado de consumo, mediante remuneração, inclusive as de natureza bancária, financeira, de crédito e securitária, salvo as decorrentes das relações de caráter trabalhista".

5.4 Essas definições legais do objeto das relações de consumo suscitam algumas observações, que interessam ao presente parecer. Ao reputar como *produto* "qualquer bem", seja ele móvel ou imóvel, material ou imaterial, a lei pressupõe certas *limitações implícitas*, a que o exame sistemático da lei naturalmente conduz. Com efeito, "qualquer bem" pode consubstanciar um "produto" para efeito da proteção da lei, mas (a) *desde que* esse bem seja produzido em série, para ser colocado no mercado de consumo; e (b) *desde que* esse bem seja destinado à satisfação das necessidades privadas dos consumidores, importando em sua destruição.

Com efeito, o chamado *mercado de consumo*, na medida em que o termo "mercado" importa sempre numa substancial quantidade de bens transacionada "com o público", pressupõe a existência de empresas produzindo *em massa* mercadorias (ou seja, produtos) para o mercado. Como vimos, fornecedor, para a lei, é aquele que "desenvolve uma atividade", ou seja, gera uma série de atos. Por outro lado, esses produtos, na medida em que teleologicamente se destinam ao consumidor ou usuário final, implicam na sua fruição, total ou parcial, para retirada, definitiva ou temporária, desse mesmo mercado.

5.5 Análogas considerações também podem ser tecidas com relação à definição de *serviço*, para efeito da legislação de proteção ao consumidor. De fato, tal como dispõe o § 2º do art. 3º da Lei n. 8.078, acima reproduzido, os serviços de que se trata, são aqueles (a) prestados, mediante remuneração, em série, fruto de uma "atividade", "no mercado de consumo" (b) destinados a satisfazer as necessidades dos usuários, como fruidores finais.

5.6 Em suma: o mercado de consumo tem um *alcance específico* e não abrange *todas* as relações econômicas atinentes aos bens e serviços. Abarca apenas as relações de uso e consumo de produtos e serviços fornecidos em massa, decorrentes de uma "atividade", ao término da cadeia de produção e circulação econômicas. Com efeito, os bens e serviços podem ser o fulcro de uma série de relações econômico-jurídicas, formando uma densa trama. Na fase de circulação, por exemplo, podem ser objeto de troca, sendo alvo de diferentes vínculos jurídicos: compra e venda, locação, empreitada ou empréstimo. Se essa troca econômica, revestindo uma dessas formas, tem por escopo o consumo, sobre o mesmo objeto se estabelecem, pelo menos, duas relações jurídicas diferentes, com distintos regimes legais: uma relação de troca (alguém adquire esse bem) e uma relação de consumo (esse alguém adquire o bem para consumir).

Assim sendo, para verificar se entre determinadas pessoas se instaurou uma relação de consumo, cumpre averiguar — separando essas sucessivas camadas de liames — se entre elas se estabeleceu o enlace específico *de consumo*, com os elementos estruturais definidos pela lei, acima pormenorizadamente esquadrinhados. É o que passaremos a apurar com relação aos freqüentadores do *shopping center* O.P.S., vítimas do trágico acidente ocorrido no dia 11 de junho de 1996.

6. O "shopping center" não fornece serviços no mercado de consumo

6.1 Nessa tarefa, a primeira indagação se prende à possível caracterização do *shopping center* como fornecedor, para os específicos fins da lei de proteção ao consumidor. Tendo em vista o conceito de fornecedor estampado na Lei n. 8.078/90 (art. 3º), cumpre averiguar se esses centros comerciais "desenvolvem uma atividade" de "produção, montagem, criação, construção, transformação, importação, exportação, distribuição ou comercialização de produtos ou prestação de serviço" "no mercado de consumo".

6.2 Para responder a essa pergunta, cumpre examinar, primeiramente, o que vem a ser um *shopping*. Constituindo uma realidade econômica relativamente nova, natural que esses centros comerciais tenham suscitado dúvidas quanto ao seu correto enquadramento jurídico. Testemunhas dessa perplexidade foram as manifestações nem sempre coincidentes de juristas de escol em dois eventos notáveis, que deram ensejo a duas publicações já clássicas sobre a matéria: *Shopping Centers: Aspectos Jurídicos*, resultado de um seminário realizados em 1983, e *Shopping Center: Questões Jurídicas*, obra conjunta publicada em 1991.[8]

Dos vários depoimentos, constantes dessas publicações, nota-se que houve convergência de opinião ao menos no sentido de que o *shopping* constitui uma *organização* de um conjunto de lojas, resultante de uma série de contratos diversificados, ou de um contrato atípico, onde prepondera a relação *ex locato*, pactuados entre o empreendedor e os ocupantes das lojas e espaços, implicando no desenvolvimento de uma atividade empresarial permanente do empreendedor, ou de terceiro, na gestão do empreendimento.

6.3 Como se desenvolve essa atuação do empreendedor? Na fase inicial, à semelhança do incorporador imobiliário, o organizador do *shopping center* promove a construção do centro empresarial, mas já lhe imprimindo uma linha ocupacional específica, através do chamado *tenant mix*, que numa tradução livre significa a combinação de ramos comerciais diversificados entre os usuários de suas lojas e espaços, de modo a que o público desfrute de opções variadas.

Assim, o empreendedor utiliza-se de diferentes fatores de atração, a começar pelas chamadas lojas-âncora, geralmente lojas de departamento, por si só capazes de assegurar um bom tráfego de clientes no empreendimento, seguida de lojas-satélites, detentoras de marcas conhecidas e acreditadas, e de lojas que exploram atividades de lazer (restaurantes, cinemas, teatros,

8. O primeiro, publicado pela Revista dos Tribunais, em 1984, reúne colaborações de Caio Mário da Silva Pereira, Carlos Langoni, João Carlos Pestana de Aguiar, Joaquim Antonio Vizeu Penalva Santos, Luís Antonio de Andrade, Orlando Gomes, Rubens Requião e Washington de Barros Monteiro. O segundo, editado pela Saraiva, reúne colaborações de Alfredo Buzaid, Álvaro Villaça de Azevedo, Fernando Albino, J. A. Penalva Santos, J. Nascimento Franco, José da Silva Maquieira, Modesto Carvalhosa, João Carlos Pestana de Aguiar Dias, Ricardo Pereira Lira, Roberto Wilson Renault Pinto, Yussef Said Cahali, Marcus Faver, Miguel Pachá, Nilson de Castro Dião, Gualberto Gonçalves de Miranda.

playgrounds, ringues de patinação etc.). A seguir, vêm as lojas distribuídas de acordo com o ramo de atividade. Via de regra, o empreendedor distribui os espaços que ordenadamente criou, mediante contratos de cuja natureza básica é locacional, como consagra a Lei Inquilinária de outubro de 1991 (art. 59). Em termos de infra-estrutura, completa-se o *shopping* com um estacionamento para veículos.

6.4 Na fase de ocupação, o futuro lojista participa de duas despesas, que, embora não configurem aluguéis, são injunções especiais que não desfiguram a essência da relação locativa. Uma delas diz respeito aos custos de acabamento do espaço locado; e outra, à integração ao *lay out*, a que se dá o nome de *res sperata*, expressão que Caio Mário da Silva Pereira traduz por "direito de reserva" quanto à localização do lojista. Nessa locação, o locatário se submete a pagar ao locador um aluguel percentual vinculado às suas vendas (sujeito a uma intervenção auditorial), assim como a participar de um fundo promocional para fazer frente às despesas de uma publicidade global, a ser administrada por uma "associação de lojistas", constituída por iniciativa do empreendedor.

6.5 Os lojistas ainda se submetem a duas restrições locacionais: a imutabilidade do ramo de comércio e a proibição da cessão do contrato, para a preservação do equilíbrio do *mix* coletivo. Ao destinar os módulos aos lojistas, o empreendedor, ou dono do *shopping center*, elabora "normas gerais", complementares aos contratos, peculiares à comunidade de interesses da organização, que convencionam essas regras adicionais. Ademais, visto que a natureza organizacional dos *shopping* exige um ordenamento constante das atividades coletivas, o empreendedor, ou terceiro, passa a administrá-los. Essa administração se orienta no sentido de providenciar os contratos de locação, cobrar os aluguéis, contratar guardas de segurança e manter a ordem e a limpeza das áreas comuns, prestando serviços — *aos locatários*.

Pois os *shopping centers*, como acentuou o Professor Washington de Barros Monteiro (ob. cit., p. 161), "caracteriza-se, sobretudo, pela sua sistemática ou ordenamento, como um *complexo de relações internas* entre o incorporador ou incorporadores do empreendimento e os lojistas e prestadores de serviços, de índole eminentemente *obrigacional*, inclusive entre os lojistas e prestadores de serviços, ligados entre si por uma espécie de solidariedade e integrados, muitas vezes, a uma entidade associativa para a defesa de seus interesses".

6.6 A semelhança da sociedade em conta de participação — à qual foram inicialmente aproximados — aos *shopping centers* falece a *vertente externa*, já que não se enquadram nem como estabelecimento comercial, nem como sociedade comercial, nem como instituição, mas como simples organização, sendo as *relações externas* travadas entre os lojistas e os consumidores que os freqüentam. Todos os serviços prestados pela organização comum, e descritas com absoluta objetividade nos parágrafos anteriores, são, como vimos, polarizados no sentido de satisfazer a necessidades sentidas *pelos lojistas*, inclusive no que diz respeito aos relacionamentos destes com os seus clientes e fregueses.

Ainda para citar o singelo, mas criterioso, artigo de Washington de Barros Monteiro, "Realmente, de um lado acha-se o incorporador, a quem cabe não só projetar e construir, como organizar e manter o empreendimento. De outro lado estão os lojistas e os prestadores de serviço, que tomam as lojas ou recintos em locação e neles passam a exercer suas atividades".

6.7 Irrelevante indagar aqui se, nos *shopping centers*, existe um duplo fundo de comércio, um dos lojistas e outro do *shopping*, ou um único fundo com dupla titularidade, o que equivaleria a dizer que, nos dois casos, os *shopping centers* têm também uma clientela própria, que acorreria aos centros comerciais motivada pelos atrativos que a própria organização oferece ao público. Ainda que se sustente que os *shopping centers* tenham a sua própria clientela, independente da freguesia de suas lojas, essa clientela *nada compra* dos *shopping* — nem produtos, nem serviços — e, por conseqüência, não podem eles ser configurados como fornecedores no mercado de consumo, já que os fornecedores dessa clientela são os lojistas, esses, sim, vendedores de bens e serviços no mercado de consumo. Por conseqüência, não sendo os *shopping centers* fornecedores de bens e serviços para o mercado, não se instauram nunca "relações de consumo" entre eles e os seus freqüentadores, habituais ou eventuais.

6.8 Que os *shopping centers* nada vendem no mercado de consumo e apenas prestam os seus serviços aos locatários, basta aludir à *ausência de qualquer retribuição* por esses serviços por parte dos seus freqüentadores. Ora, a remuneração — ou seja, *merces*, na *locatio operarum* — é da essência dos contratos de locação, inclusive na locação de serviço (Código Civil, art. 1.216), sob pena de ela não se configurar como tal (na *locatio conductio rerum*, a locação gratuita deixa até de ser locação para se transformar em comodato). No tocante especificamente à prestação de serviço como objeto da relação de consumo, para efeito da caracterização de fornecedor, a Lei n. 8.078, no seu já citado § 1º do art. 3º, dispõe que "serviço é qualquer atividade fornecida no mercado de consumo, *mediante remuneração* (...)".

6.9 A exigência de remuneração é, portanto, expressa e imperativa. Não existe, como se sabe, palavras inúteis nos textos de lei (*verba cum effectu sunt accipienda)*, razão pela qual é de se repudiar teses pueris, como as lançadas pelo autor da ação civil pública em exame, de que os *shopping centers* seriam remunerados pelas "utilidades embutidas" nos preços e serviços fornecidos pelos lojistas, de cujo faturamento participam, decorrentes da simples presença dos freqüentadores no *shopping*, trazendo "a maior animação e atração local" e "atualização com a moda pela contemplação de vitrinas".

Fora esse raciocínio correto e essa passagem da lei seria totalmente inútil, visto que, seja qual for a hipótese considerada, sempre se poderá vislumbrar uma "remuneração indireta", nos termos imaginados, paga pelos consumidores e usuários das lojas, por hipotéticos serviços que a organização lhes estaria prestando. O Direito não autoriza interpretações fúteis e cerebrinas, desenganadamente *contra legem*. Na realidade, à vista da definição acima reproduzida, se não recebe remuneração, o *shopping* não é fornecedor de serviços.

7. O freqüentador dos "shopping centers" não é necessariamente consumidor ou "bystander"

7.1 Da mesma forma, se nos ativermos aos exatos termos da lei, e não nos perdermos em meras lucubrações, o simples freqüentador que parqueia o seu automóvel no estacionamento (gratuito) de um *shopping center*, adentra o seu recinto e circula pelo *Mall*, percorrendo as suas galerias, praças e corredores para os quais se abrem as lojas, inclusive visitando-as, sem adquirir ou se utilizar de bens ou serviços, não se torna, *ipso facto*, um consumidor, pelo menos para efeito da lei protetora, que expressamente requer a realização desses atos de aquisição ou de uso para que uma pessoa assuma essa condição (art. 2º, *caput*). A lei não agasalha, assim, os conceitos de "consumidores potenciais", "consumidores virtuais", e quejandos, que vicejam em textos sociológicos, políticos, ou literários.

7.2 Tornar-se-á, por certo, consumidor, para efeito das proteções da lei, o freqüentador quando, através da realização de um ato de consumo, vier a adquirir ou utilizar, para satisfação de suas necessidades pessoais, produtos ou serviços fornecidos pelas lojas espalhadas no *shopping*, travando com elas — mas não com o *shopping* — relações de consumo. Do *shopping* propriamente dito não adquire nem se utiliza de produtos ou serviços *remunerados* e, portanto, dele não é consumidor, nem usuário. Os serviços de administração, publicidade e promoção do conjunto, ao qual se integram as unidades dos locatários, são *prestados pelo "shopping" aos lojistas*, que lhe pagam uma remuneração para tanto. Mas nunca aos seus freqüentadores, que por isso nada lhe pagam.

7.3 Passemos agora ao tópico dos *bystanders*. Nos termos da lei esse mesmo freqüentador do *shopping center* — que não adquire nem utiliza de bens e serviços — poderá ser *equiparado* aos consumidores, para os efeitos da responsabilidade pelo fato do produto e do serviço, quando for *vítima* de eventos danosos (art. 17), causados por defeitos dos produtos (art. 12, *caput*), ou por defeitos relativos à prestação de serviços (art. 14, *caput*), quando esses produtos e serviços defeituosos não oferecerem a segurança que o consumidor dele pode esperar, levando-se em conta as circunstâncias relevantes que os cercam (art. 12, § 1º, e art. 14, § 1º).

Essas disposições da Lei n. 8.078 merecem duas observações. Em primeiro lugar, equiparar uma coisa à outra, para determinados efeitos legais, não é obviamente atribuir à coisa equiparada a mesma natureza ou substância da outra, mas submetê-la, respeitada a sua diversidade, a algumas conseqüências semelhantes. Na hipótese em exame, ao terceiro, que não é consumidor, a lei estende o mesmo regime de responsabilidade sem culpa, caso ele se torne *vítima* de um *acidente de consumo*, provocado por produto ou serviço defeituosos. Mas não o transforma, obviamente, num consumidor, pois consumidor ele não o é.

7.4 Em segundo lugar, a responsabilidade objetiva pelo fato do produto ou do serviço, adotada pela lei, e que ao *bystander* é estendida, é condicionada a pressupostos especiais, não eliminando a exigência da prova, como já advertimos linhas atrás. Com efeito, a vítima, consumidora ou não, permanece obrigada, para haver o ressarcimento, a *provar* que o produto defeituoso não oferecia a segurança que dele legitimamente se esperaria, levando-se em consideração as circunstâncias relevantes, entre as quais: (i) a sua apresentação; (ii) o uso e os riscos que razoavelmente dele se esperaria; (iii) e a época em que foi colocado em circulação.

7.5 Por outro lado, o acidente de consumo, que causa dano ao *bystander*, só ocorre quando provocado por produto ou serviço defeituosos, fornecidos no mercado de consumo, contra remuneração. E a responsabilidade objetiva, que dele deflui, só pode ser imputada àquele que tem condições legais de ser o causador da ofensa aos direitos do consumidor. Ou seja, aquele que, de acordo com a lei, é reputado "fornecedor".

Ora, os *shopping centers* não são, como vimos, fornecedores, nos exatos termos da lei, razão pela qual a eles não pode ser imposta a obrigação de indenizar, "independentemente da existência de culpa". Isso não quer dizer que a vítima de um acidente ocorrido nos recintos dos *shoppings* fique juridicamente desamparada, já que a lesão que porventura tenha sofrido poderá ser reparada, se imputável a uma ação ou omissão culposas do dono do *shopping*, ou de sua administradora. Nesse caso, porém, o dever ressarcitório não estará mais vinculado a uma relação de consumo, que no caso inexiste, mas a um ato ilícito, gerador de uma responsabilidade subjetiva, ancorada na culpa, nos limites estabelecidos pelo direito comum (Código Civil, art. 159).

7.6 Houve, portanto, com a devida vênia, abusiva extensão das regras constantes do Código de Defesa do Consumidor ao evento, na r. sentença do MM. Juízo de Osasco. Em primeiro lugar, a Lei n. 8.078, de 1990, é diploma legal de "ordem pública e interesse social", que estabelece "normas de proteção e defesa do consumidor" como expressamente adverte no artigo inaugural: "Art. 1º. O presente Código estabelece normas de proteção e defesa do consumidor, de *ordem pública e interesse social*, nos termos do art. 5º, inciso XXXII;

170, inciso V, da Constituição Federal e o art. 48 de suas Disposições Transitórias".

Sendo norma legal "de ordem pública e de interesse social", estabelecida por motivos ou considerações particulares, *derrogatória* do direito comum, para efeito "de proteção e defesa do consumidor", reveste-se desenganadamente de caráter *excepcional*, e, como tal, só pode ser interpretado restritivamente: *Exceptiones sunt strictissimae interpretationis.*

7.7 Em segundo lugar, o caráter excepcional dessa legislação ainda mais se acentua, e impõe essa interpretação estrita, quando nos referimos aos dispositivos pertencentes ao capítulo que introduz a responsabilidade objetiva pelo fato do produto. Como se sabe, a responsabilidade sem culpa no Direito pátrio só é admitida por ministério da lei, como exceção à regra geral da responsabilidade fundada no conceito de culpa do direito comum, como acentuam os nossos civilistas:[9] "a chamada responsabilidade objetiva há de estar firmada em texto expresso da lei".

7.8 Ora, a interpretação imprimida pela sentença — que, aliás, nos honra, citando obra de nossa autoria — aos conceitos e definições estabelecidos de maneira clara no Código de Defesa do Consumidor a respeito de relação jurídica, fornecedor, consumidor, produto e serviço, é não só indevidamente extensiva (num contexto onde deve presidir a interpretação estrita), como absolutamente em desacordo com o espírito e com a letra da lei. Reporta-se o ilustre Magistrado à Lei de Introdução ao Código Civil (Decreto-lei n. 4.657, de 4 de setembro de 1942, que, no seu art. 5º, adotou como regra de hermenêutica que "na aplicação da lei, o Juiz atenderá aos fins sociais a que ela se dirige e às exigências do bem comum". Mas o intérprete só atenderá aos fins sociais e às exigências do bem comum, a que a norma se dirige, quando a respeitar. Como dizia Carlos Maximiliano na sua clássica *Hermenêutica e Aplicação do Direito*:[10] "Em geral a função do juiz, quanto aos textos, é dilatar, completar e compreender; porém não alterar, corrigir, substituir. Pode melhorar o dispositivo, graças à interpretação larga e hábil; porém não *negar* a lei, decidir o contrário do que a mesma estabelece".

7.9 Data maxima venia, a sentença em exame, tomando a lei de proteção ao consumidor com uma liberdade inusitada, simplesmente a negou. A solidariedade para com as centenas de pessoas vitimadas no triste evento talvez explique mas de nenhuma forma justifica a exegese viciada. Inexiste relação de consumo entre a empreendedora e a administradora do O.P.S. e os seus freqüentadores vitimados.

7.10 É o nosso parecer, s.m.j.

São Paulo, 4 de julho de 1997

9. Orlando Gomes, *Obrigações*, 1961, p. 411.

10. 4ª ed., Rio, 1947, Freitas Bastos, p. 107.

Pareceres

REGIME JURÍDICO DE SOCIEDADE DE ECONOMIA MISTA CONCESSIONÁRIA DE SERVIÇO PÚBLICO E DIREITOS DOS CONTRATANTES PARTICULARES E ACIONISTAS

LEANDRO BITTENCOURT ADIERS

I — Introdução. II — A análise da questão. III — Eficácia e vinculação dos princípios constitucionais. IV — Legalidade e isonomia. V — Alguns aspectos de hermenêutica. VI — A questão controvertida. VII — A práxis da capitalização na Lei das Sociedades Anônimas. VIII — Conclusões.

I — Introdução

1. A consulta em questão origina-se de inconciliáveis dissídios jurisprudenciais[1] entre várias Câmaras do TJRS, envolvendo a conceituação e os reflexos de negócios jurídicos praticados entre Sociedade de

1. Exemplificativamente: "(...) 3. Subscrição. Tendo a empresa de telecomunicações procedido corretamente na subscrição das ações relativas ao contrato de participação financeira celebrados com a autora, nos termos da Portaria 86, de 17.7.1991, o pedido de complementação de alegada diferença a menor não merece prosperar. Preliminares rejeitadas. Apelação não provida" (AC 599229952, 14ª CCTJRS, rel. Des. Marco Antônio Bandeira Scapini, j. 16.9.1999). Em julgamento posterior o relator alterou seu posicionamento, vindo a decidir que "(...) Se a subscrição de ações pelo valor patrimonial é inferior ao montante adquirido em contrato de adesão, cabe à empresa vendedora a obrigação de entregar a diferença. (...)" (AC 70000132365, 14ª CCTJRS, rel. Des. Márcio Antônio Bandeira Scapini, j. 2.12.1999). *Negando* o direito do acionista: AC 599022316, 1ª C. Férias C., TJRS, rel. Des. Genaro José Baroni Borges, j. 16.9.1999; AC 70000077065, 11ª CCTJRS, rel. Des. Bayard Ney de Freitas Barcellos, j. 20.10.1999; AC 598436822, 5ª CCTJRS, rel. Des. Clarindo Favretto, j. 7.10.1999; AC 70000067561, 5ª CCTJRS, rel. Des. Marco Aurélio dos Santos Caminha, j. 21.10.1999; AC 599103629, 16ª CCTJRS, rela. Desa. Helena Cunha Vieira, j. 10.11.1999; AC 70000292219, 5ª CCTJRS, rel. Des. Carlos Alberto Bencke, j. 25.11.1999. *Reconhecendo* o direito do acionista: "(...) O valor patrimonial unitário da espécie de ações subscritas pelo contratante-aderente no contrato de participação financeira firmado é o apurado no fim do exercício social anterior àquele em que ocorreu a realização do negócio. Em conseqüência, a quantidade de ações subscritas pelo aderente decorre da divisão do valor do contrato pelo valor patrimonial unitário apurado no final do exercício social anterior. Momento de incorporação patrimonial das ações subscritas. O critério de aferição da quantidade de ações subscritas pelo aderente é inconfundível com o momento da sua incorporação ao capital acionário da companhia, o qual deve realizar-se em até 12 meses, no máximo, após a integralização do valor do contrato. (...)" (AC 70000307967, 14ª CCTJRS, rel. Des. Aymoré Roque Pottes de Mello, j. 16.12.1999). Também: AC 70000169433, 14ª CCTJRS, rel. Des. Paulo Antônio Kretzmann, j. 2.12.1999; AC 599476371, 1ª C. Férias C., TJRS, rel. Des. João Armando Bezerra Campos, j. 24.9.1999; AC 599267580, 19ª CCTJRS, rel. Des. Guinther Spode, j. 5.10.1999; AC 70000072744, 15ª CCTJRS, rel. Des. Otávio Augusto de Freitas Barcellos, j. 20.10.1999; AC 599460144, 1ª C. Férias C., TJRS, rel. Des. Paulo de Tarso Vieira Sanseverino, j. 21.10.1999; AC 70000087320, 15ª CCTJRS, rel. Des. Ricardo Raupp Ruschel, j. 27.10.1999; AC 70000244400, 20ª CCTJRS, rel. Des. José Aquino de Camargo, j. 9.11.1999; AC 599444312, 2ª C. Férias

Economia Mista Concessionária de Serviço Público de Telecomunicações e particulares, que aportavam capital àquela no intuito de tornarem-se aptos à obtenção de serviço público de telecomunicações de forma individualizada.

2. O ponto controvertido centra-se na incorreta retribuição acionária efetuada pela concessionária. Os particulares entendem que a retribuição deveria ter sido feita em conformidade com a legislação societária, ou seja: deveria ter sido procedida a divisão do capital integralizado pelo valor patrimonial das ações da concessionária apurado no último balanço do exercício social anterior e, desta forma, seria obtido o número de ações que deveriam ser emitidas e subscritas em favor do aderente.

3. O procedimento supra foi adotado com relação a uma parte dos acionistas; outros, porém, somente tiveram suas ações emitidas e subscritas no exercício social seguinte àquele em que procederam a integralização do capital. Apurado, no final daquele exercício, um valor patrimonial maior do que o vigente no exercício em que se deu a capitalização, ao efetuar-se o cálculo da retribuição acionária, foram emitidas e subscritas menos ações do que teriam sido se procedida a emissão e subscrição na mesma competência.

4. A concessionária justifica seu proceder com base em Portaria Ministerial, que lhe autorizaria a proceder as capitalizações em um período de até doze meses. Derivando o procedimento de norma impositiva para a concessionária, seu proceder seria legítimo, não merecendo prosperar as pretensões dos acionistas que receberam lotes de ações a menor.

5. Nas próximas páginas, trataremos de traçar as características jurídicas dos negócios pactuados, as hipóteses e os limites da interferência do Estado na economia e nos pactos, os reflexos da submissão da concessionária aos princípios que regem a administração pública e às leis societárias, o interesse público e a constituição como norte da legalidade e legitimidade dos atos normativos e administrativos, amparados em sólida base hermenêutica. Ao fim, restará demonstrado que a incidência das normas de direito público, antes de afastar a pretensão dos acionistas, lhes ampara de forma conclusiva e definitiva.

II — A análise da questão

6. Através de adesão aos chamados Contratos de Participação Financeira, todo o cidadão que pretendesse acesso a uma linha telefônica, bem de interesse social, vinculava-se com as empresas de Economia Mista Concessionárias de Serviço Público de Telecomunicações. Paralelamente ao acesso ao serviço público de telefonia, via adesão a contrato autorizado e regulamentado pela Administração, o aderente era compelido a subscrever aumento de capital da concessionária, sendo contratualmente cominada uma retribuição acionária.

7. Os contratos pactuados pelas concessionárias de serviços públicos sofrem limites, cláusulas e condições impostas pelo Poder Público, o qual disciplina os pactos e limita a autonomia das partes vinculadas.[2] Há uma clara *intervenção constitutiva* por parte da Administração, do qual deflui que para a própria validade do vínculo, exige-se que o ajuste seja formalizado dentro das exigências legais, devendo também o adim-

C., TJRS, rel. Des. Jorge Luíz Dall'Agnol, j. 11.11.1999; AC 599437050, 1ª C. Férias C., TJRS, rel. Des. Carlos Eduardo Zietlow Duro, j. 18.11.1999.

2. Neste sentido doutrina Orlando Gomes: "Outra técnica usual de contenção da liberdade de contratar consiste na *regulamentação do conteúdo do contrato* por disposições tão minuciosas que as partes se limitem praticamente a transcrevê-las sob a forma de cláusulas. O contrato é, assim, regulamentado no seu conjunto, tornando-se desnecessárias as negociações preliminares. Quem quer que deseje contratar sabe de antemão que somente poderá fazê-lo nas condições previstas em regulamento, a cujas normas também estará adstrita a outra parte" (*Introdução ao Direito Civil*, Rio de Janeiro, Forense, 1983, p. 261).

plemento do pacto ser feito com estrita observância daquelas exigências.[3]

8. A concessão, exploração e expansão das atividades de telefonia, como visto, não estão submetidas a interesses meramente privados, ou seja, as disposições inerentes a estes assuntos refogem ao disciplinamento pela simples via volitiva, harmonizando-se com o interesse público que se sobressai pela regulamentação.

9. Marcello Caetano[4] enfatiza que, apesar de nos contratos administrativos ocorrer a sujeição de ambas as partes ao interesse público: contratante particular e público, "a vinculação característica do contrato existe nas cláusulas que determinam o objecto e se destinam a preservar e remunerar o interesse privado chamado a colaborar na realização do fim administrativo, e que criam para o contraente público o dever de assegurar o equilíbrio financeiro inicial nas condições estipuladas, ou nas novas condições criadas por actos do Poder".

10. Insinuando o princípio da proporcionalidade como critério de aferição da validade do ato administrativo, aduz o autor que é da índole da atividade administrativa o adaptar-se às exigências do interesse público, sujeitando os contratantes ao "poder conferido à Administração de fazer nas prestações contratuais as modificações *estritamente exigidas pelo interesse público*".

11. Juarez Freitas[5] leciona que o administrador, ao praticar *ato vinculado*, fica totalmente adstrito à letra da lei e que, mesmo nos campos em que lhe é permitida *discricionariedade*, fica o administrador obrigado à motivação do ato, em conformidade com os *princípios que regem a Administração* e, se for o caso, com as leis e regulamentos que disciplinam a matéria.

12. Inegável a lógica do raciocínio, uma vez que tais limites são essenciais para caracterização do *regime democrático* sob império da lei, que encontra negação no arbítrio. Partindo-se da idéia de supremacia e unidade da Constituição, do Ordenamento Jurídico como um sistema coerente e hierarquicamente estruturado; de que os Poderes encontram-se divididos, com competências distintas, havendo vinculação de todos, no Estado Democrático de Direito, à efetivação e concretização dos princípios e valores maiores insculpidos na Constituição,[6] norteados pelos Direitos e Garantias Individuais e Coletivos, não é razoável visualizar a existência de *interesse público* fora dos limites legalmente estabelecidos, ou que implique sacrifícios desproporcionais e sem razoável justificativa.[7]

13. Neste sentido, o professor Fábio Konder Comparato,[8] ao dissertar acerca do *princípio da proporcionalidade*, citando Hartmunt Maurer, ensina que as medidas restritivas das liberdades, devem ser substancialmente apropriadas, ou seja, proporcionais aos fins visados. O jurista informa que na doutrina administrativa alemã foram explicitados três critérios cumulativos para o reconhecimento da proporcionalidade no exercício do poder:

3. Arnoldo Wald distingue a liberdade de contratar da liberdade contratual, dizendo que, na ausência da segunda, as partes podem contratar ou não as operações, mas as cláusulas das mesmas são estabelecidas pelo Poder Público, em virtude de normas imperativas (in *O Equilíbrio Econômico e Financeiro no Direito Brasileiro*, Estudos em Homenagem ao Professor Caio Tácito, Rio de Janeiro, Renovar, 1997, p. 94).

4. *Princípios Fundamentais do Direito Administrativo*, Almedina, Coimbra, 1996, pp. 185 e 197.

5. *O Controle dos Atos Administrativos e os Princípios Fundamentais*, 2ª ed., São Paulo, Malheiros Editores, 1999, pp. 37 e ss.

6. J. J. Gomes Canotilho, *Constituição Dirigente e Vinculação do legislador*, Almeida, Coimbra.

7. A justificativa deve ser sempre a de preservação dos valores maiores da ordem jurídica, buscando-se as soluções dentro do ordenamento e mantendo-se a hierarquia e a coerência do sistema, jamais se confundindo conveniência da administração com interesse público. Estes não só não são sinônimos como, muitas das vezes, opostos e inconciliáveis.

8. *Direito Público — Estudos e Pareceres*, Saraiva, 1996, pp. 113-114.

A) "a medida somente é *apropriada*, quando ela pode, em regra, alcançar o resultado visado";

B) "a medida apropriada somente é *necessária*, quando não existe outro meio adequado à disposição, o qual seja menos prejudicial aos atingidos e à coletividade em geral";

C) "a medida necessária somente é *proporcional* quando não tenha nenhuma outra relação com o resultado visado".

14. Gilmar Ferreira Mendes[9] refere que um juízo definitivo sobre a proporcionalidade ou razoabilidade da medida há de resultar da rigorosa ponderação entre o significado da intervenção para o atingido e os objetivos perseguidos pelo legislador (proporcionalidade ou razoabilidade em sentido estrito). O pressuposto da adequação (*geeignetheit*) exige que as medidas interventivas adotadas mostrem-se aptas a atingir os objetivos pretendidos. O requisito da necessidade ou da exigibilidade (*Notwendigkeit oder Erforderlichkeit*) significa que *nenhum meio menos gravoso para o indivíduo revelar-se-ia igualmente eficaz na consecução dos objetivos pretendidos.*[10]

9. *Direitos Fundamentais e Controle de Constitucionalidade*, São Paulo, Celso Bastos Editor, 1998, p. 68.

10. A lógica da imposição de tais preceitos e sua identificação como critério de validade das normas, demonstrando independência entre a interpretação jurídica e a conveniência da administração, já era tida como óbvia na Corte Suprema do país nos idos longínquos de 1953, como demonstra Gilmar Mendes, citando o Ministro Orozimbo Nonato, relator do RE 18.331, *RF* 145/164 e ss: "O poder de taxar não pode chegar à desmedida do poder de destruir, uma vez que aquele somente pode ser exercido dentro dos limites que o tornem *compatível* com a liberdade de trabalho, comércio e da industria e *com o direito de propriedade*. É um poder cujo exercício não deve ir até o abuso, o excesso, o desvio, sendo aplicável, ainda aqui, a doutrina fecunda do *deétournement de pouvoir*. Não há que estranhar a invocação dessa doutrina ao propósito da inconstitucionalidade, quando os julgados têm proclamado que o conflito entre a norma comum e o preceito da Lei Maior pode se acender não somente considerando a letra do texto, como também, e principalmente, o espírito do dispositivo invocado" (ob. cit.).

15. Caio Tácito[11] acrescenta que o STF tem reiteradamente acolhido os princípios da razoabilidade e da proporcionalidade, repelindo a ilegalidade de atos nos quais a discrepância entre o motivo e o fim evidencia a falta de congruência ou adequação, tornando excessivo e desarrazoado o objeto da manifestação do legislador ou do administrador, em detrimento de direito ou liberdade.

16. Não diverge o ensinamento de Fábio Konder Comparato,[12] o qual refere que o Tribunal Constitucional alemão referendou a exigência de proporcionalidade nas medidas de restrição das liberdades fundamentais como mero corolário do princípio do Estado de Direito, entendendo-o como elemento substancial intrínseco de controle de constitucionalidade das normas.

17. O professor Juarez Freitas[13] enfatiza que o juízo de proporcionalidade aparece, sobremodo, no debate dos direitos fundamentais, ocorrendo violação ao princípio quando, tendo dois valores legítimos a sopesar, o administrador prioriza um em detrimento ou sacrifício exagerado do outro. Realçando a técnica da ponderação de interesses[14] na aplicação do princípio da proporcionalidade, pontifica o estudioso que "mais do que a vedação de excessos, exige a ponderação e a racionalidade prudente do administrador e de quem controle os seus atos, contratos e procedimentos" ressaltando que "o administrador público (...) está obrigado a sacrificar o mínimo para preservar o máximo de direitos".

18. Na lição de Caio Tácito[15] "o diagnóstico de compatibilidade da substância

11. Ob. cit., p. 343.

12. Ob. cit., p. 114.

13. *O Controle dos Atos Administrativos*, autor e obra citados, pp. 56-57.

14. V. Daniel Sarmento, *A Ponderação de Interesses na Constituição Federal*, Rio de Janeiro, Lumen Juris, 2000, p. 96.

15. "O princípio da legalidade: ponto e contraponto", in *Temas de Direito Público — Estudos e Pareceres*, Rio de Janeiro, Renovar, 1997, pp. 341-342.

dos atos administrativos, com a finalidade legal a que são adstritos, conduz a que o exame de sua validade não se contenha nos aspectos exteriores da manifestação de vontade. O controle de legalidade evoluiu para verificar a existência real dos motivos determinantes da decisão administrativa, a importar no acesso à motivação expressa ou implícita do ato administrativo. A *motivação* é, em certos atos, exigência legal de sua validade. Mesmo, porém, quando não exigida, cabe ao intérprete, atento aos antecedentes que condicionam a emissão do ato de vontade do administrador, verificar se os motivos são verdadeiros e aptos a produzir o resultado. E, mais ainda, o exame da motivação do ato permitirá ao controle de legalidade avalizar se o nexo causal entre os motivos e o resultado do ato administrativo atende a dois outros requisitos essenciais: o da *proporcionalidade* e o da *razoabilidade*, que são igualmente princípios fundamentais condicionantes do poder administrativo. O conceito de legalidade pressupõe, como limite à discricionariedade, que os motivos determinantes sejam razoáveis e o objeto do ato proporcional à finalidade declarada ou implícita na regra de competência. (...) Os princípios de que a ação administrativa deve conduzir a um resultado razoável e proporcional à finalidade da lei inibe o abuso de poder e o arbítrio da autoridade, permitindo ao administrado a lícita fruição de seus direitos e interesses legítimos".

19. As lições refletem-se nos contratos administrativos. Inobstante os amplos poderes para o contratante público alterar e extinguir o vínculo, imprescindível o total respeito ao pactuado no tangente aos interesses econômicos do contratante privado. Se, de um lado, o contrato administrativo confere prerrogativas de autoridade à Administração contratante (direta ou indireta), de outro lado, garante ao aderente pleno resguardo aos seus interesses econômicos compostos no ajuste, uma vez que, também nos contratos administrativos vigora o princípio de que o contrato harmoniza interesses das partes e impõe o recíproco acatamento dos respectivos objetivos.[16] As vantagens ofertadas que instigaram o contratado a compor-se com o contratante governamental ficam garantidas nos termos em que se tenham estabelecido no contrato. É da índole dos contratos administrativos a formação de um ajuste equilibrado, obsequioso aos interesses de ambos os contratantes, empenhados em um esforço comum, útil ao interesse público.[17]

20. A equação econômico-financeira,[18] ou equilíbrio econômico-financeiro do contrato, por envolver Ato Jurídico Perfeito, Direitos Adquiridos[19] e Direito de Pro-

16. Marcello Caetano identifica a sujeição ao interesse público como o dever de acatamento às leis, regulamentos e atos administrativos, ressaltando a vigência do princípio da *colaboração livre e remunerada* nos contrato administrativo, dizendo que "quando, por imperativo das necessidades coletivas, tenha de alterar-se o pactuado de forma a aumentar os encargos do particular, há que remunerá-lo ou indenizá-lo eqüitativamente, isto é, que atender ao interesse privado" (ob. cit., p. 185).

17. "Nos contratos administrativos (...) o interesse público e o interesse particular só se realizam quando simultaneamente realizadas as aspirações legítimas das volições particulares e universais no ajuste, de regra *intuito personae*. Nesta senda, o fim último há de ser o interesse público e, concomitantemente, o interesse singular lícito, ambos adequadamente harmonizáveis entre si" (Juarez Freitas, "Contratos públicos", in *Estudos de Direito Administrativo*, 2ª ed., São Paulo, Malheiros Editores, 1997, p. 177).

18. A expressão significa equivalência entre as obrigações assumidas pelo contratado à época do ajuste e a compensação econômica que lhe haverá de corresponder em razão das referidas obrigações. Em suma: as relações contratuais têm de desenvolver-se na base do equilíbrio estabelecido no ato de estipulação.

19. A CF/88 insere entre os direitos e garantias individuais (art. 5º, XXXVI), que "a lei não prejudicará o direito adquirido, o ato jurídico perfeito e a coisa julgada". O direito adquirido é definido pela legislação ordinária, nos termos do art. 6º, § 2º, da LICC, com a redação dada pela Lei 3.238, de 1.8.1957, de acordo com a qual: "*Consideram-se adquiridos os direitos que o seu titular, ou alguém por ele, possa exercer, como aqueles cujo começo do exercício tenha termo prefixo, ou condição preestabelecida inalterável, a arbítrio de outrem*". O ato jurídico perfeito se encontra assim definido no § 1º

priedade,[20] é imutável pelo Poder Público, implicando dever de total resguardo dos interesses econômicos do aderente, expressos no que se ajustou por ocasião do acordo.[21] Nesta relação de igualdade, ao encargo de um, corresponde, como contrapartida, a retribuição ajustada, cujo valor não pode se corroído e cujo equilíbrio não pode ser comprometido unilateralmente.

21. A doutrina[22] esclarece que "o respeito aos direitos adquiridos é uma necessidade imposta pelo instinto de conservação da sociedade, que não teria organização estável, nem base para o seu natural desenvolvimento, se a ordem jurídica e os direitos, que ela assegura, se dissolvessem com as sucessivas reformas da legislação", fornecendo conceito segundo o qual "direito adquirido é um bem jurídico, criado por um fato capaz de produzi-lo, segundo as prescrições da lei então vigente, e que, de acordo com os preceitos da mesma lei, entrou para o patrimônio do titular" e referindo o contrato como um dos instrumentos aptos à aquisição de direitos.

22. Oportuna a lição do STF em declaração de voto do Ministro Celso Mello,[23] segundo a qual: "(...) razões de Estado não podem ser invocadas para justificar o descumprimento da Constituição. Esse fundamento, quando invocado para dar suporte a pretensões governamentais, *além de mostrar-se inaceitável*, revela-se *incompatível* com a própria essência de que se acha impregnada a noção de Estado Democrático de Direito, conforme tem *reiteradamente* proclamado a *jurisprudência* do Supremo Tribunal Federal (AG 234.163-MA (AgRg), rel. Min. Celso de Mello, *v.g.*).

"Impõe-se *advertir*, por isso mesmo, com apoio em *autorizado* magistério doutrinário (Eduardo García de Enterría, *La Lucha contra las Inmunidades del Poder*, 3ª ed., Madrid, Editorial Civitas, 1983), que as *razões de Estado* — quando invocadas como argumento de sustentação da pretensão jurídica do Poder Público ou de qualquer outra instituição — representam expressão de um *perigoso* ensaio destinado a submeter, à *vontade do Príncipe* (situação que se mostra absolutamente intolerável), a autoridade hierárquico-normativa da própria Constituição da República, *comprometendo*, desse modo, a *idéia* de que o *exercício* do poder estatal, quando praticado sob a égide de um regime democrático, está *permanentemente* exposto ao controle social dos cidadãos e à *fiscalização* de ordem jurídico-constitucional dos magistrados e Tribunais.

"O Supremo Tribunal Federal, *por mais de uma vez*, teve o ensejo de *repelir* esse argumento de ordem política (*RTJ* 164/1.145-1.146, rel. Min. Celso de Mello) *por entender* que a invocação das *razões de Estado* — além de *deslegitimar-se* como fundamento idôneo de impugnação judicial — *representaria*, por efeito das *gravíssimas* conseqüências provocadas por seu eventual

do art. 6º da LICC (Decreto-lei 4.657/42): "Reputam-se ato jurídico perfeito o já consumado, segundo a lei vigente, ao tempo em que se efetuou".

20. Para Gilmar F. Mendes, o conceito constitucional de proteção ao direito de propriedade transcende à concepção privatística estrita, abarcando outros valores de índole patrimonial; afirma que essa orientação permite que se confira proteção constitucional não só à propriedade privada em sentido estrito, mas, fundamentalmente às demais relações de índole patrimonial. Segundo o autor, a garantia constitucional de propriedade assegura uma proteção das posições privadas já configuradas, bem como dos direitos a serem eventualmente constituídos (*Direitos Fundamentais e Controle de Constitucionalidade*, São Paulo, Celso Bastos Editor, 1998, pp. 148-156).

21. Durval Ferreira, ao pronunciar-se acerca da relevância dos motivos típicos e atípicos integrados na declaração negocial, no condicionamento e produção dos efeitos jurídicos correspondentes (objeto), disserta: "o que está integrado no declarado silogismo representativo volitivo (dessa vontade negocial das partes na relação subjacente): cria, deve, tem que criar os adequados e correspondentes efeitos lógicos e substantivos" (*Negócio Jurídico Condicional*, Almedina, Coimbra, 1998, p. 68).

22. Wolgran Junqueira Ferreira, *Direitos e Garantias Fundamentais — Comentários ao art. 5º da CF/88*, Edipro, 1997, p. 127.

23. STF, RE 226.855-7-RS, TP, rel. Min. Moreira Alves, *DJU* 13.10.2000, j. 31.8.2000.

reconhecimento, uma *ameaça inadmissível* às liberdades públicas, à supremacia da ordem constitucional e aos valores democráticos que a informam, *culminando* por introduzir, no sistema de direito positivo, um *preocupante* fator de ruptura e de desestabilização.

"*Motivos de ordem pública ou razões de Estado* — que muitas vezes configuram fundamentos políticos destinados a justificar, pragmaticamente, *ex parte principis*, a *inaceitável* adoção de medidas que *frustram* a plena eficácia da ordem constitucional, *comprometendo-a* em sua integridade e *desrespeitando-a* em sua autoridade — *não podem* ser invocados para viabilizar o *descumprimento* da própria Constituição (...)" (AG 244.578-RS, rel. Min. Celso de Mello).

23. Neste tópico, soma a lembrança do jurista Miguel Reale,[24] quando refere que "foi judiciosamente ponderado pelo eminente Ministro Moreira Alves que jamais poderia deixar de ser considerada também de ordem pública a norma constitucional que preserva os direitos individuais caracterizadores do Estado de Direito".

24. O ato normativo ou administrativo, como visto, somente identifica-se com o *interesse público* quando não afronta a ordem jurídica e seus princípios informativos, que não se subordinam às *conveniências* da Administração. É dever desta realizar suas funções com observância da *legalidade*, não agindo arbitrariamente e tendo o dever de, ao escolher entre os meios e alternativas disponíveis à realização do *interesse público*, aqueles que se mostrarem mais harmonizados com os princípios mais elevados da ordem jurídica e que otimizem resultados, de modo a que obtenha-se o máximo de proveito com o mínimo de agressão.[25]

III — Eficácia e vinculação dos princípios constitucionais

25. Os princípios possuem essencial importância no sistema jurídico,[26] uma vez que constituem-se na gênese e no espírito da construção legislativa. A esse respeito, observa o ilustre professor Celso Antônio Bandeira de Mello:[27] "(...) violar um princípio é muito mais grave que transgredir uma norma. A desatenção ao princípio implica ofensa não apenas a um mandamento obrigatório, mas a todo o sistema de comandos. É a mais grave forma de ilegitimidade porque representa insurgência contra todo o sistema, subversão de seus valores fundamentais, costumélia irremissível a seu arcabouço lógico e corrosão de sua estrutura mestra".

26. Assinala-se, ainda, que *princípios* como os da isonomia e da *legalidade* encontram-se *constitucionalmente* positiva-

24. "Atualização de valores contratuais", estudo in *Questões de Direito Privado*, São Paulo, Saraiva, 1997, p. 50.

25. Pertinente e oportuna a crítica no sentido de que "(...) o ordenamento jurídico-constitucional brasileiro assumiu, nos últimos tempos, um caráter experimental. É como se o País se houvesse transformado em um imenso laboratório de pesquisas de avançada tecnologia, com experiências legislativas de toda a sorte, em que seus cidadãos tivessem adquirido a condição de cobaias (...)" (Alice Gonzales Borges, "Inovações nas licitações e seus aspectos constitucionais", *Revista Interesse Público* 8/33, São Paulo, Notadez).

26. "Por princípio ou objetivo fundamental, entende-se o critério ou a diretriz basilar do sistema jurídico, que se traduz numa disposição hierarquicamente superior, do ponto de vista axiológico, em relação às normas e aos próprios valores, sendo as mestras de acordo com as quais se deverá guiar o intérprete quando se defrontar com antinomias jurídicas. (...) a própria Constituição cuida de estabelecer princípios fundamentais, entre os quais avultando o da dignidade da pessoa humana e o da inviolabilidade do direito à igualdade. Devem as normas, entendidas como preceitos menos amplos e axiologicamente inferiores, harmonizar-se com tais princípios conformadores. (...) à base deste conceito de sistema jurídico, crê-se na possibilidade de melhor compreender a exigência teleológica e operacional do princípio hierárquico da supremacia da Constituição, assim como na existência de princípios e objetivos, em face dos quais, em caso de incompatibilidades internas — devem as normas infraconstitucionais guardar a função instrumental, tendo em vista a realização finalística da constituição" (Juarez Freitas, *Estudos de Direito Administrativo*, São Paulo, Malheiros Editores, 1997, pp. 18-19).

27. *Revista de Direito Público* 39/40, jul.-dez. 1976.

dos,[28] sendo inegável a exigibilidade de sua observância e aplicação, em face à sua *eficácia vinculativa*,[29] tanto para o intérprete quanto para o administrador. A Sociedade de Economia Mista, Concessionária de Serviço Público, vincula-se não só ao estrito cumprimento das disposições legais, como ao seu cumprimento de modo a não agredir os direitos e garantias individuais, ou seja: agindo de modo a aplicar a dar vigência à legislação a que se encontra adstrita e, ao aplicá-la, agir de modo a não ferir preceitos constitucionais,[30] principalmente os que dizem respeito aos direitos e garantias individuais, harmonizados com aqueles que regem a Administração Pública.[31]

IV — Legalidade e isonomia

27. O chamado *princípio da legalidade*, na Administração Pública, tem o significado de vinculação à letra da lei, que condiciona todo procedimento, o sucessivo desencadeamento de atos e seus reflexos. "O princípio da legalidade, no âmbito do direito administrativo, foi desdobrado pela doutrina germânica, desde Otto Mayer, na dupla idéia de supremacia da lei (*Vorrang des Gesetzes*) e de reserva de lei (*Vorbestand des Gesetzes*). (...) Em toda relação administrativa, a liberdade de ação do administrador acha-se vinculada: (...) não pela vontade do administrador estatal, mas pelo disposto em lei. A discricionariedade decisória ou estipulativa do administrador público somente existe, quando e onde a lei assim o determina. Daí porque não se admite nunca a interpretação analógica da lei administrativa nem, *a fortiori*, criação normativa pela Administração Pública, fora dos casos especificamente autorizados por lei".[32]

28. A impessoalidade da ação administrativa designa a igualdade de todos os administrados perante a lei.[33] Subscrevendo esta assertiva, o professor Fábio Konder Comparato,[34] ao tratar do princípio da

28. "Embora surgidos como direito de defesa, com a principal preocupação de conferir espaços de liberdade individual ao abrigo da ingerência pública (estatal), os direitos fundamentais passaram a adquirir uma notável *projeção positiva*, reclamando uma ação — sobremodo do Poder Público, mas, também, dos entes privados — que proporcione a satisfação das necessidades e a realização dos valores estipulados. Trata-se de proporcionar condições e estímulos para o desfrute de direitos fundamentais, não apenas garantias contra violações ou reparações compensatórias" (Walter Claudius Rothemburg, "Direitos fundamentais e suas características", tópico sobre a Projeção Positiva dos Direitos Fundamentais, *Revista de Direito Constitucional e Internacional*, São Paulo, Ed. RT, n. 30, jan.-mar. 2000, p. 152.

29. Juarez Freitas, *Estudos de Direito Administrativo*, autor e obra citados, p. 19.

30. Ao referir-se ao regime jurídico específico a que se submetem as sociedades de economia mista, a doutrina converge que "Estamos aqui, no universo do direito público, âmbito no qual prospera — na dicção e concepção de Cirne Lima (*Princípios de Direito Administrativo*, 5ª ed., São Paulo, Ed. RT, 1982, pp. 51 e ss.) — não a relação de propriedade, mas a relação de administração, fundada e pautada na lei, relação que envolve atuação como expressão de deveres" (Eros Roberto Grau, Parecer acerca da alienação de ações ordinárias da CEMIG, *Revista Interesse Público* 8/67, São Paulo, Notadez).

31. Com a sua costumeira acuidade, o professor Juarez Freitas ressalta que "na missão de bem controlar os atos administrativos, avulta em importância, em lugar de controles meramente formalistas, cotejá-los com a totalidade do sistema constitucional do Direito Administrativo em sua dimensão de rede hierarquizada de princípios, normas e valores, não vigiando apenas a observância quanto à legalidade estrita de outrora". O doutrinador enfatiza a importância de, ao praticar-se o controle dos atos administrativos "outorgar concretização aos princípios superiores estatuídos na Constituição" zelando-se pela integral eficácia dos princípios que regem a Administração Pública, "sobretudo quando se mostrar justificável a preponderância episódica de um, sem exclusão ou supressão recíproca dos demais" buscando-se a harmonização e compatibilização através de uma "relativização mútua" (*O Controle dos Atos Administrativos e os Princípios Fundamentais*, 2ª ed., São Paulo, Malheiros Editores, 1999, pp. 19-20).

32. Fábio Konder Comparato, tópico sobre o Princípio da Legalidade no Direito Administrativo, em Parecer sobre *Contrato Administrativo*, ob. cit., pp. 226-227.

33. Celso Antônio Bandeira de Mello, *Curso de Direito Administrativo*, 4ª ed., São Paulo, Malheiros Editores, 1993, pp. 58-59; Juarez Freitas, *O Controle dos Atos Administrativos e os Princípios Fundamentais*, 2ª ed., São Paulo, Malheiros Editores, 1999, pp. 64-65.

34. Parecer acerca de Contrato Administrativo, in *Direito Público — Estudos e Pareceres*, São Paulo, Saraiva, 1996, p. 229.

impessoalidade, acrescenta: "exatamente porque a autoridade administrativa somente pode agir quando a lei a autoriza, e, levando-se em conta, ademais, que a única justificativa ou legitimidade da ação administrativa consiste na realização do interesse público, o administrador estatal está terminantemente proibido de fazer acepção de pessoas, entre os administrados, segundo suas preferências subjetivas. No Estado contemporâneo, a ação administrativa é um dos instrumentos de concretização da lei, como norma geral e abstrata".

29. O constitucionalista José Afonso da Silva[35] ressalta que, no direito pátrio, tanto a doutrina quanto a jurisprudência convergem que a expressão da igualdade perante a lei tem como destinatários tanto o legislador quanto os aplicadores da lei. Segundo observa Seabra Fagundes[36] — o princípio significa para o legislador "que, ao elaborar a lei, deve reger, com iguais disposições, os mesmos ônus e as mesmas vantagens — situações idênticas, e, reciprocamente, distinguir, na repartição de encargos e benefícios, as situações que sejam entre si distintas, de sorte a quinhoá-las ou gravá-las em proporção às suas diversidades".

30. Já foi dito que, se o legislador pudesse criar normas distintivas de pessoas, coisas ou fatos, que devessem ser tratados com igualdade, o mandamento constitucional seria inteiramente inútil. Para Francisco Campos[37] "nos sistemas constitucionais do tipo do nosso não cabe dúvida quanto ao principal destinatário do princípio constitucional de igualdade perante a lei. O mandamento da Constituição se dirige particularmente ao legislador e, efetivamente, somente ele poderá ser o destinatário útil de tal mandamento. O executor da lei já está, necessariamente, obrigado a aplicá-la de acordo com os critérios ajustados na própria lei. Se esta, para valer, está adstrita a se conformar ao princípio da igualdade, o critério da igualdade resultará obrigatório para o executor da lei pelo simples fato de que a lei o obriga a executá-la com fidelidade ou respeito aos critérios por ela mesma estabelecidos".

31. O STF já teve oportunidade de pronunciar-se no sentido de que são inconstitucionais as discriminações não autorizadas pela Constituição.[38] O ato discriminatório é inconstitucional.[39]

32. Segundo ensinamento de Konrad Hesse,[40] a igualdade jurídica "pede a realização, sem exceção, do direito existente, sem consideração da pessoa: cada um é, em forma igual, obrigado e autorizado pelas normalizações do direito, e, ao contrário, é proibido a todas as autoridades estatais, não aplicar direito existente a favor ou à custa de algumas pessoas. Nesse ponto, o mandamento da igualdade jurídica deixa-se fixar, sem dificuldades, como postulado essencial do Estado de Direito. (...) O direito existente obriga e autoriza, portanto, seus destinatários, não só sem consideração da pessoa, sem que se trate de seu conteúdo; mas esse conteúdo mesmo deve corresponder ao princípio da igualdade. (...) O princípio da igualdade proíbe uma regulação desigual de fatos iguais; casos iguais devem encontrar regra igual".

35. *Curso de Direito Constitucional Positivo*, 7ª ed., São Paulo, Ed. RT, 1991, pp. 191-192.

36. "O princípio constitucional da igualdade perante a lei e o Poder Legislativo", *RT* 235/3.

37. *Igualdade Perante a Lei — Direito Constitucional*, v. II, p. 16, citado por José Afonso da Silva, ob. cit., p. 192.

38. "Não cabe invocar o princípio da isonomia onde a Constituição, implícita ou explicitamente, admitiu a desigualdade" (STF, rel. Min. Cunha Peixoto, *RDA* 128/220).

39. O aclamado Ives Gandra da Silva Martins, amparado em magistério de Pinto Ferreira, diz que "a doutrina e a jurisprudência pátrias assentaram o princípio de que a igualdade jurídica consiste em assegurar a pessoas de situações iguais os mesmos direitos, prerrogativas e vantagens, com as obrigações correspondentes" (nota 13 do Parecer acerca de "Medida provisória que atinge ato jurídico perfeito", in *Questões de Direito Econômico*, São Paulo, Ed. RT, 1999, p. 20).

40. *Elementos de Direito Constitucional da República Federal da Alemanha*, Porto Alegre, Sérgio Antônio Fabris Editor, 1998, p. 330, trad. Luís Afonso Heck.

33. Nas palavras de Gilmar Mendes,[41] "o princípio da isonomia pode ser visto tanto como exigência de tratamento igualitário (*glichbehandlungasgebot*), quanto como proibição de tratamento discriminatório (*unglichbehandlungsverbot*). A lesão ao princípio da isonomia oferece problemas sobretudo quando se tem a chamada *exclusão de benefício incompatível com o princípio da igualdade* (*willkürlicher Begünstigungsausschluss*). Tem-se uma *exclusão de benefício incompatível com o princípio da igualdade* se a norma afronta ao princípio da isonomia, concedendo vantagens ou benefícios a determinados segmentos ou grupos sem contemplar outros que se encontram em condições idênticas. Essa exclusão pode verificar-se de forma concludente ou explícita. Ela é concludente se a lei concede benefícios apenas a determinado grupo, *a exclusão de benefícios* é explícita se a lei geral que outorga determinados benefícios a certos grupos exclui sua aplicação a outros seguimentos. O postulado da igualdade pressupõe a existência de, pelo menos, duas situações que se encontram *numa relação de comparação*".

34. A doutrina[42] esclarece que há duas formas de cometer uma inconstitucionalidade ferindo o princípio da isonomia, sendo também dois os possíveis desdobramentos jurídicos:

"Uma consiste em outorgar benefício legítimo a pessoas ou grupos, discriminando-os favoravelmente em detrimento de outras pessoas ou grupos em igual situação. Nesse caso, não se estendeu às pessoas ou grupos discriminados o mesmo tratamento dado aos outros. O ato é inconstitucional, sem dúvida, porque feriu o princípio da isonomia. Contudo, o ato é constitucional, é legítimo, ao outorgar o benefício a quem o fez. Declará-lo inconstitucional, eliminando-o da ordem jurídica, seria retirar direitos legitimamente conferidos, o que não é função dos tribunais. Como, então, resolver a inconstitucionalidade da discriminação? Precisamente estendendo o benefício aos discriminados que o solicitarem perante o Poder Judiciário, caso por caso. Tal ato é insuscetível de declaração genérica de inconstitucionalidade por via de ação direta.

"A outra forma de inconstitucionalidade revela-se em se impor obrigação, dever, ônus, sanção ou qualquer sacrifício a pessoas ou grupos de pessoas, discriminando-as em face de outros na mesma situação que, assim, permaneceram em condições mais favoráveis. O ato é inconstitucional por fazer discriminação não autorizada entre pessoas em situação de igualdade. Mas aqui, ao contrário, a solução da desigualdade de tratamento não está em estender a situação jurídica detrimentosa a todos, pois não é constitucionalmente admissível impor constrangimentos por essa via. Aqui a solução está na declaração de inconstitucionalidade do ato discriminatório em relação a quantos o solicitarem ao Poder Judiciário, cabendo também a ação direta de inconstitucionalidade por qualquer das pessoas indicadas no art. 103."

V — Alguns aspectos de hermenêutica

35. Os tópicos abordados passarão a mostrar sua importância prática para a análise da questão posta em toda a sua amplitude. Conforme ensina Waldirio Bulgarelli,[43] a tarefa de subsunção jurídica se põe como a atividade principal do jurista. Para a tarefa interpretativa que deve ser, antes de mais nada, sistemática, pois o Direito, sob tal aspecto, é conjunto ordenado e estruturado de normas, a avaliação da *fattispecie*

41. "A doutrina constitucional e o controle de constitucionalidade como garantia da cidadania — Necessidade de desenvolvimento de novas técnicas de decisão: possibilidade de declaração de inconstitucionalidade sem a pronúncia de nulidade no Direito Brasileiro", in *Direitos Fundamentais e Controle de Constitucionalidade*, São Paulo, Celso Bastos Editor, 1998, pp. 44-45.

42. José Afonso da Silva, ob. cit., pp. 202-203.

43. *Problemas de Direito Empresarial Moderno*, São Paulo, Ed. RT, 1989, p. 110.

(terminologia de Emilio Betti correspondente ao alemão *tatbestand*, ao *suporte fático* de Pontes de Miranda e ao *fato-tipo* de Miguel Reale) não pode prescindir do exame completo do fato como valorado pelo Direito, através de conceito, categorias e tipos. A individuação do tipo referido pela norma leva a sua qualificação, ou seja, ao ajustamento do fato à norma aplicável, ganhando relevo e delicadeza a operação em razão do axioma segundo o qual *o mínimo desvio no fato leva ao máximo desvio na norma.*

36. Nas sempre lúcidas palavras de Miguel Reale "a *visão de integralidade* é da essência da teoria do conhecimento atual, infensa a todas as modalidades de setorização ou de unilateralidade",[44] lembrando Raimundo Bezerra Falcão[45] que "a interpretação não pode ser feita a contento se não levar em conta o todo", premissa inafastável em razão da ordem jurídica constituir-se em um sistema e, como tal, em uma unidade funcional, onde cada uma das partes ou elementos adquire sentido e função em razão do todo, sendo o sentido, função e aplicação da norma descortinados através de operação de integração, operação que leva em conta "plenitude lógica e plenitude axiológica".[46] O professor Juarez Freitas[47] pontifica: "é bem de sublinhar que a hermenêutica jurídica contemporânea tem avançado a passos largos na senda de interpretar o sistema na sua dimensão de ordem axiológica ou teleológica, não se descurando, ao menos com a demasia de outrora, do nexo mais profundo que tem a ver com a relação entre compreender e aplicar".

37. Carlos Maximiliano,[48] por sua vez, cita como regras para o emprego do método teleológico de interpretação as seguintes: "a) as leis, conformes no seu fim devem ter idêntica execução e não podem ser entendidas de modo que produzam decisões diferentes sobre o mesmo objeto; b) se o fim decorre de uma série de leis, cada uma há de ser, quanto possível, compreendida de maneira que corresponda ao objetivo resultante do conjunto; c) cumpre atribuir ao texto um sentido tal que resulte haver a lei regulado a espécie a favor, e não em prejuízo de quem ela evidentemente visa a proteger e d) os títulos, as epígrafes, o preâmbulo e as exposições de motivos da lei auxiliam a reconhecer o fim primitivo da mesma" alertando que o direito deve ser interpretado inteligentemente, "não de modo que a ordem legal envolva um absurdo, prescreva inconveniências, vá ter conclusões inconsistentes ou impossíveis"[49] evitando-se exegese que resulte um sentido contraditório para o fim colimado e, apresentado tal resultado, "deve-se presumir que foram utilizadas expressões impróprias, inadequadas, e buscar um sentido eqüitativo, lógico e acorde com o sentir geral e o bem presente e futuro da comunidade".[50]

VI — A questão controvertida

38. Orlando Gomes,[51] ao dissertar acerca das características dos contratos pactuados com concessionárias de serviço público, referindo o exemplo específico das telecomunicações, diz: "A natureza do serviço que exploram exige que estejam em permanente oferta de contratar, não tendo sequer direito a escolher a outra parte. Para as pessoas que precisam de tais serviços, geralmente prestados em regime de monopólio, também se faz sentir a necessidade de contratar, em outro sentido, porém, uma vez que não estão juridicamente obrigadas a fazê-lo. Como, entretanto, esses serviços se tornam dia a dia indispensáveis a maior

44. Miguel Reale, "A ética do juiz na cultura contemporânea", in *Questões de Direito Privado*, São Paulo, Saraiva, 1997, p. 64.

45. *Hermenêutica*, São Paulo, Malheiros Editores, 1997, p. 187.

46. Autor e obra citados, p. 225.

47. *Estudos de Direito Administrativo*, São Paulo, Malheiros Editores, 1997, p. 64.

48. *Hermenêutica e Aplicação do Direito*, 9ª ed., 1ª tir., Rio de Janeiro, Forense, 1980, p. 156.

49. Autor e obra citados, p. 166.

50. Autor e obra citados, p. 166.

51. *Introdução*, Rio de Janeiro, Forense, 1983, p. 258.

número de pessoas, a superioridade em que se encontrariam as empresas em relação aos usuários potenciais é neutralizada pelo Estado ao estabelecer as condições em que devam elas contratar, surgindo, em conseqüência, duas interessantes figuras negociais, o *contrato regulamentado* e o *contrato de adesão*. Conquanto as relações entre as empresas concessionárias de serviços públicos e os usuários não sejam consideradas contratuais por alguns, na verdade possuem essa natureza e são regidas pelas disposições concernentes aos contratos. Pouco importa que os pretendentes ao serviço se limitem a aceitar a oferta da empresa nas condições permitidas pelo regulamento inserto em seu conteúdo. Realizam contratos de adesão, mas nem por isso deixam de constituir relação contratual.

"No *contrato autorizado*, sua realização fica na dependência de autorização da autoridade administrativa. Em alguns, aproxima-se essa autorização da homologação porque irrecusável se as partes cumpriram estritamente as exigências legais para sua realização."[52]

39. Temos então que o Poder Público concedente, com vistas a atender ao interesse público em área de grande interesse social, *permitiu*, através de minucioso disciplinamento, contendo a integralidade dos direitos e obrigações das partes vinculadas, que consumidores e concessionária, mediante o acatamento e adimplemento das condições gerais do negócio *autorizado*, que a expansão dos serviços fosse feita através de Contratos de Participação Financeira. Os consumidores/aderentes adimpliram com a totalidade das suas obrigações e os contratos atingiram sua finalidade econômica, tendo ocorrido a ampliação da planta de telefonia e a instalação dos respectivos terminais individualizados, passando a concessionária a fornecer os serviços de telefonia aos novos assinantes; esta, entretanto, abusivamente, não efetuou a devida retribuição acionária, ferindo o ato jurídico perfeito, o direito adquirido, o direito de propriedade, a isonomia e a legalidade.

40. Foi estipulada legal e contratualmente a proporcional retribuição em ações da participação financeira efetuada. Negar o direito à eqüitativa retribuição em ações àqueles que aportaram capital à concessionária representa quebra ao citado princípio da isonomia e locupletamento, uma vez que, apesar da contribuição para o aumento do patrimônio físico da concessionária e ampliação do número de consumidores/usuários, cuja retribuição pecuniária pelos serviços gera lucros, não recebem a contrapartida total do investimento — acesso ao terminal telefônico individualizado e retribuição acionária proporcional ao capital aportado. Não recebem a integralidade das ações subscritas e nem tem direito a dividendos e outros benefícios.

41. Em contrapartida, outros consumidores/aderentes que igualmente aportaram capital à concessionária, no mesmo exercício, nos mesmos valores e nas mesmas condições, recebem seus terminais e também participação acionária maior. Como não são emitidas a totalidade das ações devidas aos aderentes, o capital social acaba dividido em menos frações, elevando o valor patrimonial das ações e concentrando, ainda, a distribuição de dividendos em mãos dos acionistas beneficiados pela arbitrariedade da concessionária. Resulta ferido, aí, o *direito de propriedade*, garantia constitucional (art. 5º, XXII da CF/88), sendo abusiva a expropriação não abrigada em lei e sem benefício público.

42. Contrato autorizado, ou regulamentado, as obrigações dos aderentes foram integralmente adimplidas, num *comportamento concludente*. A concessionária, infringindo o princípio da legalidade, furtou-se às suas obrigações e, com isto, gerou prejuízo — diminuição patrimonial aos autores (dano emergente) alijando-os da distribuição de lucros via pagamento de dividendos (lucros cessantes). Deste empobrecimento, resultou o locupletamento dos

52. Orlando Gomes, *Introdução*, ob. cit., p. 260.

demais acionistas, que detém ações com valor patrimonial maior em razão da não emissão da totalidade das ações devidas, concentrando o recebimento dos dividendos em detrimento dos contratantes discriminados.

43. As sociedades de economia mista, concessionárias de serviço público, órgãos da Administração Indireta, a exemplo dos órgãos da Administração Pública Direta, subordinam-se aos *princípios* positivados no art. 37 da Constituição Federal de 1988, quais sejam: legalidade, impessoalidade, moralidade e publicidade.[53]

44. Além disto, o STJ já se pronunciou no sentido de que as sociedades de economia mista subordinam-se às normas de direito privado suas atividades e formas de organização e funcionamento.[54] Lê-se no corpo do acórdão:

"Ora, em nosso Direito Constitucional 'a empresa pública, a sociedade de economia mista e outras entidades que explorem atividade econômica sujeitam-se ao regime próprio das empresas privadas, inclusive quanto às obrigações trabalhistas e tributárias' (CF, art. 173, § 1º).

"Na excelente monografia *Administração Indireta Brasileira*, José Cretella Júnior comenta o preceito constitucional, referindo-se ao 'empresário público', de quem diz: 'Como pessoa jurídica pública que ingressa numa sociedade mercantil, o Estado não se coloca nem acima nem abaixo do direito, nem fora do direito, mas se submete às próprias regras que editou ('suporta a lei que fizeste'), tradução do princípio da legalidade, e no caso, às leis do direito público e às leis do direito privado' (Forense, p. 339).

"José Afonso da Silva, em seu precioso *Curso de Direito Constitucional Positivo* (4ª ed., Ed. RT, p. 519) invoca Hely Lopes Meirelles, para afirmar: 'o que a Constituição submete às normas do direito privado, não é, portanto, a instituição e a organização da empresa ou sociedade; é a sua atividade empresarial. Esta, sim, não pode afastar-se das normas civis, comerciais e tributárias pertinentes, para que não se faça concorrência desleal à iniciativa privada'.

"Não se deve esquecer que o § 1º, quase incidindo em redundância, adverte que a empresa pública e a sociedade de economia mista sujeitam-se 'ao regime jurídico das empresas privadas, inclusive quanto às obrigações trabalhistas e tributárias'. O busílis encontra-se na palavra 'inclusive'. Inclusive, significa: 'de modo inclusivo; com inclusão; até, até mesmo' (*Novo Dicionário Aurélio*, 1ª ed., p. 758). Pode-se, assim, dizer que as sociedades de economia mista devem observar, por inteiro, o regime a que estão submetidas as empresas privadas.

"Ainda que existisse preceito infraconstitucional dizendo o contrário, ele seria ineficaz. É que, no Estado de Direito, o ordenamento jurídico parte da Constituição. Assim, qualquer norma que fuja aos ditames da Constituição é ineficaz. Se a norma contrária à Constituição é anterior à vigên-

53. Lucia Valle Figueiredo leciona que, quando as estatais estiverem prestando serviço público, sofrem forte influxo do Direito Público, devendo submeter-se às normas que regem a Administração; se, entretanto, estiverem na atividade econômica, porque devem ter regime equivalente às empresas privadas, submetem-se apenas aos princípios da Administração Pública. Não há, portanto, desvinculação ou discricionariedade absoluta (*Curso de Direito Administrativo*, 4ª ed., São Paulo, Malheiros Editores, 2000, p. 109).

54. "(...) Empresa pública — Sociedade de economia mista — (...) — Submissão da empresa pública às normas do direito privado. I — A prescrição de prazo curto, criada pelo Decreto 20.910/32, não beneficia empresa pública, sociedade de economia mista ou qualquer outra entidade estatal que explore atividade econômica (Súmula 39). II — O art. 173, § 1º da Constituição Federal submete ao Direito privado, não apenas a forma de organização e funcionamento daquelas entidades, mas sua atividade empresarial. Esta, principalmente, não se pode afastar das normas civis, comerciais, tributárias e processuais aplicáveis às empresas privadas. Ao Estado não é lícito fazer concorrência desleal à iniciativa privada. (...)" (REsp 38.601-2-SP, 1ª T., STJ, registro 93.0025171-6, rel. Min. Humberto Gomes de Barros, j. 2.5.1994).

cia desta, ela desaparece, por efeito de revogação. Não cabe, no Estado de Direito em que nos encontramos, interpretação no sentido de enxergar nas empresas estatais, entidades anfíbias, capazes de viver, tanto na seara do direito público, quanto nos limites do direito privado. É a velha questão hamletiana: ser ou não ser.

"Ou a entidade é sociedade de economia mista e se subordina ao direito privado, ou não o é. A segurança do Estado de Direito é avessa ao hibridismo. Quando o Estado cria uma sociedade de economia mista (ou empresa pública), ele o faz, no propósito de a lançar no livre jogo do Direito privado, após avaliar as vantagens e desvantagens que isto representa. Não quisesse enfrentar tais agruras, o Estado teria criado uma autarquia. Pelo art. 20 do Código Civil, as pessoas jurídicas se diferenciam de forma absoluta de seus sócios.

"O art. 173 da Constituição, em seu § 1º, diz: 'A empresa pública, a sociedade de economia mista e outras entidades que explorem atividade econômica sujeitam-se ao regime jurídico próprio das empresas privadas, inclusive quanto às obrigações trabalhistas e tributárias'.

"Favorecer empresa pública, dandolhe acesso à prescrição qüinqüenal é subtraí-la ao regime do direito privado, em desrespeito ao art. 173, § 1º, da Constituição Federal. Por isto, *data venia*, dou provimento ao recurso para, homenageando a Constituição e a Súmula 39 desta Corte, reformar o acórdão recorrido e negar provimento ao agravo."

45. Toda a justificativa da desproporcional — e ilegal — retribuição acionária aos assinantes/aderentes, devida e inadimplida pela concessionária, centrou-se na *autorização* concedida através de Portaria Ministerial no sentido de que a capitalização e subscrição poderia ser efetuada em um prazo de até 12 (doze meses).

46. Note-se: a Portaria Ministerial referida pela concessionária, não era *impositiva* de um dado procedimento, mas sim *autorizava* um dado proceder. A Portaria não era, em si, discriminatória entre os aderentes aos contratos. O que gerou discriminações e concretizou ofensa à isonomia entre os assinantes foi o procedimento abusivo da concessionária.

47. Ao conceder o prazo de 12 (doze) meses para a capitalização, a Portaria não afastou a incidência das regras da Lei das Sociedades Anônimas para emissão e subscrição das ações, nem a fórmula de cálculo das ações devidas. Apenas permitiu que o procedimento não fosse instantâneo, sem, todavia, alterar ou afastar os critérios legais (até porque, indubitavelmente, a autoridade administrativa não detinha poderes, competência ou legitimidade para tanto).

48. O prazo deferido deve ser interpretado como os 12 (doze) meses em que tem validade o balanço anual apurado no fim do exercício anterior ao que se deu a capitalização. A prática dos atos, que deveriam ser instantâneos e concomitantes, foi diferida no tempo, mantendo-se, porém, os critérios legais.[55] Esta interpretação é a única que se coaduna com os princípios da hierarquia das normas, da legalidade, da reserva legal, da impessoalidade, da vinculação do administrador à lei, do direito de propriedade, do direito adquirido e do ato jurídico perfeito. Quando a administração emite regulamento, este não revoga e nem afasta a legislação ordinária, devendo ser, obviamente, compatibilizado e harmonizado com a legislação vigente. E a Portaria, como já dito, não era, em si, discriminatória; porém o procedimento da concessionária, embasado em interpretação equi-

55. Lucia Valle Figueiredo, em parecer sobre a Privatização Parcial da CEMIG e reflexos no poder de controle da companhia ensina, em hipótese também versando sobre sociedade de economia mista, que "o *interesse público* que deve estar em jogo, é aquele que a lei, ou melhor dizendo, as normas legais, demarcaram para que fosse perseguido pelas pessoas de direito público. Note-se e remarque-se: *as pessoas de direito público não tem vontade — como os particulares — mas, sim, competências a implementar*" (*RDM* 118/221, São Paulo, Malheiros Editores).

vocada daquela, indubitavelmente o foi, resultando em lesões indevidas a direitos e garantias individuais.

49. Vale lembrar magistério de Carlos Maximiliano,[56] em seus *Comentários à Constituição Brasileira*, considerando que se impõe ao poder regulamentar as seguintes restrições "a) não cria direitos nem obrigações não estabelecidos implícita ou explicitamente em lei; b) não amplia, restringe ou modifica direitos, nem obrigações (...); d) não extingue direitos nem anula obrigações dos cidadãos em geral (...); g) não revoga nem contraria a letra nem o espírito da lei". Pontes de Miranda[57] ensina que "(...) o poder regulamentar é o que se exerce sem criação de regras jurídicas que alterem as leis existentes e sem alteração da própria lei regulamentada (...). Nem o Poder Executivo pode alterar as regras jurídicas constantes de lei, a pretexto de editar decretos para sua fiel execução ou regulamentos concernentes a elas (...) Onde se estabelecem, alteram ou extinguem direitos, não há regulamentos — há abuso de poder regulamentar, invasão de competência (...)," concluindo o mestre que "se o regulamento cria direitos ou obrigações novas estranhas à lei (...) é inconstitucional (...) Tampouco pode ele limitar, modificar ou ampliar direitos, poderes, pretensões, obrigações, ações ou execuções".

50. A *autorização*, através de Portaria Ministerial, tinha como objetivo, tãosomente, permitir uma facilidade operacional à concessionária, uma vez que, em virtude do maciço volume de contratações a que estava submetida, não teria condições de efetuar, instantaneamente, a emissão e subscrição de todas as ações correspondentes ao capital que era diariamente integralizado por centenas de pessoas. A isto se limitava o interesse público justificador da interferência regulatória: tornar operacionável a exigência legal de que a concessionária operasse conforme os ditames da Lei das Sociedades Anônimas. Permitia que procedimentos que deveriam ser concomitantes fossem diferidos no tempo, sem, contudo, repete-se, afastar os critérios legais de cálculo da quantidade das ações que deveriam ser emitidas.

51. Sobre os desvios administrativos, elucidativa a explanação de Alfredo Lamy Filho,[58] demonstrando que a ingerência política leva à incongruências gerenciais nas sociedades de economia mista, uma vez que, muito embora organizadas necessariamente sob a forma de sociedades anônimas (pessoas jurídicas que, por definição legal, são comerciais e objetivam lucro), tendese a desconsiderar as técnicas modernas e profissionais de gerenciamento e administração. Afastando-se dos critérios técnicos e profissionais e *utilizando-se agentes estranhos ao universo empresarial (quando não fazia das empresas o centro de retribuições políticas, com escolhas infelizes) e, nos casos mais graves, usando o poder de alterar as regras do jogo.* Lembra o estudioso, citando o art. 1.363 do CC,[59] que toda sociedade supõe, necessariamente, identidade de propósitos de todos os seus partícipes, surgindo a contradição no momento em que o Estado visa o *bem comum* e o particular, o *lucro individual.* E a única forma de evitar-se que deste aparente conflito de interesses resultem danos, é identificar-se o interesse público de forma harmonizada com o interesse do particular que

56. *Apud* Arnoldo Wald, in "Ato vinculado e direito adquirido. Limitações ao poder regulamentar". Caxias do Sul: *Plenum. Coletânea Doutrinária* em *CD Room.*

57. *Comentários à Constituição de 1967 com a Emenda 1/69*, v. III, 2ª ed., São Paulo, Ed. RT, 1970, pp. 312-315, cf. Arnoldo Wald, in "Ato vinculado e direito adquirido. Limitações ao poder regulamentar". Caxias do Sul: *Plenum. Coletânea Doutrinária* em *CD Room.*

58. "O Estado empresário", in *Estudos em Homenagem ao Professor Caio Tácito*, org. Carlos Alberto Menezes Direito, Rio de Janeiro, Renovar, 1997, pp. 33 e ss.

59. Art. 1.363 do CC: "Celebram contrato de sociedade as pessoas que mutuamente se obrigam a combinar seus esforços ou recursos para lograr fins comuns".

participa do empreendimento, atingindo-se o fim social em absoluta consonância com a lei e de modo a não agredir direitos e garantias do sócio/administrado, evitando-se práticas desnecessárias e abusivas e nem mascarando a negligência ou incompetência sob o manto do *poder de império* sem freios ou limites.

52. Resulta evidente que o interesse público concretiza-se na vedação à arbitrária subversão do sistema e do ordenamento jurídico vigente, vigas mestras do Estado Democrático de Direito. Sem respeito à ordem e aos critérios legais, estar-se-á a consagrar o arbítrio e submetendo-se toda a população à coerção sem regras e ao conceito subjetivo que cada facção detentora do *poder político* faça de "interesse público". Não há coletividade sadia que se sustente com o esmagamento do indivíduo, nem efetiva liberdade ou democracia.

53. Quanto ao fato dos aderentes objetivarem o acesso ao serviço público de telecomunicações, e não participação acionária na companhia, de todo irrelevante a interpretação subjetiva do julgador sobre as eventuais intenções dos contratantes. O fato é que a prestação referente à retribuição acionária estava contratual e objetivamente cominada, e seu modo de execução, rígida e legalmente estipulado.

54. Carlos Maximiliano[60] aduz que, "em regra, não se tem em mente contrair determinada obrigação, realizar o fato material que é depois ajuizado; pretende-se apenas um *efeito de Direito* e, para o conseguir, celebra-se o ato bilateral. Por exemplo, nenhuma das partes pensou propriamente em hipoteca: uma desejou obter dinheiro, para um fim econômico; a outra pretendeu pôr a juros, e sem riscos, o fruto de sua parcimônia; e o meio de chegar ao acordo de vontades, isto é, de conciliar os interesses opostos, foi o contrato de empréstimo garantido pelo ônus real sobre o imóvel do devedor. Aceitaram a *construção jurídica*; porém tinham em mira apenas o seu efeito".

55. O caso em apreço comporta igual conclusão: as partes aceitaram a construção jurídica e, daí, os reflexos legais, pretendendo-se se manter a unidade, coerência, hierarquia e finalidade da ordem jurídica, são induvidosos e inafastáveis.[61]

VII — A práxis da capitalização na Lei das Sociedades Anônimas

56. Para verificarmos a natureza jurídica da operação efetuada entre o particular e a Sociedade de Economia Mista Concessionária de Serviço Público de Telecomunicações, bem como a finalidade do aporte de capital concretizado, essencial a leitura da Lei 4.073/60 e do Estatuto Social da Companhia:

Art. 13 da Lei 4.073/60: "Até a integralização do capital da CRT, será condição essencial para obtenção de seus serviços telefônicos básicos locais (...) a subscrição de suas ações no montante e condições fixados pelo Poder Executivo".

Art. 6º da Lei 4.073/60: "A integralização das ações subscritas pelos demais acionistas será feita pela forma estabelecida na Lei das Sociedades Anônimas".

Art. 10 do Estatuto Social da Companhia: "O acionista que subscrever e realizar integralmente a quantidade de ações preferenciais que representem, pelo seu valor patrimonial, o valor do contrato de

60. *Hermenêutica*, ob. cit., p. 345.

61. Novamente oportunas as palavras de Miguel Reale: "Em minha já longa experiência jurídica, jamais me defrontei com uma questão que não pudesse ser adequadamente julgada segundo a lei ou os modelos negociais. Não raro, o que falta é ciência e consciência hermenêutica, o que é lamentável numa época em que, desde o jusfilósofo Emilio Betti até o filósofo Hans Gadamer, a *Hermenêutica* é vista como sinal dos novos tempos, pondo-se o ato de compreender como captação do sentido essencial da ciência, na medida das contingências humanas" ("A ética do juiz na cultura contemporânea", in *Questões de Direito Privado*, São Paulo, Saraiva, 1997, pp. 71-72).

assinatura de serviço público de telefonia terá direito à preferência na instalação de terminal telefônico para seu próprio uso".

57. Vê-se, portanto, que trata-se de uma integralização de capital, cominada em lei, no contrato e no estatuto social, como condição para futura prestação de serviço público de telefonia fixa, somente prestado, em caráter individualizado, a quem detivesse na situação de acionista de concessionária. A integralização submetia-se, ainda, às disposições que regem as sociedades anônimas.

58. A qualificação do negócio, sua natureza jurídica e suas normas regentes, evidentemente, não podem ser alteradas por mera Portaria (e, como visto, não foram) e muito menos por procedimentos abusivos e ilegais da concessionária.

59. A Lei das Sociedades Anônimas trata da *escrituração* em seu art. 177.[62] Modesto Carvalhosa,[63] em comentário ao referido artigo, aduz que a escrituração deverá observar os seguintes requisitos: "a) ser mantida em registros permanentes, com obediência aos preceitos da legislação comercial e desta Lei; b) obedecer aos princípios de contabilidade geralmente aceitos; c) observar métodos ou critérios contábeis uniformes no tempo e d) registrar as mutações patrimoniais segundo o *regime de competência*".

60. O mesmo doutrinador[64] ensina que "princípios de contabilidade são normas que, por convenção, decide-se adotar como apropriadas para demonstrar o patrimônio de uma empresa e seus resultados". Entre os princípios fundamentais, o mestre elenca "a estrutura social, política e econômica, garantindo a livre iniciativa e o *direito de propriedade*".

61. O conceito de competência, segundo magistério de Carvalhosa,[65] "*decorre da necessidade de enquadrar as demonstrações financeiras aos fatos econômicos e financeiros ocorridos no espaço de tempo que elas reportam*", lembrando-se que o art. 177 da Lei 6.404/76 impõe que as mutações patrimoniais sejam registradas segundo o regime de competência.

62. A doutrina ensina[66] que "os fatos que originam os acréscimos patrimoniais podem ser registrados em dois momentos, a saber: a) no momento em que se considera jurídica e economicamente auferida a receita, isto é, quando o bem ou direito correspondente tiver integrado definitivamente o patrimônio social; *ou* b) no momento em que a receita é efetivamente recebida. O primeiro dos critérios acima é contabilmente conhecido como *regime de competência*; denominação que se explica pelo fato de que *a sua observância conduz à inclusão do acréscimo patrimonial no competente exercício social*. O segundo critério baseia-se no elemento financeiro, sen-

62. Art. 177 da Lei 6.404/76: "A escrituração da companhia será mantida em registros permanentes, com obediência aos preceitos da legislação comercial e desta Lei e aos princípios de contabilidade geralmente aceitos, devendo observar métodos ou critérios contábeis uniformes no tempo e registrar as mutações patrimoniais segundo o regime de competência.

"Parágrafo primeiro: As demonstrações financeiras do exercício em que houver modificação de métodos ou critérios contábeis, de efeitos relevantes, deverão indicá-la em nota e esclarecer esses efeitos.

"Parágrafo segundo: A companhia observará em registros auxiliares, sem modificação da escrituração mercantil e das demonstrações reguladas nesta Lei, as disposições da lei tributária, ou da legislação especial sobre a atividade que constitui seu objeto, que prescrevam métodos ou critérios contábeis diferentes ou determinem a elaboração de outras demonstrações financeiras.

"Parágrafo terceiro: As demonstrações financeiras das companhias abertas observarão, ainda, as normas expedidas pela Comissão de Valores Mobiliários, e serão obrigatoriamente auditadas por auditores independentes registrados na mesma Comissão.

"Parágrafo quarto: As demonstrações financeiras serão assinadas pelos administradores e por contabilistas legalmente habilitados."

63. Modesto Carvalhosa, *Comentários à Lei das Sociedades Anônimas*, v. III, São Paulo, Saraiva, 1997, pp. 561-562.

64. Autor e obra citados, p. 562.

65. Ob. cit., p. 571.

66. Modesto Carvalhosa, ob. cit., p. 572.

do conhecido por *regime de caixa*. (...) No regime de competência, os custos e despesas, ainda que não pagos, são registrados contabilmente no exercício em que tiverem sido contabilizadas as receitas correspondentes. Essa correspondência entre custos e receitas é o elemento de equilíbrio desse regime, *e a data em que a receita se considera auferida, o elemento essencial*".

63. Entre os *princípios fundamentais de contabilidade*[67] encontra-se o de que "os componentes do patrimônio devem ser registrados pelos valores originais das transações com o mundo exterior, expressos a valor presente na moeda do País, que serão mantidos em avaliação das variações patrimoniais posteriores, inclusive quando configurem agregações ou decomposições no interior da entidade".[68]

64. Em relação ao *princípio da competência*, encontra-se positivado[69] que "as receitas e despesas devem ser incluídas na apuração do resultado do período em que ocorrerem, sempre simultaneamente quando se correlacionarem, independentemente do recebimento ou pagamento. O princípio da competência determinada quando as alterações no ativo ou no passivo resultam em aumento ou diminuição no patrimônio líquido, estabelecendo diretrizes para classificação das mutações patrimoniais, resultantes da observância do princípio da oportunidade. (...) *As receitas consideram-se realizadas: I — nas transações com terceiros, quando estes efetuarem o pagamento ou assumirem compromisso firme de efetivá-lo*, quer pela investidura na propriedade de bens anteriormente pertencentes à entidade, quer pela fruição de serviços por ela prestados. (...) III — pela geração natural de novos ativos independentemente da intervenção de terceiros; IV — no recebimento efetivo de doações e subvenções".

65. Nas sempre lúcidas palavras do professor Fábio Konder Comparato[70] "a contabilidade informa e avalia a realidade econômica. Para tanto, procede a uma *interpretação ordenada* dos dados componentes dessa realidade. Ora, quem diz interpretação diz explicitação de sentido, tradução do real; não modificação dos dados traduzidos. (...) Sucede que um componente objetivo e indissociável de todo dado econômico é a sua qualificação jurídica. Na verdade, não há como considerar os fatos econômicos desligados do ordenamento jurídico, que os qualifica. Na contabilidade empresarial, por exemplo, o universo objetivo dos fatos a serem registrados e avaliados monetariamente é o patrimônio. Ora, este é, por natureza, uma universalidade de direito. Não existem elementos ajurídicos no patrimônio, pela boa razão de que eles se compõem, exclusivamente, de relações jurídicas, ativas e passivas, que se correspondem. (...) as regras de contabilidade têm uma natureza técnica, existem para a consecução de determinada finalidade: a informação exata do estado econômico de uma entidade". Conclui o douto que "*A regra contábil* (ou princípio, que seja) introduzida por alguns contadores ou associações profissionais, *ou imposta pela autoridade administrativa, sem corresponder a uma longa e generalizada prática, não é costume jurídico*".[71]

66. A imposição de regra pela via regulamentar, lembra-se, tem sua validade e eficácia condicionadas à legitimidade e competência do agente, bem como observância aos limites formais e materiais, tais como observância dos limites constitucionais. A desnecessária agressão a direitos, sem respaldo em interesse público, torna ilegítima e abusiva a ingerência.

67. Resolução CFC 750, de 29.12.1993.

68. Seção IV, art. 7º, "Princípio do registro pelo valor original", cf. Modesto Carvalhosa, ob. cit., p. 575.

69. Seção VI, art. 9º, "Princípio da competência", cf. Modesto Carvalhosa, ob. cit., pp. 576-577.

70. "O irredentismo da 'nova contabilidade' e as operações de *leasing*", in *Direito Empresarial*, São Paulo, Saraiva, 1995, pp. 410-411.

71. Autor e obra citados, p. 414.

VIII — Conclusões

67. O escopo deste estudo foi avaliar a legitimidade de atos praticados por *sociedade de economia mista concessionária de serviço público*. Estas, como sociedade de economia mista, encontram-se organizadas sob a forma de sociedade anônima, estando constitucionalmente obrigadas a respeitar os preceitos da Lei das Sociedades Anônimas. Como concessionária de serviço público, subordinam-se, ainda, aos princípios que regem a Administração Pública.

68. Das premissas anteriores, deriva a conclusão lógica de que a concessionária deve exercer suas competências e atribuições, em estrita observância da legislação e dos princípios que regem seus atos, com vistas à satisfação do interesse público, sendo as normas e princípios constitucionalmente positivados, bem como a legislação ordinária, os elementos norteadores da legitimidade das ações da concessionária.[72]

69. O poder regulamentar, exercido por órgãos da Administração, por representar exceção ao regular processo legislativo derivado da tripartição de poderes, deve ater-se à estrita legalidade, sempre motivado pelo interesse público (repetindo o professor Juarez Freitas: sacrificando o mínimo para preservar o máximo de direitos), observando rigidamente a legalidade, proporcionalidade e razoabilidade dos atos normativos (o que os órgãos da Administração direta e indireta igualmente devem observar em suas condutas e decisões), sob pena de ilegitimidade.

70. Qualquer prerrogativa de autoridade, como visto, somente encontra amparo na lei e na satisfação do interesse público, sendo que, qualquer agressão a direitos e garantias individuais, somente encontrará justificação na efetiva e motivada necessidade da prática do ato, amparada em benefício ao interesse público, ficando sua legitimidade condicionada à proporcionalidade, razoabilidade e necessidade da conduta e, ainda assim, sujeitando o agente à responsabilidade reparatória ante os particulares prejudicados, uma vez que é princípio assente de Direito Administrativo que *o particular não pode sofrer empobrecimento por interesse público*, além do que, parece evidente que *não é do interesse público que a autoridade possa utilizar-se de sua posição de poder para, afastando-se da lei, violar arbitrariamente direitos de particulares*.

71. O caso em análise constitui-se em triste exemplo de abuso e arbítrio, onde foi efetuada uma *interpretação equivocada* de Portaria Ministerial que, a par de não ter conteúdo discriminatório, tão-somente, com vistas a viabilizar centenas de capitalizações que ocorriam diariamente, *permitia* que fossem diferidos no tempo os atos de integralização de capital, emissão e subscrição de ações, sem, entretanto, alterar o regime de competência, nem os critérios legais, contratuais e estatutários, para o que, logicamente, não detinha legitimidade e nem competência.

72. Ao extrapolar os limites da *autorização* conferida pela Portaria Ministerial, indo ao extremo de desrespeitar critérios legais e contratuais, afastando-se do interesse público para causar prejuízos imotivados e desnecessários aos particulares-aderentes, a concessionária feriu, sem sombra de dúvida, direitos adquiridos, atos jurídicos perfeitos, o direito de propriedade, a hierarquia das fontes normativas, a legislação societária, os princípios que regem a Administração Pública e os mais elementares princípios que regem as relações contratuais e as relações do Poder Público com seus administrados.

73. Não há, também, como amparar a legitimidade do equívoco na cláusula mandato inserida no contrato de adesão, através da qual o assinante-aderente, ao integralizar capital, outorgava mandato em favor da con-

72. A questão, portanto, pode e deve ser solucionada sob o prisma da legislação aplicável, uma vez que passível de análise objetiva, sendo desnecessário o recurso a conceitos genéricos como hipossuficiência, adesividade do contrato, enriquecimento ilícito etc.

cessionária para que esta, em seu nome, posteriormente, subscrevesse as ações. O mandato é tipo de contrato e, conseqüentemente, deve possuir objeto lícito (art. 145, II, CC), sendo da sua natureza que os poderes são sempre exercidos em benefício do mandante, nunca em seu prejuízo (art. 1.300, CC).

74. Acrescente-se que, cominando a lei a emissão e subscrição de ações em conformidade com a Lei das Sociedades Anônimas, o objeto do mandato somente pode ser visto como lícito e identificado com o interesse público — *indisponível* — se praticado em conformidade com a legislação que regrava a matéria. E isto, como visto, não ocorreu.

75. Há, assim, evidente direito dos acionistas de exigirem e obterem, de conformidade com os critérios legais e estatutários da concessionária, a complementação de seu lote de ações cujo capital já integralizaram — o aumento de capital, portanto, já se deu, faltando apenas a correspondente e proporcional emissão e subscrição dos ativos —, exigindo reparação das perdas e danos.[73]

É o que me parece.

Porto Alegre, 22 de janeiro de 2001

73. Vê-se que os acionistas discriminados não receberam dividendos na correta proporção, além do que, quando da cisão entre a concessionária de serviço de telefonia fixa e a concessionária de telefonia móvel, receberam novamente menos ações do que tinham direito, uma vez que, deliberada a proporção de 1 (uma) ação preferencial nominativa da companhia de telefonia móvel para cada 1 (uma) ação detida pelo acionista da companhia de telefonia fixa, a quantidade ficou restrita ao lote emitido e subscrito a menor, desconsiderando-se as ações que, embora devidas, não foram emitidas e nem subscritas em favor do assinante.

Pareceres

A ALTERAÇÃO DO PERÍODO ESTATUTÁRIO DO MANDATO DA DIRETORIA

WALDIRIO BULGARELLI

I — Da Consulta

1. Trazem-me à minha análise a S. S/A, Consulta a respeito da alteração do período estatutário do mandato da Diretoria, em relação a modificação estatutária.

2. A seguir, transcrevo textualmente a Consulta para que bem clara fique a questão em estudo. Diz ela:

"A Diretoria da S. S/A foi eleita em 25.1.1999 para segundo menção expressa na ata do Conselho de Administração (doc. 1), um período estatutário de mandato à época de 1 (um) ano, conforme cópia do estatuto social antigo da Companhia (doc. 2).

"Considerando que a Companhia realizou em 28.4.1999 (doc. 3) uma Assembléia-Geral Extraordinária que alterou o Estatuto Social em vários pontos e, em especial, quanto ao prazo de gestão dos diretores, aumentando de 1 para 2 (anos) o período de mandato, pergunta-se:

"a) Pode-se considerar que o mandato dos diretores ficou automaticamente prorrogado por mais 1 (um) ano com a reforma estatutária citada, independentemente de qualquer manifestação expressa dos acionistas, quando da reforma do estatuto, ou do Conselho de Administração?".

3. Após exame atento do tema apresentado pela Consulta, que veio acompanhada dos documentos comprobatórios, apresento, resumidamente embora, o seguir Parecer.

II — Do Parecer

Sempre é bom enfatizar a importância do tema das estruturas organizacionais das sociedades em geral, e em especial a das sociedades por ações, tendo em vista a amplitude que foram tomando durante os tempos.

Contrato plurilateral — qualificação quase unânime aceita pela doutrina nacional e estrangeira — de natureza empresarial e de organização, é justamente, ao lado de outros aspectos significantes, a parte administrativa que apresenta certos problemas que se deve enfrentar com a maior atenção. A respeito, convém lembrar que na análise da conformação societária, ela se desdobra em várias partes, basicamente, a estrutura empresarial e a estrutura administrativa. Entre esta, encontra-se, é claro, o do ajuste dos órgãos administrativos, sua conformação, prazos de vários tipos, funções etc. De não esquecer que é esta a parte substancial de todo o organismo societário, por ela se ajustam e coordenam as várias posições, participações e responsabilidades.

Tendo como princípio básico certos abusos cometidos pelos controladores — exemplos de que a história das sociedades está farta —, ao lado da necessidade de dar viabilidade à pessoa jurídica e à empresa que a embasa, foi sendo construído um regime societário, com pesos e contrapesos, procurando buscar um certo equilíbrio entre os interesses em jogo.

Tradicionalmente, nessa linha, adotou-se um regime de ao menos quatro órgãos: a Assembléia-Geral, como órgão todo-poderoso, em que o controlador exerce efetivamente o seu poder de mando; o Conselho de Administração e a Diretoria, o Conselho Fiscal e outros Conselhos ditos Consultivos, tendo cada um suas funções perfeitamente delimitadas, particularidades, competências e não menos importante as regras sobre responsabilidade.

Daí as razões porque as leis societárias sempre reservaram capítulos próprios — além de disposições dispersas — sobre a configuração administrativa.

Nesse sentido, consabido é que data, modernamente das companhias coloniais, essa preocupação com a organização interna das sociedades, conforme, aliás, pus em relevo em meus tantos livros, e em especial o trabalho sobre *Regime Jurídico do Conselho Fiscal*, com base na historicidade da evolução do regime societário.

Entre nós, a partir de certa época — tome-se como exemplo o texto criador do primeiro Banco do Brasil, nos tempos coloniais — a administração sempre ocupava lugar de destaque.

Hoje, após a sucessão de leis sobre as sociedades, no campo das sociedades por ações, encontramo-nos sob a égide da Lei 6.404, de 15 de dezembro de 1976, com as últimas alterações trazidas pela Lei 9.457, de 5 de maio de 1997, completadas por leis esparsas a respeito.

A lei básica — 6.404, de 15.12.1976 — não agiu diferentemente, reservando espaço para o setor da administração, enumerando os seus órgãos com as peculiaridades próprias.

Com respeito à Assembléia destinou o art. 121 para as Disposições Gerais, dando-lhe poderes "para decidir todos os negócios relativos ao objeto da companhia e tomar as resoluções que julgar convenientes à sua defesa e desenvolvimento". A seguir, trata de sua competência privativa no art. 122 e determinando no art. 123 a competência para a convocação, acrescendo outros aspectos nos arts. 124, 125, 126, 127, 128, 129 e 130. Também desdobrou a Assembléia-Geral em ordinária e extraordinária, disciplinadas especificamente.

Mas o que mais importa aqui é, de acordo com o quesito apresentado pela Consulta, a Diretoria nas suas vinculações com o Conselho de Administração, já que a Diretoria foi eleita pelo Conselho de Administração.

Ora, consabido é que no Brasil, em certos casos (companhias abertas, de capital autorizado etc.), é obrigatória a existência e funcionamento do Conselho de Administração. No rol de sua competência encontra-se o de eleger e destituir os diretores (art. 142, II), conforme, aliás, ocorreu neste caso. O prazo estatutário foi fixado em um ano (a eleição verificou-se em 25.1.1999) de acordo, aliás, com o disposto no art. 143 que fixa esse prazo até três anos.

Narra ainda a Consulta que, posteriormente (em 28.4.1999) em AGE o estatuto foi alterado, passando o prazo de gestão dos diretores para dois anos, aumentando assim o prazo originário de um ano.

Daí a pergunta básica da Consulta que foi transcrita no início deste Parecer.

Estranha é essa posição dos controladores, de vez que o Conselho de Administração tem poderes, como já se viu, entre outros, para, conforme o art. 142, II, eleger e destituir os administradores, permitindo ainda no mesmo artigo (III) a *reeleição*.

Difícil de admitir, neste caso, a prorrogação do mandato estatutário de um para dois anos, como rezam os novos estatutos.

A lógica do Direito não se ajusta a certos argumentos abstrusos (ou mesmo apagógicos), já que podendo tanto o Conselho de Administração não há porque considerar-se automaticamente prorrogado por mais um ano de mandato gerencial. Lembre-se a propósito que é dever dos administradores respeitar a lei e os estatutos.

Foi o que me pareceu de acordo com o bom direito.

São Paulo, 19 de março de 2000

* * *

Impressão e acabamento:
GRÁFICA PAYM
Tel. (011) 4392-3344